Was tun, wenn alles schiefgeht?

Herbert Fensterheim/Jean Baer

Was tun, wenn alles schiefgeht?

Das Gewinner-Programm
für den ewigen Verlierer

Weltbild Verlag

Titel der Originalausgabe:
MAKING LIFE RIGHT WHEN IT FEELS ALL WRONG
Originalverlag: Macmillan Publishing Company, New York

Übersetzung aus dem Amerikanischen:
Christel Rost

Genehmigte Lizenzausgabe für
Weltbild Verlag GmbH, Augsburg 1997

Umschlaggestaltung: Mascha Blömer
Satz: Filmsatz Schröter GmbH, München
Druck und Bindung: Wiener Verlag, Himberg bei Wien
Printed in Austria · ISBN 3-89350-500-8

INHALT

TEIL I: EMOTIONAL ABHÄNGIGE: WER, WIE, WANN, WO UND WARUM

Kapitel 1: Sie können sich von Ihrer emotionalen Abhängigkeit befreien

Kapitel 2: Warum geht ausgerechnet bei mir alles schief?

Kapitel 3:
Die Familie: Unterlegene und Überlegene

Kapitel 4:
Verhaltenstherapeutische Übungen

TEIL II
UNSERE SOZIALE UMWELT

Kapitel 5:
Ein neues Lernprogramm für emotional Abhängige

Kapitel 6: Wann ist ein Freund ein echter Freund?

Kapitel 7: Die besten Strategien gegen emotionale Probleme im Berufsleben

Kapitel 8: Ein Leitfaden für den Umgang mit Ärzten und Therapeuten: Wie Sie Fragen stellen, Schlüsse ziehen, Entscheidungen treffen – und nötigenfalls die Praxis wechseln

TEIL III
BEZIEHUNGEN

Kapitel 9: Enge Beziehungen: Gewinn und Risiko

Kapitel 10: Emotionale Abhängigkeit in der Liebe: Wie kommt es dazu?

Kapitel 11: Emotionale Abhängigkeit in der Liebe: Die Auswege

Kapitel 12: Super-Sex: Wie Verlierer zu Gewinnern werden

Kapitel 13: Lassen Sie sich durch eine Scheidung nicht aus der Bahn werfen

Kapitel 14: Plötzlich wieder allein

Kapitel 15: Ein Leitfaden für die zweite Ehe

Kapitel 16: Ex-Versager, bei denen nichts mehr schiefgeht: Zwei Porträts

BEVOR SIE MIT DER LEKTÜRE BEGINNEN ... EINIGE SEHR PERSÖNLICHE ANMERKUNGEN VON JEAN BAER

Mein Leben lang war ich der Meinung, meine Mutter liebe mich nicht – also liebte ich sie auch nicht. Ich kam immer zu kurz bei ihr. Sie lobte mich nie – weder für meine guten Zeugnisse noch für meine Wahl zur Klassensprecherin, nicht einmal dafür, daß ich der Star der Schauspielgruppe war. Offenkundig bevorzugte sie meinen Bruder, der nie eine Auszeichnung nach Hause brachte. Zeit und Zuneigung widmete sie dem Altenklub von Mount Vernon – nicht mir. In meinen Überlegungen spielte ihre Lieblosigkeit allerdings keine Rolle: Schließlich war ich Vatis kleines Mädchen. *Er* hielt mich für vollkommen, und ich betete ihn an. Er war Journalist und brachte mir schon im zarten Alter von acht Jahren bei, wie man einen Leitartikel schreibt. Selbstverständlich trat ich in seine Fußstapfen und schlug die journalistische Laufbahn ein. Jahrelang rühmte ich mich meiner »Vaterfixierung«; sogar die Tatsache, daß ich ziemlich spät heiratete, erklärte ich damit.

Ich heiratete Herb, einen Therapeuten, der jedesmal, wenn ich zu einem meiner üblichen Loblieder auf »meinen vollkommenen Vater« ansetzte, in analytisch geschulter Manier sagte: »Jean, dein Problem ist deine Mutter.« Und jedesmal, wenn ich sagte: »Er hätte eine Frau wie mich heiraten sollen«, lachte Herb nur und behauptete, diese »Vater-Kind«-Lösung sei »viel zu durchsichtig«. Während der Arbeit an diesem Buch forderte Herb mich schließlich auf, mein Gedächtnis zu erforschen: Möglicherweise entsprang das Bedürfnis, mich als Opfer meiner Mutter zu betrachten, reiner Phantasie. (Solche abrufbaren Erinnerungen bezeichnen wir in Kapitel 4 als Vorbewußtsein.) War sie *wirklich* niemals freundlich zu mir gewesen? Ich dachte lange und viel darüber nach. Tatsächlich fielen mir einige Episoden ein, die ich verdrängt hatte. Und schließlich vergoß ich sogar Tränen – über sie und mich: Ich hatte alles mißverstanden.

Natürlich hat Mutter mich auch gelobt. Als Kind hatte ich einmal ein Puppenkleid aus Samtresten und Baumwollstoff genäht. Mutter zeigte es voller Stolz allen Freunden und Bekannten. Jahre später, als sie bereits im Sterben lag und es im Haus drunter und drüber ging, bat sie mich einmal inständig, ich möge mir doch für den Abend ein paar Freunde einladen. Ich erfüllte ihr den Wunsch. Am nächsten Morgen sagte sie zu mir: »Ich bin so stolz auf dich. Ich habe genau gehört, wie du immer wieder das Gespräch in Gang gebracht hast, wenn es einzuschlafen drohte.«

Selbstverständlich hat sie mir ihre Aufmerksamkeit geschenkt – genauso viel wie meinem Bruder. Mit acht spielte ich die Hauptrolle in einer Schulaufführung von *Princess Tenderheart.* Nach jeder Vorstellung bekam ich ein Geschenk von ihr. Als ich mich Jahre später um ein Stipendium für die Cornell University bewarb und dazu an einem Tag vier harte Prüfungen über mich ergehen lassen mußte, stellte sie mir mein Lieblingsessen auf den Tisch – Brathuhn und Erdbeertörtchen – und brachte mich zu Bett.

Und dennoch hatte ich *alles* vergessen, was sie jemals für mich getan hatte. Ich sah immer nur, wie sie sich um andere kümmerte. Die innige Zuneigung, die sie mir entgegenbrachte, nahm ich nicht wahr. In meinen Augen war stets sie an allem schuld. Einmal nahm mich mein Vater – ich war ein Teenager – zu einer Osterveranstaltung bei der National Broadcasting Corporation mit. Ich besaß einen neuen Mantel, den ich bei dieser Gelegenheit unbedingt tragen wollte. Da es an jenem Tag schneite, erlaubte Mutter nicht, daß ich das dünne Mäntelchen trug. Ich jedoch glaubte nur, sie gönne mir weder mein schickes Aussehen noch die Aufmerksamkeit meines Vaters. Heute weiß ich, daß sie sich wegen meiner ewigen Mittelohrentzündungen Sorgen machte.

In der Beziehung zu meiner Mutter kannte ich nur ein einziges Motiv: meine eigene Selbsterhöhung. Als sie schließlich unheilbar krank wurde, war ich schon Ende Zwanzig. Ich verhielt mich mustergültig – so wie man es von mir erwartete. Schließlich war ich die Älteste, die, wie wir es damals nannten, »die Verantwortung trug«. In Wirklichkeit leitete mich schieres Pflichtgefühl, nicht etwa echte Besorgnis um meine Mutter.

Irgendein unbewußtes Bedürfnis – sei es Freudscher Penisneid, sei es Angst vor den mütterlichen Gefühlen, mit denen ich bei weitem nicht so gut zurechtkam wie mit der väterlichen Realitätsbezogenheit – hatte mir ein völlig falsches Mutterbild vermittelt, so daß ich mich jahrzehntelang nur als ihr Opfer sah.

Die Folgen meiner Handlungen und Reaktionen waren so schwerwiegend, daß sie mich schließlich tatsächlich in eine Opferhaltung drängten. Ich begab mich auf die Suche nach Ersatzmüttern. Im Berufsleben etwa legte ich stets Wert darauf, eine weibliche Vorgesetzte zu haben, und gab mir alle Mühe, sie zur fürsorglichen Mutter umzupolen. Von einer der Damen war ich völlig hingerissen, als sie mir zur Hochzeit zwölf wunderschöne Eßteller schenkte. Daß sie mein Gehalt seit über vier Jahren um keinen Cent erhöht hatte, übersah ich dabei geflissentlich. Die Teller waren mir Liebesbeweis genug.

Von meinen Freundinnen war ich regelmäßig enttäuscht. Hatte eine von ihnen mir schon zehnmal einen Gefallen getan und entsprach nur ein einziges Mal meinen Erwartungen nicht – sofort zweifelte ich an ihrer Aufrichtigkeit und redete mir ein: »Sie mag mich nicht.«

Die Techniken der Verhaltenstherapie, die Herb mir beim Schreiben dieses Buches beibrachte, haben mich gelehrt, daß meine Mutter in all den Jahren, da ich mich ungeliebt fühlte, ebenso litt wie ich. Sie liebte mich wirklich. Und nicht sie hat mich verurteilt, sondern ich hatte mich zur Richterin über sie erhoben. Ich war blind für die Tatsache, daß ich die liebevolle Mutter, nach der ich mich unentwegt sehnte, längst besaß. Viele Erinnerungen habe ich verdrängt. So kann ich mich noch immer nicht an die Zeit vor meinem achten Geburtstag erinnern, aber ich arbeite weiterhin daran.

Die Bewußtmachung ehedem verdrängter Erinnerungen hat immerhin schon einige positive Folgen gehabt, die mir gefühlsmäßig wichtiger sind als die Fähigkeit, forsch um eine Gehaltserhöhung zu bitten. Ich will mich nicht mehr immer und überall als Opfer fühlen. Früher wollte ich immer genau wissen, was sogenannte Autoritätsfiguren – zum Beispiel die Herausgeberinnen der Zeitschriften, für die ich arbeitete – von mir dachten. Ich stellte sie auf die Probe. Unterließ eine von ihnen alle kleinen persönlichen Gesten und lud mich beispielsweise nicht zum Mittagessen ein, so hatte ich das Gefühl, sie lehne mich ab. Heute stelle ich niemanden mehr auf die Probe. Ich mache einfach meine Arbeit. Auch mit Kritik kann ich inzwischen umgehen und fühle mich nicht mehr persönlich davon betroffen.

Bei meinen Freundinnen konzentriere ich mich mittlerweile mehr auf die guten als auf die schlechten Seiten. Meine Mutter habe ich nie gebeten, sich in der Schule eine meiner Reden anzuhören, nahm es ihr dann aber übel, wenn sie nicht kam. Ich setzte einfach voraus – wie später auch bei meinen Freundinnen –, sie könne Gedanken lesen. Heute wende ich mich mit konkreten Bitten an meine Freundinnen, wenn ich etwas von ihnen brauche oder erwarte.

Meine neue Einstellung hat bereits dazu geführt, daß ich heute ganz anders auftrete als früher und mich auch anderen Frauen gegenüber behaupten kann. Aus meinem unerkannten Bedürfnis heraus, ein Opfer zu sein, hatte ich meiner Freundin Mary, die ich seit frühester Kindheit kenne, nie widersprochen, wenn sie mich herunterputzte. Sogar noch nach dem Selbstsicherheitstraining, das mich gelehrt hatte, mich ihr gegenüber zu behaupten, fragte ich mich jedesmal, ob sie nicht doch vielleicht recht hätte. Kürzlich jedoch warf sie mir vor: »Du mußt immer alle manipulieren!« Mir fielen all die Jobs ein, die ich ihr mit meinen »Manipulationen« besorgt hatte, als sie arbeitslos war. Und plötzlich sah ich ganz klar: Diese Freundschaft würde niemals meinen

Vorstellungen von einer echten Freundschaft entsprechen. Ich unternahm nicht einmal den Versuch, Marys Beleidigung zurückzuweisen. Mir blieben nur zwei Alternativen: Entweder fand ich mich endgültig mit ihrer Boshaftigkeit ab, oder ich gab die Freundschaft auf. Ich habe Mary nie wiedergesehen.

Meinen Mann habe ich immer wieder mit der Behauptung aufgezogen: »Mein Vater war vollkommen.« Damit wollte ich natürlich zum Ausdruck bringen, *er* sei es nicht.

Vor ein paar Tagen jedoch rutschte mir plötzlich heraus: »Meine Mutter hätte dich riesig gern gehabt!« Da erst wurde mir klar, wie sehr sich meine Einstellung ihr gegenüber geändert hat. Ich wünschte nur, ich könnte es ihr sagen.

Aber Ihnen kann ich es sagen. *Es ist nie zu spät, Ihr Leben zu ändern.* Vielleicht gehören Sie ja zu den Leuten, die sich einbilden, ein Opfer zu sein, in Wirklichkeit aber gar keines sind. Oder Sie müssen erkennen, daß Sie sich selbst unwissentlich zum Opfer machen. Im einen wie im anderen Fall können Sie Ihr altes Verhaltensmuster aufgeben und ein neues erwerben.

Dieses Buch soll Ihnen dabei helfen.

DANKSAGUNG

Zur Entstehung dieses Buches haben so viele Menschen beigetragen, daß es uns unmöglich ist, jeden einzelnen namentlich aufzuführen. All jene, die im folgenden keine Erwähnung gefunden haben, bitten wir um Entschuldigung und Verständnis.

Für den Bereich der emotionalen Abhängigkeit ließ sich – zu unserer eigenen Verblüffung – niemand finden, dem wir unseren Dank aussprechen können. Trotz der breiten Anteilnahme, die den Opfern von Verbrechen, Katastrophen, Mißhandlungen und Diskriminierungen seitens der Öffentlichkeit entgegengebracht wird, gibt es – von vereinzelten Bemerkungen in der klinischen Literatur abgesehen (hier vor allem in den Werken der verstorbenen Karen Horney) – praktisch keine theoretischen Schriften oder Forschungsberichte, die sich mit emotionalen Opfern befassen. Dieses Buch ist also ein Erstling auf diesem Gebiet.

Theoretiker und Kliniker hingegen, die an einer Kombination von Verhaltenstherapien und psychoanalytischen Therapien arbeiten – ein Ansatz, der auch diesem Buch zugrunde liegt –, gibt es genügend. Zu besonderem Dank sind wir Dr. Paul Wachtel von der *City University of New York* verpflichtet, der an der Entstehung der *Society for the Exploration of Psychotherapy Integration* (SEPI), die 1984 erstmals zusammentrat, maßgeblich mitgewirkt hat.

Auch der Arbeit von Dr. Marvin Goldried von der *State University of New York* in Stony Brook und den Anregungen vieler SEPI-Mitglieder schulden wir Dank. Besonders fruchtbar war für uns der ständige Kontakt mit den Kollegen an der *Payne Whitney Clinic* am *New York Hospital*, vor allem die Seminare am Freitagmorgen, in denen einige unserer Konzepte diskutiert wurden, bevor sie Aufnahme in dieses Buch fanden.

Unser Dank gilt auch Dr. Helen Singer Kaplan vom *New York Hospital – Cornell University Medical Center*, Dagmar O'Connor vom *St. Luke's-Roosevelt Hospital Center* in New York sowie der Medienexpertin Dr. Ruth Westheimer, deren hilfreiche Ideen in das Kapitel »Super-Sex« eingeflossen sind. Darüber hinaus danken wir Dr. Kathleen M. White von der *Boston University*, Dr. Robert J. Sternberg in Yale, Dr. Sandra Lipsitz Bem von der *Cornell University* und Dr. Gwendolyn Gerber vom *John Jay College of Criminal Justice* an der *City University of New York* für die hier vorgelegte Darstellung der Beziehungen zwischen den Geschlechtern. Des weiteren bedanken wir uns bei Dr. Arnold Lazarus von der *Rutgers University* für Anregungen, die wir in unserem Kapitel über Ärzte und Therapeuten aufgegriffen haben.

Dank schulden wir auch Dr. Lawrence Hatterer und Dr. Mary Fitzpatrick, dem Management-Berater David McLaughlin, der Personalberaterin Lillian Roberts, der Herausgeberin der Fachzeitschriften *Behavior Today* und *Sexuality Today*, Suzanna Prescod, sowie den beiden bekannten Rechtsanwälten Julia Perles und Norman Sheresky.

Ganz besonderer Dank geht an Keir Dullea und Anne Jackson, deren Zeit wir äußerst großzügig in Anspruch nehmen durften.

In unserem Buch führen wir eine Reihe von Methoden an, die der Sportpsychologie entlehnt sind; unser Dank gebührt Dr. Richard Suinn von der *Colorado State University* sowie den Verantwortlichen für das Eliteförderungsprogramm der Sportfechter im Nationalen Olympischen Komitee der Vereinigten Staaten und selbstverständlich den Athleten selbst.

Überaus dankbar sind wir Kathy Levine für ihre großzügige Hilfsbereitschaft. Unser Dank geht außerdem an die einhundertundfünfzig Interviewpartner im ganzen Land, die es uns ermöglichten, die Auswirkungen und Folgen emotionaler Abhängigkeit in allen Lebensbereichen zu studieren.

Besondere Hochachtung schulden wir dem Werk von Dr. Albert Bandura von der *Stanford University*, vormals Präsident der *American Psychological Association* und wohl einflußreichster theoretischer Psychologe in der zweiten Hälfte dieses Jahrhunderts. Sein Selbstbehauptungs-Konzept, das wir »Das-kann-ich-Denken« nennen, stellt eine der wichtigsten Voraussetzungen zur persönlichen Änderung dar, wie wir sie in diesem Buch vorstellen.

Zu guter Letzt bedanken wir uns bei Grace Shaw und Eleanor Rawson vom Verlag *Rawson Associates* für ihr Interesse, ihre Professionalität und die liebevolle Anteilnahme an jedem Gedanken und jedem Wort in diesem Buch. Eleanor hat inzwischen drei Bücher von uns betreut. Von Mal zu Mal ist uns klarer geworden, mit welcher Sorgfalt und welchem Einfallsreichtum sie an ihre Aufgabe herangeht. Als Autor kann man sich keine bessere Lektorin wünschen.

PROLOG: DAS OPFER IM ALLTAG

Neue Wege und Methoden zeigen Ihnen, daß nichts mehr in Ihrem Leben schiefgehen muß. Sie können sie erlernen.
Mit etwas Ausdauer und Geduld können Sie Ihre Einstellung zu sich selbst und Ihr Verhalten grundlegend ändern.

Die Psychologie ist dazu da, Ihnen beim Erreichen dieses Ziels zu helfen. Sie entwickelt sich, wächst und reift kontinuierlich, wie jede andere Wissenschaft auch. In den vergangenen zehn Jahren haben wir, ausgehend vom Selbstsicherheitstraining und der Überwindung von Ängsten, einen großen Schritt vorwärts getan. Wir haben neue Methoden und Arbeitsprogramme erarbeitet, die Ihnen dabei helfen sollen, sich nicht gänzlich von Ihren Problemen überwältigen zu lassen, sondern sie in den Griff zu bekommen. Sie sollen sich nicht mehr von anderen in eine Opferrolle drängen lassen, sondern selbst die Initiative ergreifen können.

Wir haben gelernt, daß es möglich ist, psychoanalytische und verhaltenstherapeutische Ansätze miteinander zu kombinieren. Noch vor zehn Jahren standen den Praktikern der Seelenheilkunde nur zwei Möglichkeiten offen: Entweder arbeiteten sie ausschließlich mit dem Unbewußten oder sie ließen es ganz außer acht. Heute konzentriert sich die Therapie zunehmend auf die Interaktion zwischen Verhalten und Unbewußtem, deren wechselseitiger Beeinflussung sowie ihren Auswirkungen auf Ihr Leben. Das heißt, daß der Prozeß Ihrer persönlichen Verhaltensänderung erheblich verkürzt werden kann und Sie nicht mehr fünfmal pro Woche auf die Analytiker-Couch müssen.

Wir haben festgestellt, daß es einen bislang nicht identifizierten Menschentyp gibt: *das emotionale Opfer*. Emotionale Abhängigkeit ist ein weit verbreitetes Problem in unserer Gesellschaft; daher ist die Tatsache, daß die Fachliteratur dieses Phänomen buchstäblich außer acht läßt, um so erstaunlicher. (Unseres Wissens sind wir die ersten, die den Terminus *emotionales Opfer* einführen.) Unsere Lebensumstände und unsere Mitmenschen – Geliebte, Kollegen, Chefs, Freunde, Familienmitglieder – stellen uns durch Unwissenheit, Unzulänglichkeit, ja sogar offene Feindseligkeit vor so viele Probleme, daß allein die Bewältigung des Alltags eine ständige Mobilisierung unserer seelischen Reserven erfordert. Unangepaßtes Verhalten – das heißt, die falsche Einstellung zu den Problemen, mit denen wir konfrontiert werden – läßt viele von uns zu chronisch Abhängigen werden. Die Problemsituationen reichen vom Chef, der nicht Sie, sondern einen minder begabten

Kollegen befördert, bis hin zur großen Liebe Ihres Lebens, die Ihnen aus unerfindlichen Gründen einen Korb gibt. Einige von uns haben sich schon dermaßen an ihre Opferrolle gewöhnt, daß sie gar nichts anderes mehr erwarten, als tyrannisiert zu werden – und dementsprechend ihren Peinigern Tür und Tor aufhalten. Meist merken wir gar nicht, *wodurch* wir andere geradezu dazu auffordern, uns zu schikanieren.

Wir haben die Erfahrung gemacht, daß man bestimmte Reaktionen, die auf Einflüssen sozialer Strukturen (wie der Familie) beruhen, ändern kann, obgleich es oft im Interesse der anderen liegt, Sie als willkommenen Sündenbock zu behalten.

Ein Fallbeispiel: Bob S. und Steve Y., nicht übermäßig erfolgreiche mittlere Führungskräfte mit bescheidenen Ersparnissen und familiären Verpflichtungen, erbten beide mehrere hunderttausend Dollar. Jeder von ihnen vertraute das Geld einem Börsenmakler seiner Wahl an. Jeder mußte zusehen, wo er blieb, nachdem der vermeintlich vertrauenswürdige Makler sich mit dem Geld verspekulierte, denn am Ende hatten sie beide den größten Teil ihres neuen Reichtums verloren.

Bob und Steve hatten eine weitere Gemeinsamkeit: In ihrer Kindheit waren sie jeweils der Sündenbock der Familie gewesen. Für alles, was schiefging, wurde ihnen die Schuld in die Schuhe geschoben. In dieser Situation jedoch griff Bob zur Selbsthilfe – während sich Steve, unfähig, die ihm zugewiesene Rolle abzulegen, in sein Schicksal fügte.

Bobs erster Gedanke war, er sei wieder mal ganz alleine schuld. Er machte sich die schlimmsten Vorwürfe. Dann ging ihm auf, daß er immer noch die in der Kindheit gelernte Rolle spielte, und er übertrug – moralisch unterstützt von seiner Frau – seine Wut auf den Börsenmakler. Freunde, die sahen, daß Bob der Situation allein nicht gewachsen, sein Zorn jedoch gerechtfertigt war, rieten ihm, einen erfahrenen Anwalt aufzusuchen, der Klage einreichte. Der Fall wurde schließlich außergerichtlich geregelt; Bob erhielt sein gesamtes Erbe zurück. Da er seine Fähigkeiten diesmal realistisch eingeschätzt hatte, mußte Bob keinen finanziellen Verlust hinnehmen, sondern blieb am Ende der Sieger. Und da ihm nun auch seine Neigung aufgefallen war, von sich aus in die Rolle des Sündenbocks zu schlüpfen, zog er auch hier einen Schlußstrich. Er begriff, wo seine Grenzen lagen und daß er sich Hilfe von Dritten holen mußte – und er besaß die emotionale Stärke, gemeinsam mit seiner Frau seine Probleme zu meistern.

Steve hingegen verharrte weiterhin in der Sündenbockrolle, die er als Kind angenommen hatte. Ja, er hatte sogar seine Frau dazu angehalten, ihn genauso zu behandeln, wie ihn einst seine Eltern behandelt hatten. Auch als Erwachsener zog Steve eine gewisse Befriedigung aus der Rolle des Sündenbocks. Seine verdrehte Denkweise, die ihn für alles, was schiefging, die Schuld auf sich nehmen ließ, verlieh ihm innerlich das Gefühl persönlicher Macht. Folglich stimmte er, als seine Erbschaft perdu war, voll und ganz mit seiner Frau überein, die ihn einen Dummkopf schimpfte. Zwar besprach er das Problem mit einigen erfahrenen Freunden, hörte jedoch nicht auf deren Ratschläge. Sein Hauptinteresse war nicht etwa, die finanziellen Verluste wiedergutzumachen – er wollte vielmehr ständig von neuem unter Beweis stellen, wie sehr er zu leiden hatte und wie dumm es von ihm war, sein Geld einem skrupellosen Börsenmakler anzuvertrauen. Er erkundigte sich nach der Adresse eines einschlägig erfahrenen Anwalts, unterließ es aber, ihn anzurufen. Andere Schritte gegen den Makler zu unternehmen (als bloß davon zu träumen, ihn in der Lokalpresse bloßzustellen) hätten Steve des – paradoxerweise ja tröstlichen – Gefühls beraubt, ein Opfer zu sein. Unglücklich über den Verlauf, den die Ereignisse genommen hatten, blieb Steve der selbsternannte Sündenbock, zumal ihm jedes Konzept zur Bewältigung einer solchen Situation fehlte.

Wir werden Ihnen zeigen, welchen Weg Sie einschlagen müssen, wenn Sie sich Schritt für Schritt von emotionaler Abhängigkeit befreien wollen. Und wir sagen Ihnen, wie Sie diese Schritte von sich aus tun können.

Vielleicht gehören Sie zu den Menschen, denen es nicht schwerfällt, sich zu ändern, weil sie bloß ihr Verhalten ändern müssen. Es kann aber auch sein, daß Sie sich selbst erforschen müssen, um herauszufinden, was Sie daran hindert. Sie werden sich mit lebenslänglichen Ängsten, den Hemmungen vor der Erfüllung selbstgesetzter Ziele und emotionalen Blockierungen auseinandersetzen müssen, von denen Sie nicht einmal wissen, daß Sie sie besitzen und von ihnen an Ihrem persönlichen Wachstum gehindert werden. Um zu verstehen, was heute in ihnen vorgeht, müssen andere möglicherweise weit zurückgreifen in die prägende Zeit ihrer Kindheit. Es kann sein, daß dazu Handlungen, Gedanken, kreative Einfälle, innere Kämpfe und Gefühle erforderlich sind, die Ihnen zunächst wesensfremd erscheinen. Aber *das neue Verhalten ermöglicht es Ihnen, sich von Ihrer emotionalen Abhängigkeit zu befreien*. Eine Grundregel: *Wenn ich schon nicht kontrollieren kann, was von außen auf mich einstürzt, so kann ich doch wenigstens meine Reaktion darauf selbst bestimmen.*

Wir wollen Ihnen helfen, Ihre Persönlichkeit und Ihr Verhalten zu ändern, damit nicht mehr alles in Ihrem Leben schiefgehen muß. In diesem Buch stellen wir Ihnen eine *neue therapeutische Methode* vor, die Sie in den Stand setzt, ein Programm zur persönlichen Verhaltensänderung zu beginnen. Unser Ziel dabei: Sie sollen sich nie wieder emotional abhängig fühlen, weder von anderen noch von sich selbst.

Dieser Prozeß der Selbstbefreiung geht in fünf Schritten vor sich:

- *Erkennen*, was Sie als störend empfinden. Je deutlicher Sie ein Problem sehen, desto leichter fällt es Ihnen, daran zu arbeiten.
- *Erinnerung* an Ihre Kindheitserfahrungen und früheren Verhaltensmuster, die Sie anfällig für emotionale Abhängigkeit machen.
- *Überdenken*. Lernen Sie, negatives Denken in positives umzuwandeln.
- *Üben*. Lernen Sie neue Handlungsmethoden.
- *Neueinschätzung* Ihrer Reaktion auf bestimmte Situationen, damit Sie sie nicht mehr so sehen, wie Sie sie sich vorstellen, sondern so, wie sie wirklich sind.

Wenn Sie die ersehnte Verhaltensänderung in die Tat umsetzen wollen, müssen Sie mit uns arbeiten. Sie werden lernen, Ihre persönlichen Stärken zu erkennen, anzuwenden und auszubauen, und Sie werden dadurch an Selbstvertrauen und innerem Wachstum gewinnen.

Die Arbeit an sich selbst wird Sie stärker machen und Ihre Persönlichkeit festigen.

Wir haben dieses Buch bewußt in allgemeinverständlicher Sprache geschrieben und machen keinen Versuch, spezifische Symptome zu diagnostizieren. Das Buch kann auf keinen Fall dazu dienen, eine Beratung oder Behandlung durch ausgebildete Therapeuten zu ersetzen.

Die hier wiedergegebenen Fallbeispiele sind sowohl in ihrem Kern als auch in wesentlichen Einzelheiten authentisch. Um den Lesern und Leserinnen zeitlich nicht zuviel zuzumuten, wurden sie stark gekürzt. Namen, Orte und andere Hinweise auf das Privatleben der Patienten und anderer Betroffener wurden selbstverständlich geändert.

TEIL I:

EMOTIONAL ABHÄNGIGE: WER, WIE, WANN, WO UND WARUM

KAPITEL 1

SIE KÖNNEN SICH VON IHRER EMOTIONALEN ABHÄNGIGKEIT BEFREIEN

Jill A. ist eine erfolgreiche Werbetexterin. In ihrem Beruf zeichnet sie sich durch Kompetenz und Autorität aus. In ihrem Privatleben jedoch wird sie, sobald sie es mit einem Vertreter des anderen Geschlechts zu tun hat, abhängig und willenlos und verlangt nichts Geringeres als totale Zuwendung. Ihr Verhaltensmuster ist immer das gleiche: Sie läßt sich mit einem herrschsüchtigen, aggressiven und egozentrischen Mann ein, befürchtet unentwegt, ihn zu verlieren und fühlt sich, wenn er sie schließlich verläßt, ausgenutzt. Dieser Männertyp wird Jill niemals jene Art Zuneigung geben können, von der sie meint, daß sie sie braucht. Dennoch sucht sie sich immer wieder den gleichen Typ aus.

Tim P., 30 Jahre alt und mittlere Führungskraft, hegt seit jeher ein übersteigertes Verantwortungsgefühl für die finanzielle Versorgung seiner Mutter. Da er ihr einen Großteil seines Gehaltes zukommen läßt, kann er es sich nur selten leisten, mit einer Frau auszugehen. Kürzlich hat er entdeckt, daß seine Mutter ihre Sozialrente in ertragreichen Obligationen anlegt. Sie lebt von dem Geld, das er ihr gibt. Nun fühlt er sich »ausgenommen« und ärgert sich – aber er kann nicht aufhören, seiner Mutter weiterhin Geld zu überweisen, das sie gar nicht braucht.

John und Mary sind ein Paar, das sich gegenseitig ausbeutet, und zwar nach folgendem Muster: Wenn John Probleme hat, wünscht er sich, Mary möge ihm bei der Lösung helfen. Hat Mary Probleme, so erwartet sie von John Mitgefühl und seelische Unterstützung. In Wirklichkeit gibt John Mary, was *er* sich eigentlich wünscht: praktische Hilfe, während sie ihm das Maß an Mitgefühl schenkt, das *sie* eigentlich von ihm erwartet. Sie bekommen also beide stets etwas, das sie weder wünschen noch brauchen. Und beide fühlen sich jedesmal enttäuscht, unerfüllt und betrogen.

Jill, Tim, John und Mary unterscheiden sich in Alter, Erscheinung, Begabungen und beruflichem Erfolg, haben jedoch alle eine Eigenschaft gemeinsam, die ihr ganzes Leben beeinträchtigt: Sie sind emotional abhängig. »Warum tun die mir das nur an?« lautet ihre immer wiederkehrende Frage. Sie geben zu verstehen, daß sie sich elend und gequält fühlen, als Opfer von Menschen und Mächten, die sich ihrem

Einfluß entziehen. Oft genug allerdings leiden sie sinnlos, denn alles, was ihnen fehlt, ist die Einsicht, daß *sie selbst sich ändern können*.

Sind Sie emotional abhängig?

Uns allen kann es jederzeit passieren, daß wir von Dingen heimgesucht werden, die wir nicht beeinflussen können – einem Feuer etwa, einer ungünstigen Wirtschaftskonjunktur, Krankheiten oder Verbrechen. Die noch Unglücklicheren unter uns fallen beleidigenden oder absichtlich grausamen Menschen zum Opfer – nicht selten ausgerechnet jenen, denen wir uns eigentlich anvertrauen können müßten. So ergeben sich traurige, ja, mitunter sogar tragische Umstände, die die Betroffenen oft in tiefe seelische Not stürzen.

Hier befassen wir uns jedoch mit einer anderen Art von Opfer, die viel weiter verbreitet ist. Ich spreche von jenen Menschen, die sich ihr Leben so einrichten, daß sie unweigerlich als Verlierer dastehen, ob nun im Alltag, im Freizeitverhalten oder in ihren Beziehungen zu anderen Menschen. Ihr Unterlegenheitsgefühl resultiert aus der Art und Weise, wie sie mit sich selbst und anderen Menschen umgehen. Solange wir Unerträgliches hinnehmen und mit Menschen zusammenarbeiten, die uns übervorteilen, solange wir uns Dinge vorgaukeln, die nicht der Wahrheit entsprechen, und uns durch unser eigenes Verhalten in Schwierigkeiten bringen, solange wir Situationen, die ohnehin nicht leicht zu bewältigen sind, zu unlösbaren Problemen hochstilisieren – solange sind und bleiben wir emotionale Opfer, gefangen in einem ewigen Kreislauf aus Angst, Kummer und Leid.

Dieses Buch gilt also nicht den Opfern von Verbrechen, Mißbrauch und Mißgeschick. Es ist vielmehr für den viel weiter verbreiteten Typ des Opfers der eigenen Emotionen geschrieben. Es schildert die normalen Alltagsprobleme ganz normaler Menschen – Menschen wie du und ich – und zeigt auf, wie sich diese Probleme mit Hilfe neuer psychologischer Techniken lösen lassen.

Lassen Sie sich von Ihrer Neigung zu emotionaler Abhängigkeit ihr Leben verleiden? Lassen Sie sich daran hindern, Ihr kreatives Potential voll auszuschöpfen? Lassen Sie sich womöglich sogar davon fertigmachen?

Gehören Sie zu den Menschen, bei denen einfach alles schiefgeht?

Dieses Buch will Ihnen zeigen, daß Ihre emotionale Abhängigkeit kein unvermeidliches Schicksal ist. Es will Ihnen zeigen, daß Sie sich davon frei machen können – und wie sie es bewerkstelligen.

Die vier verschiedenen Typen emotional Abhängiger

1. Notorische Schwarzseher

Derzeit sind Sie tatsächlich das Opfer einer bestimmten Situation, aber Sie bauschen die Sache zu einer monströsen Angelegenheit auf. Angenommen, Ihre Firma wird von einer anderen aufgekauft. Sie verlieren Ihre Stellung und reden sich ein: »Ich werde nie wieder eine neue finden.« In Wirklichkeit finden die meisten solcher Arbeitslosen, selbst in der heutigen Zeit, eine neue Stellung. Womöglich können Sie sich ja sogar verbessern.

Oder Sie werden geschieden, reagieren mit dem Gefühl, niemand werde Sie jemals wieder »haben wollen« – und ignorieren die Tatsache, daß die meisten aller Geschiedenen eine neue Ehe eingehen und dabei oft viel glücklicher werden als in der Erstehe.

Mitunter machen Sie aus einer Mücke einen Elefanten: Ihr Freund oder Ihre Freundin kommt eine halbe Stunde später als verabredet, und Sie betrachten eine simple Verspätung, hinter der nichts weiter steckt als ein Verkehrsstau, als persönliche Beleidigung.

2. Ewig Getretene

Sie richten es selbst so ein, daß Sie sich als Verlierer fühlen müssen. Sie sehnen sich so sehr nach Zustimmung und Liebe, daß Sie es versäumen, Maßnahmen zu Ihrem eigenen Schutz zu ergreifen. Es ist, als trügen Sie um den Hals ein Schild mit der Aufforderung: »Mit mir darf jeder machen, was er will, weil ich nichts von mir halte.« Wahrscheinlich wählen Sie für Ihre Freundschaften und Beziehungen Partner, die Sie unweigerlich übervorteilen.

Oder Sie vertrauen sich den falschen Menschen an. Obwohl Sie genau wissen, daß Sie am Ende als Verlierer dastehen werden, provozieren Sie dieses Ergebnis oftmals noch durch Ihre Handlungsweise. Etwa, wenn Sie sich ständig bei Ihren Freunden darüber beklagen, wie sehr Sie sich verletzt fühlen, bis Ihnen schließlich entgegengehalten wird: »Nun hör endlich auf, das hast du mir schon tausendmal erzählt!« – worauf Sie sich nur noch mehr aufregen. Sie glauben, es seien immer andere, die Sie in die Verliererecke drängen – in Wirklichkeit aber sind Sie es selbst.

3. Notorisch Betroffene

Sie sehen sich selbst als Opfer, wo Sie gar keines sind. Sie wittern überall Ungerechtigkeit, Ausbeutung, Hinterhältigkeit oder Zurückweisungen, wo in Wirklichkeit – außer in Ihrer Einbildung – nichts von alledem vorhanden ist.

Ein Beispiel: Lenore D., mittlere Führungskraft in Chicago, mag die Besitzer der Eigentumswohnung über der ihren nicht, weil sie jeden gesellschaftlichen Verkehr ablehnen und keine der Aufgaben übernehmen, die in einem Sechs-Parteien-Haus mit einem Hausmeister, der nur stundenweise arbeitet, nun einmal anfallen. Sie bezeichnet die Mitbewohner als »Geizkrägen«, weil sie kein Geld ausgeben wollen für Dinge, die von allen Hausbewohnern benutzt werden. Lenore kauft also allein die teure Tapete fürs Treppenhaus – und schmollt. Sie will nicht einsehen, daß das Zusammenleben in einem Haus mit mehreren Eigentumswohnungen eine Art Geschäftsgrundlage braucht und daß die Leute über ihr keineswegs darauf aus sind, sie zu »ärgern«, sondern einfach nur nach ihren eigenen Wertvorstellungen handeln, die eben nicht mit denen Lenores identisch sind. Eigentlich wäre es Lenore am liebsten, wenn sich alle Mitbewohner des Hauses entsprechend ihren Vorstellungen von einer großen, freundlichen und rücksichtsvollen Familie verhielten – und das, obwohl sich ihre eigenen familiären Beziehungen in keiner Weise mit ihren Phantasien decken.

4. Unwissentlich Abhängige

Sie wissen selbst nicht, daß Sie sich ausnutzen lassen. Der Internist Joe M. zum Beispiel kommt nach einem überaus anstrengenden Arbeitstag nach Hause, und seine Frau, die selbst keiner bezahlten Arbeit nachgeht, erteilt ihm eine Reihe von Befehlen: »Kümmer dich erst um die Wäsche, dann geh noch ein Paket Kaffee kaufen . . .« Joe gehorcht, ohne sich auch nur seinen Widerwillen gegen dieses Verhalten einzugestehen. Denn das, meint er, würde ihm doch nur vor Augen führen, wie »egoistisch« er ist.

Wenn wir uns selbst für Verlierer halten, so spielen wir auch die Rolle des Verlierers und werden mit der Zeit zwangsläufig zu Verlierern, die nicht mehr imstande sind, Liebe zu erwecken oder sich an ihren eigenen Leistungen zu erfreuen.

Eine neue Behandlungsmethode zur Verhaltensänderung

Falsche Denkgewohnheiten setzen, zusammen mit falschen Aktionen und Reaktionen, Abhängigkeitsgefühle in Gang und dienen letztlich dazu, unsere Verlierermentalität aufrechtzuerhalten. Es klingt ganz einfach: Verändern Sie Ihr Verhalten und Ihre Denkgewohnheiten – und wir haben leichtes Spiel mit Ihrer Verlierermentalität. Daß diese Methode bei manchen Menschen Erfolg hat, bei anderen jedoch nur teilweise, gelegentlich oder kurzfristig wirkt, haben Psychologen in Theorie und Praxis in den vergangenen Jahren einsehen müssen. Letztlich kehren die meisten von uns doch zu den alten, eingefahrenen Verhaltensweisen zurück.

Wir haben einen neuen Ansatz in der Verhaltens-Psychotherapie gefunden, eine neue Behandlungsart, die zwei verschiedene Methoden miteinander vereint. Diese neuartige Behandlung stellen wir in diesem Buch vor.

Es geht um folgende Methoden:

1. *Verhaltenstherapie*. Die Patienten verändern ihre automatischen Handlungsmuster und Denkschablonen gezielt, ohne in ihrer Kindheit nach den Gründen für ihr Verhalten zu fahnden.

2. *Psychoanalytische Methoden*. Die Patienten lernen, wie sich ihre unbewußten Bedürfnisse, Konflikte, Triebe und Erinnerungen auswirken.

Vorherrschend in diesem Jahrhundert war lange Zeit die Freudsche Schule. Die Behandlung erfolgt nach dem Grundsatz, daß die meisten Probleme – von denen viele mit unseren Sexual- und Aggressionstrieben zu tun haben, die gemeinhin in der Kindheit erworben werden – in unserem Unterbewußtsein verborgen liegen. Sobald Patienten sich über ihre Gefühle und Erinnerungen – mittels freier Assoziation, Bewußtmachung von »Vergessenem« und den entsprechenden Einsichten – klar werden, verändern sie sich, sie werden aufgeschlossener, fühlen sich frei für die Liebe und erlangen persönliche Reife. Ihr Verhalten mag sich – als Folge daraus – ebenfalls ändern, aber das steht nicht im Mittelpunkt der Behandlung.

Die Verhaltenstherapie kam vor ungefähr dreißig Jahren auf und ging von einer ganz anderen Theorie aus. Sie folgte, wie wir bereits in unserem Buch *Sag nicht Ja, wenn Du Nein sagen willst* bemerkten, dem Prinzip, daß Sie »mittels Veränderung Ihrer Handlungen auch Ihre Einstellung und Ihre Gefühle sich selbst gegenüber verändern können«. Anders gesagt: Lösen Sie Ihr Problem, und Sie verändern sich selbst. So wenig Beachtung die Psychoanalyse dem Verhalten schenkt, so wenig Beachtung schenkt die Verhaltenstherapie den Wünschen, Motiven, Trieben oder dem Unbewußten der Patienten.

Viele Jahre lang vermieden es die Therapeuten der beiden Schulen, die Behandlungsmethoden der jeweils anderen Schule in ihre eigene Therapie einzubeziehen. Der Einfachheit halber ignorierten sie sich gegenseitig. Mittlerweile jedoch hat sich eine nicht unbedeutende Minderheit führender Köpfe in beiden Schulen herauskristallisiert, die die jeweiligen Stärken *beider* Methoden in ihren Therapien nutzt. Hauptförderer dieser methodenübergreifenden Behandlung ist die SEPI (Society for the Exploration of Psychotherapy Integration), in der Psychoanalytiker und Verhaltenstherapeuten zum Gesamtwohl ihrer Patienten zusammenarbeiten.

Dieses Buch stellt die neuesten Erkenntnisse aus diesem methodenübergreifenden Ansatz dar und führt an beispielhaften Leiden, von denen wir alle betroffen werden können, vor, wie sie anzuwenden sind. Es soll dabei helfen, das vielschichtige und weitverbreitete Problem emotionaler Abhängigkeit zu bewältigen.

Was Sie von der Verhaltens-Psychotherapie lernen können

Oberstes Leitprinzip: Entsinnen Sie sich der Vergangenheit, um Ihr gegenwärtiges Verhalten zu begreifen und für die Zukunft Änderungen herbeizuführen.

- Schrittweises Vorgehen (Änderung des Verhaltens, Überwindung von Blockierungen, Aufdeckung Ihres Unbewußten)
- »Das-kann-ich«-Denken (womit Sie sich sowohl die Überzeugung als auch die Fähigkeiten erwerben)
- Sagen Sie ja (sowohl zu anderen als auch zu sich selbst)
- Positive Einstellung (zu sich selbst sowie zu anderen)
- Wie Sie und Ihr Partner aufhören können, sich gegenseitig zu quälen (und von einem Paar, das unentwegt an der gegenseitigen Zerstörung arbeitet, zu einem emotional/beruflich kooperierenden Paar werden)
- Annehmbare Aggression (zur Erreichung eines bestimmten Ziels, zur Selbstbehauptung und zur Aufrechterhaltung Ihres Selbstwertgefühls)
- Ihr Köpfchen einzusetzen (Entwicklung kreativer Talente, von denen Sie gar nicht wußten, daß Sie sie besitzen)
- Nutzung des Vorbewußten (Auffrischung alter Erinnerungen zur Bewältigung der Gegenwart)
- Wem Sie trauen können – und bis zu welchem Grade (Erkennen unterschiedlicher Vertrauensgrade in freundschaftlichen und intimen Beziehungen)

- Gewinnermentalität (Übungen zur Selbststimulierung und zur Förderung des Selbstvertrauens, die von Teilnehmern an den Olympischen Spielen angewendet werden und sich ebenso erfolgreich im Alltagsleben anwenden lassen)
- Wie Sie das Beste aus Ihrer Beziehung machen (Intensivierung der Intimität, Liebe zeigen und teilen, Bewältigung von Veränderungen)
- Identifizierung von Beherrschern (Ausbeuter, Rechthaber, Befehlsverteiler sowie Egoisten und Menschen mit »Herrscherkomplex«) und Erkennen der Warnsignale
- Befreiung von paranoischem Denken (und wie Sie aufhören, immer nur daran zu denken, was »die anderen« zu Ihrem Verhalten sagen könnten)
- Erkennen von Situationen, in denen beide Seiten zum Opfer werden können (etwa im Fall von Arzt und Patient)
- Wie Sie sich kein zweites Mal von einer Scheidung aus der Bahn werfen lassen (Ihre Ängste und Ihre Ausgangssituation realisieren und diesmal die richtige Wahl treffen)
- Selbstvertrauen im Sexualleben (mittels sexueller Selbstbehauptung, Überwindung von Märchenvorstellungen, Befreiung von mütterlichen und/oder väterlichen Vorbildern)
- Wie und wann Sie zurückschlagen müssen, ohne dabei Ihre Selbstachtung zu verlieren.

Der schrittweise Ansatz zur Befreiung von Abhängigkeit

Der Erste Schritt: Das Verhalten

Zunächst lernen wir, bestimmte, immer wiederkehrende Verhaltensweisen – Handlungs- und/oder Denkmuster – zu identifizieren, die uns abhängig machen und abhängig bleiben lassen. Danach arbeiten wir systematisch daran, diese Verhaltensweisen zu ändern. Gemeinhin weiß jeder Mensch genau, wo ein grundsätzliches Problem besteht. Beispielsweise hat Frau X sich angewöhnt, regelmäßig zu spät zur Arbeit zu kommen. Ihr Chef schreit sie ebenso regelmäßig an, und sie läßt sich davon jedesmal aus der Fassung bringen. Oder Herr Y fühlt sich stets als Opfer anderer, gibt aber jedesmal, wenn er den Versuch macht, etwas zu ändern, allzu leicht auf (»Es ist ja doch alles hoffnungslos!«) und perpetuiert damit seine Abhängigkeit. Die in diesen beiden Beispielen zu identifizierenden Verhaltensmuster, die Frau X und Herrn Y sich selbst zum Opfer fallen lassen, heißen »zu spät kommen« und »zu leicht aufgeben«.

Wenn Sie Ihre Handlungs- und Denkgewohnheiten verändern, verändern Sie auch Ihr Abhängigkeitsmuster. *Warum* Sie sich so und nicht anders verhalten, ist dabei ohne Belang.

Der Zweite Schritt: Blockierungen

Der erste Versuch, uns zu ändern, kann fehlschlagen, weil wir vor den emotionalen Hürden kapitulieren, die wir errichtet haben – Angst, Neigung zu Passivität oder einfach nur schlechte Angewohnheiten, die uns daran hindern, unsere Verhaltensänderung auch konsequent durchzuführen. So wissen zum Beispiel manche Abhängige genau, daß sie angenehme Dinge und Ereignisse positiv aufnehmen sollten, doch ihre tatenlose, abwartende Haltung und ihre Furcht vor allem Neuen hindern sie daran. Mitunter wird gleichbleibendes Verhalten sogar belohnt – in Form eines psychologischen Hintertürchens (»Wenn ich mich bei anderen lieb Kind machen will, muß ich nicht nur wie ein Opfer handeln, sondern auch eines sein.«). Es kommt also nicht nur darauf an, daß Sie Ihr Verhalten ändern. Sie müssen vielmehr auch jene inneren Blockierungen verarbeiten, die der Verwirklichung Ihrer Zielvorstellungen im Wege stehen.

Der Dritte Schritt: Das Unbewußte

Es kann vorkommen, daß die ersten beide Schritte keinen Erfolg zeitigen und/oder daß sich alle Veränderungen in unserem Verhaltensmuster als kurzlebig erweisen. In diesen Fällen liegt der Schluß nahe, daß uns irgendein unbewußter Vorgang oder ein unbewußtes Bedürfnis (wie die Suche nach einem Mutter- oder Vaterersatz oder der Wunsch, uns von einer feindseligen Person beherrschen zu lassen) unsere Unterwerfung als psychisch lohnend erscheinen läßt. Da das Gefühl, vor anderen oder vor sich selbst als Märtyrer dazustehen, ein bestimmtes Bedürfnis befriedigt und uns gleichzeitig vor bestimmten Gedanken und Ängsten schützt, behalten wir unser Verhaltensmuster bei. Manchmal verrät uns das Märtyrerverhalten etwas über uns selbst, das wir nicht direkt ausdrücken oder dem wir uns nicht stellen können. Ein Beispiel: Eine Frau verhielt sich in Gesellschaft ihres Freundes grundsätzlich hilflos und konnte/wollte keinerlei eigene Entscheidung treffen. Damit drückte sie ihren unbewußten Wunsch aus, wie ein hilfloses Kind umsorgt zu werden.

Sobald wir die Faktoren, die derartige Unterlegenheitsgefühle auslösen, erst einmal erkannt haben, sind wir auch imstande, uns und unsere

Umwelt mit anderen Augen zu sehen und unser Märtyrerverhalten auf ein Minimum zu reduzieren.

Persönliche Effizienz: Der neue Weg zum Erfolg

Das Konzept der »persönlichen Effizienz« wurde von Professor Albert Bandura, Psychologe an der Stanford University, entworfen. Es handelt sich hierbei um eine bahnbrechend neue Erkenntnis auf dem Gebiet der Psychologie, gleichermaßen um einen Schlüsselfaktor bei der schrittweisen Veränderung des eigenen Verhaltens. Die entscheidenden Punkte dieses Konzepts sind eng miteinander verknüpft:

1. Es ist zwar dringend nötig, daß Sie imstande sind, alles Erforderliche zu tun, um eine Verhaltensänderung herbeizuführen, aber damit ist es nicht getan.

2. Sie müssen darüber hinaus wissen, daß Sie es tatsächlich können.

Das soll nicht heißen, daß Sie nun automatisch alles erreichen, was Sie sich vom Leben erwarten oder wünschen. Aber allein schon das Wissen, daß Sie alles Erforderliche tun *können*, um Ihre Ziele zu erreichen, versetzt Sie in die denkbar beste Position, jedwede auftauchende Schwierigkeit zu bewältigen. Ein Beispiel: Eine Frau möchte gern einen bestimmten Mann näher kennenlernen. Dazu muß sie ihn anrufen und ein Treffen vereinbaren. Sie ist sich von vornherein darüber im klaren, daß er ihren Vorschlag möglicherweise ablehnt – dennoch scheut sie sich nicht, ihn anzurufen.

Je stärker Sie dieses »Gewußt-wie«-Gefühl verinnerlichen, um so eher werden Sie in der Lage sein, auch die Risiken Ihres Verhaltensveränderungsprogramms und die Angst davor zu akzeptieren und damit zu leben.

Das nötige Maß an persönlicher Effizienz können wir auf vier verschiedenen Wegen erlangen:

1. *Mittels einer Reihe von Erfolgen.* Das ist der beste Weg. Beginnen Sie mit Veränderungsschritten, die Sie ohne große Mühe bewältigen können, und strecken Sie sich immer weiter nach der Decke. Sobald Sie sich offen zu ihren Schritten bekennen können, werden Sie den Erfolg sich selbst und Ihrer eigenen Kompetenz zuschreiben.

Falsche Reaktion: Im Beruf haben Sie einen kleinen Triumph zu verzeichnen. Sie distanzieren sich davon mit den Worten: »Der Chef war heute guter Stimmung. Deshalb hat er mich gelobt.«

Richtige Reaktion: »Ich habe gute Arbeit geleistet. Schön, daß der Chef das erkannt hat.«

2. Praktizieren Sie *konstruktiven Voyeurismus*, indem Sie sich an-

dere zum Vorbild nehmen. Beobachten Sie, wie Ihre Kollegen, Ihre besten Freunde oder Freundinnen, Ihre Bekannten Situationen vermeiden, in denen sie sich unterlegen fühlen könnten. Ahmen Sie deren Methoden nach. Ein Beispiel: Eine Frau, deren Mutter soeben gestorben war, erging sich in tausend Qualen, weil ihre beiden Geschwister den Schmuck der Mutter »erbeuteten«, kaum daß die Leiche erkaltet war. Zur gleichen Zeit verlor eine ihrer besten Freundinnen ebenfalls die Mutter und erlebte Ähnliches: Ein paar Stunden nach dem Tod der alten Dame hatte der Bruder mit seiner Frau die mütterliche Wohnung heimgesucht und sich mit drei wertvollen Schmuckstücken bereichert. Die Schwester verlor keine Zeit mit Gejammer. Sie ging geradewegs zu ihrem Anwalt, änderte ihr Testament und schloß ihren Bruder von jeglichem Erbe aus. Die Frau im erstgenannten Fall hätte also, statt sich in Klagen zu ergehen, vom Verhalten der zweiten lernen können. Sie hätte sich überlegen können: Was kann ich *tun*, um mich von meinem Kummer zu befreien?

3. Auch durch *Lesen* können Sie lernen. Gute Texte, die Sie für vertrauenswürdig halten, werden Ihnen Ideen liefern, die Sie auf Ihre eigene Situation anwenden können. Nehmen Sie zum Beispiel dieses Buch: Sie erfahren daraus, daß andere die gleichen oder ähnliche Probleme hatten wie Sie, und wie sie sie bewältigt haben. Sie lernen also gleichsam von »Stellvertretern«. Diese Methode fördert Ihr Selbstvertrauen – Ihr »Das-kann-ich«-Gefühl.

4. *Berücksichtigen Sie die Argumente Ihrer Freunde.* »Hör mal, dein Chef ist ja ein regelrechtes Ungeheuer. Das brauchst du dir doch nicht gefallen zu lassen!« sagt Ihre Freundin zu Ihnen. Damit drückt sie lediglich aus, daß sie auf Ihre Fähigkeit vertraut, einen Ausweg aus der unangenehmen Situation zu finden – egal, ob Sie sich nun dafür entscheiden, eine Aussprache mit Ihrem Chef herbeizuführen, oder sich gleich eine andere Stelle suchen. Auch das Vertrauen von Freunden fördert Ihr Selbstvertrauen, und Sie können sich sagen: »Ich bin selbst imstande, alles Erforderliche in die Wege zu leiten.« Sobald Sie erst einmal die Überzeugung gewonnen haben, daß Sie tatsächlich alles Notwendige unternehmen können, um Ihr angestrebtes Ziel zu erreichen, werden Sie sich nicht mehr als Opfer fühlen und auch keines mehr sein. Sie wissen nun – zum Beispiel –, daß Sie sich nach einem besseren Geliebten umsehen können, denn Sie fühlen sich frei, den Partner zu verlassen, der Sie ständig ins Unrecht setzt und mit dem Sie sich nur eingelassen haben, weil Sie sich Ihres eigenen Verhaltens nicht bewußt waren. Und da Sie nunmehr wissen, was Sie zu tun haben, um die nächste Sprosse auf der Karriereleiter zu erklimmen, können Sie Ihre Ängste erfolgreich überwinden. *Allein das Wissen, daß Sie etwas bewegen können, ermöglicht es Ihnen, entsprechend zu handeln.*

KAPITEL 2

WARUM GEHT AUSGERECHNET BEI MIR ALLES SCHIEF?

Alle hacken auf mir herum. Warum nur?«

»Mir geht's wie einem Fußball – alle treten nach mir. Niemand nimmt Rücksicht auf meine Wünsche. Wie kommt das bloß?«

»Ich bin doch auch nicht dümmer als andere, im Gegenteil. Aber jedesmal, wenn's um was Wichtiges geht, reißen mir andere das Heft aus der Hand, und ich muß kuschen. Muß das denn sein?«

So oder ähnlich lauten die düsteren Gedanken fähiger, netter, oftmals hochbegabter Menschen, die sich schikanieren lassen. Dächten sie einmal in Ruhe darüber nach, würden sie vielleicht die Wahrheit hinter ihrem emotionalen Selbstbetrug entdecken: Sie lassen sich nur deshalb schikanieren, weil sie etwas davon haben.

Das mag durchaus *positiv* für sie sein. Schikanen mögen ihr Gefühl für Geborgenheit, Erwünschtsein, Zugehörigkeit oder emotionale Sicherheit stärken. Immerhin schenken ihnen ihre Quälgeister Aufmerksamkeit. Und deshalb neigen die ewig Unterlegenen zu dem Glauben, ihre Peiniger würden sie – im Gegensatz zu anderen, die ihnen eher unbeteiligt gegenübertreten – nur selten im Stich lassen. Und das, obwohl sie durchaus erkennen, daß es ihren Peinigern sichtlich Freude und Genugtuung bereitet, sie unterzubuttern.

Die andere Möglichkeit ist, daß ihre Reaktion *defensiv* ausfällt. Denn solange die Gepeinigten damit beschäftigt sind, darüber zu jammern, was für »entsetzliche Dinge« ihnen von anderen angetan würden, fliehen sie vor der Verantwortung, ihre persönlichen Konflikte und Bedürfnisse genauer unter die Lupe zu nehmen.

Was macht anfällig für emotionale Abhängigkeit?

Menschen werden aus den verschiedensten Gründen und auf die unterschiedlichste Art und Weise für Schikanen anfällig, und zwar meist unbeabsichtigt und unbewußt. Sie lassen sich schikanieren, um etwas zu erreichen oder zu erhalten, von dem sie glauben, daß es zur Aufrechterhaltung ihres emotionalen Gleichgewichts unerläßlich ist.

Als Motivgeber, die zu seelischer Verletzlichkeit führen oder zu der Neigung, sich emotional ausbeuten zu lassen, können eine ganze Reihe von Faktoren angeführt werden. Das folgende Kurz-Quiz wird Ihnen helfen, den Quotienten Ihrer Neigung zur Aufopferung herauszufinden. Wenn Sie auch nur eine einzige der folgenden Fragen mit ja beantworten, so sind Sie ein Anwärter auf die Rolle des Opferlamms.

Kurz-Quiz zur Feststellung Ihres Neigungsquotienten

Ziel: Sie stellen fest, welche Eigenschaften Sie anfällig für Schikanen machen.

1. Wurden Sie dazu erzogen, für andere alles zu tun, nichts aber für sich selbst?
2. Suchen Sie nach Liebe und Bestätigung von außen, weil Sie sich selbst nicht leiden können?
3. Ermutigen Sie andere, auf Ihnen herumzuhacken, ohne daß es Ihnen bewußt ist?
4. Sind Sie ein guter Verlierer, aber ein schlechter Sieger?
5. Bringt Ihre Gutgläubigkeit Sie häufig in Schwierigkeiten?
6. Akzeptieren Sie Situationen, in denen Sie nur verlieren können, als normale Lebensumstände?

Im folgenden erfahren Sie, welche Menschentypen die erfolgreichsten Anwärter auf die Rolle des Opferlamms sind.

Opfer von Kindesbeinen an

Vielen Menschen wird schon in frühester Kindheit das prototypische Verhalten eines Opferlamms eingeimpft. Vielleicht hatten Sie kränkelnde Eltern und trugen daher schon zu früh zu viel Verantwortung. Oder Sie waren das älteste Kind eines wenig erfolgreichen Vaters und mußten schon frühzeitig die Familie miternähren. Sie haben für die Ausbildung Ihrer jüngeren Geschwister gesorgt, selbst aber diese Ausbildung verpaßt. Insgeheim haben Sie Ihr Leben lang die Last der Verantwortung, die Sie glaubten tragen zu müssen, abgelehnt und es nie verwinden können, daß Sie selbst keine Gelegenheit hatten, eine Ihnen gemäße Ausbildung zu vollenden.

Der Typus des männlichen Opferlamms hatte in den meisten Fällen eine »überbesorgte« Mutter. Da sie ihn vor allem möglichen behütete und abschirmte, erwuchs in ihm die Überzeugung, selber inkompetent und hilflos zu sein. Oder aber die Mutter hatte unentwegt etwas auszusetzen – an seinem Vater, seinen Freunden, seinen Chefs. Der

Sohn hätte ihr gerne geholfen, wußte aber nicht wie, was in letzter Konsequenz dazu führte, daß er Liebe mit Hilflosigkeit gleichsetzte. Auch als Erwachsener behält er nun die Vorstellung bei, das Element »Hilflosigkeit« gehöre zu jeder engen zwischenmenschlichen Beziehung.

Willenlose Opfer

Dieser Menschentyp hegt tief in seinem Inneren die Überzeugung, selbst nichts wert zu sein, ja, er verachtet sich geradezu und meint, nur die Zuneigung von anderen könne dem Leben einen Sinn verleihen. Infolgedessen ist er ununterbrochen auf der Suche nach dieser Art Zuneigung. Am Ende gewinnt jener Mensch, dessen Zuneigung begehrt wird, eine derartige Bedeutung für den Leisetreter, daß dieser alles daran setzt, sich die Gunst des anderen zu erhalten. Die Vorstellung, er könne einmal ärgerlich, selbstbewußt oder unabhängig seinen Standpunkt vertreten, verbietet sich der Leisetreter, weil er darin sofort die Gefahr des Liebesentzugs sieht. Er verbietet sich also, seine Gefühle auszudrücken, räumt den Bedürfnissen anderer Menschen stets Vorrang ein und unterdrückt auch jeglichen aufkeimenden Groll über seine emotionale Ausbeutung. Nicht selten kommt es in solchen Fällen soweit, daß die Gefühle sich schließlich explosionsartig entladen – und damit ist die Beziehung dann zerstört, ohne daß sich das Verhaltensmuster des Opferlamms ändern würde: Der Leisetreter kann gar nicht anders, als alle Menschen seiner Umgebung *kontinuierlich* heimlichen Prüfungen zu unterziehen, die ihm Beweise für ihre Zuneigung liefern sollen. Für Liebesentzug hält er es schon, wenn der Freund oder die Freundin einmal vergißt, ihn anzurufen.

Opfer des eigenen Leidensbedürfnisses

Schon Freud hat darauf hingewiesen, daß gewisse masochistische Gefühle, die in der Kindheit entstehen, zur Erhaltung des Lebenstriebs unter Kontrolle gehalten werden müssen.

Feindseligkeiten und aggressive Bedürfnisse

Viele Menschen, die ständig im Konflikt mit ihren aggressiven Trieben liegen, sind der Meinung, sie müßten ihren Wunsch, ab und zu um sich zu schlagen und andere zu verletzen, ständig unter Kontrolle halten. Sie lösen dann das Problem meist defensiv, indem sie ihr aggressives Verhalten gegen sich selbst wenden. Indem sie sich geradezu zwangsläufig immer wieder Personen und Situationen aussetzen, bei denen sie in emotionale Abhängigkeit geraten, finden sie ein Ventil für ihre selbstauferlegte Aggressionsunterdrückung.

Fallbeispiel: Der junge Geschäftsmann Pete W. ist wütend auf seinen Chef. Seine Wut wühlt all die *verdrängten* Aggressionen wieder auf, die er als Kind gegen seinen Vater hegte und die zu unserem normalen Entwicklungsprozeß gehören. (Die meisten Menschen können sich im Laufe des Heranwachsens jedoch, anders als Pete, davon befreien.) Unbewußt wünscht er sich, seinen Chef in der Luft zerreißen zu können. In seiner Phantasie bringt er ihn regelrecht um. Doch da ihm seine Gefühle Entsetzen vor sich selbst einjagen, verdrängt er seine Wut, seine Aggressivität und seinen Selbstbehauptungsdrang. Seine Problemlösung: Er gibt sich selbst die Schuld an jeder noch so unwichtigen Kleinigkeit und gerät in Wut über seine eigene Unfähigkeit und Unaufmerksamkeit. Die Tatsache, daß er seinen Zorn gegen sich selbst kehrt und sich zum Opfer ungerechter Selbstkritik macht, hilft ihm, seine destruktiven Triebe zu beherrschen. Pete hat, wie die meisten Menschen dieser Art, keine Ahnung von den Ursachen, die seinem Handeln zugrunde liegen.

Schuldgefühle

Manch ein emotional Abhängiger hat in seiner Kindheit auf Grund von Phantasievorstellungen, Empfindungen und geheimen Wünschen, die er für unanständig hält, Schuldgefühle entwickelt. Unbewußt hegen die Betroffenen sogar den Wunsch, dafür bestraft zu werden. Als Erwachsene manövrieren sie sich, ohne den Zusammenhang zu erkennen, immer wieder in Situationen, in denen sie von anderen bestraft werden.

Fallbeispiel: Ein Augenarzt heiratete in erster Ehe eine temperamentvolle blonde Werbetexterin, die ihm unablässig und lauthals seine Fehler und Schwächen vorwarf. Nach fünfzehn Jahren wurden sie geschieden. Der Augenarzt heiratete zum zweitenmal, diesmal eine ruhige brünette Lehrerin. Oberflächlich betrachtet, waren die beiden Frauen grundverschieden voneinander, doch bei genauerem Hinsehen wird klar, daß der Mann zweimal denselben Fehler beging: Von beiden Ehefrauen hörte – bzw. hört – er immer wieder den gleichen Vorwurf: »Du bist einfach gräßlich!« Der unglückliche Ehemann läßt sich also weiterhin für seine unbewußte »Schuld« bestrafen, die er in verdrängten Kindheitsphantasien über seine Mutter auf sich lud. Die Frauen, auf die seine Wahl fiel, führen die Strafe aus.

Opfer des Abel-Syndroms

Im Jahre 1917 beschrieb Sigmund Freud Fallbeispiele, in denen sich »das Individuum immer wieder schmerzlichen Situationen aussetzt, in denen es sich selbst bestraft oder der Früchte seines Erfolges beraubt wird«. Der Begriff *Abel-Syndrom* ist der biblischen Geschichte von Kain und Abel entnommen: Abel, der erfolgreiche Bauer, wurde von seinem Bruder Kain aus Neid und Eifersucht erschlagen. Manche Analytiker interpretieren die Geschichte der Brüder dahingehend, daß Abel, aus Schuldgefühlen über seinen Erfolg, seinem Mörder Kain sozusagen in die Hände spielte, um sich von eben diesen Schuldgefühlen zu befreien.

Opfer des Abel-Syndroms sind also vom Schicksal begünstigte Menschen, denen ihre Erfolge wie von selbst zuzufallen scheinen, die jedoch tief im Innersten darunter leiden und unfähig sind, sie zu genießen. Jeder Erfolg rührt unbewußte Schuldgefühle in ihnen auf, was wiederum ihre Neigung zur Opferhaltung stärkt. Sie halten sich selbst für Hochstapler.

Aus Buße für ihre schlimmen Gefühle begeben sie sich selbst in die Rolle des Opfers. Sie nehmen eine selbstverneinende Haltung an (»Alle Leute halten mich für viel begabter, als ich in Wirklichkeit bin«), was schließlich zur »sich selbst erfüllenden Prophezeiung« wird. Sie prophezeien, daß sie auf Grund ihres höheren Verdienstes von ihren Freunden gemieden werden – und fangen unbewußt damit an, ihre Freunde zu meiden. Ein Beispiel: Eine Hauptabteilungsleiterin, die wegen ihrer hervorragenden Position mit unerkannten Schuldgefühlen belastet war, hatte es sich zur Gewohnheit gemacht, jeden Morgen Punkt sieben Uhr schon in ihrem Büro zu sitzen und Sekretärinnenarbeiten zu erledigen. Sie glaubte insgeheim, dies sei *ihre* Aufgabe, während sie in Wirklichkeit solche Arbeiten zu delegieren und sich wichtigeren Dingen zuzuwenden hatte.

Opfer des Abel-Syndroms haben Schwierigkeiten, ein Kompliment entgegenzunehmen (»So gut bin ich nun auch wieder nicht«). Oder sie begehen auf dem Gipfel ihres Erfolges unbewußt (oder sogar absichtlich) einen groben Fehler, der einen weiteren – angeblich unverdienten – Karrieresprung verzögert oder sogar verhindert.

Naive Abhängige

Hier geht es um Menschen, die jedem Unterdrückungsversuch automatisch nachgeben, da sie weder gelernt haben, Vorsichtsmaßnahmen zu ergreifen, noch rechtzeitig die Anzeichen dafür zu erkennen. Und hat der Unterdrückungsprozeß erst einmal eingesetzt, so ergreifen sie auch keinerlei Maßnahmen, ihm Einhalt zu gebieten. Ein Beispiel: Eine Kollegin von Ihnen brüstet sich auf einer Konferenz mit Ideen, die in Wirklichkeit von Ihnen stammen, aber Sie widersprechen ihr nicht und verlieren auch später kein Wort mehr darüber. Statt nun aber künftig nichts mehr preiszugeben und Ihre Ideen bei der nächsten Konferenz selber vorzutragen, erzählen Sie der bewußten Kollegin weiterhin brühwarm jeden guten Einfall, der Ihnen kommt.

Dem naiven Opfer fehlt jede Fähigkeit, die in manchen Situationen verborgenen Gefahren zu erkennen – etwa die der übermäßigen Abhängigkeit von bestimmten Mitarbeitern. Ein Beispiel: Maggie L. ist Leiterin einer kleinen Import-Export-Firma mit drei Angestellten, darunter einem Buchhalter, der eine Schlüsselstellung innehat und ohne dessen Sachkenntnis manche Transaktion platzen würde. Der junge Mann, dreißig Jahre alt, weiß dies genau und nützt es dementsprechend aus: Er kommt häufig zu spät, nimmt sich viel zu oft frei und führt dauernd private Ferngespräche vom Büro aus. Maggie jedoch – statt einen anderen Buchhalter zu suchen und den jungen Mann zu feuern – meint, sie sei ganz und gar vom Wohlverhalten des Mitarbeiters abhängig und müsse deshalb auch sein impertinentes Benehmen erdulden.

Die gleiche Art unsicherer Abhängigkeit kann sich bei einer Frau entwickeln, die eine Haushaltshilfe beschäftigt – etwa im Falle einer Karrierefrau, die sich von ihrer unzuverlässigen Hilfe aus Angst, sie zu verlieren, immer weiter schikanieren läßt. Diese unsichere Abhängigkeit kann auch zwischen Paaren entstehen, wenn etwa einer oder beide Partner das Gefühl haben: Ohne den anderen bin ich ganz auf mich allein gestellt. Lieber also alles ertragen – seinen Egoismus, seine schlechten Angewohnheiten und Launen –, und um Himmels willen niemals ein Wort darüber verlieren!

Opfer mit besonderen Abhängigkeitswünschen

Es gibt Menschen, die sehen sich am liebsten in der Rolle des Schutzengels – für Alkoholiker, Ausgeflippte oder Magersüchtige. Möglicherweise will aber der oder die Unterprivilegierte gar keinen Schutzengel haben oder wünscht sich eine ganz andere Art von Zuwendung. Das eine Mal mag solch ein Schutzengel voll ins Schwarze treffen, das andere Mal hingegen voll daneben, in welch letzterem Fall er selbst zum Abhängigen wird und nichts weiter denkt als: »Da zerreiße ich mich nun für andere, und was habe ich davon?«

Wiederum andere haben regelmäßig das Bedürfnis, aus Krisen Katastrophen zu machen. Bei jedem noch so geringen Mißgeschick verlieren sie sofort das Selbstvertrauen, richten ihr Augenmerk ausschließlich auf das, was schiefging, verschwenden ihre Phantasie darauf, sich auszumalen, was sie eigentlich hätten tun *sollen* – und keinen Gedanken daran, was sie tatsächlich tun *können*, um das Problem zu lösen. So vergräbt sich zum Beispiel eine Frau, die gerade eine widerwärtige Trennung von ihrem Partner hinter sich hat, in ihren vier Wänden, weint der vergangenen Beziehung nach und unternimmt keinerlei Anstrengungen, ihr Leben wieder in den Griff zu bekommen oder überhaupt etwas für sich zu tun.

Wie Sie Ihren Verhaltensmechanismus in den Griff bekommen

Befreien Sie sich von all Ihren Ängsten, die Sie zum Verlierer stempeln

Es gibt drei Hauptängste, die Ihr Handeln bestimmen und auf die Sie reagieren müssen.

1. *Die Angst, Sie selbst zu sein.* Unsere moderne Massenproduktionsgesellschaft steht nicht nur für die Standardisierung der Produkte, sondern auch für die der Menschen. Konformität gilt als normal. Sie mögen in Ihrem Beruf zwar geschickter sein als andere auf vergleichbaren Posten, begabter als andere, risikofreudiger als Ihre Freunde – aber da Sie befürchten, andere könnten schlecht von Ihnen denken, halten Sie sich meist zurück. Da Sie Ihre Kreativität und Originalität nicht kundtun, erscheinen Sie als simple Kopie anderer Durchschnittsmenschen, nicht als die eigenständige Persönlichkeit, die Sie sein könnten. Und da Sie nicht Sie selbst sind, wird auch Ihr Lebensstil defensiv, so daß Sie schließlich – beruflich, gesellschaftlich und emotional – zum Verlierer werden.

Seien Sie doch froh, wenn Sie anders sind als alle anderen! Nehmen Sie Ihre Chancen wahr, schlagen Sie Kapital aus Ihrer Individualität! Felix Frankfurter, ehedem Richter am Obersten Gerichtshof der Vereinigten Staaten, hat dies einmal so ausgedrückt: »Jeder, der auf irgendeinem Gebiet gut ist, ist anders als alle anderen.«

2. *Die Angst vor Unannehmlichkeiten.* Wer nicht mehr ausgebeutet oder unterdrückt werden will, muß sein Verhalten ändern. Und davor fürchten sich die meisten. Sie fürchten sich davor, um eine Gehaltserhöhung zu bitten oder einem Freund klipp und klar zu sagen, daß er etwas falsch gemacht hat. Statt dessen lassen sie sich von wirren Gedanken beherrschen und malen sich die schlimmsten Folgen aus. Gemeinhin sind diese Schreckensvisionen viel schlimmer als die Realität. Schwierig wird es erst, wenn unsere Angst vor unerfreulichen Situationen so groß ist, daß wir sie grundsätzlich zu vermeiden suchen.

Wenn Sie ebenfalls von dieser Angst befallen sind, dann sagen Sie nicht: »Ich lasse mich nicht ins Bockshorn jagen.« Sagen Sie vielmehr: »Sicher, ich habe Angst. Aber ich kann damit umgehen und das tun, was zu tun ist.« Mit dieser »Das-kann-ich«-Einstellung sind Sie weit eher imstande, Unannehmlichkeiten hinter sich zu bringen. Womöglich entdecken Sie dabei sogar, daß Sie trotz aller Angst an Selbstvertrauen *gewinnen.* Schon bei der nächsten vergleichbaren Situation werden Sie sie nicht mehr gar so »unangenehm« finden, weil Sie weniger Angst davor haben.

3. *Die Angst, sich aggressiv zu verhalten.* Diese Angst kann ein Verhaltensmuster, das Sie zum Opfer anderer macht, fördern oder eskalieren lassen. Sie kann Sie daran hindern, Ihr eigenes Verhaltensmuster aufzugeben. Viele von uns halten Aggressivität für »schlecht«, daher unterdrücken wir sie und setzen uns der Gefahr aus, uns von anderen beherrschen zu lassen. Manche von uns verwechseln Aggressivität auch mit Temperament. Wir glauben zum Beispiel, ein Mann, der den Macho spielt, sei aggressiv, und eine erfolgreiche Frau müsse es sogar sein, »sonst hätte sie es nie so weit bringen können«.

Bis vor wenigen Jahren hielten viele praktizierende Psychologen Aggressivität für falsch und moralisch nicht zu rechtfertigen. Mittlerweile haben wir erkannt, daß die neue »annehmbare Aggression« in vielen Situationen ein durchaus konstruktives Verhalten sein kann. Manche unserer sozialen und situationsbedingten Bedürfnisse, ja oftmals auch unsere Selbstachtung, verlangen in bestimmten Fällen geradezu nach entsprechender, angemessener Aggressivität.

Fürchten Sie sich nicht vor *Wettbewerbs-Aggressivität*! Sie riskieren sonst, selbst zum Verlierer gemacht zu werden. Zur rechten Zeit eingesetzt, kann sie Ihnen durchaus von Nutzen sein. Im Sport ist diese Aggressivität längst zur Routine geworden. Sportler lernen schon im Training verschiedene psychologische Strategien, die ihnen im Wettkampf Vorteile verschaffen. Die Anwendung dieser Strategien auf andere Wettbewerbssituationen ist in bestimmten Fällen durchaus angebracht. Ein Beispiel: Sie bewerben sich um einen Job, den Sie dringendst brauchen. Im Empfangsraum der Firma sitzt schon ein anderer Bewerber, der offensichtlich gerade erst von der Schule oder von der Universität kommt und sich auffallend überheblich gibt. Sie haben nicht die Absicht, sein Selbstvertrauen auch noch zu stärken, daher sagen Sie: »Es stand zwar nicht in der Anzeige, aber die Firma setzt mindestens fünfjährige Erfahrung voraus.« (In Kapitel 5 finden sich weitere Richtlinien zur Anwendung von Wettbewerbs-Aggressivität.)

Manch ein Ziel läßt sich nur mit *strategischer Aggressivität* erreichen. Es kann vorkommen, daß Sie dabei einen anderen Menschen verletzen müssen.

Ein Beispiel: Sally L., Leiterin der Werbeabteilung einer großen Zeitschrift, sah ihren Posten in Gefahr, weil ihre Assistentin Lila O., eine unbegabte, aber ehrgeizige Streberin, sie beim Werbedirektor verleumdet hatte. Zur Klärung der Lage berief der Herausgeber eine Sitzung ein, bestehend aus ihm selbst, dem Werbedirektor und Sally. Der Rat einer klugen Freundin: »Versprich ihm, was du willst, Sally, aber sieh zu, daß du diese Lila loswirst.« Sally setzte sich durch. Ihre Assistentin wurde gefeuert. (»Sie kann die Radio- und TV-Werbung einfach nicht richtig plazieren.«) Sally hat diesen Kampf also nicht verloren. Verliererin war – verdientermaßen – Lila, die Assistentin, die versucht hatte, Sally auszubooten.

Aggressivität ist mitunter nicht nur gerechtfertigt, sondern geradezu notwendig, etwa im Fall von gegnerischen Rechtsanwälten vor Gericht. Wenn Sie vor die Wahl gestellt werden, sich entweder unnötigerweise in eine Opferrolle drängen zu lassen oder angemessen aggressiv zu reagieren, zögern Sie nicht: Ihre Aggressivität ist allemal das beste! Verteidigen Sie Ihren Posten, Ihre Familie, Ihre Ehe, ja sich selbst! Fragen Sie sich dabei nur eines: »Dient mein Vorgehen meiner Selbstachtung?« Wenn ja, schießen Sie los!

Setzen Sie sich erreichbare Ziele

Oft fühlen wir uns als Versager, weil wir Dinge ändern wollen, die gar nicht zu ändern sind.

Wir können die Welt nicht ändern. Umstände, die außerhalb unseres Einflußbereiches liegen, bisweilen auch höhere Gewalt, können uns bei der Verfolgung unserer Ziele in die Quere kommen. Wenn Ihre Firma zum Beispiel während einer wirtschaftlichen Rezession in Schwierigkeiten gerät oder sogar bankrott macht, können Sie nichts dagegen tun, so sehr Sie sich auch abstrampeln. Vielleicht dauert es ein ganzes Jahr, bis Sie eine neue Stelle finden. Oder: Ihr Ehepartner erleidet einen Herzinfarkt, Ihre Mutter wird von einem Auto angefahren, Ihre beste Freundin zieht nach Singapur... Wenn Sie zu den Leuten gehören, die meinen, sie müßten unter allen Umständen imstande sein, äußere Ereignisse dieser Art zu verhindern, so kommen Sie nie aus der »Underdog«-Position heraus, sondern manövrieren sich nur immer tiefer hinein.

Opferlämmer machen sich von ihren Mitmenschen oft ein Bild, das hinten und vorn nicht mit der Realität übereinstimmt. Sie können und wollen sie einfach nicht so sehen, wie sie wirklich ist. Ein Beispiel: Insgeheim wünschen Sie sich eine liebevolle, aufmerksame Vaterfigur als Chef. In Wirklichkeit ist Ihr Boß der schäbigste Kerl der Welt. Natürlich können Sie ihn nicht ändern – und doch versuchen Sie es immer wieder. Sie müssen lernen, daß es Menschen und Dinge gibt, die niemand ändern kann.

Mitunter meinen wir, unser Unbehagen – sei es nun eingebildet oder echt – gäbe uns das Recht, Forderungen zu stellen, Rache zu üben oder Manipulationen vorzunehmen. Mit solchen Aktionen können wir zwar im persönlichen und beruflichen Umfeld Macht ausüben – aber zu Lasten unserer eigenen Weiterentwicklung.

Wir alle müssen lernen, daß uns aus der Opferlamm-Mentalität nur *scheinbare* Vorteile erwachsen.

Vermeidbare Fallen

■ Wir müssen erkennen, daß die Angewohnheit, andere oder äußere Umstände für Mißerfolge verantwortlich zu machen, nur um selbst keine Verantwortung tragen zu müssen, auf Dauer lediglich dazu führt, daß wir unsere ureigenen Probleme verdrängen und nicht mehr bereit sind, uns mit ihnen auseinanderzusetzen.

Fallbeispiel: Marge und Phil erteilen gemeinsam Unterricht in Kundenbetreuung. Phil, der im Unterricht bissige Bemerkungen über Marge macht und Unterrichtsprotokolle allein unterzeichnet, erweckt bei der Firmenleitung den Eindruck, der Erfolg des Seminars sei allein ihm zuzuschreiben. Marge aber, die sich nun eigentlich überlegen sollte, wie sie diese konzerninterne Zeitbombe zu ihrem eigenen Schutz entschärfen kann, sitzt statt dessen bei Freunden herum und jammert ihnen vor, »wie sehr Phil mich haßt«.

■ Begreifen Sie, daß wir uns oft einreden, das, was andere von uns erwarten, sei in Wirklichkeit genau das, was wir von uns aus ohnehin tun wollten. Die Opfermentalität dient irgendwelchen Vorgängen in unserem Unbewußten; es handelt sich hierbei um einen sehr subtilen Vorgang, von dem wir in den meisten Fällen gar nichts merken. Als Kleinkinder kannten wir keine Grenzen. Doch dann fingen die Eltern an, uns Grenzen zu setzen, und wir mußten einsehen, daß wir nicht allmächtig waren. Diese Erkenntnis führte häufig zu einer »narzißtischen Verletzung des Ich«, wie Psychoanalytiker diesen Vorgang nennen.

Als Schutz gegen den Schmerz, den diese Verletzung verursacht, reden wir uns dann ein: »Ich wollte ohnehin von mir aus tun, was X oder Y mir befohlen haben.« Wir erhalten uns so die kindliche Illusion, keine Grenzen zu kennen. Der Preis dafür ist die Entfremdung von unseren wahren Bedürfnissen. Bereitwillig erfüllen wir alle Forderungen, die andere an uns stellen, denn wir haben uns ja eingeredet, ihre Wünsche seien mit unseren eigenen identisch. Wir ahnen gar nicht, daß wir in Wirklichkeit Opferlämmer sind.

■ Hüten Sie sich davor, sich unbedingt beweisen zu wollen, wie schlimm das Schicksal mit Ihnen umspringt! Manch ein Opferlamm glaubt, es brauche seiner Umgebung nur zu zeigen, wie sehr es leidet – und schon kommt jemand und nimmt es unter seine Fittiche. In seiner Einbildung erzeugt das Leiden unweigerlich den strahlenden Retter, der eines Tages dafür sorgt, daß alles wieder gut wird. Mit der Realität hat das nichts mehr zu tun.

Fallbeispiel: Der vernachlässigte Mann

David J., ein dreißigjähriger Junggeselle, hatte eine furchtbare Kindheit. Seine Eltern und Geschwister – er war der älteste – machten sich lustig über ihn. Er war an allem schuld. Die Ehe der Eltern war eine Katastrophe. Davids Mutter, die sich davor fürchtete, ihrem Mann die Meinung zu sagen, strafte David dafür, indem sie all ihren Ärger und Kummer an ihm ausließ. Vor den dauernden Mißhandlungen flüchtete sich David in eine Phantasie: Wenn ich das alles nur lange genug ertrage, so dachte er, dann kommt schließlich irgendeiner und kümmert sich um mich. Diese Illusion hielt ihn, als er schließlich erwachsen geworden war, buchstäblich in einer emotionalen Zwangsjacke gefangen. Nicht nur, daß er immer wieder neue Niederlagen einsteckte – er war aufgrund seiner Einstellung ganz und gar unfähig, sie zu vermeiden. Ständig hoffte er auf den Retter, der ihn aus seinem eintönigen Leben befreien würde.

Als David zur verhaltenstherapeutischen Behandlung zu mir kam, hatte er bereits eine ganze Reihe schlechter Erfahrungen im Beruf hinter sich. Er war Raumfahrtingenieur und hätte gerne in einem Sektor gearbeitet, wo echte Pionierarbeit geleistet wurde. Statt dessen nahm er Stellen ein, die ihn völlig unbefriedigt ließen. Bei der ersten Firma bekam er einen Job, der mit dem, was ihn interessierte, kaum etwas zu tun hatte. Bei der zweiten endete er in einer Abteilung, die ihm »antiquiert« vorkam. Beide Male kündigte er, und nun stand er bereits zum dritten Mal vor einer ähnlichen Situation. David erkannte nicht, daß er versäumt hatte, sich rechtzeitig über die jeweils angebotene Stelle zu erkundigen. Er schob die Schuld auf »die verlogenen Stellenvermittlungen« und war drauf und dran, seinen Job erneut hinzuschmeißen.

Im Laufe der Behandlung begriff David endlich, daß ihm seine Phantasievorstellungen bei beruflichen Entscheidungen ein ums andere Mal ein Bein gestellt und ihn in Positionen manövriert hatten, in denen das spätere Scheitern absehbar war. Diese Einsicht befreite ihn aus dem Würgegriff seiner Phantasie. Er sah ein, daß der erhoffte Retter niemals erscheinen würde – und daß er sich auf sich selbst verlassen mußte. Die Arbeitsbedingungen bei seinem dritten Job waren so miserabel, daß er nicht einmal über ein Telefon verfügte. Früher hätte er sich endlos damit herumgequält, Wutanfälle und Depressionen bekommen – aber nichts gegen diese selbstschädigende Haltung unternommen. Der »neue« David reagierte anders. In der Mittagspause vereinbarte er von der Telefonzelle aus Termine zu Einstellungsgesprächen. Das erste Gespräch verlief erfolglos. Beim zweiten Gespräch verkaufte er sich sozusagen bestens. »Wenn Sie mich einstellen«, sagte er zu seinem Gesprächspartner, »kriegen Sie gleich noch ein ganzes Netzwerk dazu« – womit er seine äußerst wertvollen Branchenkontakte meinte. Der andere zögerte keine Sekunde und antwortete: »Sie haben den Job.« *David hatte seine Phantasiewelt verlassen und fand sich nun auch in der Realität zurecht.*

Partner, die sich gegenseitig quälen

Oftmals arbeiten wir unwissentlich unseren Peinigern in die Hände – entweder um ihr Opfer zu werden oder um es zu bleiben. Wer etwa in der New Yorker U-Bahn sichtbar eine Goldkette trägt, muß sich im Grunde genommen darüber im klaren sein, daß er dem Verbrechen zuarbeitet. Genauso können wir uns einen Chef, eine Freundin oder einen Liebhaber aussuchen, die jederzeit imstande sind, uns auszunützen. Und ebenso gibt es eheliche oder eheähnliche Verbindungen, in denen beide Partner unfähig sind, den jeweils anderen in Ruhe zu lassen oder ihn zu verlassen. Ein Leben lang quälen sie sich gegenseitig. Beide kennen die Unterdrückerqualitäten des Partners genau, unternehmen aber nichts dagegen, weil sie sie zur Befriedigung ihrer eigenen Bedürfnisse brauchen.

Fallbeispiel Nr. 1: Eine junge Frau verabredet sich mit einem Mann und entdeckt gleich zu Beginn der Beziehung, daß er außerordentlich taktlos ist. Er gibt ihr das Gefühl, dumm, schwach und inkompetent zu sein, doch sie bringt es nicht fertig, die Beziehung zu beenden. Ihre Vorstellung von Weiblichkeit ist, ohne daß sie sich dessen bewußt wäre, untrennbar mit der Rolle des schwächeren Partners verbunden. Infolgedessen gleitet sie immer tiefer in die Rolle der Unterlegenen ab und macht es ihrem Geliebten im Laufe der Zeit immer leichter, sie in Abhängigkeit zu halten.

Fallbeispiel Nr. 2: Der Boß einer großen PR-Agentur hat einen seiner Vizepräsidenten jahrelang schikaniert, und dieser erfüllte in seiner Opferlamm-Mentalität bereitwillig auch die absurdesten Forderungen. Kurz bevor der Chef in den Ruhestand trat, verlangte er von seinem Vizepräsidenten die Erstellung eines »Leistungsverzeichnisses«. Der fügsame Mann verbrachte fortan Wochen mit der Arbeit eines Bürogehilfen, während andere in seiner Position eine Beförderung verlangt – und erhalten – hätten. Schließlich übernimmt ein neuer Boß die Firma, erfährt von besagtem Verzeichnis, identifiziert den Vize mit seinem eigenen Vorgänger in der Geschäftsleitung – und wirft ihn hinaus. Der Vizepräsident fiel also seiner eigenen Kollaborationsbereitschaft zum Opfer.

Ein Paar, das sich gegenseitig quält, muß also durchaus nicht aus Mann und Frau bestehen. *Immer* jedoch beruht diese Art von Partnerschaft auf Gegenseitigkeit.

Auf welche Weise spielen *Sie* den Schikanen ihrer Schwiegermutter, der Ausbeutung von seiten Ihrer Schwester, dem Verrat eines Freundes aktiv in die Hände?

Wie Sie notorische Unterdrücker erkennen können

Vielleicht meinen Sie, nur unverkennbare Sadisten könnten das Bedürfnis haben, Sie zur Marionette, zur Schachfigur oder gar zur Beute zu degradieren. In Wirklichkeit haben viele notorische Unterdrücker mit eigenen – bewußten und unbewußten – Problemen zu kämpfen, die sie letztlich zu ihrem Verhalten veranlassen. Je eher Sie imstande sind, die diversen Unterdrücker-Typen zu erkennen, desto geringer ist die Gefahr, daß Sie ihnen zum Opfer fallen.

Achtlose Unterdrücker haben es sich zur Gewohnheit gemacht, niemals auf andere Menschen Rücksicht zu nehmen. Sie verhalten sich daher wahrscheinlich auch allen anderen, die mit ihnen zu tun haben, so wie Ihnen gegenüber.

Gewohnheitsmäßige Unterdrücker sind möglicherweise in ihrer Jugend selbst unterdrückt worden. Nun, da sie erwachsen sind, wollen sie den Spieß einfach umkehren. Oder sie hatten schwächliche kleine Geschwister, die sie schikanieren konnten, und gewöhnten sich auf diese Weise daran, ihre Mitmenschen herumzukommandieren.

Affektive Unterdrücker werden nur gelegentlich aktiv, wenn sie wütend, frustriert oder niedergeschlagen sind – vielleicht aus gutem Grund.

Zwanghafte Unterdrücker können ihre eigene Handlungsweise nicht steuern. Sie haben derartige Minderwertigkeitskomplexe, daß sie unbedingt andere Menschen unterdrücken müssen, um ihre eigenen Ängste in Schach zu halten.

Der Domino-Effekt des Ungerechtigkeitsfaktors

Es gibt viele Situationen, in denen wir uns zwar hilflos vorkommen, uns aber deswegen noch lange nicht als Opfer fühlen. Ein Tennisspieler etwa, der ein Match verliert, kann sich damit abfinden, daß er zwar sein Bestes gegeben, sein Gegner aber einfach besser gespielt hat. Da keine Ungerechtigkeit im Spiel war, fühlt sich der Verlierer nicht als Opfer. Hat er jedoch aufgrund von Fehlentscheidungen des Schiedsrichters verloren, so fühlt er sich als dessen Opfer. Auf einmal kommt die Ungerechtigkeit ins Spiel.

Unfairneß oder Ungerechtigkeit sind oft die Keimzelle einer Opferlamm-Mentalität, gepaart mit dem Empfinden, persönlich vereinnahmt, herabgewürdigt und mitunter sogar geschädigt zu werden. Die Ungerechtigkeit kann dem Zufall, den Launen und Mißstimmungen, der Dummheit und Gleichgültigkeit oder sogar der echten Boshaftigkeit anderer entspringen. Viele Menschen jedoch nehmen Ungerechtigkeiten von vornherein persönlich und bilden sich ein, als einzige davon betroffen zu sein. Sie denken nicht daran, daß es sich in den meisten Fällen um fremde Verhaltensweisen handelt, die mit ihnen persönlich herzlich wenig zu tun haben.

Die freiwillige Selbstaufgabe – sei es durch berufliche oder durch private Fehlentscheidungen, durch falsch gewählte Freunde oder Vertraute – schmerzt weit mehr als die aktive Unterdrückung durch andere. Ungerechtigkeiten und das Gefühl einer tiefen inneren Bedrohung beginnen in diesem Fall unser Leben dermaßen zu beherrschen, daß wir schließlich die Wirklichkeit nicht mehr erkennen und nicht einmal mehr den Versuch unternehmen, das Problem in den Griff zu bekommen. Das Minderwertigkeitsgefühl führt schließlich zur Selbstverachtung; wir geben nun bei allem und jedem allzu leicht nach. Ein Berg aus Depressionen, Ängsten und Hoffnungslosigkeit türmt sich vor uns auf und macht aus einer kritischen Situation ein unüberwindliches Problem. Wir werden also zweifach zum Opfer – *zum Opfer unseres eigenen Selbst.*

So muß es aber keineswegs sein!

Fallbeispiel: Die Computerprogrammiererin

Julia T., eine attraktive Junggesellin anfang Dreißig, verdient 30 000 Dollar per anno als Programmiererin. Als sie in meine Praxis kam, fühlte sie sich deprimiert. Sie sei nicht imstande, meinte sie, eine gute Beziehung zu einem Mann aufzubauen, und habe das Gefühl, in praktisch allen Lebenslagen die Unterlegene zu sein. Allerdings variiere dieses Gefühl je nach Situation.

Nur wenig unterlegen fühlte sie sich im Kreise ihrer Freundinnen, im Beruf war es schon schlimmer, wenngleich noch erträglich, ganz besonders stark aber empfand sie ihre Unterlegenheit gegenüber Männern, mit denen sie ausging. Ihr Chef pflegte ihr »unfaire« Aufgaben zuzuweisen, die auszuführen ihr Schwierigkeiten bereiteten. Besonders schwierig aber war eben der Umgang mit Männern. Sie stellten »unmögliche« Forderungen: »Gib das Rauchen auf!« oder »Du hast dich gefälligst nach mir zu richten!« Julia wies immer wieder auf die ungerechtfertigten Ansprüche ihrer Bekannten hin, dachte jedoch nie darüber nach, was sie selbst unternehmen könnte, um diesen Zustand zu beenden und zu verhindern, sich selbst wieder in die Position der Unterlegenen zu manövrieren.

Es stellte sich heraus, daß Julias Kindheit ihr Erwachsenenleben enorm beeinflußte. Als sie sechs Jahre alt war, hatten ihre Eltern sich scheiden lassen. Ihre Mutter hatte ganztags gearbeitet und ihr kaum Aufmerksamkeit geschenkt. Sie war ein Schlüsselkind, um das sich verschiedene Nachbarinnen und zwei ältere Schwestern kümmerten. Und die älteste Schwester kritisierte dauernd an ihr herum.

Julia und ich begannen mit einem verhaltenstherapeutischen Programm, dessen Ziel es war, sie von ihren Unterlegenheitsgefühlen zu befreien. Zunächst konzentrierten wir uns auf die Frage, was sie selbst unternehmen könnte – zum Beispiel ihrem Freund Kontra geben –, doch schlugen alle ihre Versuche in dieser Hinsicht fehl. Gemeinsam kamen wir schließlich zu der Erkenntnis, daß das Problem wohl tiefer lag, als wir ursprünglich vermutet hatten.

Ich gab Julia den therapeutischen Auftrag, ihr Unbewußtes zu sondieren. Sie sollte sich in Kindheitssituationen zurückversetzen, in denen sie sich unterlegen gefühlt hatte, und Parallelen zwischen damals und heute herausfinden. Dabei erkannte sie, daß der Kern des Problems darin lag, daß sie, als ihr Vater damals die Familie verließ, das Gefühl hatte, ungemein ungerecht behandelt zu werden. Ihre Hilflosigkeit in der Gegenwart entsprang also der damaligen Unfähigkeit, irgend etwas gegen diese Ungerechtigkeit zu unternehmen. Sie glaubte, ihr Vater hätte sich damals unfair verhalten, und fürchtete nun bei anderen Männern eine ebensolche Reaktion.

Nun machten wir uns daran, das aus Julias Unterlegenheitsgefühlen resultierende Verhaltensmuster zu verändern, indem wir die Realität in unsere Überlegungen einbezogen. Als erstes fand Julia heraus, daß ihr Vater allen Grund gehabt hatte, die Mutter (in Wirklichkeit eine ewig unzufriedene, rechthaberische Frau) zu verlassen, und erkannte, welche Wirkung ihre Mutter auf sie selbst gehabt hatte, indem sie ihr das Gefühl ständiger Unsicherheit und ewiger Unzulänglichkeit vermittelte. Julia dachte: »Wenn meine Mutter mich so sehr beeinflußt hat, dann kann ich mir auch vorstellen, wie sie meinen Vater beeinflußt hat!«

Den zweiten Schritt unternahm Julia selbst, indem sie entschied, Kontakt mit ihrem Vater aufzunehmen und ihn unverblümt zu fragen: »Warum hast du uns verlassen?« Als sie ihn dann traf, erklärte er ihr, die unablässigen Erniedrigungen seitens der Mutter hätten ihn schließlich soweit gebracht, daß er sich selber nicht mehr ausstehen konnte, weil er diese respektlose Behandlung zuließ. Die Kenntnis des väterlichen Standpunkts versetzte Julia in die Lage zu erkennen, daß die damaligen Ereignisse von zwei Seiten aus betrachtet werden konnten – und nicht nur von der, die ihr von ihrer Mutter her sattsam bekannt war (»Dein Vater war ein furchtbarer Kerl.«). Julia fühlte sich plötzlich, als wäre ihr eine unsägliche Bürde von den Schultern genommen.

Befreit von ihrer emotionalen Altlast und gestärkt durch ihre neuen Erkenntnis- und Interpretationsmöglichkeiten, änderten sich auch Julias Gefühle von einem Tag auf den anderen. Auf einmal war sie imstande, ihr Verhalten von der Opfer-Mentalität zu befreien. Sie erkannte, daß viele Situationen, die sie bislang als gegen sie persönlich gerichtete Ungerechtigkeiten empfunden hatte, in Wirklichkeit ganz harmlos waren.

Das Wissen um die wahren Hintergründe ihrer Kindheitsprobleme befreite sie endlich von dem Gefühl der Ohnmacht, das sie bislang stets mit angeblich ungerechten Situationen assoziiert hatte. Heute ist sie realistisch und weigert sich, die Rolle der ewig Unterlegenen zu spielen. Mittlerweile bringt sie es fertig, ihrem Chef klarzumachen, warum sie bestimmte Aufträge von ihm als ungerecht empfindet. Sie gibt ihren Männerbekanntschaften deutlich Kontra. Sie wehrt sich, wenn irgend jemand sie schikanieren will. Ob aus irgendeiner ihrer Bekanntschaften einmal eine langfristige Beziehung wird, weiß sie nicht. Eines haben wir aber immerhin erreicht: Zum erstenmal in ihrem Leben ist Julia Herrin ihrer selbst.

Der Entschluß zur Verhaltensänderung

Sind Sie einmal Opferlamm gewesen, so heißt das noch lange nicht, daß Sie es für den Rest Ihres Lebens auch bleiben oder stets über die schlimme Vergangenheit jammern müssen. Sie können auch den Spieß umkehren. Die Erfahrung, ein Opferlamm gewesen zu sein, eröffnet Ihnen neue Chancen.

Als Haushaltskürzungen am Brooklyn College die außerordentliche Professur von Dr. Ruth Westheimer beendeten, war sie »wütend und hilflos und fühlte sich zurückgewiesen«. Allerdings erlaubte sie diesen Gefühlen nicht, sie zu vereinnahmen. Sie hielt weiterhin Vorlesungen über Sexualerziehung, und es dauerte nicht lang, da machte »Dr. Ruth« international Karriere als Therapeutin, Fernsehstar, Filmschauspielerin und Autorin.

Die mutige Mary Taylor Moore hat zwei Scheidungen und eine Alkoholentziehungskur im Betty Ford Center hinter sich. Ihr Sohn hat sich mit siebzehn Jahren erschossen. Inzwischen weiß sie, daß sie endlich jene »Na und«-Einstellung gegenüber vergangenen Problemen entwickelt, die sie sich schon immer gewünscht hat.

Sie müssen weder berühmt sein noch ein Ausnahmemensch, um in Ihrer Opferrolle auch eine Chance zur Reifung und zu einem neuen Anfang zu sehen. George R., Topmanager in einer Anzeigenagentur, wurde zweimal entlassen: das erste Mal aus Gehässigkeit, das zweite Mal, weil die Firma Pleite machte. Danach zählte er zwei und zwei zusammen und erkannte, daß er, um echte Freiheit und Sicherheit zu erlangen, sein eigener Chef werden müsse. Um das nötige Grundkapital zu verdienen, arbeitete er zwei Jahre lang für eine renommierte Firma, dann machte er sich selbständig. Heute ist er ein glücklicher Millionär. Daß er einmal ein Underdog war, befähigte ihn zu einer realistischen Einschätzung seiner beruflichen Chancen. Er zog die richtigen Konsequenzen und bewahrte sich somit vor weiteren Enttäuschungen.

Wenn es die Realitäten des Lebens waren, denen Sie zum Opfer gefallen sind, so sagen Sie sich am besten: »Hier bin ich nun also gelandet, Gerechtigkeit hin oder her. Was will ich erreichen? Womit fange ich an? Und wie geht es später weiter?«

Sehen Sie ein, daß *nur Sie selbst imstande sind, sich zu ändern*. Wie immer Ihre Vergangenheit aussah – über Ihre Gegenwart bestimmen Sie selbst. *Ihre Zukunft liegt in Ihrer Hand.*

KAPITEL 3

DIE FAMILIE: UNTERLEGENE UND ÜBERLEGENE

Zwei Schwestern mittleren Alters, die sich jeden zweiten Monat einmal zum Mittagessen treffen, führten kürzlich ein interessantes Gespräch. Grace gestand, sie habe die zwei Jahre jüngere Claire ihr Leben lang für den Liebling der Familie gehalten.

»Das ist nicht wahr«, widersprach Claire, »das warst du! Alle mochten dich am liebsten, weil du so begabt warst und immer so gescheit dahergeredet hast.« Etwas ernsthafter fügte sie dann hinzu: »Ich habe immer darunter gelitten. In der Schule wurde ich dauernd gefragt: ›Was, du bist Graces Schwester?‹ Da habe ich mich dann entschlossen, anders als du zu werden – und ich wollte Erfolg haben.« Sie machte Karriere als Kinderärztin. Das Gespräch über die gemeinsame Kindheit machte die enge Bindung zwischen den beiden Schwestern offenkundig.

Zwei andere Schwestern mittleren Alters treffen sich nie zum Essen, ja, sie reden nicht einmal miteinander. Eleanor, um vier Jahre älter als ihre Schwester Chris, galt als der Star der Schule: Sie war Klassensprecherin, leitete die Theatergruppe und schrieb Artikel für die Schülerzeitung. Chris hatte stets das Gefühl, in Eleanors Schatten zu stehen. Aus Unsicherheit beteiligte sie sich weder an der Schule noch am College an irgendwelchen Aktivitäten. Sie führt heute eine Durchschnittsehe. Früher pflegte sie Eleanor vorzuwerfen: »Du bist schuld daran, daß bei mir alles schiefgeht!« Ihr Leben lang verpuffte ihre Energie im fruchtlosen Haß auf die angebliche »Tyrannin« Eleanor. Ihr Verhalten hatte schwerwiegende Folgen: Eleanor fühlt sich heute als Opfer der unsinnigen Feindschaft ihrer Schwester. In Wirklichkeit hat Chris sich selbst in die Rolle der ewigen Verliererin manövriert.

Beide Schwesternpaare stammen aus Vorstadtfamilien der Mittelklasse, in denen nur die Väter einen Beruf ausübten. Im Fall von Grace führten die Eltern eine gute Ehe; zu Hause herrschte eine angenehme, harmonische Atmosphäre. Beide Elternteile behandelten die Schwestern unvoreingenommen als individuelle Persönlichkeiten und ermutigten sie stets, ihren jeweiligen Möglichkeiten und Begabungen zu folgen. Die von Achtung und gegenseitigem Vertrauen geprägte Atmosphäre befähigte Claire, den Erfolg ihrer älteren Schwester nicht als Bevorzugung zu begreifen, sondern als Herausforderung. Trotz der unter Geschwistern üblichen Rivalität blieben Claire und Grace somit einander eng verbunden.

Bei Chris und Eleanor sah es ganz anders aus: Die Ehe der Eltern war nicht gut. Es herrschte stets eine gespannte Atmosphäre im Haus, die allgemein das Empfinden aufkommen ließ, die Familie könne jederzeit auseinanderbrechen. Eleanor schlüpfte schon früh in die Rolle der für alles Zuständigen und Verantwortlichen, so daß alle sie als diejenige betrachteten, die die Familie zusammenhielt – wenngleich die Eltern sich dessen wohl gar nicht bewußt waren. Das hatte zur Folge, daß die Eltern ihre Aufmerksamkeit primär Eleanor widmeten und sie dadurch in ihrer Rolle bestärkten, während Chris und ein jüngerer Bruder im wesentlichen nur Herabsetzung von ihnen erfuhren. Die beiden Jüngsten wurden auf diese Weise tatsächlich zu Opfern einer ungerechten Behandlung, doch da ihre Rolle ein wesentlicher Bestandteil des von allen getragenen, empfindlichen Beziehungsgeflechtes war, das die Familie zusammenhielt, fügten sie sich bereitwillig.

Auch Eleanor selbst war ein Opfer der Verhältnisse, denn ihre Eltern kamen mit all ihren Problemen zu ihr. Eleanor haßte die große Verantwortung, die ihr in viel zu jungen Jahren zufiel und häufig in krassem Widerspruch zu ihren eigenen Bedürfnissen und Wünschen stand, verhielt sich aber, als bliebe ihr keine andere Wahl. Nur selten hörte sie von den Eltern oder Geschwistern ein Dankeschön oder eine andere Anerkennung für ihre Bemühungen. Die Art und Weise, wie die Eltern ihre permanente Ehekrise zu bewältigen suchten, um den Zusammenhalt der Familie zu gewährleisten, führte zwangsläufig dazu, daß alle Familienmitglieder zu Opfern der Verhältnisse wurden.

Familienbande

Verhaltensänderungen innerhalb einer Familie herbeizuführen, stößt auf die größten Schwierigkeiten. Der Verhaltenstherapie liegt deshalb vor allem daran, den Patienten einsichtig zu machen, warum sie erstens familiäre Beziehungen aufrechterhalten, durch die sie in die Rolle des Opfers gedrängt werden, und zweitens den einzelnen Familienmitgliedern auch als Erwachsene noch die gleichen Gefühle entgegenbringen, die sie schon in der Kindheit hegten.

Den Betroffenen wird auf diese Weise gezeigt, wie sie ihre Einstellung den jeweiligen Gegebenheiten anpassen und die Beziehungen zu ihrer Familie verbessern können – sofern eine Verbesserung überhaupt möglich ist.

Das vielfältige Beziehungsgeflecht innerhalb der Familie ist von tiefen, ursprünglichen Gefühlen geprägt und entfesselt oft heftigere Leidenschaften als die Ehe. Da ein ständig steigender Prozentsatz aller Ehen geschieden werden, liegt der Schluß nahe, daß es erwachsenen Männern und Frauen nicht allzu schwerfällt, sich sowohl der Gefühle für den Partner als auch des Partners selbst zu entledigen. Hingegen scheinen der Einfluß und das Verhalten von Geschwistern und Eltern lebenslang weiterzuwirken.

Dabei handelt es sich um weit mehr als um eingefahrene Gewohnheiten. Allein schon die Worte *Vater, Mutter, Schwester, Bruder, Cousin, Tante* usw. erwecken ein bestimmtes Verbundenheitsgefühl – ob nun ein gutes oder ein schlechtes, sei dahingestellt. Wir können mit einem Familienangehörigen Kontakt aufnehmen, den wir seit Jahren nicht gesehen haben, oder einen Verwandten treffen, dem wir persönlich noch nie begegnet sind – und doch gehen wir sofort davon aus, daß zwischen ihm und uns eine besondere Beziehung besteht oder daß wir ihm besonders verpflichtet sind.

Jede Familie entwickelt ihre charakteristischen Eigenheiten, die sich wiederum auf die einzelnen Familienmitglieder auswirken. Das familiäre Gefüge sperrt sich gegen jeden Wandel. So wäre auch Eleanor, wenn sie es denn als Kind oder Teenager versucht hätte, niemals imstande gewesen, die ihr übertragene Verantwortung für die Familie aufzugeben, genausowenig wie Chris die ständige Mißachtung und Herabsetzung ihrer Persönlichkeit hätte beenden können. Und jeder Versuch der Befreiung hätte die innerfamiliären Spannungen erhöht und damit auch das Risiko, daß die Familie endgültig auseinandergebrochen wäre. Der Druck auf die beiden Mädchen wäre schließlich so stark geworden, daß sie gar nicht anders gekonnt hätten, als nur um des lieben Friedens willen wieder in die alten, ungeliebten Rollen zu schlüpfen.

Aber jede Familie ändert sich zwangsläufig: Die Eltern werden alt, die Kinder werden erwachsen und gehen aus dem Haus. Die äußeren Bedingungen ändern sich. Da unsere Vorstellungen von familiärer Vertrautheit und Geborgenheit (gleichgültig, ob sie der Realität entsprechen oder bloß Illusionen sind) fortbestehen und uns einen gewissen Trost bedeuten, neigen wir dazu, unsere Rolle in der Familie auch dann noch beizubehalten, wenn wir erwachsen sind und älter werden – selbst dann, wenn es sich um die schmerzhafte Rolle des Opfers handeln sollte. So paradox es klingt: Ein Mensch mag sowohl Trost als auch Freude dabei empfinden, wenn ihn seine Familie für einen finanziellen Versager hält und ihm Jahr für Jahr 5000 Dollar als »Unterstützung« zukommen läßt. Auch können wir im Unterbewußtsein von der Furcht beherrscht sein, daß wir, sobald wir uns (oder andere sich) ändern, die Familie zerstören könnten, selbst dann noch, wenn besagte Familie längst nicht mehr existiert.

Als Kinder und Jugendliche sind wir kaum dazu in der Lage, unser innerfamiliäres Beziehungsgeflecht zu ändern. Wir müssen die Rollen übernehmen, die die Familienstruktur von uns verlangt. Wenn wir dabei in die Opferrolle gedrängt werden, können wir praktisch nichts dagegen tun. Als Erwachsene dagegen zwingt uns niemand mehr dazu, im alten Trott fortzufahren. Wir haben auch an unsere eigenen Ehepartner, Geliebten, Kinder, Chefs usw. zu denken. Die Gespenster *unserer* Kindheit sollten nicht auch noch sie belasten.

Warum sich manche Menschen nicht aus familiären Verhaltensmustern lösen können

Wiederholung der Kindheitsreaktionen

Der Fachausdruck dafür lautet *Re-Integration*. In der Kindheit pflegen bestimmte Situationen bei den Eltern automatische Reaktionen auszulösen. Ein kindlicher Wutausbruch zieht beispielsweise eine Strafe nach sich, Folgsamkeit trägt ein Lob ein. Bei Erwachsenen löst eine ähnliche oder auch nur annähernd vergleichbare Situation noch immer die gleiche Reaktion aus wie in der Kindheit. Ein Beispiel: Sie sind nun zwar erwachsen, doch sobald Ihr Vater Sie mit jenem mißbilligenden Blick ansieht, mit dem er Sie stets bedachte, wenn Sie mit einem Verweis aus der Schule kamen, so fühlen Sie sich nach wie vor wie ein Achtjähriger, der gerade etwas ausgefressen hat.

Um Ihr Verhaltensmuster zu ändern, müssen Sie es erst einmal kennen.

Fallbeispiel: Die beiden Brüder
Zwischen den Brüdern Jim und Phil liegt ein Altersunterschied von fünf Jahren. Jim, der ältere, wuchs ungezügelt und mit Macho-Allüren heran und machte sich ein besonderes Vergnügen daraus, den schwächeren Phil zu verprügeln. Phil gewöhnte sich an, auf diese Behandlung mit sturer Verdrossenheit zu reagieren; er nahm die Prügel hin. Beide Brüder machten Karriere. Jim ist heute einer der gefragtesten und geachtetsten Anwälte in Washington, Phil leitet ein prosperierendes Unternehmen in New Jersey. Bis vor kurzem jedoch fiel Phil jedesmal, wenn er Jim traf – die beiden besuchen sich regel-

mäßig –, in sein gewohntes Verhalten zurück. Es war, als rechne er jeden Augenblick damit, von Jim verdroschen zu werden.

Der hochintelligente Phil gewann schließlich Klarheit über sein Verhaltensmuster. Als die beiden kürzlich in New York gemeinsam zu Abend aßen, gerieten sie über eine lächerliche Kleinigkeit in Streit: Jim wollte von Phil zum Flughafen gefahren werden. Phil, der dazu keine Lust hatte, fühlte sich schon wieder als der ewige Verlierer. Doch dann riß er sich zusammen und verteidigte seinen Standpunkt. Freundlich, aber bestimmt teilte er Jim mit, daß er am nächsten Morgen sehr früh aufstehen müsse und ihn daher nicht zum Flughafen fahren könne; Jim möge sich also bitteschön ein Taxi nehmen. Jim versuchte, Phil unter Druck zu setzen, doch der blieb fest: »Ich kann nicht, und damit basta.« Am Ende nahm Jim tatsächlich ein Taxi. Phil hatte daraufhin das Gefühl, die größte Leistung seines Lebens vollbracht zu haben. Er hatte nicht nur das Problem in seinem Sinne gelöst, sondern auch erkannt, daß er durchaus in der Lage war, für sich selbst einzutreten. Seitdem hat er nicht mehr das Gefühl, immer nur der kleine dumme Bruder zu sein. Er hat sein noch aus der Kindheit stammendes Verhaltensmuster ein für allemal überwunden.

Falsche Vorstellungen über die Familie

Es gibt eine Reihe von Klischeevorstellungen über die Familie, die vermutlich von Anfang an falsch gewesen sind. Vielleicht haben Sie Ihre Mutter stets als »schwach, hilflos und verletzlich« angesehen, während sie in Wirklichkeit die ganze Familie tyrannisierte und ihre angebliche Schwäche dazu benutzte, alle anderen nach ihrer Pfeife tanzen zu lassen. Oder Ihr Vater: Vielleicht haben Sie ihn von jeher als strenge, stets auf Disziplin bedachte Instanz betrachtet, während er in Wirklichkeit ein nachgiebiger, gütiger Mensch ist, der sich nicht anders zu helfen wußte, als Mutters ständigen Forderungen nach härterer Bestrafung nachzugeben.

Es kann natürlich auch sein, daß Ihre familiären Glaubenssätze früher vollauf zutrafen, mittlerweile aber nicht mehr stimmen: Mutter ist tot, Vater ist nachgiebiger geworden. Die Geschwister haben sich verändert, ihre Lebenslage auch. Vielleicht sind Sie das älteste Kind, und ihre jüngere Schwester ist eine erfolgreiche Anlageberaterin geworden, während Sie immer noch an Ihrer Karriere basteln. Vielleicht denken Sie: »Sie hat mir meine Rolle geklaut. Ich bin die ältere und müßte eigentlich schon viel weiter sein als sie.«

Fehleinschätzungen können unsere familiären Beziehungen und

Verantwortlichkeiten nachhaltig beeinträchtigen. Hier eine Liste der am weitesten verbreiteten falschen Vorstellungen:

- Daß diese Leute nun mal Ihre Familie sind und Sie deshalb allezeit lieben werden, gleichgültig, was vorfällt.
- Daß Sie zwar erwachsen sind, Ihre Eltern aber immer noch die Macht haben, Sie zu bestrafen. Ihr Vater befiehlt, und Sie führen den Befehl aus, obwohl Sie genau wissen, daß es idiotisch ist. Als könnte Papi Sie immer noch auf Ihr Zimmer schicken, weil Sie ungehorsam waren. Selbst Menschen mittleren Alters, die beruflich zum Teil sehr erfolgreich sind, gestehen ihren Eltern oft noch derartige Macht über sie zu. Dieser Glaubenssatz hält sich möglicherweise deswegen so hartnäckig am Leben, weil wir unbewußt noch immer Trost aus dem Gedanken ziehen, daß »Vater alles besser weiß«. Sobald wir ihm widersprechen, zerstören wir unsere Illusion, berauben uns der gewohnten Geborgenheit und können sogar – weil uns klar ist, daß wir in Wirklichkeit damit ausdrücken wollen, *wir* wüßten es besser – zum Opfer unserer eigenen Angst werden. Fragen Sie sich selbst: Gehorchen Sie Ihren Eltern aus längst überkommenen Kindheitsängsten heraus oder aus gereifter Achtung und erwachsenem *Verständnis für ihre Bedürfnisse*? Die letztgenannte Haltung führt niemals dazu, daß Sie sich als Opfer fühlen.
- Daß unsere Familie herzlicher und fürsorglicher ist als andere – oder daß es in anderen Familien viel herzlicher und fürsorglicher zugeht als in der unseren. Oft geben wir uns Illusionen über unsere eigenen oder andere Familien hin. Aus emotionalen Bedürfnissen heraus verkennen wir die Realität unseres familiären Bezugsgeflechts. Ein Beispiel: Ungefähr fünfzig Mitglieder der Familie Jones treffen sich alljährlich an jeweils wechselnden Orten zu einem großen Familienpicknick. Cousins und Cousinen ersten, zweiten und dritten Grades kommen von überall her angereist, um den einen Tag familiären Beisammenseins gemeinsam zu begehen. Nur wenige nehmen die Feindseligkeit und die Kämpfe wahr, die sich hinter den Kulissen dieses scheinbaren Familienparadieses verbergen. Tante Martha behandelt ihre Schwester, die sie doch seit Jahren nicht gesehen hat, äußerst schäbig. Eine Tochter spricht kein Wort mit ihrem Vater, weil der wieder geheiratet hat. Was die Familienmitglieder tatsächlich miteinander verbindet, sind also eher alte und neue Fehden als Herzlichkeit und Wärme. Dennoch halten sowohl Familienmitglieder wie Außenstehende die Illusion vom idyllischen Familientreffen aufrecht – eine Illusion, die zumindest teilweise von reinem Wunschdenken geprägt ist.

Oftmals halten wir an unseren Kindheitsrollen auch dann noch fest, wenn sie längst nicht mehr angemessen sind. Hier einige typische Beispiele:

■ *Die Rolle des oder der Verantwortlichen.* Von Kindesbeinen an haben Sie jede nur denkbare Belastung auf sich genommen, die ganze Familie hat sich stets auf Sie verlassen, und nun fallen Sie immer wieder in diese Rolle zurück. Sie sind der Meinung, ohne Sie könne die Familie nicht existieren, und Ihre Familie ermutigt und bestätigt Sie darin. Trotzdem ist sie nie zufrieden mit Ihnen. Ein Beispiel: Nach der Erkrankung eines ihrer Kinder bittet Ihre Schwester Sie darum, einen Arzt zu suchen, der Hausbesuche macht. Doch dann mag sie den Internisten nicht und gibt Ihnen die Schuld daran. Sie halten diese Beschuldigung für ungerechtfertigt, während Ihre Schwester in der falschen Arztwahl eine Rücksichtslosigkeit sieht. Kommt es zu weiteren Vorfällen dieser Art, so basiert die Beziehung zwischen Ihnen und Ihrer Schwester bald nur noch auf unausgesprochenen Schuldzuweisungen und gegenseitigen Ressentiments.

Eine Variante des Verantwortlichen ist der *geduldige Zuhörer*. Da Sie mitfühlend und gutmütig sind, hat sich die gesamte Familie mit ihrem Kummer stets an Sie gewandt. Nun, da Sie erwachsen sind, fühlen Sie sich als Opfer – und zwar aus folgenden Gründen: 1. Sie haben das Gefühl, daß Ihnen gar nichts anderes übrigbleibt, als sich die ständigen Klagen Ihrer Geschwister und Eltern anzuhören; 2. sobald Sie versuchen, auf Ihre eigenen Probleme zu sprechen zu kommen, hört Ihnen niemand zu – Mitgefühl ist in ihrer Familie also eine Einbahnstraße.

■ *Das kleine Genie.* Ein Kind, das durch besondere Leistungen im außerfamiliären Bereich dafür sorgt, daß die Familie im Mittelpunkt steht. Nicht selten vollbringen Kinder jene Leistungen, die die Eltern gerne selber vollbracht hätten; in diesem Lichte sind vor allem die »Eislaufmuttis« zu sehen, die ihre Kinder zielstrebig in irgendeine ruhmträchtige Karriere drängen, sei es nun als Modell, Schauspieler, Fernsehstar oder eben Eiskunstläufer. Die Anerkennung der Familie oder Außenstehender führt gelegentlich dazu, daß auch bei dem betroffenen Kind selbst der Ehrgeiz erwacht. In anderen Fällen wirkt sich die elterliche Ruhmsucht eher als Belastung aus, die sich bis zur Unerträglichkeit steigern kann. Geschwister können zu Rivalen um Anerkennung werden. Ein Beispiel: Ein Sechzehnjähriger avancierte zum Basketball-Star seiner Schule. Daraufhin legte sich sein jüngerer Bruder ebenfalls mächtig ins Zeug und avancierte auch zum Star – in den Lernfächern. Es gibt natürlich auch jene Fälle, in denen sich die

Geschwister eines solchen kleinen Genies unzulänglich oder vernachlässigt fühlen und die Flinte ins Korn werfen. Ihre Reaktion wird im wesentlichen von der Atmosphäre und dem Beziehungsgeflecht innerhalb der Familie bestimmt.

■ *Das Mauerblümchen.* Es ist das Gegenstück zum Star. Kaum einer beachtet es. Seine – gelegentlich – guten Leistungen werden allemal von denen des Familiengenies überstrahlt. Lakonische Bemerkung eines Teenagers: »Ich bringe auch Einsen mit nach Hause, genau wie Katy, aber darüber verliert niemand ein Wort. Sie reden immer nur über Katy.« Durch familiäre Gewohnheiten auf die Opferrolle festgelegt, verschlimmert das Mauerblümchen seine Lage noch, indem es nie auch nur den Versuch unternimmt, seine eigenen Leistungen entsprechend hervorzuheben.

■ *Der Clown* witzelt und albert unentwegt herum, insbesondere in schwierigen Situationen. Er hat sich bereits als Kind diese Technik erworben, um wenigstens ein gewisses Maß an familiärer Aufmerksamkeit auf sich zu ziehen. In späteren Jahren wird diese Haltung zur Gewohnheit im Umgang mit anderen Menschen und hindert ihn meistens daran, seine wahren Gefühle zu erkennen und auszudrücken.

■ *Der Manipulant* will andere Familienmitglieder leiten und lenken, um zu erreichen, daß sie sich nach *seinen eigenen* Wünschen richten. Kinder versuchen es mit Verführung zu erreichen (Töchter beim Vater, Söhne bei der Mutter, Geschwister untereinander), täuschen Krankheiten oder Schwächlichkeit vor und lassen ihren Charme spielen. Ein Beispiel: Ein redegewandter, mit seinem älteren Bruder rivalisierender Junge ließ nicht locker, bis er auf der Schulabschlußfeier des Älteren eine Rede halten durfte – und stahl dem Bruder damit natürlich die Schau. Sollten Sie selbst immer noch einzelne Familienmitglieder manipulieren, ausbeuten und in die Opferrolle drängen, so dürfen Sie sich nicht wundern, wenn der eine oder andere von ihnen schließlich aufbegehrt und zurückschlägt!

■ *Der Nörgler* findet an allem und jedem etwas auszusetzen. Mit ständigen Klagen, sarkastischen Bemerkungen und Sticheleien versucht er, das angeblich unfaire Verhalten von Familienmitgliedern anzuprangern. Er unterwirft sich andere, indem er ihnen ständig ihre Fehler unter die Nase reibt. Seine Stärke resultiert nicht etwa aus eigener Vollkommenheit, sondern aus der ständigen Herabsetzung anderer.

■ *Der Sündenbock* hat an allem und jedem Schuld, mal direkt, mal indirekt. Mutters Erkältung kommt nur daher, daß *er* ein Fenster offenstehen ließ; die Schwester kommt nur deshalb zu spät zur Schule, weil *er* zu lange im gemeinsamen Badezimmer herumtrödelte. Der Sündenbock erfüllt eine ganz bestimmte Funktion innerhalb der Familie: Solange alle anderen ihm die Schuld an jeder Kleinigkeit aufhalsen können, brauchen sie sich nicht mit ihren eigenen Problemen auseinanderzusetzen. (Es gibt sogar Hinweise darauf, daß Magersucht bevorzugt jene befällt, die in der Familie die Rolle des Sündenbocks innehatten.) Mitunter kann aus einem bloßen Sündenbock sogar das *schwarze Schaf* der Familie werden – zum Beispiel, wenn er sich derart »danebenbenimmt«, daß ihn die Familie hinauswirft und/oder ins Exil schickt.

Warum spielen wir die Rolle, die uns die Familie in der Kindheit zuwies, auch dann noch weiter, wenn sich die Verhältnisse längst geändert haben?

Dr. Mary Fitzpatrick, klinische Assistenz-Professorin am Cornell University Medical College, bemerkt dazu: »Die Rolle wird Teil Ihres familiären Erbes. Im Laufe der Zeit wird sie zu Ihrer Methode, mit Schwierigkeiten umzugehen oder fertigzuwerden. Noch im Erwachsenenalter empfinden Sie Schuld- und Angstgefühle, sobald Sie nicht Ihrer Rolle gemäß handeln. Es ist bequem für Sie, in Ihrem Rollenschema zu verharren.«

Das Sich-Fügen in die Rolle kann aber auch Schuld- und Angstgefühle in Ihnen hervorrufen. Stellen Sie sich vor, Sie sind *der Verantwortliche* und laden in dieser Rolle eine Verantwortung auf sich, der Sie nicht gerecht werden können. Ein Beispiel: Eine ältere Schwester übernahm die Verantwortung, ihren erheblich jüngeren Bruder aufzuziehen. Der kleine Junge starb dann, gerade sechs Jahre alt, an einem unheilbaren Leberleiden. Die Schwester stand daraufhin im Regen: Nicht nur war der Mensch, für den sie zu sorgen hatte, nicht mehr da – sie konnte also die Rolle, in die sie hineingewachsen war, nicht mehr weiterspielen –, sondern sie machte sich darüber hinaus auch noch Selbstvorwürfe, weil es ihr nicht gelungen war, das Kind zu retten. Bis heute belasten sie Schuldgefühle, suchen Depressionen sie heim. Und ständig stellt sie immer höhere und realitätsfremdere Erwartungen an sich selbst.

Spielen auch Sie eine alte Kindheitsrolle weiter, obwohl Sie Ihnen gar nicht mehr angemessen ist? Lassen Sie sich nicht entmutigen!

Sie können sich ändern.

Fallbeispiel: Die Frau, die Angst vor der Trennung von den Eltern hatte

Louise G. galt als »hilfsbedürftiges« Einzelkind, das übermäßig stark an den Eltern hing, die ihm niemals ihre Zeit und Aufmerksamkeit versagten. Zwei Jahre lang lebte sie mit George R. zusammen, bevor sie beschlossen, zu heiraten. Auf einmal fiel Louise auf, daß sie überängstlich geworden war und merkwürdige Dinge tat. So besuchte sie ihre Eltern viel häufiger als üblich, und wenn sie bei ihnen war, mäkelte sie an George herum, obgleich sie ihn aufrichtig liebte. Ihre Eltern regten sich von Mal zu Mal mehr darüber auf; sie glaubten, die geplante Ehe sei zum Scheitern verurteilt.

Die erste Frage, die Louise mir stellte, lautete: »Liegt das Problem zwischen mir und meinen Eltern?« Unsere Gespräche ergaben, daß sie recht hatte. Wir wandten den schrittweisen Ansatz der Verhaltenstherapie an und fanden heraus, daß sie 1. beim Zweiten Schritt *(Blockierungen)* irrationale Ängste hegte, ihre Heirat könne eine Kluft zwischen ihr und den Eltern aufreißen, während sie sich einfach nicht vorstellen konnte, von ihnen getrennt zu werden; daß sie 2. beim Dritten Schritt *(Unbewußtes)* glaubte, ihre Ehe mit George bedeute, daß sie allein und ohne elterlichen Schutz der Welt preisgegeben wäre. Die Eltern hatten sie dazu erzogen, bei jeder Kleinigkeit ihren Beistand zu suchen. Dieses kindliche Verhaltensmuster hatte Louise beibehalten und ihren Eltern niemals etwas Positives über sich selbst berichtet, sondern immer nur ihren Beistand gesucht, wenn sie sich schwach, krank oder emotional angeschlagen fühlte.

Das Ziel der Behandlung war, Louise und ihren Eltern zu Beziehungen zu verhelfen, die nicht mehr auf ihren Schwächen, sondern auf ihren Stärken basierten. Wir arbeiteten ein dreiteiliges Aktionsprogramm für Louise aus, wobei sie folgendes zu tun hatte:

1. Den Eltern zunehmend Positives über ihr Leben mit George zu erzählen und sie daran teilhaben zu lassen. Sie erhielt den Auftrag, jeden Abend bei ihnen anzurufen und ihnen etwas besonders Erfreuliches zu berichten, das sich im Laufe des Tages zugetragen hatte. Negatives durfte sie nicht berichten.

2. Ab sofort nicht mehr über George herzuziehen. (Sie hatte in ihrem verqueren Denken darin ein Zeichen von Loyalität gegenüber den Eltern gesehen.) Außerdem sollte sie George häufiger mit ihren Eltern zusammenbringen, um die gegenseitige Vertrautheit wachsen zu lassen.

3. Ein Datum für die Hochzeit festzusetzen.

Die Behandlung verlief erfolgreich. Die Eltern begannen, Louise als unabhängige Erwachsene zu betrachten, und sie selbst sah sich im gleichen Licht. Louise hat George geheiratet und ihr Rollenverhalten vollkommen geändert. Da sie nicht mehr das hilfebedürftige Kind spielt und daher auch nicht mehr an die elterliche Fürsorge und Aufmerksamkeit appelliert, ist ihr Verhältnis zueinander jetzt unbelastet und herzlich.

Familien-Opfer-Quiz

Ziel: Erkennen, wie die in Ihrer Kindheit herrschende Atmosphäre noch heute Ihr Leben beeinflußt.

■ War Ihre Familie eher *autoritär* strukturiert (mit strikt zu befolgenden Regeln), eher auf *laissez-faire* ausgerichtet (ohne jegliche Verbote und Einschränkungen) oder eher *demokratisch* orientiert (mit vernünftig gesteckten Grenzen und Verantwortungsbereichen, die jedoch diskutiert und in Frage gestellt werden konnten)? In einer autoritären Familie ist das Risiko, zum Opfer gemacht zu werden, am größten, in einer demokratischen Umgebung am geringsten. Die Laissez-faire-Atmosphäre liegt in der Mitte.

■ Prägt diese Atmosphäre auch heute noch Ihre Beziehungen zu Eltern und Geschwistern, und wenn ja, in welchem Ausmaß? Die autoritäre Atmosphäre kann auch in abgewandelter Form weiterbestehen: So hat mittlerweile vielleicht das älteste Kind die autoritäre Rolle der Eltern übernommen.

■ Was für eine Atmosphäre herrscht in Ihrer eigenen Familie, das heißt zwischen Ihnen, Ihrem Partner und den Kindern? Sehen Sie Parallelen zu der Familie, in der Sie aufgewachsen sind? Wollen Sie das so haben oder haben Sie es nur automatisch übernommen?

■ Wer hatte, Ihrer Meinung nach, in Ihrer Kindheit die größte Macht in der Familie?

■ Denken Sie noch einmal genau nach: Stimmt Ihr Kindheitseindruck oder lag die Macht in Wirklichkeit bei einem anderen Familienmitglied? Hat dieses heute noch die gleiche Macht und übt es sie noch auf die gleiche Weise aus? Und wenn ja: Hat sich Ihre Reaktion auf bestimmte Situationen verändert oder nicht?

■ Wann hatten Sie zum erstenmal das Gefühl, das Opfer Ihrer Familie zu sein? Welche Umstände haben Ihre Opferrolle begünstigt? Treffen diese Umstände auch noch auf Ihre heutige Situation zu? Beispiel: Als Kind hatten Sie stets das Gefühl, Ihre Eltern seien dermaßen mit sich und ihrer Arbeit beschäftigt, daß sie keine Zeit für Sie hatten. Heute leiden Sie und Ihre Kinder noch immer darunter: Die Eltern/Großeltern haben einfach keine Zeit für Sie.

Ihre Antwort ist ein Hinweis darauf, *wieviel Sie noch heute von Ihrem eigenen Leben preisgeben, um die in der Kindheit erworbene Rolle aufrechtzuerhalten.*

Aus Kindern werden Leute

Die eigene Vergangenheit zu verstehen, genügt noch nicht. Wir müssen auch die familiäre Opfer-Konstellation der Gegenwart begreifen. Dabei spielen wir alle Hauptrollen: wir, unsere Eltern und die Realität.

Manche Eltern benutzen nach wie vor die gleichen Machtmittel. Als wir noch Kinder waren, verfügten sie über einen gewaltigen Wissensvorsprung und trugen die Verantwortung für uns. Heute wollen sie vielleicht, obwohl sich die Gegebenheiten total geändert haben, die alte Konstellation aufrechterhalten. Sie tun dies vielleicht in bester Absicht und merken gar nicht, daß sie in Wirklichkeit nur auf ihrem elterlichen Machtanspruch bestehen und einfach nicht einsehen wollen, daß wir längst erwachsen sind.

Vielleicht haben sie auch andere Motive. Ein Beispiel: Ein Rechtsanwalt in der dritten Generation hielt seine zweitälteste Tochter für das intelligenteste seiner vier Kinder. Er bestand darauf, daß sie die Familientradition fortführte und selbst Anwältin wurde. Die Tochter folgte ihm und haßt nun ihren Beruf. Der Vater konnte sein Verhalten durchaus rational begründen, glaubte er doch, seinen Einfluß lediglich zum Besten seiner Tochter geltend gemacht zu haben. Daneben gab es aber auch eine emotionale Motivation: seinen Stolz auf die Familientradition, den er dadurch zum Ausdruck bringen wollte, daß er sie aufrechterhielt. Wenn Sie sich in einer vergleichbaren Situation wie jene Tochter befinden, beziehen Sie die Erwägungen Ihrer Eltern in Ihre Überlegungen mit ein, aber treffen Sie Ihre Entscheidung ausschließlich nach *Ihren eigenen* Kriterien.

Manche Eltern haben das *Bedürfnis*, ihre Machtposition nicht aufzugeben. Wir bleiben daher auch noch als Erwachsene ihre Opfer. Sie erteilen unerbetene Ratschläge – etwa: »Warum heiratest du nicht endlich?« oder, im Falle eines angesehenen Dokumentarfilmers: »Warum suchst du dir nicht einen Job, in dem du regelmäßig am Monatsende dein Gehalt überwiesen bekommst?« Oder: Eine Mutter besucht ihre dreißigjährige Tochter und stellt deren mit großer Liebe gesammelte und geschmackvoll arrangierte Stilmöbel um. Eltern dieses Schlages geben, um ihren Machtanspruch zu verschleiern und gleichzeitig ihre Macht weiterhin ausüben zu können, oft vor, aus Sorge und Mitgefühl zu handeln. Sie bitten Ihre Kinder vor jedem kleinen Ausflug um einen Anruf, sobald das Reiseziel erreicht ist. Oder sie rufen selber dauernd an – und sei es bloß, weil es gerade regnet und sie unbedingt den überflüssigen Rat loswerden wollen: »Zieh bitte deine Gummistiefel an, wenn du das Haus verläßt!«

Um ihre Machtposition zu festigen oder wiederzuerlangen, setzen

Eltern bisweilen sogar gezielt ihre eigenen Schwächen ein – tatsächliche ebenso wie eingebildete. Ein Beispiel: Eine Mutter veranlaßt ihren fünfunddreißigjährigen, verheirateten Sohn, jedes Wochenende in ihrer Eigentumswohnung zu verbringen, um dort irgendwelche Schreinerarbeiten auszuführen. In einem anderen Fall beschränkt eine vergleichsweise noch junge Witwe ihr Sozialleben ausschließlich auf die allsamstäglichen Besuche ihres Sohnes – anstatt sich aktiv um neue Kontakte zu bemühen. Sie ahnt nicht, daß sie in Wahrheit ihre Bedürfnisse dazu mißbraucht, ihren Sohn weiterhin unter der Fuchtel zu halten.

Viele Eltern, so unterschiedlich ihre Motive im einzelnen auch sein mögen, fühlen sich für die längst erwachsenen Kinder ebenso verantwortlich, als wären sie noch klein und unmündig. Nicht selten geraten die Kinder dadurch in eine Opferrolle – nur weil die Eltern nach wie vor zu viel für sie tun.

Auch erwachsene Kinder können aus irgendeinem aktuellen Bedürfnis heraus ihre Eltern zu Opfern machen.

Manche erwachsenen Kinder stellen noch immer finanzielle Ansprüche. Ein Beispiel: Eine Frau erlebte eine häßliche Scheidung, die Klagen und Gegenklagen nach sich zog. Ihre Mutter, eine siebenundfünfzigjährige Witwe, die kürzlich von ihrem Arbeitgeber, einer Werbeagentur, aus Altersgründen entlassen worden war (ein klarer Fall von Diskriminierung), machte ihr gesamtes Kapital an Betriebsaktien flüssig, um den teuren Anwalt der Tochter zu bezahlen. Die Tochter trifft keinerlei Anstalten, das Geld zurückzuzahlen, während die Mutter nicht mehr ein noch aus weiß. Sie ist, weil sie ihrer Tochter unbedingt helfen wollte, deren Selbstsucht zum Opfer gefallen.

Andere unreife Erwachsene reagieren wütend, wenn die Eltern ihre Unterstützung einstellen. Oder sie mißbilligen das Verhalten ihrer Eltern. Denn nicht nur Eltern machen sich bestimmte Vorstellungen vom Leben ihrer Kinder, sondern umgekehrt auch die Kinder vom Leben der Eltern. Vor allem jene Kinder, die sich eine »ideale Familie« erträumen, erwarten von den Eltern, daß sie ihren Vorstellungen gerecht werden. Es gibt Kinder, bei denen allein schon der Gedanke, Vater oder Mutter könnte noch einmal heiraten, furchtbare Ängste und Aggressionen hervorruft. Ein einunddreißigjähriger junger Mann ist völlig desolat, als sein Vater sich wieder verheiratet. Er lehnt es strikt ab, den Vater in seinem neuen Heim zu besuchen. Dieser wiederum fühlt sich vom Sohn zurückgewiesen und im Stich gelassen.

Manche erwachsen gewordenen Kinder weigern sich, die legitime Verantwortung für ihre alternden Eltern zu übernehmen. Sie vernachlässigen sie und vergessen nur zu gern, was ihre Eltern in ihrer Kindheit und Jugend für sie getan haben. Ihre Motive sind Geiz und Machtbedürfnis. »Sollen sie doch zur Fürsorge laufen, wenn sie mit ihrer Rente nicht auskommen«, sagen sie und fliegen nach Übersee in Urlaub. Für ihr unverantwortliches, kleinliches Verhalten wissen sie die verschiedensten Gründe anzuführen – von denen einige sogar zutreffen mögen.

Sie haben das Recht, ja oder nein zu sagen

Auch und gerade innerhalb der Familie muß jeder seine Rechte kennen und verstehen. Im Normalfall heißt das: Wir müssen wissen, wann wir ja oder nein zu sagen haben. Beide Antworten können unter Umständen gravierende Folgen haben. Sie können das herkömmliche innerfamiliäre Beziehungsgeflecht zerstören oder unsere eigenen, bewußten Gefühle verletzen. Sie können jubelnde Zustimmung hervorrufen und immerwährenden Haß erzeugen. Mitunter fällt es uns außerordentlich schwer, einem Familienangehörigen ein Nein entgegenzusetzen, denn wir stoßen damit ja nicht irgendwen vor den Kopf, sondern einen Menschen, der uns am Herzen liegt. Aber auch ein Ja im falschen Moment kann dazu führen, daß Sie am Ende der Dumme sind. Eine Grundfrage, deren Beantwortung eine gute Entscheidungshilfe sein kann, lautet: »Wächst meine Selbstachtung, wenn ich ja sage oder wenn ich nein sage?«

Lesen Sie sich die folgenden Fallbeispiele durch. Wie hätten Sie sich entschieden?

Fallbeispiel Nr. 1: Mary A., Angestellte einer Maklerfirma, hat zwar gute Zukunftsaussichten in ihrem Job, verdient aber bislang nicht gerade goldene Berge. Ihr Vater, Doug A., besitzt eine neue Eigentumswohnung in Denver, für die er mehr Unterhaltungskosten aufbringen muß, als er sich derzeit leisten kann. Er verfügt über einige Ersparnisse, ist aber gegenwärtig arbeitslos. Jeden Monat pumpt er Mary um einen Zuschuß für die Wohnung an. Obwohl sie weiß, daß er seine Notlage übertreibt, sagt sie doch immer wieder ja. Inzwischen zahlt sie schon seit eineinhalb Jahren und verzichtet seitdem auf die Urlaubsreise und alle anderen Extras. Schließlich findet ihr Vater einen guten, lukrativen Job als Handelsvertreter und verspricht, ihr das Geld von seinem künftigen Verdienst zurückzuzahlen. Mary, die ihren Vater aufrichtig liebt, ist überglücklich, daß er endlich wieder Erfolg hat. Sie hat keineswegs das Gefühl, ein Opfer gebracht zu haben, sondern ist sogar noch stolz darauf, daß sie ihrem Vater helfen konnte.

Fallbeispiel Nr. 2: Eugene S. war zwar nicht gerade ein Taugenichts, doch fehlte nicht viel daran. Von Beruf Handelsreisender und mittlerweile vierzig Jahre alt, war er aus einer ganzen Reihe Stellungen entlassen worden. Schließlich heiratete er eine ehrgeizige Frau, die ihn dazu überredete, sich als Großhändler selbständig zu machen. Damit war er sehr erfolgreich, doch als sich das Paar in eine exklusive Firma in Chicago einkaufen wollte, fehlte ihm das Grundkapital. Eugene wollte einen Kredit aufnehmen und bat den betuchten Ehemann seiner älteren Schwester, für ihn zu bürgen. »Schließlich sind wir eine Familie«, war seine Begründung. Familie hin, Familie her – seine Schwester wollte nicht, daß ihr Ehemann das Risiko auf sich nahm. Sie bestand darauf, daß er ihrem Bruder die Bürgschaft verweigerte. Zwei Jahre später florierte Eugenes Geschäft wie nie zuvor, und er selbst war viel verantwortungsbewußter geworden. Nun brauchte er niemanden mehr um eine Bürgschaft zu bitten, wenn er sich irgendwo einkaufen wollte.

Fallbeispiel Nr. 3: Virginia R. hat zwei Geschwister, ihre Schwester Ro und ihren Bruder Bill. Als die drei ungefähr Mitte Vierzig waren, gab es einen Familienkrach über die beiden Firmen, die ihnen gehörten. Ro warf Virginia aus der Firma, die ihnen beiden gemeinsam gehörte; Bill riß das zweite Geschäft an sich und beförderte seine beiden Schwestern an die Luft. Vier Jahre lang herrschte totale Funkstille zwischen den drei Geschwistern. Dann entschloß sich Virginia zu einem Friedensangebot. Ihrem Bruder in Seattle schrieb sie: »Meinst du nicht auch, wir sollten Vergangenes vergangen sein lassen?« Und sie rief ihre Schwester, die in der Nähe wohnte, an und machte ihr einen etwas kindisch anmutenden Versöhnungsvorschlag: »Kannst du vielleicht meine Blumen gießen, während ich in Urlaub bin?« Beide Geschwister sagten ja. Und alle drei fühlen sich erleichtert, wenngleich Virginia heute traurig bemerkt: »Es ist einfach zu viel vorgefallen zwischen uns. Wir lieben uns zwar irgendwie, aber wir kommen einfach nicht mehr miteinander aus.« Dennoch sind sie mittlerweile bereit, wenigstens eine oberflächliche Beziehung untereinander aufrechtzuerhalten, die die nach wie vor vorhandenen Ressentiments übertüncht. Virginia gibt allerdings zu, daß sie Ro und Bill jederzeit eine Wiederholung ihres damaligen Verhaltens zutraut.

Die Menschenrechte in der Familie

Haben Sie das Recht, Ihren erwachsenen Sohn oder Ihre erwachsene Tochter aus dem Haus zu weisen, wenn Ihre Sprößlinge sich weigern, sich eine Stellung zu suchen und statt dessen Unterhalt von Ihnen fordern?

Haben Sie das Recht, Ansprüche oder Bitten Ihrer Eltern, die Sie aufgezogen haben, abzulehnen?

Jede familiäre Charta der Menschenrechte sollte individuell gestaltet sein, doch sie sollte auf gegenseitiger Achtung basieren – und sowohl die Bedürfnisse der Familie insgesamt als auch die ihrer individuellen Mitglieder berücksichtigen. Sie könnte ungefähr so lauten:

Ich bin mir meines Rechtes bewußt, jedem Familienangehörigen genau die Gefühle entgegenzubringen, die ich für ihn empfinde. Es gibt kein Gesetz, das mir befiehlt jeden – und jeden gleichermaßen – zu lieben.

Ich habe das Recht, mein Verhalten anderen Familienmitgliedern gegenüber selbst zu bestimmen. Ich habe das Recht, mit jedem meiner Geschwister so auszukommen (oder auch nicht auszukommen), wie es mir im jeweiligen Fall gerade angemessen erscheint. Außerdem habe ich das Recht, meine Meinung zu ändern.

Ich habe das Recht, mich mehr um meine eigenen Bedürfnisse als um die meiner Familie zu kümmern. Ich habe mir zum Ziel gesetzt, einen gangbaren Mittelweg zwischen beiden Seiten zu finden und auf diese Weise das Risiko gegenseitiger Abhängigkeiten gering zu halten. Dazu gehört auch das Recht, gewisse Familienereignisse zu meiden – wie die Hochzeitsfeier einer Cousine dritten Grades, die ich noch nie leiden konnte.

Ich habe das Recht, mein eigenes Leben zu führen – auch wenn die Familie damit nicht einverstanden ist. So ist es mein Recht, meine gesamten Ersparnisse für ein Jahr in Indien auszugeben, mir einen neuen Beruf zu suchen und/oder jemanden zu heiraten, der meinen Eltern nicht gefällt. Ich habe das Recht, ich selbst zu sein und ein erfülltes Leben *nach meinen Vorstellungen* zu führen, selbst wenn sich diese Vorstellungen erheblich von denen meiner Familie unterscheiden.

Ich habe das Recht, meine Freundinnen und Freunde meiner Familie vorzuziehen.

Ich habe das Recht, die oben aufgeführten Rechte nicht nur auf meine Eltern, Geschwister, Cousins und Cousinen anzuwenden, sondern auch auf meine eigenen Kinder, meinen Partner und dessen Familie.

Wie kann ich das Verhalten meiner Familie ändern?

Die folgenden Tips können in den unterschiedlichsten Situationen Anwendung finden – angefangen bei Ihrem eigenen Denken und Verhalten (gleichgültig, ob es sich um spontane oder kontinuierliche, bewußte oder unbewußte Vorgänge handelt) bis hin zu Realitätsverzerrungen innerhalb der Familie. Ausschlaggebend dafür, ob Sie in die

Rolle des Opferlamms verfallen oder nicht, ist allein Ihr Verhalten und Ihr Umgang mit sich selbst.

Setzen Sie sich und anderen Grenzen

Zunächst kommt es darauf an, daß Ihre Erwartungen gegenüber anderen Familienmitgliedern realitätsbezogen bleiben. Dazu gehört auch die Erkenntnis, daß aus lebenslangem Haß nicht urplötzlich glühende Liebe wird.

Ein Beispiel: Jane war die ältere von zwei Schwestern und benahm sich der jüngeren gegenüber stets vorbildlich. Sie kaufte ihr die Kleider fürs College, überließ ihr, als sie beide noch unverheiratet waren, den Schlüssel zu ihrer Wohnung und vergaß später nie die Geburtstage ihrer beiden Neffen. Doch als Jane ernsthaft erkrankte, rief Norma nicht einmal bei ihr an, obwohl ihre beiden – mittlerweile erwachsenen – Söhne sie von der Krankheit ihrer Schwester unterrichtet hatten.

Jane wurde mit einem Schlag klar, daß Norma ihr nicht ein einziges Mal in ihrem Leben eine Freundlichkeit oder einen Gefallen erwiesen hatte. Ständige Kritik und sarkastische Bemerkungen – das war alles gewesen (»Glaub bloß nicht, du kannst Hilfe von mir erwarten, wenn du erst mal alt und krank bist.« – »Wieso trägst du ausgerechnet Schwarz? Du siehst aus wie deine eigene Großmutter!«). Endlich erkannte Jane, daß sie ihren eigenen überzogenen Erwartungen zum Opfer gefallen war, nicht etwa ihre Schwester, die sich seit Kindesbeinen nicht verändert hatte und als Frau in mittleren Jahren noch genauso selbstsüchtig war wie damals. Jane hat ihre Lehren daraus gezogen. Inzwischen ist sie den Gehässigkeiten Normas gewachsen – und von den falschen Hoffnungen geheilt, die sie ehedem zum Opfer machten.

Vergessen Sie nie, daß Ihre Familienangehörigen ganz normale Menschen mit ganz normalen menschlichen Schwächen sind. Es kann durchaus sein, daß Sie, um die gute Beziehung zu einem Verwandten aufrechtzuerhalten, gewisse Seiten seines Charakters ignorieren. Ein Beispiel: Der Internist Tom lebt in Boston, sein Bruder Mark ist Anwalt in Hollywood. Tom ist ein ehrlicher, aufrichtiger Mann, Mark ein Winkeladvokat. Tom weiß das, aber er liebt seinen Bruder und möchte um keinen Preis die enge Beziehung zu ihm aufgeben. Infolgedessen hat er das Gefühl, er müsse die unangenehmen Seiten in Marks Charakter ignorieren. Er erklärt dazu: »Wenn meine Frau mir sagt, mein Bruder mache unehrliche Geschäfte, dann erzählt sie mir nichts Neues. Doch allein schon, indem sie ihre Gedanken ausspricht, beschädigt sie das Verhältnis zwischen mir und meinem Bruder und macht mich zu *ihrem* Opfer. Das will ich nicht. Ich ziehe es vor, das Geschäftsgebaren meines Bruders zu ignorieren. Ich möchte ihn auch künftig regelmäßig treffen und unsere engen Beziehungen aufrechterhalten.«

Da sich in diesem Fall der Bruder niemals ändern wird, ist es für das Eheglück am besten, wenn Toms Frau ihren Mund hält und somit zum Ausdruck bringt, daß sie die Bedürfnisse ihres Mannes achtet.

Setzen Sie Ihrer Familie Grenzen. Die Angewohnheit eines Familienangehörigen, regelmäßig bei Ihnen sein Herz auszuschütten, kann Sie sehr viel mehr kosten als Zeit. Wenn Sie in Angelegenheiten hineingezogen werden, die Sie schlicht nichts angehen, kann es leicht passieren, daß Sie zum emotionalen Opfer der Familie werden. Ein Beispiel: Jedesmal, wenn die vierundzwanzigjährige Sozialarbeiterin Jane S. zum Wochenende ihre Eltern in New England besuchte, nahmen die beiden sie abwechselnd beiseite, um ihr die jeweils eigene Version über ihre miserable Ehe anzuvertrauen. Jane berichtet traurig: »Sie haben mir Sachen erzählt, die eigentlich niemand zu hören bekommen dürfte.«

Jane versuchte, die Eltern zum Handeln zu bewegen, indem sie eine Eheberatung vorschlug, doch weder Vater noch Mutter wollten davon etwas wissen. Schließlich sagte sie geradeheraus: »Wenn ihr mir wieder erzählen wollt, daß ihr bloß eurer Neurosen wegen zusammenbleibt, dann höre ich euch nicht mehr zu. Macht das unter euch aus und belastet nicht mich damit.«

Auch Ihre Hilfsbereitschaft hat Grenzen. Stellen Sie sich die folgende Frage: »Was passiert, wenn ich *nicht* einspringe? Gibt es eine andere Möglichkeit? Kann vielleicht jemand anders helfen? Ist es wirklich so wichtig?« Anders liegt die Sache, wenn Sie eine Aufgabe übernehmen, weil dringend Hilfe benötigt wird oder weil Sie selbst ein inneres Bedürfnis haben zu helfen – das heißt, weil Sie sich von Schuldgefühlen befreien, sich selbst ein bestimmtes Image verleihen oder Ihren Geschwistern zeigen wollen, wie gut Sie sind. Außerdem besteht stets auch die Möglichkeit, daß das wahre Problem *bei Ihnen* liegt – vor allem dann, wenn Ihr Selbstwertgefühl davon abhängig ist, daß andere sich auf Sie verlassen.

Es ist nie zu spät, Grenzen zu setzen. Die Tatsachen, aufgrund derer Sie Ihren Entschluß gefaßt haben, können sich ändern oder sich als falsch erweisen. Ein Beispiel: Ein junger Mann will, solange er sich nach einem Job umsieht, bei seiner älteren Schwester wohnen, und sie stimmt zu. Ihr Ehemann jedoch empfindet den Dauergast als störend, und der Bruder behandelt seine Schwester in ihren eigenen vier Wänden wie eine Fremde. Außerdem kümmert er sich herzlich wenig um die Jobsuche. Wenn die Schwester ihn noch länger bei sich aufnimmt, wird der Preis, den sie zahlt, zu hoch. Sie wird zum Opfer ihrer eigenen emotionalen Entscheidung, die gelautet hatte: »Ich will mich um meinen Bruder kümmern.« Sie sollte sich fragen: »Wieviel ist mir die Beziehung zu meinem Bruder – oder ganz allgemein zu den Mitgliedern meiner Familie – wert, und wann wird der Preis, den ich dafür zu zahlen habe, unvernünftig hoch?«

Ein Tip: Wenn Sie selbst in einer ähnlichen Situation sind, sollten Sie einmal darauf achten, ob Ihre Freunde sagen: »Ich verstehe nicht, wie du das aushältst!« Möglich, daß in Ihrem speziellen Fall die Freunde übertreiben. Nehmen Sie die Bemerkung trotzdem ernst und nutzen Sie die Gelegenheit, auch Ihr eigenes Verhalten kritisch unter die Lupe zu nehmen.

Seien Sie direkt!

Höfliche Umschreibungen führen nicht selten zu unglücklichen Mißverständnissen und Ressentiments innerhalb der Familie. *Sagen Sie klar und deutlich, was Sie wollen.* Ein Beispiel: Mary S. erlitt im relativ jungen Alter von fünfunddreißig Jahren bereits einen Herzinfarkt. Ihre Mutter lebte 1500 Kilometer entfernt von ihr, hatte jedoch stets gesagt: »Wenn du mich brauchst, komme ich.« Anfang Mai wurde die sehr geschwächte Mary aus dem Krankenhaus entlassen. Sie rief ihre Mutter an und fragte: »Magst du nicht zu mir kommen?« Die Mutter bejahte, doch da sie gerade an einer sich über mehrere Wochen hinziehenden Bowlingmeisterschaft teilnahm, sagte sie, sie wolle erst Ende Juni kommen. Mary ärgerte sich darüber maßlos. Bereits am nächsten Tag rief sie ihre Mutter erneut an und fiel gleich mit der Tür ins Haus: »Hör zu, Mutter, ich brauche dich *jetzt*, nicht erst im Juni. Kommst du nun oder kommst du nicht?« Darauf die Mutter: »Selbstverständlich komme ich. Warum hast du das nicht gleich gesagt?«

Manche Menschen bitten nie um etwas, da sie der Meinung sind, ihre Eltern und Geschwister sollten von sich aus auf den Gedanken kommen, etwas für sie zu tun. Eine Bitte auszusprechen zerstört ihre Illusion, also drücken sie sich lieber indirekt aus. Da die anderen jedoch die wahren Bedürfnisse nicht erkennen, tun sie gar nichts – und die Traumtänzer fühlen sich mehr und mehr als Opfer einer verständnislosen Umwelt.

Aber auch Direktheit ist nicht immer der Weisheit letzter Schluß. Eine simple, aufrichtige Bitte an einen gereizten Vater oder einen schlecht gelaunten Bruder kann genau das Gegenteil von dem bewirken, was Sie sich gewünscht haben. In solchen Fällen werden Sie wohl oder übel außerhalb der Familie Unterstützung suchen müssen.

War der direkte Weg ein Schlag ins Wasser, so kann es ohne weiteres vorkommen, *daß Sie sich allein von dem Gefühl, eine Niederlage erlitten zu haben, von der Lösung Ihrer Probleme abhalten lassen*. Ein Beispiel: Zwei Schwestern, die von jeher schlecht miteinander auskamen, bekamen fürchterlichen Streit. Es ging um einen Mahagoni-Klapptisch aus dem Jahre 1925. Das absolut wertlose Stück stand in der Diele des Ferienhauses, das sie gemeinsam mit ihren beiden Brüdern besaßen und das nun verkauft werden sollte. Die Brüder wollten das Mobiliar ebenfalls loswerden, während Jill und Laura einzig und allein den wertlosen Klapptisch behalten wollten. Der Grund: Er hatte ihrer Mutter gehört, als sie noch kleine Mädchen waren. Böse Briefe gingen hin und her, Jill gab nach – und brach gleichzeitig alle Beziehungen zu ihrer Schwester ab. Weil sie sich beide für Opfer hielten, waren sie unfähig zur Lösung des im Grunde lächerlichen Problems.

Ein Jahr später fiel Jills Ehemann die Lösung ein: »Du hättest ihr vorschlagen sollen, einen Vermittler einzuschalten, der euch die Entscheidung abnimmt. Schließlich habt ihr alle beide schon seit Jahren immer mal wieder was aus dem Haus mitgehen lassen. Laßt einen Experten entscheiden und bezahlt ihn dafür.«

»Wieso ist dir das nicht schon damals eingefallen?« fragte Jill ihren Mann.

Seine Antwort: »Bei eurem Streit ging es doch nicht nur um diesen Tisch, Jill. Euer Machtkampf und die damit verbundenen Gehässigkeiten nahmen dich so sehr in Anspruch, daß der Gedanke an eine faire Lösung nicht die geringste Chance bei dir gehabt hätte.«

Daraufhin wurde die ganze Geschichte gründlich analysiert. Heute steht der Klapptisch in Lauras Haus. Die beiden Schwestern haben sich wieder miteinander versöhnt.

Es gibt Familienprobleme, die unlösbar sind

Sehen Sie das ein, und Sie werden sich nicht mehr als Opfer fühlen. Oft genug gibt es aber doch den einen oder anderen Schritt, der bei scheinbar unlösbaren Problemen – etwa mit kranken oder alten Eltern – zu gewissen Erleichterungen führt.

Sie können versuchen, eine Vereinbarung zu treffen. Die Betonung liegt auf *versuchen*. Ein Beispiel: Ihr Vater hat einen Schlaganfall erlitten, und Sie erklären sich – im Glauben, er werde sich relativ bald wieder erholen – bereit, ihn zu pflegen. Aber die Genesung läßt auf sich warten, die Bürde wird zu groß. Sie erkennen, daß Sie Ihre Zusage nicht halten können, und versuchen, sie rückgängig zu machen. Ihre Geschwister sind wütend und verweigern jede Kooperation. Sie können natürlich weiterhin versuchen, doch noch irgendeine Übereinkunft zustande zu bringen – aber vergessen Sie eines nicht: Familiäre Probleme werden nur selten so objektiv und nüchtern gesehen wie geschäftliche Vereinbarungen. Finanzielle Aufwendungen für ein Familienmitglied können einen bestimmten Symbolgehalt haben und zum Beispiel die Erinnerung an Zurückweisungen oder andere schmerzliche Erfahrungen in der Kindheit heraufbeschwören. Sie können oder wollen dann einfach nicht zahlen, obwohl sie es sich durchaus leisten könnten. Mitunter findet sich ein Familienmitglied, das genügend Befriedigung aus der Tatsache zieht, daß es die alleinige Verantwortung tragen kann. Doch oft verhindern die Geister der Vergangenheit sinnvolle Lösungen.

Gesetzt den Fall, Sie sind mit einem scheinbar unlösbaren Familienproblem konfrontiert: Werfen Sie nicht die Flinte ins Korn, sondern werden Sie aktiv. Bemühen Sie sich bei Organisationen wie der Krebshilfe oder der Caritas um gründliche Informationen. Lassen Sie sich von der Fürsorge und von Spezialisten für Alterskrankheiten beraten. Denken Sie sich Alternativen aus. Tun Sie einfach alles, was Ihnen möglich ist. Aber seien Sie sich stets bewußt, daß Sie am Ende womöglich gar nichts tun können. Vielleicht werden Sie, so gut es eben geht, mit Ihrem Problem leben müssen. Oder es bleibt Ihnen nur die Wahl, sich für das kleinere von zwei Übeln zu entscheiden.

Fallbeispiel: Die widerspenstigen Eltern

In der Familie Powell fühlte sich jeder als Opfer. Die Eltern hatten sich in Orange County, Kalifornien, zur Ruhe gesetzt, wo ihr ältester Sohn Paul mit seiner Frau lebte. Die beiden anderen erwachsenen Kinder lebten an der Ostküste. Die Pflege der Eltern, die beide hoch in den Siebzigern waren, beide ein schwaches Herz und zu hohen Blutdruck hatten, blieb weitgehend an Paul hängen. Er war der einzige der Geschwister, dem es finanziell gut ging. Bruder und Schwester machten nur eine einzige Konzession: Sie kamen beide jeweils für zwei Wochen im Jahr angereist, um ihn bei der Pflege abzulösen. Paul fühlte sich zunehmend ausgebeutet und begann, am Telefon mit seinen Geschwistern zu schimpfen: »So kann das nicht weitergehen!« Ihre stereotype Antwort: »Mehr können wir nicht tun.« Da Paul mittlerweile mehr Zeit bei seinen Eltern als mit seiner Frau verbrachte, geriet auch seine Ehe in eine akute Krise.

Paul ließ sich von der Sozialfürsorge beraten. Man empfahl ihm, die Eltern in ein Pflegeheim zu geben. Die Krankenkasse würde für einen Teil der Kosten aufkommen. Doch die Eltern sperrten sich gegen diesen Vorschlag: Sie wollten sich von niemand anderem als ihrem

Sohn betreuen lassen. Die Alternative, vor der Paul stand, war eindeutig: Entweder er machte seine Eltern glücklich oder seine Ehefrau. Beides zusammen war unmöglich. Es handelte sich in diesem Fall um eine sehr persönliche Angelegenheit, und mancher hätte sich in einer vergleichbaren Situation vielleicht anders entschieden; Paul indes entschied sich für seine Frau. Er brachte seine Eltern in einem Pflegeheim unter, wo sie ihr eigenes Zimmer und ein ausgefülltes Tagesprogramm haben und rund um die Uhr medizinisch betreut werden. Er hatte das Gefühl, ihm bliebe keine andere Wahl. Mittlerweile fühlen sich seine Eltern pudelwohl – und Paul ebenfalls.

Lernen Sie, Ihr Denken von Ihrem Handeln zu trennen

Viele Menschen verwechseln Unabhängigkeit mit Isolation oder Rebellion, obwohl letztere oftmals das genaue Gegenteil von Unabhängigkeit darstellt. Sie stehen noch immer unter der Fuchtel ihrer Familie, doch statt sich automatisch den Wünschen der anderen zu fügen, flüchten sie – nicht weniger automatisch – in die permanente Auflehnung. Ihre Reaktion ist also nicht das Ergebnis reiflicher Überlegung; Sie spielen lediglich nach wie vor die Rolle des abhängigen Kindes.

Einige Grundsätze zur Unabhängigkeit

■ Zählen Sie auf Ihre Familie, wann immer Sie Rat, Hilfe und Anleitung brauchen, doch reden Sie sich nicht ein, ohne familiäre Unterstützung seien Sie ein hilfloses Nichts. Lernen Sie, Empfehlungen richtig einzuschätzen, und treffen Sie danach Ihre eigene Entscheidung. Erkennen Sie, daß die Familie Ihnen bei praktischen und emotionalen Problemen nur bis zu einem gewissen Grade helfen kann. Sie ist nicht für jedes Wehwehchen zuständig.

■ Vergessen Sie nicht, daß sich die Abhängigkeit, an die Sie sich durch das Familienleben gewöhnt haben, auch auf viele andere Lebensbereiche erstreckt. Wenn es Ihnen gelingt, mehr Unabhängigkeit innerhalb der Familie zu entwickeln, so kann diese neugewonnene Freiheit auch auf andere Situationen abfärben – und eines Tages merken Sie dann vielleicht, daß Sie gar kein Opfer mehr sind, weder privat noch in Ihren Beziehungen zur Außenwelt.

■ Befreien Sie sich von dem kindlichen Gefühl, daß Ihre Eltern ohnehin immer wissen, was für Sie das Beste ist. In Wahrheit mag Ihr eigenes Urteil wesentlich präziser sein. Tun Sie dennoch widerspruchslos, was Ihnen aufgetragen wird, so sind Sie nicht das Opfer Ihrer Eltern, sondern das Ihrer eigenen falschen Vorstellungen. Gleichgültig, wie sehr es Ihre Familie darauf anlegt, Sie in Abhängigkeit zu halten – Sie sind es, der sich darauf einläßt. *Sie* sagen Ja und Amen, wenn Mami entscheidet, was Sie anzuziehen haben; *Sie* befolgen lämmerbrav Papis geschäftliche Ratschläge, obwohl er absolut nichts von der Börse versteht. *Weder Ihre Mutter noch Ihr Vater – Sie ganz allein müssen sich ändern.*

■ Stellen Sie sich selbst *Unabhängigkeits-Aufgaben* im Rahmen eines Programms, das Sie von Ihrer Abhängigkeit befreien soll.

Suchen Sie sich ein Gebiet aus, auf dem Sie sich unsicher fühlen und für gewöhnlich den Rat anderer erbitten. Beispiel: Sie haben die Angewohnheit, in allen Fragen, die Ihren Garten betreffen, Vater um Rat zu fragen. Oder Sie fragen Mutter, welches Menü Sie Ihren Gästen anbieten sollen. Suchen Sie also ein solches eng umgrenztes Thema und entscheiden Sie zunächst, was *Sie selbst* für das Beste halten. Erst danach wenden Sie sich an Ihre Eltern. Nehmen Sie sich die Zeit, den Rat, den sie Ihnen geben, gründlich zu erwägen. Möglicherweise ist es ein sehr guter Rat; in diesem Fall haben Sie etwas dazugelernt. Oder Ihre eigenen Ideen waren besser – was beweist, daß auch Ihren Eltern Grenzen gesetzt sind. Versuchen Sie nicht, die anderen von Ihrer Meinung zu überzeugen. *Tun Sie einfach, was Ihnen richtig erscheint.*

Realitäts-Erkenntnis-Quiz

Ziel: Ihre Familie so zu sehen, wie sie ist.

ERSTER SCHRITT: Betrachten Sie jedes einzelne Familienmitglied als die Persönlichkeit, die sie hier und heute ist.

Was würde ihr/sein bester Freund oder ihre/seine beste Freundin über die betreffende Person sagen? Was würde ihr/sein schlimmster Feind über sie/ihn sagen? Gesetzt den Fall, Sie selbst gehörten nicht zur Familie: Wie eng wäre, wenn Sie selbst darüber zu bestimmen hätten, Ihre Beziehung zu diesem Menschen?

ZWEITER SCHRITT: Stellen Sie sich selbst »Heute-und-Damals«-Fragen, damit Sie zwischen damals, als sie noch jung und hilflos waren, und heute Vergleiche ziehen können.

Wie groß war/ist Ihr Vertrauen in diesen Menschen?
Wie weit mischte/mischt er sich in Ihre Angelegenheiten ein?
Wie hoch war/ist seine Achtung vor Ihnen?
Wie hoch war/ist Ihre eigene Achtung vor diesem Menschen?

Was Sie aus diesem Quiz lernen können: Sie sehen die Familie, die Sie aus Ihrer Kindheit in Erinnerung haben, realistisch und mit all ihren Eigenarten. Wenn Ihnen die gegenwärtigen Verhältnisse klar sind, können Sie Ihre Beziehungen zu den betreffenden Personen aktiv und nach Ihren eigenen Vorstellungen gestalten.

Familien werden größer – und ändern sich. Wie reagieren Sie auf Veränderungen?

Nichts in der Familie bleibt, wie es war. Die Kinder wachsen heran, die Eltern werden alt – auch Familien sind den Zeitläufen und dem ständigen Wandel unterworfen. Ein Beispiel: Als Alex und Tina heirateten, fusionierten sozusagen zwei Familien – er brachte drei Kinder aus seiner, sie zwei Kinder aus ihrer ersten Ehe mit. In ihrem viktorianischen Haus in Ohio führten sie ein scheinbar idyllisches Leben. Zu Weihnachten glich das Wohnzimmer dem Titelbild einer Familienzeitschrift: ein riesiger, geschmückter Baum, die ganze Familie vereint in freudiger Erwartung und gegenseitiger Liebe.

Doch die Kinder wuchsen heran, und mit der Zeit bildete sich eine neue Familienstruktur mit anderen Gefühlen und Wertvorstellungen. Tina und Alex sind gläubige Katholiken – infolgedessen regten sie sich sehr auf, als sein Sohn sich scheiden ließ. Neue Aufregung gab es, als seine älteste Tochter einen Mann heiratete, der sich schon bald darauf mit den mühselig erworbenen Spargroschen seiner Frau aus dem Staub machte. Tinas Tochter heiratete ebenfalls und gründete, weit entfernt vom alten Heim, eine eigene Familie. Tinas Sohn hält es in keinem Beruf lange aus. Bei heutigen Weihnachtsfesten wirkt das Wohnzimmer öde und verlassen, obwohl immer noch das eine oder andere Kind daran teilnimmt. Und da sich ihre Erwartungen nicht erfüllten, fühlen sich Tina und Alex als Versager. Aber so ist es nun mal im Leben: Gewohnte Familienstrukturen wandeln sich, und neue treten an ihre Stelle.

Es gibt allerdings auch folgende Variante: *Wir selbst* verändern im Laufe der Jahre unsere Position innerhalb der Familie – ohne es überhaupt wahrzunehmen. Alles fließt – aber wir haben die Fähigkeit, uns den veränderten Verhältnissen anzupassen.

Fallbeispiel: Erfolgreich, ohne es zu merken
Sally S. wuchs in einem gemütlichen Vorstadthaus auf, verwöhnt von der ganzen Familie. Und das nicht ohne Grund: Als sie gerade sieben

Jahre alt war, stellten die Ärzte bei ihr eine beginnende Tuberkulose fest. In den folgenden drei Jahren stand sie morgens nicht vor zehn Uhr auf, machte nach dem Mittagessen ein Nickerchen und lag um fünf Uhr nachmittags schon wieder im Bett. Unterrichtet wurde sie von einem Privatlehrer. »Ich habe mich selbst als zerbrechliches kleines Persönchen gesehen«, erinnert sie sich heute, »als Opfer der Umstände. Meine Familie sah es nicht anders. Dieses Gefühl der Ohnmacht hat mein ganzes Leben beeinträchtigt.«

Später besuchte Sally ein progressives College, wo sie zunächst einmal völlig zusammenbrach, weil »das Leben an dieser Schule das genaue Gegenteil von meiner bisherigen, bis ins Detail vorgezeichneten Existenz war.«

Sie heiratete in jungen Jahren und wurde Publizistin. Ihre Berufswahl begründet sie heute folgendermaßen: »Zum Schreiben, schien mir, waren keinerlei Aggressionen erforderlich. Ich hatte immer das Gefühl, eine absolute Nichtskönnerin zu sein. Ich verfügte über keinerlei seelische und physische Stärke. Ich bekam ein Kind, aber mein Vater hielt mich immer noch für ›das arme, kranke, kleine Ding‹. Von meinem Bruder ließ er sich bei jeder Kleinigkeit beraten – mich pflegte er gar nicht erst zu fragen.«

Im Beruf erlebte sie bei den verschiedenen Verlagen, für die sie arbeitete, die unterschiedlichsten Geschäftsleitungen und Chefredakteure und kam mit allen zurecht. Ihre Kollegen bewunderten sie: »Du überlebst sie alle!« Sally sagt dazu: »Ich konnte es einfach nicht glauben.«

Dann gab es auf einmal Veränderungen in ihrem Elternhaus. Ihre Mutter starb mit fünfundfünfzig Jahren unter großen Schmerzen an Krebs – Sally pflegte sie bis zuletzt. Ihr Vater wurde für die folgenden zwanzig Jahre vollkommen von ihr abhängig: »Ich habe mich um jede Kleinigkeit gekümmert.« Ihrem Bruder war sie in all seinen drei Ehen stets Stütze und Stärke, und als seine Kinder aus zweiter Ehe für ihre Mutter Partei ergriffen, richtete Sally ihn seelisch wieder auf.

Mit der beruflichen Karriere ging es weiter bergauf. Sally wurde Verlagsleiterin, doch machte die Firma schließlich bankrott. Drei Wochen später – sie war immerhin fünfundvierzig – hatte Sally schon einen neuen Job.

Kürzlich nutzte sie die Muße eines Wochenendes zum Nachdenken. »Ich ließ mein ganzes Leben Revue passieren«, berichtet sie, »und dabei fiel mir ein, wie wenig belastbar ich als Kind gewesen war. Da ging mir plötzlich auf, daß ich in meinen reiferen Jahren zum Felsen in der Brandung wurde. Mein Sohn behauptet, er habe mich noch nie anders gesehen. Aus dem bettlägerigen kleinen Mädchen, um das sich die ganze Familie kümmern mußte, ist eine Frau geworden, die sich nun selber um die ganze Familie kümmert. Plötzlich bin *ich* die Matriarchin.«

Sally hat inzwischen erkannt, daß diese Entwicklung gar nicht so plötzlich kam. (»Es war einfach niemand da, der die Verantwortung für die Familie übernommen hätte. Also hab' ich's getan, mit reiner Willenskraft. Ich mußte es einfach tun.«) Ihr berufliches Überleben, sagt Sally, verdankt sie der Erkenntnis, »daß die übersensible Art, in der ich erzogen war, im Beruf nicht funktioniert. Also hab' ich aufgehört, mich von jedermann unterbuttern zu lassen, nahm größere Risiken auf mich, indem ich mir zunehmend schwierigere Aufgaben zuteilen ließ, und gewann dadurch immer mehr Sicherheit.« Zusammenfassend sagt sie: »Als meine Cousinen anfingen, an mir herumzumeckern, weil ich nach der Geburt meines Sohnes meinen Beruf nicht aufgab, fühlte ich mich ungeheuer stark. Ich konnte Familie und Beruf prima miteinander vereinbaren – auch wenn ich deshalb schon um fünf Uhr morgens aufstehen mußte. Und es kam nur selten vor, daß ich nicht pünktlich zum Abendessen mit meinem Sohn zu Hause war. Ich habe gelernt, bestimmte Dinge zu tun, weil ich sie einfach tun *mußte*. Und das hat mir mein Selbstvertrauen gegeben.« Sallys emotionaler Wandel ist nicht auf ihren Erfolg zurückzuführen. Der Erfolg war nur möglich, weil Sally sich *erlaubte*, ihre Fähigkeiten zu erkennen und daraus eine überzeugende »Das-kann-ich«-Einstellung entwickelte.

Vergessen Sie also, wenn Sie sich mit den emotionalen Abhängigkeiten in Ihrer Familie auseinandersetzen, nie, daß Sie selbst, Ihre Angehörigen und ihre wechselseitigen Beziehungen ständigem Wandel unterworfen sind. Wenn Ihnen nicht gefällt, wie Ihre Familie Sie früher behandelt hat oder heute behandelt, so können Sie das durchaus *zu Ihren Gunsten* ändern. Alles, was Sie dazu brauchen, sind Ihr eigener Wille und Ihre eigene Erlaubnis dazu. Ändern Sie Ihr Verhalten sich selbst gegenüber – dann wird sich auch Ihr Verhältnis Ihrer Familie gegenüber ändern.

KAPITEL 4

VERHALTENSTHERAPEUTISCHE ÜBUNGEN

Bei konsequenter Anwendung der im Prolog geschilderten fünf Schritte zur Selbstbefreiung werden sich Ihre psychische Einstellung und Ihre Handlungsweise ändern, und zwar selbst dann, wenn es sich um lebenslang praktizierte Verhaltensmuster handelte. In der Terminologie der Verhaltenstherapie ausgedrückt heißt das: *erkennen* des Problems, *erinnern* an Kindheitserlebnisse, die Sie abhängigkeitsanfällig gemacht haben, schließlich *kritisch betrachten, überdenken* und *neu beurteilen*, auf welche Art und Weise Sie auf die Menschen in Ihrer Umgebung reagieren.

Zahllose Menschen haben es geschafft. Auch Sie können es!

Üben Sie immer wieder

Kaufen Sie sich einen Notizblock oder ein Schulheft. Es soll Ihnen als verhaltenstherapeutisches Arbeitsheft dienen. Deponieren Sie es an einer bequemen Stelle – auf Ihrem Schreibtisch oder auf Ihrem Nachttischchen. Sie werden es das ganze Buch hindurch brauchen: für die Quizaufgaben in diesem Kapitel, für die Übungen in den folgenden Kapiteln, als Gedächtnisstütze und zum Notieren neuer Gedanken und Möglichkeiten.

Erkennen Sie Ihre persönlichen Anfälligkeiten

Geben wir es zu: Uns allen fällt es schwer, ein Netz von Abhängigkeiten zu zerreißen, an das wir uns praktisch von Geburt an gewöhnt haben. Sie sollten daher, noch bevor Sie damit beginnen, an der Verbesserung bestimmter Situationen zu arbeiten, erst einmal herausfinden, welcher Art Ihre Abhängigkeiten sind – das heißt, ob Sie ein notorischer Schwarzseher, ein ewig Getretener, ein notorisch Mißverstehender oder Mißverstandener, oder aber ein unwissentlich Abhängiger sind. Außerdem sollten Sie wissen, wie Sie auf bestimmte Situationen reagieren. Die folgende Übersicht soll Ihnen dabei helfen.

Abhängigkeitsprobleme – eine Übersicht

Situation eins: Die Kommilitonin, mit der Sie vor zwanzig Jahren ein Zimmer im College geteilt haben, zieht plötzlich in Ihre Nähe – kaum fünf Straßen von Ihrer Wohnung entfernt. Sie erwarten, daß die alte Freundschaft neu erblüht, aber die Dame meldet sich höchst selten. Das ärgert Sie, und sie reden sich ein, Ihre Freundin benehme sich mit voller Absicht so rücksichtslos. Sie fühlen sich vernachlässigt, denken an nichts anderes mehr und fühlen sich dabei immer miserabler.

Analyse: Sie übertreiben maßlos. Zwar ist Ihre Enttäuschung durchaus verständlich, doch sind die Vernachlässigung und die Ungerechtigkeit, die Sie empfinden, nur das Ergebnis eines Wunschtraums. Sie bilden sich ein, Sie und Ihre einstige Zimmergenossin müßten zwangsläufig die gleiche enge Beziehung zueinander haben wie vor zwanzig Jahren. Sie machen sich selbst unglücklich, weil Sie meinen, die Wirklichkeit müsse sich Ihren Träumen anpassen.

Situation zwei: Nach zwanzig Ehejahren hat Ihr Mann Sie wegen einer anderen Frau verlassen. Sie brechen jeden Kontakt mit Ihren Freunden ab und vergraben sich lieber in Ihre vier Wände und heulen. Jeder, der Ihnen helfen will, bekommt die stereotype Antwort: »Für mich gibt es keine Männer mehr.«

Analyse: Richtig, Sie sind auf der Strecke geblieben. Und selbstverständlich können Sie, was Ihren treulosen Ehemann betrifft, nichts unternehmen. Aber Sie *können* sich ein neues Leben aufbauen. Sie brauchen bloß die Lähmung abzuschütteln und müssen *etwas tun*.

Situation drei: Sie sind eine sehr attraktive Frau und verlieben sich in einen Mann, der bereits die dritte Scheidung hinter sich hat. Er läßt keinen Zweifel daran, daß er eine weitere Ehe absolut ausschließt. Dennoch machen Sie sich gewisse Hoffnungen. Schließlich verläßt Ihr Freund Sie – wegen einer anderen attraktiven Frau. Sie fühlen sich hereingelegt und fragen sich: »Was hat sie zu bieten, das ich nicht habe?«

Analyse: Sie fühlen sich getreten. Seine neue Freundin weiß genau, was sie zu erwarten hat: keine Ehe. Und da sie keine falschen Hoffnungen hegt und einfach nimmt, was er zu bieten hat (gutes Aussehen oder Geld), wird sie nie in die Rolle des Opferlamms verfallen.

Situation vier: Auf einer Abteilungsleiterkonferenz haben Sie ein stichhaltiges Argument vorgebracht, aber Ihr Chef übergeht es. Sie sind ihm ernsthaft böse.

Analyse: Aufgrund Ihrer Fehleinschätzung der Situation halten Sie sich für einen Verlierer, obwohl Sie gar keiner sind. In Wirklichkeit hat sich Ihr Chef an die Tagesordnung gehalten und die Debatte über Ihren Vorschlag lediglich auf einen anderen Zeitpunkt verschoben. Ein weiteres Beispiel: Sie schenken einem Kollegen ein herzliches Lächeln, doch er erwidert es nicht. Sie können schließlich nicht wissen, daß ihm soeben mit Entlassung gedroht wurde. Und noch ein Beispiel: Freunde von Ihnen, die jedes Jahr am Valentinstag eine Party geben, haben Sie diesmal nicht eingeladen. Das geht Ihnen nahe; Sie sind betroffen und fragen sich: »Was habe ich bloß falsch gemacht?« In Wirklichkeit haben Sie selbst sich zu wenig um Ihre Freunde gekümmert. Sie wissen gar nicht, daß die diesjährige Fête entfällt, weil Ihre Freunde statt dessen nach Japan geflogen sind.

Situation fünf: Seit langer Zeit sind Sie beim alljährlichen Wohltätigkeitsbasar Ihrer Gemeinde für den Verkauf von Eintrittskarten verantwortlich, eine Aufgabe, die Ihnen nachgerade zum Hals heraushängt. Aber Sie fühlen sich eben dazu verpflichtet. Diesmal bietet Ihnen die Vereinsvorsitzende an, den Zeitschriftenverkauf zu übernehmen. Aus Angst, Sie könnten dieser Aufgabe nicht gerecht werden, lehnen Sie ab, und alles bleibt beim alten. Sie langweilen sich maßlos.

Analyse: Sie sind unwissentlich abhängig. Aus Ihrer Furcht, keiner neuen Anforderung gewachsen zu sein, lassen Sie sich die Chance entgehen, neue Leute kennenzulernen und neue, interessantere Aufgaben zu übernehmen. Die Ablehnung wäre gerechtfertigt, wenn Sie mit dem sich Jahr für Jahr wiederholenden Routinejob zufrieden wären – aber das sind Sie ja nicht.

Situation sechs: Ihre Frau hat ständig etwas an Ihnen auszusetzen. Wie unangebracht ihr Verhalten ist, nehmen Sie gar nicht wahr. Wenn aber ein Freund ein geliehenes Buch nicht pünktlich zurückbringt, rasten Sie aus und fühlen sich mißbraucht.

Achtung: Auch Sie sind unwissentlich abhängig. Eigentlich ärgern Sie sich über Ihre Frau, aber Sie sind nicht imstande, ihr das auch zu zeigen. Sie suchen sich ein anderes Ventil für Ihre Wut. Aus verschiedenen Gründen wehren Sie sich dagegen, das schlechte Benehmen Ihrer Frau wahrzunehmen: 1. Ihre Beziehung könnte schweren Schaden erleiden, und Sie sind auf eine stabile Ehe angewiesen. 2. Der tieferliegende Grund ist der, daß Sie sich nicht trauen, Ihre Frau zurechtzuweisen, weil es für Sie irgendwie dasselbe ist wie eine Aggression gegen Ihre Mutter. Und dies ist eine Sünde. Wie soll sich auch ein kleiner Junge gegen seine Mutter zur Wehr setzen? – Das ist viel zu gefährlich! Sie wird's Vater erzählen, und Vater wird Sie bestrafen.

(Das klingt ziemlich melodramatisch, aber es gibt durchaus Menschen, die – ohne daß es ihnen bewußt wäre – nach solchen Kriterien handeln.) Ergo verlagern Sie die Opfermentalität, die das Verhalten Ihrer Frau in Ihnen hervorruft (und die Sie unmöglich zugeben können) auf Nebenkriegsschauplätze, auf denen Ihnen persönlich keine Bestrafung droht: Sie fangen an zu toben, wenn Ihr Freund ein entliehenes Buch nicht rechtzeitig zurückgibt.

Situation sieben: Sowohl Sie als auch Ihr Ehepartner sind ganztags berufstätig und absolvieren nebenbei Abendkurse zur Fortbildung. Die Wochenenden sind also den Hausaufgaben vorbehalten. Dennoch bestehen Ihre Eltern und Schwiegereltern darauf – alle vier im übrigen gesund und munter und durchaus noch nicht betagt –, daß Sie beide am Wochenende zu ihnen kommen, um den jeweiligen Rasen zu mähen, die Autos zu waschen und irgendwelchen anderen Kleinkram in Haus und Garten für sie zu erledigen.

Analyse: In diesem Fall sind Sie beide unwissentliche Opfer, die glauben, ihnen bliebe gar keine andere Wahl als ja zu sagen. Sie haben sich offensichtlich noch nicht von dem in Ihrer Kindheit gängigen Spruch: »Du hast deinen Eltern zu gehorchen und damit basta!« befreit. Doch mittlerweile sind Sie erwachsen, haben Ihre eigenen Ziele und unterliegen anderen Zwängen. So sehr Sie auch wünschen, Ihren Eltern die angemessene Achtung entgegenzubringen: Sie müssen unbedingt einen gangbaren Mittelweg zwischen Ihren eigenen und den Bedürfnissen Ihrer Eltern finden.

Vielleicht haben Sie seit langem schon das Gefühl, ein Versager zu sein, aber sicher sind Sie sich dessen nicht. Bevor wir uns also den tieferliegenden emotionalen Schwierigkeiten zuwenden, wollen wir zunächst herausfinden, in welchen Bereichen Sie besonders anfällig sind.

Das folgende Quiz ist eine Art Aufgalopp – eine Übung, die Ihnen hilft, sich selbst und Ihren Problemen gegenüber sensibler zu werden.

Quiz Nr. 1: Hilfe, ich bin ein Opfer!

Ziel: Zu definieren, in welchen Bereichen Sie immer wieder Schwierigkeiten haben, und aufzuzeigen, wie Sie besser damit fertigwerden können.

ERSTER SCHRITT: Schlagen Sie eine neue Seite in Ihrem Arbeitsheft auf und schreiben Sie die folgende Liste ab. Achten Sie darauf, daß genügend Platz für Ihre Ergänzungen bleibt:

Bereich 1: Unpersönliches

- Händler und Verkäufer
- Dienstleistende im weitesten Sinne
- Portiers und Taxifahrer
- Vollkommen Fremde

Bereich 2: Im Beruf

- Vorgesetzte
- Gleichgestellte
- Untergebene

Bereich 3: Gesellschaftliche Beziehungen

- Bekannte gleichen Geschlechts
- Bekannte des anderen Geschlechts
- Freunde gleichen Geschlechts
- Freunde des anderen Geschlechts

Bereich 4: Persönliches

- Ehepartner oder Geliebte/r
- Kinder
- Familie
- Verschwägerte

ZWEITER SCHRITT: Beantworten Sie zu jeder der genannten Situationen die folgenden Fragen:

- Haben Sie sich jemals als Opfer eines Menschen aus einem der oben genannten Bereiche gefühlt? Gehen Sie sorgfältig vor und beantworten Sie jede einzelne Frage!

Warnung: Hüten Sie sich davor, allzu rasch mit *nein* zu antworten! Nehmen Sie sich Zeit zum Nachdenken und stellen Sie sich in allen Fällen, da Ihre Antwort ja lautet, folgende Fragen:

- Ist Ihre Reaktion selten, manchmal oder häufig märtyrerhaft?
- Welcher Art sind diese Märtyrergefühle in Ihrem Fall? Betrachten Sie die Unhöflichkeit eines Restaurantkellners als ebenso schwerwiegend wie die Ihres Chefs? Haben Sie gelegentlich das Gefühl, die ganze Welt sei gegen Sie?
- Hat Ihre Opfermentalität gravierende Auswirkungen auf Ihr Leben? Führt sie beispielsweise dazu, daß Sie bestimmte Bereiche meiden, oder beeinflußt sie Ihre Beziehung zu den Menschen, die in diesem Bereich tätig sind? Oder schränken Sie einfach Ihr Sozialleben ein, sobald andere Sie übervorteilen, und bleiben lieber zu Hause, statt sich dem Risiko auszusetzen, anderen zum Opfer zu fallen?
- Lassen Sie sich in einer Opfersituation von Ihrer jeweiligen Laune beeinflussen, und wenn ja, wie wirkt sich das aus?
- Hat die Tatsache, daß Sie in eine Opferrolle geraten sind, einen Einfluß auf Ihr Selbstverständnis? Auf Ihre Vorstellung von sich selbst? Würden Sie sich anders fühlen, wenn Sie nicht so oft zum Opfer gemacht würden?

DRITTER SCHRITT: Haben Sie alle Fragen beantwortet? Wenn ja, analysieren Sie Ihre Antworten mit Hilfe folgender Fragen:

■ In welchem Bereich liegen Ihre größten Schwierigkeiten? In Bereich 3 vielleicht in Ihren Beziehungen zum anderen Geschlecht und in Bereich 2 vielleicht in Ihrem Verhältnis zu gleichgestellten Kollegen ...

■ Welcher Bereich erlaubt Ihnen die größten Freiheiten?

■ In welchem Bereich würde Ihnen eine Veränderung am leichtesten fallen? Vielleicht im Bereich 3 bei Freunden gleichen Geschlechts?

■ Beherrscht Sie in allen Bereichen die gleiche Opfermentalität oder gibt es Unterschiede? Übertreiben Sie zum Beispiel, wenn es um Berufliches geht, und bieten sich gleichzeitig als williges Opfer an, sobald Sie es mit dem anderen Geschlecht zu tun bekommen?

Was Sie aus diesem Quiz lernen können

1. Sie erkennen, auf welche Situation es ankommt – und auf welche nicht. Sie werden diese Fähigkeit rasch zu schätzen lernen, da sie Ihnen dabei helfen wird, sich auf das Wesentliche zu konzentrieren. Von daher sind positive Auswirkungen auf Ihre Persönlichkeit und Ihre gesamten Lebensumstände zu erwarten.

2. Sie erkennen, ob Ihr Märtyrerverhalten konstant ist oder variiert. Wenn es sich je nach Situation oder Bereich ändert – wenn Sie also beispielsweise bei Vorgesetzten stets schwarzsehen, sich von Freunden des anderen Geschlechts stets untergebuttert fühlen und in Ihrer Partnerschaft die Rolle des unwissentlichen Opfers erfüllen –, dann werden Sie an einer ganzen Reihe von Problemen, Denkweisen oder Verhaltensdefiziten zu arbeiten haben. Sind Sie andererseits ein konstanter Schwarzseher, so bleibt Ihr Verhaltensmuster höchstwahrscheinlich in allen Bereichen im Grunde dasselbe und unterscheidet sich allenfalls in der Intensität. Die Probleme, an denen Sie zu arbeiten haben, sind also weniger zahlreich, doch da sie im Laufe der Jahre zu festen Gewohnheiten geworden sein dürften, wird eine Verhaltensänderung nur mit entsprechender Ausdauer zu erreichen sein.

Nicht vergessen: Nutzen Sie Ihr Vorbewußtes

Dem *Comprehensive Textbook of Psychiatry/II* zufolge umfaßt »das Vorbewußte alle Ideen, Gedanken, Kindheitserfahrungen sowie andere gespeicherte Sinneswahrnehmungen, die bei entsprechender Bemühung bewußt gemacht werden können«.

In anderen Worten: Wir sind imstande, bestimmte Erinnerungen an unsere Kindheit *wachzurufen*, mit deren Hilfe wir unser gegenwärtiges Verhalten ändern können. Zur Verdeutlichung des Unterschieds zwischen Vorbewußtem und Unbewußtem bedienen sich die Experten oftmals des folgenden Vergleichs: Das Erinnerungsvermögen ist wie ein Stück Holz in einem Wasserbecken. Nun gibt es zwei Möglichkeiten: Im ersten Fall schwimmt das Holzstück auf der Oberfläche, und wir brauchen nur *hinzusehen*, um es zu erkennen: Das ist das Vorbewußte. Im zweiten Fall drücken wir das Holzstück mit der Hand unter Wasser und verhindern somit, daß es an die Oberfläche steigt: Das ist das Unbewußte. Die Hand symbolisiert die *Verdrängung*, die die Erinnerung unterdrückt.

Die Erinnerungsarbeit wird erleichtert, wenn man *wie ein neugieriger und kritischer Reporter sein eigenes Ich erforscht.* Das Quiz soll Ihnen dabei helfen, in Ihr Vorbewußtes einzutauchen, längst vergessene Erinnerungen an die Oberfläche zu befördern und die Wirkung vergangener Ereignisse und Erlebnisse zu verstehen.

Quiz Nr. 2: Ihre Kindheitsgeschichte

Ziel: Mit vorbewußten Erinnerungen die Ursachen Ihrer gegenwärtigen Opfermentalität zu begreifen.

ERSTER SCHRITT: Sehen Sie für jede Dekade Ihres Lebens eine neue Seite in Ihrem Arbeitsheft vor und tragen Sie Ihr jeweiliges Lebensalter ein. Darunter notieren Sie jeweils ein Ereignis, bei dem Sie sich in Ihrer Erinnerung als Opfer fühlten: Kindheit (Die Lehrerin hat Ihnen eine ungerechtfertigte Strafe aufgebrummt); Jugend (Vater hat Ihnen nicht erlaubt, samstagabends seinen Wagen zu benutzen); die Twen-Jahre (Ihr Freund hatte die besseren Beziehungen und bekam den Job, den eigentlich Sie verdient hätten); die Dreißiger (eine Freundin kam Ihnen zuvor und schnappte Ihnen den begehrten Job weg – nachdem Sie ihr davon erzählt hatten).

ZWEITER SCHRITT: Notieren Sie zu jedem dieser Vorfälle:

- wer oder was Sie in die Opferrolle gedrängt hat;
- mit welchen Gefühlen Sie auf die Situation reagierten;
- welche Phantasievorstellungen Sie damit verbanden;
- auf welche Weise Sie die Probleme zu lösen versuchten;
- ob Sie glauben, daß der betreffende Vorfall Ihr künftiges Leben nachhaltig beeinflußt hat.

DRITTER SCHRITT: Vergleichen Sie die einzelnen Vorfälle miteinander. Lassen sich mit zunehmendem Alter Veränderungen feststellen? Hat sich zum Beispiel der Personenkreis, von dem Sie ausgenutzt werden, geändert oder reagieren Sie inzwischen anders?

VIERTER SCHRITT: Versuchen Sie, sich genau an die Menschen zu erinnern, die Ihre Kindheit und später Ihr Leben beeinflußt haben, und überdenken Sie deren Beziehungen zu Ihnen selbst sowie untereinander. Bei der Erinnerung an Ereignisse, an die wir schon lange nicht mehr gedacht haben, begegnen uns mitunter alte Gespenster, die sich zwar verborgen halten, aber keineswegs verschwunden waren. Wir können sie wachrufen und aus ihren Verstecken hervorholen.

Die folgenden drei Fragen sollen dabei Ihrem Erinnerungsvermögen auf die Sprünge helfen:

1. *Wie gingen Ihre Eltern mit anderen Menschen um?* Waren unsere Eltern starke, lebensbejahende Persönlichkeiten, so neigen wir dazu, sie uns zum Vorbild zu nehmen, und geraten nur selten in eine Opferrolle. Waren die Eltern jedoch stets unterwürfig und nachgiebig, so ist es mehr als wahrscheinlich, daß wir diese Eigenschaften von ihnen übernommen haben und auch selbst wieder zu Verlierern geworden sind. Hatten die Eltern zum Beispiel die Gewohnheit, unablässig über die angebliche »Ungerechtigkeit« ihrer Freunde zu jammern, so kann es durchaus sein, daß wir sie heute nachahmen oder aber nur in Nuancen unterschiedlich reagieren – etwa indem wir ständig gegen die eingebildete »Ungerechtigkeit« unserer Freunde ankämpfen, obwohl uns de facto keiner von ihnen etwas Böses will.

2. *Wie gingen Ihre Eltern mit Ihnen selbst um?* Wenn wir von unseren Eltern unvernünftig oder falsch behandelt wurden, unterliegen wir vermutlich einer *erlernten Hilflosigkeit*, die unsere gesamte Lebenseinstellung prägt. Kann sein, daß wir in der Kindheit die Erfahrung gemacht haben, daß die Eltern, völlig unabhängig von dem, was wir taten, immer nur nach ihren eigenen Bedürfnissen und Launen handelten. Wir zogen daraus den Schluß, daß jeder Versuch, es mit einer derart teilnahmslosen Umgebung aufnehmen zu wollen, von vornherein sinnlos ist, und gaben unsere Bemühungen infolgedessen bald auf. Eine konstruktive Anpassung bestünde in diesem Fall darin, das sich allen Einsichten widersetzende, irrationale Verhalten der Eltern zu erkennen; allerdings bringen das die meisten von uns nicht über sich und fügen sich in ihre scheinbar nicht kurierbare Hilflosigkeit.

3. *Wie wurden Sie von Ihren Eltern bestraft?* Die Art der Bestrafung im Elternhaus kann sich widerspiegeln in der Art und Weise, wie wir uns als Erwachsene selbst bestrafen. Waren Ihre Eltern mit Strafen rasch bei der Hand und kannten immer nur Tadel und kein Lob, so neigen die Kinder als Erwachsene höchstwahrscheinlich stark zur Selbstbestrafung und messen dem, was sie falsch machen, weit größere Bedeutung bei als allem, was sie richtig machen.

Was Sie aus diesem Test lernen können

1. *Erkennen Ihrer Verhaltensmuster.* Zwar scheinen Sie vor allem Probleme mit Ihrem Chef oder Ihrer Chefin zu haben, doch Ihre Kindheitsgeschichte läßt kaum Rückschlüsse auf größere Schwierigkeiten mit Autoritätspersonen erkennen. Statt dessen enthüllt sie, daß es vor allem

Personen des anderen Geschlechts waren, von denen Sie in eine Opferrolle gedrängt wurden. Sie wissen also nun, daß Sie die Schwierigkeiten mit dem Chef oder der Chefin nicht primär unter der Rubrik »Autoritäten« sehen müssen, sondern unter der Prämisse »Probleme mit dem anderen Geschlecht«.

2. Veränderungen. Die eingehende Beschäftigung mit frühen Opfersituationen ermöglicht Ihnen vielleicht die Erkenntnis, daß Ihr gegenwärtiges Verhaltensmuster, wiewohl es sich von dem Ihrer Kindheit stark zu unterscheiden *scheint*, in Wirklichkeit nichts weiter als eine Variation des frühen Kindheitsmusters ist und noch immer auf demselben Kernproblem basiert. Ein Beispiel: Ihre Freundin oder Ihr Freund richtet an Sie eine einfach zu erfüllende Bitte, Sie aber reagieren mit Verärgerung. Bei genauerem Nachdenken fällt Ihnen ein, wie oft Sie in der Kindheit von Ihren Geschwistern zu völlig sinnlosen und unvernünftigen Handlungen gezwungen worden sind. Sie fühlten sich damals als Opfer – mit dem Ergebnis, daß Sie heute, sobald Sie um einen Gefallen gebeten werden, ganz automatisch eine Wiederholung befürchten. Vielleicht entdecken Sie auch, daß Sie heute nur in Situationen, mit denen Sie bislang noch nicht konfrontiert waren, in eine Opferrolle verfallen. Vielleicht sind Sie auch ein ganz anderer »Opfertyp« geworden. Die Gründe dafür sind in vielen Fällen gar nicht schwer zu eruieren. Vielleicht hat Ihr Leben eine wichtige Änderung erfahren (die erste feste Anstellung, die erste ernstzunehmende Dauerbeziehung). Sie stehen plötzlich vor ganz neuen Anforderungen, durch welche alte Konflikte, die Sie bisher unter Kontrolle hatten, von neuem aufgerührt werden.

Erforschen Sie also Ihre vorbewußten Erinnerungen und erarbeiten Sie eine kritische und neugierige Reportage über sich selbst. An Ihrem bisherigen Leben wird das nichts ändern – aber Sie können Ihre Zukunft neu gestalten.

Fallbeispiel: Der Anwalt, der mit Hilfe seines Vorbewußten zu sich selbst fand

Als Joe B. zum erstenmal zur verhaltenstherapeutischen Behandlung in meine Praxis kam, beklagte er sich über sein geringes Selbstwertgefühl im Umgang mit den älteren Teilhabern der Anwaltskanzlei, in der er arbeitete. Er konnte sich einfach nicht gegen sie durchsetzen, nicht einmal, wenn er im Recht war. Er besaß zwar die fachlichen Fähigkeiten dazu, doch hinderte ihn sein mangelndes Selbstwertgefühl daran, sich im Umgang mit Autoritätspersonen ihrer auch zu bedienen. Als wir ausführlicher darüber sprachen, tauchte bald die Vermutung auf, Joes mangelndes Selbstwertgefühl sei auf die ständigen Vergleiche zurückzuführen, die er zwischen sich selbst und seinem verstorbenen Vater zog, den er bewundert hatte. Joe bezog sich in nahezu jedem zweiten Satz, der über seine Lippen kam, und selbst wenn es um seine ureigene aktuelle Arbeit ging, auf seinen Vater, der ebenfalls Anwalt gewesen war. Als Kind gab es für ihn keinen größeren Stolz, als Vaters Auftritte vor Gericht mitzuerleben. Danach nahm ihn sein Vater gelegentlich mit ins Restaurant, wo alle Leute den erfolgreichen Anwalt kannten und begrüßten. Sein Vater, fand Joe, war ein absolut vollkommener Mensch gewesen.

Eines war klar: Joes derzeitige Probleme standen in direkter Beziehung zu seinem Vaterbild. Ich fragte ihn, ob er sich an irgendeinen Vorfall erinnern könne, bei dem er seinen Vater als *nicht* vollkommen erlebt hatte?

Zunächst fiel es Joe schwer, sich überhaupt an eine solche Szene zu erinnern. Doch dann fiel ihm ein, wie er als Achtjähriger einst von einem Besuch bei Freunden nach Hause gekommen war und seinen Vater dabei ertappt hatte, wie er gerade in seinem Tagebuch schmökerte. Joe war entsetzt gewesen – Vater aber hatte bloß gelacht.

Diese Erinnerung brachte den Stein ins Rollen – Joe fiel noch mehr ein. Zum Beispiel, wie ungerecht er und seine Geschwister vom Vater behandelt wurden, weil er nie ihre Argumente anhören wollte, sondern sich stets nur auf Mutters Klagen verließ. Und dann erinnerte sich Joe noch an ein Gespräch, in dessen Verlauf ein Nachbar seinen Vater als »servilen Kriecher« bezeichnet hatte. Außerdem waren – auch das kam nun zutage – alle Kontakte bei jenen offiziellen Mittagessen, die Joe so beeindruckt hatten, stets von seinem Vater ausgegangen. Nie hatte sich ein anderer von sich aus um den Anwalt bemüht. Großen Kummer bereitete Joe schließlich die Erinnerung an eine Sache, die er ganz und gar verdrängt hatte: Seinem vergötterten Vater war es nur mit knapper Not gelungen, als Teilhaber in seiner Anwaltskanzlei akzeptiert zu werden.

Dank dieser Erinnerungen erkannte Joe, daß er unbewußt stets von der Neigung besessen war, seinen Vater zu glorifizieren, und daß er darüber hinaus fürchtete, die Schwächen seines Vaters zu akzeptieren. Er hatte sich das Bild des starken Vaters bewahrt, indem er sich mit ihm verglich und dabei seine eigenen Schwächen überbetonte.

Allein die offene Auseinandersetzung mit unseren Ängsten und Problemen trägt oftmals schon zu deren Abbau bei. So war es auch bei Joe. Im Laufe der Behandlung fand er heraus, daß seine Neigung, im Umgang mit Autoritätspersonen klein beizugeben, völlig verschwunden war. Er begriff, daß seine Unsicherheit im Berufsleben von einer falschen Zielsetzung herrührte: Er hatte gemeint, er müsse einem Vorbild gerecht werden, das nur in seinem Kopf existierte. Joe überwand seine Hemmungen gegenüber den anderen Teilhabern und war nun auch imstande, in den Verhandlungen mit ihnen jene Fähigkeiten einzusetzen, denen er seine ohnehin schon beachtlichen beruflichen Erfolge verdankte. Die hemmungslose Bewunderung für den Vater wich nun, da Joe auch dessen Schwächen kannte, einer um so innigeren Zuneigung.

Warnung: Halten Sie nicht die Entdeckung Ihres Vorbewußten für identisch mit der Entlarvung des Unbewußten und der damit in Verbindung stehenden Gefühle. Es gibt einen Abwehrmechanismus, den man als *selektive Erinnerung* bezeichnen könnte – das heißt, wir erinnern uns an bestimmte Vorfälle nur partiell und ziehen daraus falsche Schlüsse auf unser Verhalten in der Gegenwart. Auch Joe erinnerte sich ja anfangs ausschließlich an die Eigenschaften seines Vaters, die er bewunderte, mußte aber all jene Gefühle verdrängen, die ihm diese bewundernde Haltung geradezu aufnötigten.

Nicht vergessen: Suchen Sie den Schlüssel zu Ihrem Unbewußten

Das Vorbewußte mag uns gewisse Ereignisse vergessen lassen, doch können wir sie jederzeit zurückrufen.

Das *Unbewußte* hingegen läßt uns – erinnert sei an das Beispiel mit dem Holzscheit – mit voller Absicht Erinnerungen und Gefühle unterdrücken, denn sobald wir ihnen erlauben, an die Oberfläche zu treten, werden furchtbare Angst- und Schuldgefühle wach. Das *Verdrängungsbedürfnis* erfüllt also eine gewisse Schutzfunktion. Viele Leute behaupten, die gesamte Psychoanalyse sei eine Analyse des *Widerstandes*. Widerstand schützt, indem er die Erinnerung an bestimmte Aspekte der Realität blockiert, mit denen auf bewußter Ebene umzugehen allzu schmerzvoll oder deprimierend ist. Andererseits kann die Schutzreaktion auch zur Opfermentalität und entsprechenden Verhaltensmustern führen.

Das Holzscheit loszulassen, ist alles andere als leicht. Wer sein Unbewußtes freilegen will, muß harte Arbeit leisten, und das erklärt auch, warum eine Psychoanalyse soviel Zeit in Anspruch nimmt. Es wäre großsprecherisch, ja unredlich, wollten wir behaupten, daß dieses – oder irgendein anderes – Buch Patentrezepte zur Erschließung jener tiefsten Regionen unseres Selbst liefern könnte. Wenn Sie feststellen, daß all Ihren Versuchen zur Verhaltensänderung Blockierungen im Wege stehen, so hilft Ihnen aber vielleicht das Wissen um den oben geschilderten Krankheitsgewinn dabei, den richtigen Weg zu finden und den Dritten Schritt in Ihr Unbewußtes zu tun. Stellen Sie sich folgende Fragen:

- Genießen Sie Ihre Opferrolle bzw. Ihre emotionale Abhängigkeit? Verschafft sie Ihnen Überlegenheitsgefühle, Sicherheit oder Trost?
- Dient Ihre emotionale Abhängigkeit einem defensiven Zweck? Führt beispielsweise Flucht vor der Verantwortung bei Ihnen dazu, daß Sie sich auf externe Probleme konzentrieren und sich den eigenen nicht stellen?
- Haben Sie Gefühle oder Handlungsweisen, die zu emotionaler Abhängigkeit führen, von Menschen *übernommen*, von denen Sie in Ihrer Kindheit stark beeinflußt wurden? Wenn ein Freund oder Kollege Sie übervorteilt und in die Opferrolle drängt – reagieren Sie dann mit den gleichen Gefühlen, die Sie als Kind Ihren Eltern entgegenbrachten – Gefühlen, zu denen Sie sich nicht bekennen können?

Fallbeispiel: Der unglückliche Ehemann

Als Fred T. zu mir in die Praxis kam, fühlte er sich als Opfer der engen und herzlichen Mutterbindung seiner Frau Gwen. Die »übertriebene Mutterliebe« und die »ständigen« Wochenendbesuche schienen ihm das Hauptproblem in seiner ansonsten glücklichen Ehe zu sein. Ich schlug eine Übereinkunft vor, die von beiden Seiten bestimmte Leistungen und Gegenleistungen verlangte. Sowohl Fred als auch Gwen waren damit einverstanden. Gwen wollte ihre Mutter nur noch einmal pro Tag anrufen (wenn Fred nicht zu Hause war) sowie die mütterlichen Visiten auf eine pro Monat beschränken. Fred versprach dafür, mit Gwen nicht mehr über seine Schwiegermutter zu streiten und sich »anständig zu benehmen«, wenn sie bei ihnen war.

Die Vereinbarung scheiterte, denn sie wurde nur von Gwen eingehalten. Fred schaffte es einfach nicht. Nach dem Fehlschlag begann er, ein hochintelligenter Mann, die Gefühle zu analysieren, die er *seiner eigenen Mutter* entgegenbrachte, mit der er nur noch wenig Kontakt hatte. Dabei erinnerte er sich, daß ihn seine Mutter – auf die er normalerweise nichts kommen ließ – als kleinen Jungen stets sehr abweisend behandelt hatte, so daß er sich wie ein Idiot vorkam. Er, der immer geglaubt hatte, daß er ihre Gegenwart mied, weil sie ihn stets mit einer Fülle kleiner Aufträge eindeckte (»Ach, sei so lieb und...«), kam nun darauf, daß er ihr unbewußt die miserable Behandlung heimzahlen wollte, die er als Kind von ihr erfahren hatte. Seine Wut darüber hatte er in sich hineingefressen. Fred kam zu dem Schluß, die Ursache seiner Reaktion auf Gwen und ihre Mutterbeziehung liege in seinen eigenen Kindheitserfahrungen. Von nun an sagte er sich, sobald er merkte, daß er Gwen wieder einmal dazu drängen wollte, ihrer Mutter die Meinung zu sagen: »Stop! Eigentlich will *ich meiner* Mutter die Meinung sagen.« Seitdem gelingt es ihm vollkommen problemlos, sich an die Bedingungen der Übereinkunft zu halten.

Fred änderte sich auf zweierlei Weise: *Indem er lernte, mit seinem Unbewußten umzugehen, erwarb er sich die Fähigkeit, sein Bewußtsein zu steuern.* Nachdem er den tiefsitzenden Zorn auf seine Mutter erst einmal akzeptiert hatte, war er imstande, die Beziehung zu seiner Frau zu verbessern. Die Voraussetzung für diesen verhaltenstherapeutischen Erfolg war die intensive Beschäftigung Freds mit seinem Unbewußten. Er mußte bestimmte Hypothesen aufstellen und dann so tun, als verkörperten sie die Wahrheit. Bei ihm führte diese Technik zum Erfolg.

Neubewertung der sozialen Konditionierung

Bestimmte Überzeugungen und falsche oder illusorische Erwartungshaltungen, die uns anerzogen wurden, drängen uns nicht selten in die Rolle des ewigen Verlierers oder lassen uns zu unseren eigenen Opfern werden. Wenn wir sie überwinden wollen, müssen wir sie zunächst einmal identifizieren und danach einer kritischen Betrachtung unterziehen.

Der Vorhang zwischen den Geschlechtern

Unsere Umwelt bringt uns bei, andere Menschen ebenso wie uns selbst durch einen »Geschlechtsfilter« zu betrachten. Der Begriff stammt von Dr. Sandra Lipsitz Bem, Professorin der Psychologie an der Cornell University und Expertin für Geschlechterrollen. Sie beginnt ihre Vorlesungen oft mit der provozierenden Frage: »Wie sähe Ihr Leben aus, wenn Sie dem anderen Geschlecht angehörten?«

Wir lernen von Kindesbeinen an, bestimmte Charaktereigenschaften und Verhaltensweisen Männern und Knaben, andere hingegen Frauen und Mädchen zuzuschreiben. Es gilt als gegeben, daß der Mann der Tatkräftige ist: aggressiv, stark, risikobereit, zu Führungsaufgaben berufen. Für zartere Gefühle ist in diesem Rollenbild kaum Platz. Empfindet ein Mann sie doch, so hat er sie gefälligst zu unterdrücken, auf jeden Fall aber für sich zu behalten. Als weibliche Eigenschaften gelten Herzlichkeit, Sanftmut und Sensibilität, Gemeinschaftsgefühl und ein starkes Harmoniebedürfnis. Frauen, so heißt es, streben nach

Offenheit und suchen auch nach Ausdrucksmöglichkeiten für Zuneigung und Zärtlichkeit.

Die traditionelle Festlegung auf Geschlechterrollen hat man uns von Kind an beigebracht, und nun können wir uns davon kaum noch lösen. Dr. Bem bemerkt dazu: »Rollen glätten die zwischenmenschlichen Beziehungen. Wer seine Rolle verliert, verliert das Drehbuch für sein Verhalten. Im persönlichen Bereich führt der Verlust der Geschlechterrolle zu gesteigerter Unsicherheit. Man verliert vermeintliche Ansprüche. Man ist gezwungen, sich über sein Tun und Lassen Gedanken zu machen.«

Aber genauso, wie wir dieses geschlechtsspezifische Rollenverständnis erworben haben, können wir es auch wieder loswerden. Noch vor zwanzig Jahren war unverblümte sexuelle Diskriminierung weit verbreitet. Der Wandel, der sich in der Zwischenzeit vollzogen hat, läßt sich am beruflichen Aufstieg der Frauen sowohl in der freien Wirtschaft als auch im akademischen Bereich erkennen. Dr. Bem zufolge hat sich an den Universitäten sogar eine Rollenumkehrung vollzogen. Es ist heute durchaus möglich, daß die Frau die Wahl des Wohnorts bestimmt. Sie hat nicht selten die bessere Position und sucht sich eine noch bessere in einer anderen Stadt – der Ehemann dagegen richtet sich nach ihr und sieht zu, daß er am neuen Wohnort irgendeinen Job findet.

Daß bis auf den heutigen Tag viele Menschen vom geschlechtsspezifischen Rollenverständnis beherrscht sind, führt oft dazu, daß sie in eine Opferrolle geraten oder sich aus einer solchen nicht befreien können.

Wenn Sie einen Menschen mit Hilfe von sexuellen Rollenklischees zu beurteilen suchen, so sind Sie von vornherein mit einem Vorurteil belastet. Nur allzu leicht kommt es dann vor, daß Sie einen bestimmten Aspekt seiner Persönlichkeit gar nicht wahrnehmen, auf den es Ihnen im Grunde besonders ankommt. Ein Beispiel: Ein Mann heiratete eine junge Einkäuferin, die ihre Stelle aufgab, drei Kinder bekam und prompt »Nur-Hausfrau« wurde. Er hielt es für ganz richtig, daß sie sich in diese Rolle fügte, wurde jedoch nicht so recht froh in der Ehe. Erst als sie wieder zur Arbeit ging, erkannte er, daß er ursprünglich gar kein Heimchen am Herde gewollt hatte. Er hatte die Frau geheiratet, weil sie beruflich erfolgreich war und weil er mit ihr alles besprechen konnte, was ihrer beider Arbeit betraf.

In Fällen wie diesem wird die Fixierung auf bestimmte Geschlechterrollen zu einem unsichtbaren Vorhang zwischen Ihren althergebrachten Erwartungen und Ihrem wirklichen inneren Ich. Sie wagen es nicht, sich bestimmte Denk- und Handlungsweisen zu erlauben, die einem Klischee widersprechen, das Sie sich von der Gesellschaft haben aufzwingen lassen.

Rollenklischee-Fallbeispiel 1: Eine phantastisch aussehende, dreiunddreißigjährige Geschiedene, Mutter von drei Kindern, beklagt sich voller Bitterkeit: »Weil ich schon mit achtzehn geheiratet habe, fühle ich mich bei gesellschaftlichen Anlässen gar nicht wohl in meiner Haut. Ich bin einfach nicht in der Lage, mit einem attraktiven Mann, der mir nicht vorgestellt worden ist, ein Gespräch anzufangen. Wenn er mich nicht von sich aus anspricht, entferne ich mich lieber und plaudere mit einer anderen Frau. Wäre ich ein Mann, müßte ich nicht so viel zu Hause herumsitzen. Mir stünden viel mehr Möglichkeiten offen.«

Rollenklischee-Fallbeispiel 2: Mary M. leitete eine kleine Firma, in der eine Gruppe Unzufriedener gegen die bestehende Hierarchie aufbegehrte. »Ständig gab es Getuschel über meine angebliche Dummheit«, erinnert sie sich. »Ich hab' sie nicht an die kurze Leine genommen, weil ich dachte, die sind ja noch gar nicht richtig erwachsen. Doch dann kam das Gerede dem Management zu Ohren, und ich saß in der Patsche. Frauen werden eben, anders als Männer, dazu erzogen, immer gerecht zu sein. Wäre ich ein Mann, hätte ich die Opposition gar nicht erst aufkommen lassen. Ich hätte den Kerlen gesagt: ›Ich bin der Boß! Wem's hier nicht paßt, der kann gehen!‹«

Rollenklischee-Fallbeispiel 3: Ein fünfunddreißigjähriger Architekt erinnert sich: »Als Kind war ich immer einer der Kleinsten und wurde daher von den anderen Jungs ständig gehänselt und verhauen. Einer stahl mir sogar mein Fahrrad. Ich habe viel geweint, und das hat mich ganz unglücklich gemacht. Wäre ich ein Mädchen gewesen, hätte ich die Kerle einfach nur für gemein und böse gehalten. Aber so hab' ich mich immer schrecklich geschämt. Und das hat sich bis heute nicht geändert. Ich habe Angst, die anderen halten mich für einen Weichling, wenn ich meine Gefühle zeige.«

Solange wir den Vorhang zwischen den Geschlechtern geschlossen lassen, bleibt unsere Spontaneität gefesselt und unser Spielraum bei der Lösung von Problemen eingeengt, da wir uns Vorgehensweisen, die dem Rollenklischee widersprechen, gar nicht erst zu erwägen gestatten.

Stellen Sie sich die folgenden Fragen zur sexuellen Rollenverteilung: (Die Beantwortung fällt Ihnen möglicherweise leichter, wenn Sie sie schriftlich formulieren und in Ihr Arbeitsheft eintragen.)

1. Was hätten Sie in einer Opferrolle, die Sie durchlebt haben, anders gemacht, wenn Sie dem anderen Geschlecht angehörten?
2. Würden Sie sich *heute* anders verhalten, um die Opferrolle loszuwerden – und worin lägen die Unterschiede?

Der Freundlichkeitsfaktor

Das altmodische Wort *Freundlichkeit* verfügt noch immer über die Macht, uns in eine Opferrolle zu zwingen. Seine Bedeutung liegt in der Art und Weise, wie wir unsere Gedanken in die Tat umsetzen.

Falsches Konzept Nr. 1: Erwartung einer Gegenleistung – das heißt, wenn Sie jemanden mit einer freundlichen Geste bedenken, gehen Sie davon aus, daß dieser Mensch sich mit einer ähnlichen Gefälligkeit revanchieren wird. Ein Beispiel: Eine Ihrer Freundinnen ist krank; Sie kochen eine Hühnersuppe für sie und bringen sie ihr ans Bett. Wenn die Grippe Sie dann selbst erwischt hat, erwarten Sie von besagter Freundin die gleiche kulinarische Kompensation.

Falsches Konzept Nr. 2: Die Vorstellung, Sie täten einem anderen einen Gefallen, wenn Sie *sich* einen Wunsch erfüllen. Ein Beispiel: Sie frühstücken gerne im Bett, aber Ihr Partner kann die Krümelei nicht ausstehen. Um Ihrer besonderen Zuneigung Ausdruck zu verleihen, bringen Sie ihm ein liebevoll bestücktes Frühstückstablett ans Bett, das *Sie* sich in der gleichen Situation wünschen würden, Ihr Partner aber gar nicht haben will. Sie erhalten nur ein mürrisches Dankeschön und fühlen sich gekränkt.

Falsches Konzept Nr. 3: Der Glaube, Sie könnten sich durch den Erweis kleiner Gefälligkeiten (Angebote, Essensmarken mitzubringen oder ein Buch in der Bibliothek abzugeben) Freundschaft erkaufen. Wenn Ihnen Ihr »selbstloses« Verhalten letztlich doch keine Freundschaft einträgt, fühlen Sie sich betrogen. Sie halten sich für einen Versager, und Ihr Selbstgefühl nimmt Schaden.

Falsches Konzept Nr. 4: Verleugnung der eigenen Freundlichkeit. Sie haben einige Unannehmlichkeiten auf sich genommen, um einem anderen Menschen einen Gefallen zu erweisen, doch dann schmälern Sie Ihren Verdienst. Ihr Freund schwärmt: »Phantastisch, wie du das gemacht hast!« Und Sie antworten: »Es war nicht schwer« – statt klipp und klar zu sagen: »Es war nicht ganz leicht, aber ich hab's gern getan.« Ihr Freund mißt der Angelegenheit genau den Wert zu, den *Sie* ihr verliehen haben – und Sie sind beleidigt, weil er Ihren Einsatz nicht anerkennt.

Erfolgreiche »Freundlichkeitstaktik«

■ *Erlauben Sie anderen, Ihnen Freundlichkeiten zu erweisen.* Ein besonders wichtiger Punkt. Wenn Sie Ihren Freunden Gefälligkeiten erweisen, ihnen jedoch niemals gestatten, sich zu revanchieren, fühlen sie sich mit der Zeit unwohl. Ein Beispiel: Eine Geschäftsfrau bekam in ihrer Kindheit immer wieder zu hören: »Du darfst andere Menschen nicht ausnutzen!« Aus einem falschen Unabhängigkeitsverständnis heraus überschüttet sie ihre Mitmenschen heute mit kleinen Gefälligkeiten, gestattet ihnen aber niemals, etwas für sie zu tun. Insgeheim glaubt sie, die anderen machten sich nichts aus ihr. Das ist unrichtig – die Freunde mögen sie, fühlen sich aber irgendwie unbehaglich, und das belastet die Beziehungen. Nach einer Weile versuchen die Freunde nicht einmal mehr, etwas für die Freundin zu tun.

■ *Solange Sie anderen aus Selbstachtung etwas Gutes tun und keine Gegenleistung dafür erwarten, ist alles in Ordnung.* Ein Beispiel: Eine Frau mit zwei heranwachsenden Kindern nahm ihre krebskranke Schwiegermutter zu sich und pflegte sie drei qualvolle Jahre lang bis zu ihrem Tod. Freunde, die Bettys »Freundlichkeit« lobten und es ihr hoch anrechneten, daß sie ihre Schwiegermutter nicht in ein Pflegeheim abschob, erhielten zur Antwort: »Ich hab's um meiner selbst willen getan. Ich hielt es einfach für das Beste.«

■ *Erkennen Sie, daß Ihre Mitmenschen Ihnen Gefälligkeiten auf ihre Weise entgelten.* Beispiele: Ihre Freundin Marie, die Anwältin ist, rückt vielleicht nicht mit einer Hühnerbouillon an, wenn Sie krank im Bett liegen. Dafür setzt sie sich stundenlang an Ihren Schreibtisch, prüft einen Vertrag, den Sie unterschreiben sollen, und verlangt keinen Pfennig dafür. Der Marketingexperte Ray wird zwar gewiß keine Botengänge für Sie übernehmen, wenn Sie krank sind; dafür entwirft er einen ganzen Stapel Geschäftsbriefe für Sie, bei denen es auf jede Formulierung ankommt. Kollege Alfred wird zwar nie das geliehene Geld zurückzahlen, hat Sie aber in einer ganzen Reihe schwieriger Situationen am Arbeitsplatz emotional unterstützt.

■ *Setzen Sie Ihrer Freundlichkeit Grenzen.* Fragen Sie andere nach ihren Wünschen und halten Sie sich daran. Ein Beispiel: Eine Frau, die einen kranken Ehemann zu betreuen hatte, lud ein befreundetes Ehepaar zum Abendessen ein. Die weibliche Ehehälfte, die sich Gedanken darüber machte, daß ihre ohnehin schon überbeanspruchte Freundin nun noch zusätzliche Arbeit aufgehalst bekam, sagte spontan: »Ich koch' das Essen und wir bringen es mit.« Die Gastgeberin erwiderte mit Bestimmtheit: »Nein, das mach' ich selber. *Ich* will schließlich Gesellschaft haben.«

■ *Erkennen Sie, daß permanente Freundlichkeit unehrlich ist und die Entwicklung engerer Bindungen blockieren kann.* Es gibt Gelegenheiten, da Sie Ihren Unwillen durchaus offen artikulieren und zur Diskussion stellen sollten. (»Es geht mir gegen den Strich, wenn ich dich fünfmal ausführe und kein einziges Dankeschön dafür kriege.«) Wenn Sie immer nur nett und freundlich sind und niemals Ihre wahren

Gefühle offenbaren, wird die menschliche Nähe und Intimität, nach der Sie sich sehnen, unerreichbar für Sie bleiben. Statt dessen geraten Sie in emotionale Abhängigkeit.

■ *Vor allem aber: Verwenden Sie nicht zuviel Zeit auf Gefälligkeiten für andere – es kann passieren, daß Ihnen am Ende keine Zeit mehr für das eigene Leben bleibt.*

Überdenken Sie Ihr Verhalten

Wenn Sie Ihr Verhalten wirklich ändern wollen, *ergreifen Sie die Initiative*. Setzen Sie sich eine bestimmte Zielvorstellung. Suchen Sie sich einen bestimmten Lebensbereich aus, in dem Sie Ihr Verhalten unbedingt und unter allen Umständen ändern wollen. Es sollte sich um ein klar umrissenes Gebiet handeln – also zum Beispiel Ihre Reaktion auf Freunde, die Sie übervorteilen, oder die Steigerung Ihres Selbstvertrauens in Situationen, vor denen Sie Angst haben oder in denen Sie sich unsicher fühlen.

Fangen Sie heute noch an. Tun Sie den ersten Schritt zur Überwindung Ihrer Schwellenängste! Sie werden ihn als Befreiung empfinden.

TEIL II

UNSERE SOZIALE UMWELT

KAPITEL 5

EIN NEUES LERNPROGRAMM FÜR EMOTIONAL ABHÄNGIGE

Die Hebung Ihres Selbstwertgefühls liegt in Ihrer Hand! Sie selbst verfügen über die Kraft und die Fähigkeit dazu. Die Karrieren vieler bekannter Sportler belegen, daß *Selbstvertrauen eine erlernbare Fähigkeit* ist. Mit den gleichen Methoden können auch Sie zum Erfolg kommen und die Aufgaben und Prüfungen bewältigen, vor die Sie das Leben stellt.

In den letzten Jahren sind eine Reihe verhaltenstherapeutischer Methoden für *psychisch Gesunde* entwickelt worden, die Ihnen helfen sollen, Ihre Möglichkeiten im Beruf und im Privatleben voll auszuschöpfen. Die Behandlung von Problemfällen mit neurotischen Verhaltensmustern ist demgegenüber etwas in den Hintergrund getreten.

Im folgenden Kapitel finden Sie neue Verhaltensweisen und Techniken zur Selbstbehauptung. Bestimmte Übungen zeigen Ihnen, wie Sie sowohl Ihre Einstellung als auch Ihr Verhalten ändern und somit herausfinden können, auf welche Weise Sie bisher andere dazu ermutigt haben, Sie zu übervorteilen. Sie werden lernen, wie sich dergleichen in Zukunft vermeiden läßt.

Das Kapitel basiert auf zwei Grundpositionen:

1. Es darf Ihnen nicht nur darum gehen, daß Sie in Zukunft nicht mehr von anderen ausgenutzt werden. Sie müssen sich von vornherein höhere Ziele setzen.

2. Je öfter Sie Ihre eigenen Stärken einsetzen, desto seltener werden Sie sich vor den Konsequenzen fürchten.

Und hier ist der Aktionsplan, der Sie zum Erfolg führen wird.

Steigerung der Selbstsicherheit

Wir müssen über die Fähigkeiten zur Selbstbehauptung verfügen sowie über das Wissen, wie und wann diese Fähigkeiten einzusetzen sind. Dazu bedarf es nach wie vor jener Grundkenntnisse, die meine Frau und ich in unserem preisgekrönten Buch *Sag nicht Ja, wenn Du Nein sagen willst* vermittelt haben: Wir müssen nein sagen, unsere Gefühle angemessen ausdrücken, mit Kritik umgehen und Forderungen stellen können. Nur so ist es möglich, Verhaltensmuster, die uns in die Opferrolle drängen, zu ändern. Allerdings ist das Leben zu kompliziert, um allein mit Grundkenntnissen bewältigt zu werden. Wir brauchen weiterentwickelte Techniken zur Steigerung unserer Selbstsicherheit. Dazu gehören die Entwicklung von Alternativen bei der Gestaltung unserer Beziehung zu anderen Menschen sowie ein solides Vertrauen in unsere eigene Wandlungsfähigkeit.

Das Wichtigste jedoch ist: *Wir müssen lernen, ja oder nein zu sagen.* Während uns das Nein Unannehmlichkeiten vom Leibe hält, eröffnet das Ja unserer Erfahrungswelt neue Dimensionen. Es kann zum entscheidenden Anstoß für eine Wendung zum Besseren werden und eine glücklichere Lebensphase einleiten.

Lernen Sie, ja zu sagen

Fred hat eine Beförderung abgelehnt, weil er befürchtet, dem Job nicht gewachsen zu sein.

Jane weigert sich, ein neues Urlaubsziel anzusteuern, weil sie zu sehr am Gewohnten hängt.

Ellen bleibt allein, obwohl sie sich nach Ehe und Familie sehnt. Sie meidet zwanghaft jede Intimität.

So unterschiedlich Fred, Jane und Ellen ansonsten auch sein mögen – ein Problem haben sie gemeinsam: Sie wissen nicht, wann sie ja sagen sollen. Nachdem durch Bücher, Vorlesungen und Kurse das Selbstbewußtseins-Training weltweit bekannt geworden war, begriffen viele Menschen, daß ihre Selbstachtung steigt und Ausbeutung vermieden werden kann, indem man einfach nein sagt. Zu diesem Zweck maximieren sie ihr Defensivverhalten.

Freilich – den meisten Menschen bereitet es gar keine Schwierigkeiten, nein zu sagen. Ihr Problem ist vielmehr das Ja. Wahrscheinlich wissen sie sogar, wie's geht, bringen es aber irgendwie nicht über sich. Damit verpassen sie nicht nur die eine oder andere gute Gelegenheit, sondern engen ihr ganzes Leben rigoros ein, so daß es letztlich völlig unbefriedigend für sie ist. Sie verkennen ihre Emanzipations- und Änderungsmöglichkeiten oder schränken sie unnötig ein. Und viele Menschen ahnen gar nicht, welche Überraschungen und Freuden das Leben zu bieten hat, wenn man es bejaht.

Was hindert uns daran, ja zu sagen? Warum sagen wir lieber nein?

Möglicherweise sagen wir ganz automatisch nein, und zwar aus den unterschiedlichsten Gründen. Vielleicht wollen wir den Status quo erhalten, denn alles, was unsere im Status quo repräsentierte Sicherheit bedroht, drängt uns potentiell in eine Opferrolle. Also sagen wir lieber nein – und beklagen uns dann über die Eintönigkeit unseres Lebens. Oder wir haben das Gefühl, ja zu sagen bringe Vergnügen mit sich, gestehen dem Vergnügen in unserem Leben aber nur einen untergeordneten (oder gar keinen) Rang zu. Eine solche Haltung mag anerzogen sein, wenn unsere Eltern uns in der Jugend beigebracht haben, daß im Leben nur Pflichterfüllung und Verantwortungsgefühl zählen und Vergnügen nur unsere Leistungsbilanz schädigt. Oder aber – und auch das kommt nicht selten vor – wir bilden uns ein, keinerlei Vergnügen zu verdienen.

Vielleicht fürchten wir einfach auch das Ungewohnte. Das Ja liefert uns neuen Erfahrungen aus, egal, ob es um eine Angeltour durch Australien geht oder bloß um den Besuch einer Party, deren Gastgeberin wir nicht kennen. Es liegt nur an unserer eigenen Verkrampftheit und unserer Angst vor Neuerungen aller Art, daß wir nein sagen und damit die Gelegenheit zu neuen Erfahrungen versäumen.

Ein Übungsprogramm zur Selbstbejahung

1. Erkennen Sie Ihr Ja-Muster

Neigen Sie prinzipiell eher zum Ja oder zum Nein? Welche Art von »Ja-Person« sind Sie? Eine, die *nie gelernt hat, nein zu sagen*? Ein *opportunistischer Jasager*, der seinem Chef grundsätzlich zustimmt, weil er sich davon berufliche Vorteile verspricht? Ein *gelegentlicher Jasager*, der hin und wieder neue Erfahrungen sucht? Ein *besorgter Jasager*, dem die Gefühle und Bedürfnisse anderer ein echtes Anliegen sind – selbst auf die Gefahr hin, daß er darüber seine eigenen Bedürfnisse vernachlässigt? Ein *ideologischer Jasager*, der sich mit Leib und Seele einem Prinzip, einem Ideal oder einer bestimmten Kampagne verschrieben hat, so daß er ganz bewußt und mit voller Absicht selbst dann ja sagt, wenn ihm persönlich nur Nachteile daraus erwachsen? Oder sind Sie einfach ein *Narr, der ja sagt*, ohne sich vorher klarzumachen, in was für eine Situation er dadurch gerät?

Die Analyse Ihrer Verhaltensmuster ist der erste Schritt voran. Wählen Sie verschiedene (auch ganz triviale) Situationen aus den vergangenen sechs Wochen aus, in denen Sie hätten ja sagen können, es aber nicht getan haben. Lassen Sie sich die Ereignisse noch einmal durch den Kopf gehen und beantworten Sie die folgenden Fragen unter der Prämisse, Sie *hätten* ja gesagt:

- Wenn die Sache schiefgegangen wäre – was, glauben Sie, wäre die schlimmste Folge gewesen?

- Wenn die Sache gutgegangen wäre – was wäre aller Voraussicht nach das beste Ergebnis gewesen?
- Wägen Sie beide Antworten sorgfältig gegeneinander ab: Glauben Sie, das Risiko, ja zu sagen, hätte sich für Sie gelohnt?

2. Setzen Sie Prioritäten

In jeder Lebenssituation hat man im Normalfall unterschiedliche Ziele, die nicht alle miteinander vereinbar und vermutlich auch nicht alle gleich wichtig sind. Von Zeit zu Zeit werden Sie einem den Vorzug geben müssen, was zwangsläufig zu einer Vernachlässigung der anderen führt.

Fallbeispiel: Die Frau, die in den Beruf zurückkehrte
Nach jahrelangem Hausfrauendasein hatte Mary K. große Schwierigkeiten, beruflich wieder Fuß zu fassen. Schließlich ergatterte sie einen tollen Job bei einem bekannten Innenausstatter. Eines Tages bat sie der Chef, die Mittagspause über im Büro zu bleiben, so daß es nicht ganz verwaist blieb. Mary hielt diese Bitte für ungerechtfertigt. Sie sehnte sich danach zu sagen: »Nein, ich brauche meine Mittagspause und werde sie deshalb auch einhalten«, und hätte in diesem Fall wohl auch erfolgreich verhindert, in eine Opferrolle gedrängt zu werden. Mit ihrem Nein hätte sie aber auch ein Ziel aufs Spiel gesetzt, das ihr wesentlich wichtiger war – nämlich ihren Job. Da sie wußte, daß sie ihre Stellung nicht nur des Gehalts wegen brauchte, sondern vor allem auch aus Gründen der Selbstachtung, sagte sie ja. Klug wie sie war, wußte sie allerdings auch, daß sie ihre Haltung würde überdenken müssen, falls derartige Forderungen bei ihrem Chef zur Gewohnheit werden sollten.

3. Wägen Sie die Alternativen gegeneinander ab

Treffen Sie die Entscheidung darüber, welches Ziel Ihnen am wichtigsten ist, in Übereinstimmung mit der Gesamtsituation. Alternativen können sehr kompliziert sein und in die Sackgasse führen. Oftmals landen wir in der Entweder-Oder-Falle: Wir bilden uns ein, es gebe nur das eine oder das andere und keinen dritten Weg. In einer solchen Situation sind dann unsere kreativen Fähigkeiten gefragt.

Ein Beispiel: Allan M., der beruflich mehr und mehr gefordert wurde, wollte aus diesem Grunde seinen ehrenamtlichen Einsatz für den lokalen Wohltätigkeitsverein einschränken. Das Problem dabei war, daß der Vorsitzende des Vereins, ein taktloser und tölpelhafter Mensch, bei weitem nicht genug Spenden eingetrieben hatte. Die Mitglieder hatten Allan zum Nachfolger auserkoren. Allan sah sich vor eine Wahl gestellt, bei der er nur verlieren konnte. Wenn der besagte Mann auf seinem Posten blieb, würde der Verein, dem Allan sich sehr verbunden fühlte, allmählich auseinanderfallen. Akzeptierte er jedoch die Nachfolge, so lud er sich damit noch mehr Arbeit auf, obwohl er doch gerade seine verbandsinternen Aktivitäten einzuschränken trachtete. Allan indessen besann sich seiner kreativen Fähigkeiten und fand eine Alternative: Er beschränkte seine aktive Tätigkeit als Vorsitzender auf ein Jahr und beschloß, in dieser Zeit einen geeigneten Nachfolgekandidaten aufzubauen.

Alternativen gegeneinander abwägen heißt auch, Techniken anzuwenden, die Ihnen eine Fülle von Alternativen eröffnen, auf die Sie andernfalls wahrscheinlich gar nicht gekommen wären.

Das qualifizierte Ja – Technik Nr. 1: Sagen Sie generell ja, aber nein in Ihrem besonderen Fall. Ein Beispiel: Eine alte Freundin lädt Sie zu einer Party ein, auf der Sie sich aller Erfahrung nach gnadenlos langweilen werden. Eine glatte Ablehnung kommt nicht in Frage – die Freundin wäre beleidigt. Versuchen Sie es damit: »Zu deiner Party kann ich leider nicht kommen, aber wie wär's, wenn du nächsten Mittwoch mit deinem Mann zu mir zum Abendessen kämst?« Damit haben Sie nein zur Party, aber ja zu Ihrer Freundin gesagt.

Das qualifizierte Ja – Technik Nr. 2: Erkennen Sie, daß viele Einladungen nur »durch die Blume« ausgesprochen werden. Solange Sie dies nicht begriffen haben, antworten Sie in einer entsprechenden Situation weder mit Ja noch mit Nein. Oder Sie sagen gar nichts, sagen das Falsche, wechseln das Thema – und wieder ist eine berufliche oder gesellschaftliche Chance dahin. Ein Beispiel: Eine Ihrer Bekannten bemerkt: »In Boston ist eine große Renoir-Ausstellung. Ich nehme mir einen Tag frei und fliege 'rüber.« Da sie sehr schüchtern ist, spricht sie ihr wahres Anliegen nicht aus, fragt also nicht direkt: »Willst du mich vielleicht begleiten?« Ihnen fällt das nicht auf. So sagen Sie bloß: »Ich hab' in der Zeitung was drüber gelesen.« Ihre Bekannte sucht sich eine andere Begleitung.

4. Sagen Sie ja zu sich selbst

Ihrer Unfähigkeit, das, was Sie tun wollen, auch tatsächlich zu tun, können die verschiedensten Ängste zugrunde liegen.

Sie haben Angst, *allein etwas zu unternehmen.* Sie sitzen daher Abend für Abend allein vor dem Fernsehapparat. Bereichern Sie Ihr

Leben, unternehmen Sie etwas auf eigene Faust! Die tollsten Überraschungen sind möglich – vielleicht treffen Sie zufällig nette Bekannte oder begegnen sogar einem attraktiven Unbekannten, der ebenso wie Sie aus eigener Initiative das Museum besucht. Wären Sie zu Hause geblieben, hätte sich gar nichts ereignet.

Manche Menschen haben *Angst davor, sich zu binden*. Ein Beispiel: Bei Gerry M., einem vielbeschäftigten Geburtshelfer, gingen alle Beziehungen in die Binsen. Wenn ich mich wie ein Heiliger verhalte, dachte er, wenn ich in einer Partnerschaft selbst an einem Tag, an dem ich drei schwere Geburten hinter mir habe, noch brav meinen Anteil an der Hausarbeit erledige, wenn ich darüber hinaus alle eigenen Bedürfnisse verleugne und der Partnerin zuliebe auf das Fortbildungsseminar am Wochenende verzichte – dann sitze ich in der Falle und werde ausgebeutet. Benehme ich mich dagegen »eigensüchtig«, bestehe ich auf genügend Zeit für mich selbst und auf der Beibehaltung meines Junggesellenschlendrians, so werde ich zu einem Typen, den ich selbst nicht ausstehen kann – mit der nahezu selbstverständlichen Konsequenz, daß alle engeren Beziehungen kaputtgehen ... Egal, wie Gerry es auch anpackte, er war in keiner Situation mit sich selbst zufrieden. Seine Reaktion war dementsprechend: Er mied alles, was zu einer dauerhaften Bindung hätte führen können, ja er legte es geradezu darauf an, Beziehungen platzen zu lassen, ehe es »ernst« wurde.

Manchmal haben wir Angst vor einer Wiederholung bestimmter Opfersituationen, obwohl sich unsere Lebensverhältnisse inzwischen geändert haben. Alex M. zum Beispiel hatte sich in eine sympathische junge Frau verliebt, weigerte sich aber, sie zu heiraten, weil er fürchtete, sie könne ihn genauso ausbeuten wie weiland seine Ex-Frau. Karen ging umsichtig und sehr klug vor: Sie erklärte sich bereit, einen Vertrag zu unterzeichnen, in dem sie für den Fall des Scheiterns der Ehe Alex gegenüber auf alle Vermögensansprüche verzichtete. Mit diesem Schritt verschaffte sie Alex das Selbstvertrauen, das er brauchte, um eine zweite Ehe einzugehen. Ein halbes Jahr später war er soweit, daß er den Vertrag zerriß und in den Papierkorb warf.

Die Überwindung der Angst, ja zu sich selbst zu sagen, vergrößert nicht nur das Selbstvertrauen und den Handlungsspielraum, sondern verschafft uns auch ein gewisses Selbstwertgefühl. Ein Beispiel: Als John D. eine Einladung zum zwanzigsten Klassentreffen erhielt, war er drauf und dran, abzulehnen. Er hatte keine weiterführende Schule besucht und war inzwischen Bauunternehmer geworden. Er fürchtete, alle seine ehemaligen Mitschüler – sie waren inzwischen Ärzte, Anwälte oder Bankiers – würden bloß auf ihn herabsehen. Schließlich ging er doch hin – und machte die Entdeckung, daß die Akademiker und Manager ihn glühend beneideten, weil er sein eigenes Unternehmen besaß. Außerdem war er, dank seiner körperlichen Tätigkeit an der frischen Luft, schlanker als die meisten Anwesenden und sah viel jünger aus.

5. Niemand hindert Sie, Ihre Meinung zu ändern

Vielleicht glauben Sie, wenn Sie ja sagen und doch alles schiefgeht, ist die Katastrophe perfekt. Das kann durchaus vorkommen – Sie können schließlich nicht immer nur gewinnen. Viel häufiger als das große Fiasko sind jedoch kleine Fehler oder Unbequemlichkeiten. Wenn Sie feststellen, daß der Kurs, für den Sie sich eingeschrieben haben, Ihnen zuwider ist, versuchen Sie, einen anderen zu belegen. Gefällt Ihnen der Urlaubsort nicht, den Ihre Freundin ausgesucht hat, nehmen Sie sich vor, das nächstemal eine bessere Wahl zu treffen. Wenn Sie ja gesagt, die Konsequenzen aber nicht bedacht haben, können Sie Ihre Entscheidung oft noch revidieren. Wenn Sie jedoch von vornherein nein sagen, entgeht Ihnen vielleicht eine Chance, die sich in dieser Form niemals wieder ergeben wird. *Sagen Sie also im Zweifelsfall ja.*

Annehmbare Aggressionen

Früher war man allgemein der Ansicht, aggressive Menschen seien darauf aus, andere zu verletzen. Andere Erwägungen traten demgegenüber in den Hintergrund. Wenn wir heute von »annehmbarer Aggressivität« sprechen, so heißt das, daß es Situationen gibt, in denen wir zu unserem eigenen Besten unfreundlich, feindselig oder widerborstig reagieren *müssen*, falls wir uns nicht irreparable psychische, berufliche oder emotionale Schäden einhandeln wollen.

Die Psychologie differenziert nur selten zwischen verschiedenen Formen von Aggressionen und aggressionsfördernden Verhältnissen. Akzeptiert wird dagegen, daß *scheinbar* unsicheres Verhalten mitunter Ausdruck von Selbstsicherheit ist. Wenn wir uns beispielsweise aus freien Stücken entschließen, auf eine Beleidigung nicht zu reagieren (obwohl wir genau wissen, wie sie zu beantworten wäre), so ist dies durchaus ein Ausdruck von Selbstsicherheit. Wir haben in voller Absicht geschwiegen, weil uns in der gegebenen Situation Zurückhaltung geboten schien. Wir stehen zu der Entscheidung.

Denken wir in dieser Richtung weiter, so erkennen wir, daß aggressives Verhalten keineswegs immer und überall tabu sein muß. Einen anderen Menschen »zur Minna zu machen« kann durchaus seine Gründe haben und unser Selbstwertgefühl steigern – vorausgesetzt, es geschieht *freiwillig* und hätte im Fall einer gegenteiligen Entscheidung auch ohne weiteres unterbleiben können.

Um mit annehmbarer Aggression richtig umgehen zu können, müssen wir:

- erkennen, daß aggressives Verhalten unter gewissen Umständen ebenso wohltuend wie moralisch gerechtfertigt sein kann;
- unsere Absichten überprüfen. Haben wir wirklich Grund, die betroffene Person zu verletzen?
- entscheiden, ob wir unser Vorgehen später auch vor uns selbst verantworten können.

Wenn alle Methoden, unser Selbstvertrauen und unsere Durchsetzungskraft zu steigern, wirkungslos bleiben, kann die eine oder andere Form von Aggressivität die einzige Möglichkeit sein, mit der wir sowohl unser Ziel erreichen als auch unseren Selbstbehauptungswillen aufrechterhalten.

Leitfaden für annehmbare Aggressionen

Es ist richtig, zurückzuschlagen, wenn Sie dadurch Ihre Selbstachtung wiedergewinnen. Ein Beispiel: Lillian H. war bei einer großen Wohltätigkeitsorganisation angestellt und dort zuständig für Spendenaufrufe. Eine geniale Idee von ihr brachte eine enorme Summe ein. Sie erwartete ein Lob und eine Gehaltserhöhung, bekam aber gar nichts. Ohne die geringste Anerkennung für Lillians Bravourstück zu äußern, fragte ihr Vorgesetzter: »Was haben Sie als nächstes vor?« Lillian kam sich hintergangen, mißachtet, entwürdigt und ausgebeutet vor. Frustration führt oftmals zu Aggressionen. Lillian marschierte schnurstracks nach Hause und hinterließ in ihrem Büro ein totales Chaos. Sie wußte genau, daß die Firma dadurch Probleme bekommen würde, sah in diesem Vorgehen jedoch die einzige Möglichkeit, ihr angeschlagenes Selbstwertgefühl wieder aufzumöbeln. Und sie hatte Glück: Ihr Husarenstreich hatte sich herumgesprochen, und schon eine Woche später hatte sie einen besseren Job. Job hin, Job her – hätte sie sich nicht gewehrt, so wäre sie vermutlich nie wieder mit sich selbst ins reine gekommen.

Üben Sie sich in zeitlich begrenzten Aggressionen. Bei Vertragsverhandlungen und anderen Konfliktsituationen, an denen zwei Parteien mit unterschiedlichen Interessen beteiligt sind, wird eine entsprechende Aggressivität nicht nur akzeptiert, sondern sogar erwartet. Anwälte praktizieren sie unentwegt. Im Kreuzverhör versuchen sie, die Zeugen durcheinanderzubringen oder ihre Glaubwürdigkeit zu erschüttern. Auch wird ein Anwalt stets versuchen, den von der Gegenseite aufgebotenen Gutachter auf die Palme zu bringen (Ein »Herr Professor, Sie werden für Ihr Gutachten bestens bezahlt« suggeriert, der Gutachter würde für Geld sogar einen Meineid leisten). Auch Sportler beschimpfen ihre Gegner auf dem Spielfeld und machen ihnen auf andere Weise das Leben schwer, um ihr Selbstbewußtsein zu unterminieren. Kaum ist die Gerichtsverhandlung abgeschlossen, fragt der Anwalt den Kollegen von der Gegenpartei: »Wie geht es denn Ihrem Sohn?« Und der Sportler rennt nach dem Spiel quer übers Feld, um seinem Gegenspieler zum Sieg zu gratulieren.

Setzen Sie Aggressionen gezielt ein. Wie bereits an früherer Stelle ausgeführt, müssen Sie um Ihre Rechte kämpfen – mitunter auch auf eine Weise, die andere Menschen verletzt.

Ein Beispiel: Der Psychologe Rod D. hatte seinen Doktor gemacht, eine gute Stellung in einem Krankenhaus gefunden und stand im Begriff, zu heiraten. Er kam mit dem Leiter der Klinik überein, seinen Posten am 1. August, im Anschluß an die Flitterwochen, anzutreten. Doch als Rod von den Bahamas zurückkam und pünktlich an seinem neuen Arbeitsplatz erschien, fand er einen anderen auf dem Posten, auf den er selbst dringend angewiesen war. Er hatte nur eine Möglichkeit: den anderen zu vertreiben. Rod wies nach, daß seine eigene Qualifikation höher war, und er versuchte sogar nachzuweisen, daß der Konkurrent aufgrund persönlicher Schwächen ganz und gar ungeeignet für den Job war. Er empfand bei diesem Rundumschlag keinerlei Gewissensbisse, denn er brauchte den Job nicht nur unbedingt – er war ihm auch definitiv zugesagt worden. Und Rod bekam ihn!

Nutzen Sie Aggressionen zur Selbstverteidigung. Ein Beispiel: Ein Autor gewann den Eindruck, daß die zuständige Verlagslektorin drauf und dran war, sein Buch zu ruinieren. Beschwerden beim Cheflektor brachten ihn nicht weiter. Als die Lektorin schließlich ein Mark-Twain-Zitat verfälschte, wurde der Autor aggressiv. Um sein Buch – an dem er immerhin drei Jahre lang gearbeitet hatte – zu retten, schrieb er einen Brief an die Verlagsleitung, in dem er die Lektorin ohne Umschweife als ungebildet, taktlos, schlampig und unflexibel bezeichnete. Die Frau wurde entlassen. Ihre Nachfolgerin löste die Aufgabe mit Sachverstand und Einfühlungsvermögen.

Konstruktive Aggression hilft. Eine aggressive Handlung muß nicht automatisch bedeuten, daß andere dadurch verletzt werden. Man kann einen Widersacher auch auf kreative und produktive Art und Weise vom hohen Roß holen. Ein Beispiel: Auf der Vorstandssitzung Ihres Wohltätigkeitsvereins werden Sie von jemandem mit den Worten angegriffen: »Ihr Vorschlag war hirnverbrannt. Sie haben sich damit total blamiert.« Sie tun diesen Schlag unter die Gürtellinie mit einem

Achselzucken ab, erarbeiten einen fundierten Plan zur Spendenbeschaffung und beweisen damit, wie unrecht der Kerl hatte und was für ein kluges Köpfchen Sie in Wirklichkeit sind. Sie vervielfältigen den Plan und schicken ihn mit der Post an alle Vorstandsmitglieder. Damit stellen Sie nicht nur Ihren Widersacher bloß (was ja durchaus Ihrer Absicht entsprochen hat), sondern beweisen obendrein noch Ihre eigene geistige Überlegenheit.

Der Einsatz annehmbarer Aggressivität erfordert die Beachtung folgender Vorsichtsmaßregeln:

- Hüten Sie sich vor unbeabsichtigten Aggressionen! Vielleicht haben Sie gar nicht die Absicht, aggressiv zu sein, benehmen sich aber derart laut und offensiv, daß es wie Aggressivität wirkt.
- Verwechseln Sie Aggressivität nicht mit Zielstrebigkeit. Ein Beispiel: Sie ziehen aus, weil Sie Ihre unglückliche Ehe beenden wollen. Ihr Ziel: Ihre eigene Freiheit wiederzuerlangen, ohne den Partner zu verletzen. (Das ist natürlich immer möglich, aber in diesem Fall eher ein Nebeneffekt, nicht die Hauptintention.)
- Passen Sie auf, daß Sie Ihre Aggressivität nicht im falschen Zusammenhang auslassen. Die Aggression muß durch die Situation gerechtfertigt sein; sie darf nicht durch Fremdursachen wie Nervosität vor bevorstehenden Ereignissen ausgelöst werden.
- Überprüfen Sie, ob Sie zu jenen Menschen gehören, die keinerlei Aggressionen tolerieren können. Ein Beispiel: Sie wissen, daß eine bestimmte Situation unerfreuliche Konsequenzen nach sich zieht, es sei denn, Sie reagieren schnell und aggressiv. Da Ihnen andere Werte wichtiger sind, ziehen Sie es vor, sich mit diesen Konsequenzen abzufinden. In diesem Fall ist also eine Güterabwägung vonnöten. Wenn Sie sich aus übergeordneten Gründen zurückhalten, vergessen Sie nicht, daß Sie die unangenehmen Folgen Ihren innersten Überzeugungen zuliebe in Kauf nehmen.

Sie können mehr als Sie glauben

Sie haben es weitgehend selbst in der Hand, ob Sie in der einen oder anderen Situation eine gute Figur machen oder nicht. *Ihre Leistung ist kein Zufall.* Sie können selbst dazu beitragen, daß Ihre Handlungsweise Ihren Vorstellungen entspricht. Das Bewußtsein, sich durchsetzen zu können, hilft Ihnen, wenn Sie doch einmal in emotionale Abhängigkeit geraten, bei der Entschärfung der Situation und trägt dazu bei, die Folgen der Abhängigkeit in Grenzen zu halten.

Leistungssportler wissen: Sobald sie einmal ein bestimmtes Niveau erreicht haben, hängt der Ausgang des Wettkampfs zu achtzig Prozent von der psychischen Verfassung ab. Aus diesem Grund nimmt bei der Vorbereitung auf wichtige Turniere das psychologische Training ebensoviel Zeit in Anspruch wie das körperliche.

Die Sportpsychologie hat eine ganze Reihe von Methoden zur Verbesserung der psychologischen Vorbereitung entwickelt und getestet. Ich selbst habe sie bei meiner Arbeit mit dem Olympiateam der amerikanischen Fechter sowie in meiner täglichen Praxis angewandt. Die folgenden drei Methoden erwiesen sich als besonders wirkungsvoll bei dem Versuch, die Leistung und das Verhalten normaler Durchschnittsmenschen in Alltagssituationen zu verbessern. Es geht dabei zum einen um die Entwicklung der richtigen Einstellung, zum zweiten um eine Methode, sich selbst in die richtige Stimmung zu bringen, und zum dritten darum, durch entsprechendes Training eine »Das-kann-ich«-Haltung zu erzeugen.

Entwickeln Sie die richtige Einstellung

Unsere Einstellung uns selbst, unseren Mitmenschen und der jeweils aktuellen Lebenssituation gegenüber beeinflußt nicht nur unser eigenes Verhalten, sondern auch das Verhalten anderer gegenüber uns. Wer sich mit der Einstellung, er habe nichts zu bieten, verdiene keinen Respekt und sei nicht imstande, irgend etwas zu ändern, in eine kritische Situation begibt, wird von vornherein aus einem Gefühl der Schwäche heraus handeln und ganz gewiß nicht die Kräfte mobilisieren können, über die er zweifellos verfügt. Darüber hinaus merken auch andere sehr schnell, wie es um seine Selbsteinschätzung bestellt ist, und behandeln den selbsternannten Schwächling so, als habe er tatsächlich nichts zu bieten und verdiene keinerlei Respekt. Der Betroffene gerät in die Falle, die er sich selbst gestellt hat. Mit der falschen Einstellung öffnen Sie der emotionalen Abhängigkeit Tor und Tür.

Sie müssen Ihre Einstellung ändern. Experimente zeigen: *Wenn Sie einer Sache negativ gegenüberstehen, sich aber bewußt das stärkste positive Argument, das Ihnen einfällt, zu eigen machen, (wobei es gleichgültig ist, ob Sie davon überzeugt sind oder nicht), so ändert sich Ihre ursprüngliche Einstellung.*

Einer der Fechter, die ich betreute, hat sich an diese Maxime gehalten. Es gab einen bestimmten Gegner, der ihn bislang noch bei jedem internationalen Turnier besiegt hatte. Das Problem meines Fechters lag darin, daß er zuviel Ehrfurcht vor seinem Gegner hatte und sich einen Sieg gegen ihn nicht einmal vorstellen konnte. Einer von mir entwickelten sportpsychologischen Methode folgend, besprach er ein Tonband, auf dem er zwei Minuten lang ausschließlich Positives über sich selbst sagte. Es handelte sich um lauter Eigenschaften, die seinen Gegner vor Neid hätten erblassen lassen müssen. Der Mann hörte das Band täglich zweimal ab – morgens und abends – und empfand diese Unterstützung, seinen eigenen Worten zufolge, als »phantastisch«. Den nächsten Kampf gegen seinen bisherigen Angstgegner gewann *er*. Der gleiche Einstellungswandel kann auch bei Ihnen eintreten.

Übung zur Veränderung der Einstellung

Ziel: Ihre Einstellung sich selbst und anderen gegenüber dahingehend zu verändern, daß Ihr Selbstvertrauen wächst und Sie das Beste aus sich herausholen.

ERSTER SCHRITT: Stellen Sie fest, welche Einstellung Sie ändern und definieren Sie die Einstellung, die Sie erreichen wollen.

Einstellung: Ich verdiene es eigentlich gar nicht, diesen Job zu bekommen.

Entgegengesetzte Einstellung: Ich kann lernen, was in diesem Job zu tun ist, und ich *verdiene* es, ihn zu bekommen.

ZWEITER SCHRITT: Sammeln Sie die stärksten Argumente, um Ihre neue, positive Einstellung auf eine solide Grundlage zu stellen. Sparen Sie nicht mit Eigenlob, aber bleiben Sie realistisch. Vermeiden Sie Wenns und Abers. Werden Sie im Einzelfall konkret. Legen Sie zum Beispiel in einem Vorstellungsgespräch die Betonung auf Feststellungen wie: »Ich habe in zehn Jahren nur zweimal die Stelle gewechselt, und meine Vorgesetzten waren stets zufrieden mit mir.« – »Ich war – und bin – immer bereit, mich voll und ganz für meinen Beruf einzusetzen.« – »Ich kann gut mit anderen Menschen umgehen.« – »Mein früherer Chef hat mir ausdrücklich versichert, daß alle meine Kollegen und Vorgesetzten gerne mit mir zusammengearbeitet haben, und hob besonders meinen positiven Beitrag zum Betriebsklima hervor.« Machen Sie sich Notizen. Forschungen zeigen, daß die Begründung einer bestimmten Absicht allein durch den *Akt der Niederschrift* plausibler wird und die betreffende Person in ihrem Handeln enorm bestätigen kann. Denken Sie sich eine ein- bis zweiminütige Rede über Ihre neue Einstellung aus.

DRITTER SCHRITT: Sprechen Sie die Rede in überzeugtem Ton auf Band. Hören Sie sich das Band immer wieder an. Wenn Ihnen die Rede noch nicht ausgefeilt erscheint, überarbeiten Sie sie gründlich.

VIERTER SCHRITT: Bevor Sie die Probe aufs Exempel machen, entspannen Sie sich in regelmäßigen Abständen nach einer Methode, von der Sie wissen, daß sie bei Ihnen wirkt (zum Beispiel die Konzentration auf angenehme Vorstellungen oder Lockerungsübungen). Danach hören Sie sich Ihr Band zweimal hintereinander an. Versuchen Sie, den entspannten Zustand während des Zuhörens aufrechtzuerhalten. Bemühen Sie sich, Zweifel aus Ihren Gedanken zu verbannen.

FÜNFTER SCHRITT: Unmittelbar bevor Sie sich in die Höhle des Löwen begeben, memorieren Sie im Geiste noch einmal Ihre Rede. Bestärken Sie sich in Ihrem neuen Selbstvertrauen.

Wenn Sie diese Übung korrekt – und oft genug – durchführen, wird sich nicht nur Ihre Handlungsweise ändern. Sie werden darüber hinaus eine positive Erwartungshaltung entwickeln, die auch anderen nicht verborgen bleibt. Vieles spricht dafür, daß der Erfolg nicht ausbleibt.

Bringen Sie sich in die richtige Stimmung

Jeder Sportler weiß, daß er für eine Spitzenleistung genau das richtige Energieniveau braucht. Auch Sie wissen meistens im voraus, bei welchem Anlaß Sie »voll da« sein müssen – sei es, daß Sie eine öffentliche Rede halten oder an einer wichtigen Konferenz teilnehmen müssen. Vielleicht steht Ihnen eine zukunftweisende Verabredung oder die Auseinandersetzung mit einem Menschen bevor, dessen emotionales Opfer Sie sind. Wenn Sie sich »gut drauf« und der Sache gewachsen fühlen, dann ist die Wahrscheinlichkeit, daß Sie sich optimal aus der Affäre ziehen, ziemlich hoch: *Sie wollen das Erfolgsgefühl.*

Um dieses Gefühl zu erlangen, brauchen Sie ein gewisses Maß an innerer Spannung. Es soll Sie stimulieren, aber nicht Ihre Vorbereitungen beeinträchtigen. Profis sprechen in diesem Zusammenhang von der »optimalen Leistungsbereitschaft«. Zu wenig Spannung – und Sie denken und reagieren zu langsam. Zuviel davon – und es fehlt Ihnen an mentaler und physischer Ausgeglichenheit.

Ich erinnere mich an einen der Fechter aus dem Olympia-Team von 1984. Nach Beendigung der »Aufwärmphase« und seiner Dehn- und Lockerungsübungen setzte er sich auf eine Bank, schloß die Augen und versetzte sich durch sorgfältige Konzentration in jene Stimmung, in der er zu Bestleistungen fähig war. »Die psychologischen Übungen«, so sagte er zu mir, »sind genauso wichtig wie die Dehnungsübungen.«

Zur Erinnerung: Der jeweils optimale Zustand variiert von Person zu Person. Was für Ihren Freund goldrichtig ist, ist für Sie vielleicht zu »stressig« oder zu »relaxed«. Sie müssen selbst herausfinden, in welchem Zustand Sie Ihr höchstes Leistungsniveau erreichen. Die folgenden drei Stimulationsübungen sollen Ihnen dabei eine Hilfe ein. Sie basieren auf dem hervorragenden Buch *Seven Steps to Peak Perfor-*

mance (Toronto 1986), das aus der Feder meines Kollegen und Freundes Dr. Richard M. Suinn stammt. Der Autor ist Professor für Psychologie und Leiter des Psychologischen Instituts der Colorado State University und gehört dem Komitee für das Sportpsychologische Training der Olympiamannschaft an.

Stimulationsübung Nr. 1

Ziel: Ihr Siegergefühl herauszuarbeiten

ERSTER SCHRITT: Entsinnen Sie sich einer Gelegenheit, bei der Sie in Spitzenform waren und von dem entsprechenden Siegergefühl beherrscht waren. Vorzugsweise sollte es sich um einen Anlaß handeln, der mit der bevorstehenden Herausforderung vergleichbar ist.

ZWEITER SCHRITT: Versuchen Sie, sich zu erinnern, wie Sie sich am Abend vorher und unmittelbar vor dem Ereignis selbst fühlten. Konzentrieren Sie sich auf drei Faktoren:

1. Ihre körperliche Verfassung. Fühlten Sie sich locker und leicht oder angespannt und schwer? Hatten Sie eine Gänsehaut?

2. Ihre geistige Verfassung. Was ging Ihnen durch den Kopf? Dachten Sie an Probleme, die in der bevorstehenden Situation auf Sie zukommen könnten? An Menschen, mit denen Sie es möglicherweise zu tun bekommen würden? An den Sieg? An eine Niederlage? An irgend etwas völlig Irrelevantes?

3. Ihre Gemütsverfassung. Waren Sie entspannt, aufgeregt, in Hochstimmung oder deprimiert?

Behalten Sie die Begleitumstände jener »Bestform-Erfahrung« im Gedächtnis und gehen Sie sie im Geiste immer wieder durch. Versuchen Sie, die Optimalverfassung so genau wie möglich zu rekonstruieren.

Stimulationsübung Nr. 2

Ziel: Sie bringen das Sieger-Gefühl unter Kontrolle und machen es mit Hilfe eines Stichworts abrufbereit.

ERSTER SCHRITT: Fixieren Sie das Siegergefühl in Ihrem Kopf und versuchen Sie, ein Schlüsselwort oder einen Satz zu finden, der Sie automatisch dazu bringt, daß Sie sich in Topform, ja unschlagbar fühlen. Es sollte ein Satz sein, der auf Ihre persönlichen Bedürfnisse zugeschnitten ist. Während ein Sportler sich vielleicht mit »meine persönliche Bestleistung bei Landesmeisterschaften« stimuliert, versuchen Sie es vielleicht mit: »Ich bin in Topform«, »Jetzt kann's losgehen«, »Das schaffe ich mit links« oder »Hier kann mir keiner das Wasser reichen«.

ZWEITER SCHRITT: Entspannen Sie sich in regelmäßigen Abständen vor dem bevorstehenden Ereignis und stellen Sie sich Ihre Siegerstimmung bildlich vor. Wiederholen Sie dabei Ihr Stichwort oder Ihren Satz. Konditionieren Sie Ihre Siegerstimmung so, daß sie automatisch eintritt, sobald das Stichwort fällt. Beispiel: Sie sitzen in einer wichtigen Konferenz. Bevor Sie zu Wort kommen, sagen Sie sich Ihr »Das kann ich!« im stillen vor und stimulieren sich damit zu Ihrer Bestleistung.

DRITTER SCHRITT: Sollten Sie *während* der kritischen Situation das Gefühl haben, einer weiteren Stimulation zu bedürfen, so geben Sie sich erneut das Stichwort und versetzen sich damit aufs neue in Siegerstimmung.

Stimulationsübung Nr. 3

Ziel: Stimulans in letzter Minute

ERSTER SCHRITT: Vergleichen Sie unmittelbar vor der kritischen Situation Ihre Gefühle mit jenen aus der »Bestform-Erfahrung«. Vergleichen Sie Ihre damalige körperliche, geistige und psychische Verfassung mit der gegenwärtigen.

ZWEITER SCHRITT: Sorgen Sie bei jeder Abweichung von der erstrebten Siegerstimmung für gezielte Kurskorrekturen. Wenn Sie also das Gefühl haben, noch nicht ganz auf Touren zu sein, »törnen« Sie sich an. Der eine hört in solch einem Fall Marschmusik, der andere sucht sich eine bestimmte Gesellschaft oder konzentriert sich voll auf das, was er erreichen will. Wenn Sie zu aufgedreht sind, versuchen Sie es mit Entspannungs- oder Meditationsübungen. Hören Sie sanfte Musik. Suchen Sie sich ein ruhiges Plätzchen und meiden Sie überflüssige Ablenkungen wie zum Beispiel Fernsehen.

Vergessen Sie nicht: Innere Hochspannung verschwindet nicht von allein. Bremsen Sie in diesem Fall Ihren Tatendrang und reduzieren Sie so die unerwünschte Spannung. Denken Sie stets daran, daß die Stimulation Ihnen hilft, all Ihre Kräfte zu mobilisieren und zum Einsatz zu bringen.

Überzeugen Sie sich von Ihrem Selbstvertrauen

Viele Sportler, vom Basketballangreifer bis zum Skifahrer, haben gelernt, das Selbstvertrauen in ihr eigenes Können bewußt zu stärken und auf hohem Niveau zu halten. Auch Sie sind dazu in der Lage. Sie können Ihr Selbstvertrauen fördern, indem Sie sich Ihre Fähigkeiten bei der Lösung potentieller Probleme deutlicher als bisher ins Bewußtsein rufen. Ihr Endziel: Sie wollen in Ihrem tiefsten Innern fühlen: »Ich kann das.«

Dr. Albert Bandura von der Stanford University schreibt in der Zeitschrift *Psychological Review:* »Ob ein Mensch überhaupt den Versuch unternimmt, mit einer gegebenen Situation fertigzuwerden, hängt wahrscheinlich davon ab, inwieweit er von seiner eigenen Leistungsfähigkeit überzeugt ist.« Die Grundvoraussetzung für echtes inneres Selbstvertrauen ist die Überzeugung, daß Sie es mit allem, was auf Sie zukommt, aufnehmen können. Die Technik: Denken Sie *nicht* an den Sieg um jeden Preis. Überlegen Sie ganz genau, welche Schritte nötig sind, um Ihre Gewinnchancen zu *maximieren*. Ein Beispiel: Konzentrieren Sie sich nicht auf Ihr langfristiges Ziel, befördert zu werden, sondern allein darauf, was Sie auf der morgigen Konferenz zu Ihrem Chef sagen und wie Sie Ihre Vorlage präsentieren wollen. Auf diese Weise reduzieren Sie defätistische Verhaltensweisen oder schalten sie ganz aus.

Sie können die Selbstbeherrschungstechnik mit Hilfe des folgenden Drei-Punkte-Programms erwerben.

1. Achten Sie darauf, daß Ihr Ziel klar umrissen ist. Beispiel: Sie wollen einen Kollegen in einem bestimmten Fall zu einer ganz bestimmten Vorgehensweise überreden.

2. Überlegen Sie sich, welche Schwierigkeiten dabei auftauchen und wie Sie damit fertigwerden können. Das wichtigste ist das Problem und seine Lösung – grübeln Sie nicht darüber nach, was sonst noch alles schiefgehen könnte. Erlauben Sie sich keine Gedanken wie: »Wenn er ablehnt, weiß ich wirklich nicht weiter.« Denken Sie statt dessen: »Wenn er ablehnt, kann ich immer noch versuchen, ihm klarzumachen, daß er im Falle einer Meinungsänderung nur zu gewinnen hat.«

3. Nutzen Sie Ihre Vorstellungskraft und *proben* Sie Ihre Vorgehensweise. Ich zitiere in diesem Zusammenhang immer gerne das Beispiel des Marathonläufers, der sein Selbstvertrauen verloren hatte. Eine Woche vor einem wichtigen Lauf sagte ihm sein Sportpsychologe, er solle sich bestimmte Probleme vorstellen, die während des Rennens auftauchen könnten, und sich geistig mit verschiedenen Lösungsmethoden auseinandersetzen. Der Marathonläufer befolgte die Anweisung. Er stellte sich zum Beispiel vor, bei Kilometer zehn von einem Krampf im Bein und bei Kilometer achtzehn von schmerzhaftem Seitenstechen befallen zu werden. Er dachte an einen plötzlichen Regenguß und eine mit Pfützen übersäte Strecke. Er malte sich aus, von einem Konkurrenten gerempelt zu werden – und was sonst noch so alles passieren könnte. Er exerzierte zu jedem dieser Probleme verschiedene Reaktionsmöglichkeiten durch. Sobald er wußte, welche Reaktion in welcher Situation die jeweils beste war, übte er im Geiste die erfolgreichen Strategien, bis sie ihm in Fleisch und Blut übergegangen waren. Am Wettkampftag hatte er die Gewißheit, mit allen denkbaren Problemen fertigwerden zu können. Sein Selbstvertrauen war enorm gestiegen. Er brachte seine optimale Leistung. Zwar war er nicht gut genug, den Lauf zu gewinnen, doch das Wissen, sein Bestes

gegeben zu haben, war ihm Befriedigung genug. Die Vorwegnahme und die gezielte Vorab-Bewältigung von Problemen mit Hilfe der Vorstellungskraft können, wie dieser Fall zeigt, das Selbstvertrauen enorm steigern.

Auch im täglichen Leben kann die Vorstellungskraft zur Problemlösung herangezogen werden. Ein Beispiel: Eine meiner Patientinnen fürchtete sich davor, bei schlechtem Wetter Auto zu fahren. Ihre größte Angst war, sie könne einen schweren Unfall erleiden. Ich bat sie, sich vorzustellen, sie geriete in einen Schneesturm und käme ins Schleudern. Sie sollte im Geiste ihre Reaktion testen: runter vom Gas, leicht gegensteuern, den Wagen sachte wieder in die Fahrspur ziehen – und auf jeden Fall alle heftigen Bewegungen vermeiden. Das Selbstvertrauen, das meine Patientin mit Hilfe dieser Methode aus der Sportpsychologie gewann, befreite sie weitgehend von ihren Ängsten.

Auch Sie können sich mit Hilfe Ihrer Vorstellungskraft in bestimmte Situationen versetzen, in denen Sie dann den Ernstfall proben. Unter Sportlern ist das schon lange üblich. Jack Nicklaus beschreibt in seinem Buch *So spiele ich Golf*, wie er sich für den Erfolg programmiert: »Ich habe nie, nicht einmal im Training, einen Schlag ausgeführt, von dem ich noch kein klares, scharf umrissenes Bild im Kopf hatte.«

Verbessern Sie Ihr »Das-kann-ich«-Verhalten

Ziel: Stärkung des Selbstbewußtseins durch Vorab-Bewältigung von Problemen mit Hilfe der Vorstellungskraft.

ERSTER SCHRITT: Rufen Sie sich die Situation vor Augen, die Ihnen Kummer macht (eine Aussprache mit der Lehrerin Ihres Kindes – Entlassung eines faulen Angestellten – Beendigung einer Beziehung, in der Sie sich in die Opferrolle gedrängt sehen). Überlegen Sie, welche Probleme bei der Konfliktlösung auftreten können.

ZWEITER SCHRITT: Entspannen Sie sich, egal mit welcher Methode. Entspannung ist vor allem deshalb hilfreich, weil sie eventuell auftauchenden Ängsten vorbeugt.

DRITTER SCHRITT: Lösen Sie den Konflikt imaginär – das heißt mit Hilfe Ihrer Vorstellungskraft. Stellen Sie sich – wie der Marathonläufer – potentielle Konfliktsituationen und Probleme vor. Arbeiten Sie im Geiste verschiedene Bewältigungsstrategien aus, bis Sie die Lösung gefunden haben, die Ihnen optimal erscheint. (Wie reagiere ich, wenn mein herrschsüchtiger Freund den Spieß umdreht und mir meine eigenen Fehler vorwirft? Was tue ich, wenn der faule Angestellte ausfällig wird oder wenn die Lehrerin mein Kind ungerecht behandelt?) Ein Beispiel: Sie haben unerträgliche Nachbarn. Im Flur des gemeinsamen Hauses ist ein mittelschweres Installationsproblem zu lösen. Wie werden Ihre Nachbarn reagieren? Werden sie nachgeben, wenn Sie in Tränen ausbrechen? Oder ist es besser, wenn Sie selbstbewußt auftreten und sich nicht abwimmeln lassen? Hilft vielleicht eine sauber getippte Liste mit den Kostenvoranschlägen dreier verschiedener Installateure? *Konzentrieren Sie sich auf Lösungen, die zu dem von Ihnen gewünschten Ergebnis führen.*

VIERTER SCHRITT: Sie haben eine Ihnen zusagende Lösung gefunden. Spielen Sie sie im Geiste immer wieder durch. Stellen Sie sich die Situation vor, mit der Sie in Kürze konfrontiert werden. Checken Sie die potentiellen Lösungen durch, proben Sie Ihr Vorgehen und entscheiden Sie sich schließlich für das Ergebnis (oder die Ergebnisse), das Ihnen optimal erscheint.

Der letzte Akt der Probe: Malen Sie sich einen erfolgreichen Abschluß der Szene aus (Sie einigen sich mit den Nachbarn auf das günstige Angebot des zweiten Installateurs). Die Erfahrung zeigt, daß ein *gedanklich projiziertes positives Ergebnis* die Chance auf ein entsprechendes Resultat in der Realität durchaus erhöht. Golfspieler, die diese Methode anwenden, stellen sich nicht nur das Putten vor, sondern rufen sich das Bild vom ins Loch rollenden Ball vor ihr geistiges Auge. Mit dem vierten und letzten Schritt dieses Übungsprogramms kopieren Sie also das in langjähriger Praxis erprobte Erfolgsrezept von Spitzensportlern.

Verlieren Sie bei allem nie Ihr oberstes Ziel aus den Augen: Die unbedingte Gewißheit, daß Sie es schaffen können.

Befreien Sie sich von Ihrer Opfermentalität

Wut, Angst und Ohnmachtsgefühle emotional Abhängiger basieren oft auf Denkfehlern. Das gleiche gilt für die verzerrte Wahrnehmung der Realität: Wir fühlen uns als Opfer, obwohl wir es nicht sind, oder aber sind, im umgekehrten Fall, tatsächlich Opfer, ohne es zu merken. Ob wir nun dazu neigen, emotional statt sachbezogen zu argumentieren, oder eher dazu, unser Licht unter den Scheffel zu stellen, bleibt sich im wesentlichen gleich: Beide Verhaltensweisen entspringen »dysfunktionalem Denken«, das letztlich in überzogenen Ansprüchen und/oder Selbsttäuschungen seinen Niederschlag findet. In beiden Fällen führt die Fehlinterpretation bestimmter Situationen zu Überreaktionen.

Wenn Sie nicht wie ein Opfer denken, werden Sie sich auch nicht wie ein Opfer fühlen. Unkontrolliertes Denken ist eine Angewohnheit. Sie können sich von ihr befreien.

Schluß mit dem »Ich soll – ich darf«

Vielleicht gehören Sie zu den Menschen, deren Erwartungen sich eher an Phantasievorstellungen orientieren statt an den realen Gegebenheiten. Kommt es dann zu Widersprüchen zwischen Realität und Phantasie, so reagieren Sie überzogen und fühlen sich sofort als Verlierer. Ein Beispiel: Sie bitten Ihren Ehemann, ein Bild rahmen zu lassen, und gehen wie selbstverständlich davon aus, daß er Ihren Wunsch sofort erfüllt, so wie Sie es an seiner Stelle täten. Einen Monat später finden Sie das Bild inmitten eines Stapels unerledigter Sachen auf seinem Schreibtisch. Sie fühlen sich hintergangen – Ihr Mann ist Ihren Erwartungen nicht gerecht geworden. Doch Ihr Mann ist nicht Sie – was also zwingt ihn dazu, die Dinge auf *Ihre* Art zu erledigen?

Die Worte *sollen* und *dürfen*, die oftmals Abhängigkeitsgefühle auslösen oder verstärken, können als Warnsignale für emotionale Abhängigkeit und daraus resultierende unrealistische Erwartungen dienen. Sie haben Verhaltensregeln für sich selbst und für andere aufgestellt – überprüfen Sie aber auch, ob diese Regeln der jeweiligen Situation angemessen sind? Ein Beispiel: Sie vertreten die Meinung: »Ein guter Abteilungsleiter sollte hilfsbereit sein.« Gesetzt den Fall, Sie sind ein solcher Abteilungsleiter, aber es klappt nicht mit der »weichen Welle«. Kommen Sie dann von alleine darauf, daß ein Vorgesetzter nicht nur dazu da ist, Streicheleinheiten zu verteilen, sondern auch Führungsaufgaben hat?

Listen Sie Ihre privaten Verhaltensregeln auf und finden Sie heraus, welche falschen Erwartungen Sie emotional abhängig machen.

»Ich soll – ich darf«: Ein Exorzismus

Ziel: Identifizierung unsinniger Regeln, die Ihre Opfermentalität verfestigen.

ERSTER SCHRITT: Denken Sie an eine bestimmte Situation, in der Sie überzogen reagiert haben. Daran können ein Ehepartner, die Eltern oder ein anderes Familienmitglied, ein Freund oder ein Kollege beteiligt gewesen sein (»Er hätte wissen müssen, worum es mir ging!«), aber auch eine Fremde wie eine Verkäuferin oder eine Stewardeß (»Sie hätte mich aufmerksamer bedienen sollen.«).

ZWEITER SCHRITT: Suchen Sie die private Verhaltensregel (das »Ich soll«), die Ihrer Überreaktion zugrunde lag. Dabei kann es sich um alles mögliche handeln. Typisch sind Vorschriften wie: »Ich soll immer nett und zuvorkommend sein.« Oder: »Ich muß mich in jeder Lebenslage wohlerzogen benehmen.« In die gleiche Kategorie fallen Erwartungshaltungen wie: »Niemand darf mich unfreundlich behandeln.«

DRITTER SCHRITT: Analysieren Sie die Vorschriften, die Sie zu bestimmten Handlungsweisen bewegen. Das ist ein individuell ganz unterschiedlicher Prozeß. Ein Beispiel: Ihre Freundin übt Kritik an Ihnen, indem sie sagt: »Schade, daß du nicht verheiratet bist – du brauchst einen Mann.« Wütend denken Sie: »Wie kann sie sich unterstehen, so mit mir zu reden!« Dahinter steht die Vorschrift: »Freunde dürfen keine Kritik äußern.«

VIERTER SCHRITT: Schreiben Sie die Vorschrift, die Sie herausgefunden haben, in Ihr verhaltenstherapeutisches Arbeitsheft. Beantworten Sie die folgenden Fragen:

- Ist irgend etwas falsch an dieser Regel? (Antwort: Ja. Freundinnen haben ihre eigenen Launen und Ansichten. Daß ich mich nach bestimmten Regeln richte, heißt noch lange nicht, daß andere dazu bereit oder verpflichtet sind, das gleiche zu tun.)
- Ist die Regel realitätsbezogen? (Antwort: In diesem Fall nicht. Die Freundin hat Eheprobleme, die sie nach außen verlegt.)
- Sie kennen nun die betreffende Vorschrift. Hat sich Ihre emotionale Reaktion auf die Situation geändert? (Es ist durchaus Ihr Recht, über die Bemerkung Ihrer Freundin wütend zu sein. Aber das Wissen um die unsinnige Regel, die Ihrer Reaktion zugrunde lag, kann den Eindruck einer ungerechten Behandlung löschen.) Möglich, daß Sie noch immer wütend sind – aber Sie fühlen sich nicht mehr als Versager oder Opfer.

Bedenken Sie, daß viele Verhaltensregeln und »Ich soll – ich darf«-Vorschriften aus der Kindheit stammen. Ein Beispiel: Der fünfundvierzigjährige Guy D. beklagte sich über unsinnige Forderungen seiner Frau, seiner Schwiegermutter, ja eigentlich seitens seines gesamten Bekanntenkreises. Selbst sein vierjähriger Sohn, der darauf bestand, Vater müsse bei ihm im Bett schlafen, gehörte zu den Plagegeistern. Guy litt sehr unter der nächtlichen Trennung von seiner Frau und haßte die Stöße und Püffe, die ihm der Kleine im Schlaf versetzte, aber er gab immer wieder nach, weil er meinte, ein guter Vater müsse sich so verhalten. Erst allmählich sah er ein, wie töricht es war, sich von einem Vierjährigen herumkommandieren zu lassen, und kehrte ins Ehebett zurück. Er erkannte, daß er sich von einer irrationalen Regel hatte versklaven lassen – »Meine Bedürfnisse zählen nicht. Ich muß stets das tun, was die Familie von mir erwartet« –, die auf einem mütterlichen Gebot aus Kindheitstagen basierte: »Wenn du immer schön folgsam bist, hat Mama dich lieb.«

Paranoides Denken

Menschen, die sich paranoid verhalten, geben sich selbst der emotionalen Abhängigkeit preis. Der Paranoiker glaubt, »sie« (wirkliche oder eingebildete Personen) hätten ein »Komplott« geschmiedet mit dem Ziel, seinen Ruf zu zerstören. Die Zahl der Paranoiker im streng psychiatrischen Sinn ist verhältnismäßig klein, doch neigen viele Menschen in bestimmten Situationen zu projektiven Denkweisen. Da machen wir aus Mücken Elefanten und denken in Ausdrücken wie: »*Die* sind hinter mir her...« oder »*Der* hackt bloß auf mir rum...« oder »*Die* guckt mich aber komisch an! Ich glaube, sie kann mich nicht leiden.«

Zum Teil sind solche Denkmuster sicher auf Kindheitserfahrungen zurückzuführen. Menschen, die ihren Eltern nicht vertrauen konnten und regelmäßig von ihnen gedemütigt wurden, sehen sich im späteren Leben nicht selten auf allen Seiten von Feinden umgeben. Sie neigen dazu, sich unablässig Gedanken über eingebildete Kränkungen zu machen, reagieren übersensibel und bauschen unbedeutende Bemerkungen zu vorsätzlichen Beleidigungen auf. Eine andere Ursache für solche Denkmuster liegt darin, daß man seine Abneigung gegen gewisse Leute aus dem einen oder anderen Grund verdrängen muß – und sie prompt auf andere Menschen projiziert.

Projektives Denken kann jedermann und jedefrau in jedwedem Alter befallen. Einer meiner Patienten sagte zu mir: »Am liebsten wäre ich berühmt. Dann würde niemand mehr auf mir herumhacken.« Dagegen gesteht eine tatsächlich berühmte Freundin, deren Kolumnen in nahezu allen Zeitungen der USA erscheinen, daß sie, wenn eine erwartete Einladung ausbleibt, zu ihrem Mann sagt: »Bill, ich glaube, die haben dich meinetwegen nicht eingeladen.« Die Fachbezeichnung Paranoia oder Schizophrenie hat mittlerweile in alle Lebensbereiche Eingang gefunden. Kürzlich apostrophierte eine der auflagenstärksten Zeitschriften der USA den Blick des sehr zurückgezogen lebenden Schriftstellers J. D. Salinger (»Der Fänger im Roggen«) als »schizophren«. Und in einem aus London importierten Musical mit dem Titel *Chess* singt schon im ersten Akt eine der Hauptfiguren einen Song mit dem Titel »I'm Not Paranoid«.

Wesenszüge paranoid denkender Personen

■ *Fehlinterpretation der Motive anderer.* Unsere Wahrnehmung dessen, was ein anderer tut oder sagt, kann durchaus korrekt sein, doch interpretieren wir ihn falsch oder unterstellen ihm Absichten, die er gar nicht hat. Dabei sind wir von unserer Meinung so felsenfest überzeugt, daß wir in *allem*, was der Betreffende tut, eine Bestätigung sehen. Und überall und jederzeit wittern wir weitere »Beweise« für seine feindselige Haltung.

Da ist zum Beispiel das paranoiafördernde Schweigen. A sagt etwas zu B. Bevor B antwortet, schweigt er einen Augenblick – eine einfache *Denkpause*. Der paranoid denkende A unterstellt sofort: »Er ist anderer Meinung als ich. Gleich wischt er mir eins aus.« Und verlegt sich prompt auf eine von drei verschiedenen Verteidigungsstrategien:

1. Er leidet schweigend oder versucht, den Gesprächspartner zu besänftigen. So fühlt er sich als Opfer der angeblichen Boshaftigkeit des anderen.

2. Er führt einen Präventivschlag aus, während der andere noch nachdenkt. Und was immer der Gesprächspartner nun antwortet – der paranoisch Denkende wird dadurch in seinem Irrglauben bestärkt. Beide – sowohl der Angreifer als auch der Angegriffene – fühlen sich nun als Opfer.

3. Er wartet erst mal ab und läßt dem anderen seine Denkpause, die er jedoch nach wie vor als persönlichen Angriff interpretiert. Sobald er eine günstige Gelegenheit sieht, geht er zur Gegenattacke über.

- *Die Erwartung, hintergangen zu werden.* Ein Beispiel: Ein junger Mann hat eine bestimmte junge Frau gern. Sie ruft ihn an, und im Laufe des Gesprächs kommt heraus, daß sie am Wochenende zum Skifahren fährt. Der junge Mann nimmt prompt an, daß sie das Wochenende mit einem anderen Mann verbringt, der ihr sympathischer ist, und unterstellt ihrem Anruf die Absicht, ihm bewußt wehzutun und ihn eifersüchtig zu machen. In Wirklichkeit geht sie mit einer Freundin Skifahren und wollte den jungen Mann lediglich an ihrer Vorfreude teilhaben lassen.
- *Die ständige Suche nach verborgenen Motiven.* Wir unterstellen den freundlichsten Handlungen und Bemerkungen, sie zielten nur darauf ab, uns auszunutzen. Ein Beispiel: Eine Frau kehrt von einer Reise in den Orient zurück und schenkt ihrer Freundin eine wertvolle alte Silberdose. Die Freundin sagt: »Ist die aber schön!«, ist insgeheim aber überzeugt: »Damit will sie mich manipulieren. Die will was von mir.«
- *Überempfindlichkeit, die häufig Beziehungsängsten entspringt.* Manche Menschen reagieren hypersensibel auf die kleinsten Anzeichen von Unannehmlichkeiten oder Dingen, vor denen sie sich fürchten. Ein Beispiel: Sie haben Angst vor Kritik. Sobald Sie zwei Menschen beisammenstehen und flüstern sehen, denken Sie: »Die reden über mich.« Und wenn die beiden dann auch noch einen Blick in Ihre

Richtung werfen, sehen Sie darin eine Bestätigung Ihres Verdachts. Die paranoiaartige Opfermentalität schießt ins Kraut.

■ *Ansteckung.* Das paranoide Verhalten anderer kann ansteckend sein wie die Grippe: Gelegentlich äffen wir es solange nach, bis es ein Teil unseres eigenen Verhaltens ist.

Auswege aus paranoidem Denken

Gleichgültig, ob Ihre Neigung zu paranoidem Denken mangelndem Selbstbewußtsein, bestimmten Ängsten oder angelerntem Mißtrauen entspringt – ziehen Sie einen Schlußstrich unter Ihr ich-bezogenes Leiden! Ersetzen Sie es durch eine »Die-anderen-mögen-mich«-Mentalität.

1. *Lernen Sie, Ihrem paranoiden Denken auf die Schliche zu kommen.* Sie können Ihre Denkgewohnheiten nur ändern, wenn Sie sie genau kennen!

Manche Menschen wollen oder können nicht aus ihren Fehlern lernen. Ein Beispiel: Eine Lehrerin, die an eine neue Schule versetzt worden war, bekam allmählich das Gefühl, der Direktor wolle sie nicht an seiner Schule haben. Als sie um zusätzliches Unterrichtsmaterial bat und einen ablehnenden Bescheid erhielt, war sie sicher, er wolle sie entlassen. Sie bat um Versetzung. Auch diese Bitte wurde abgelehnt. Der Rektor wollte sie behalten, denn sie war eine sehr gute Lehrerin. Nur – sie wich nicht ab von ihrer Fehlinterpretation und brach daher von nun an bei jeder Gelegenheit einen Streit vom Zaun, so daß der Umgangston zwischen den beiden immer schärfer wurde. Am Ende des Jahres bestand schließlich der Rektor auf einer Versetzung, und zwar an eine weniger gute Schule. Ihr unrealistisches Denken ließ die Lehrerin in eine Falle tappen, die sie sich selbst gestellt hatte.

Erkennen Sie Ihre Überempfindlichkeiten und Fehlinterpretationen, überprüfen Sie Ihren Argwohn und Ihre Verfolgungsängste. Achten Sie darauf, ob Freunde, Kollegen oder Ihr Partner irgendwann sagen: »Du bist wohl schizophren!« Nehmen Sie es als Anlaß dafür, sich zu ändern.

2. *Erkennen Sie die Realität.* Achten Sie auf das Positive, das andere Ihnen mitteilen. Oft sagen sie es »durch die Blume«. Ihre paranoide Denkweise hindert Sie möglicherweise daran, die aufrichtige Zuneigung zu erkennen, die in manchen Bemerkungen steckt. Ein Beispiel: Ein gebildeter Mann pflegte eine Freundin stets mit ihrer Vorliebe für die Romanautorinnen des neunzehnten Jahrhunderts zu necken. Irgendwann platzte ihr der Kragen: »Wieso krittelt der dauernd an mir herum?« In Wirklichkeit wollte der Mann dadurch, daß er immer wie-

der auf ihre literarischen Interessen zurückkam, nur seine Achtung vor ihrem Intellekt zum Ausdruck bringen.

Mitunter ist Ihr Verdacht berechtigt, und es ist tatsächlich jemand darauf aus, Sie zu übervorteilen. Sie müssen dann von Fall zu Fall entscheiden, wie Sie am besten damit fertigwerden können. Vielleicht können Sie den Kontakt mit diesem Menschen einfach beenden. In manchen Fällen ist dies jedoch unmöglich; Sie müssen dann vor allem aufpassen, daß Sie nicht die Beherrschung verlieren und überzogen reagieren.

3. *Überlegen Sie sich jedesmal, wenn Sie dabei sind, aus einer Mücke einen Elefanten zu machen, eine andere Erklärung für das auslösende Ereignis.* Ein Beispiel: Sie sind eifersüchtig, weil Freund A nicht Sie, sondern Freund B angerufen hat, und sagen sich: »Wahrscheinlich mag A den B lieber als mich.« Kann es nicht sein, daß Freund A vielleicht zuerst bei Ihnen angerufen hat, um seine guten Nachrichten loszuwerden, Sie aber nicht erreichen konnte, weil Sie gerade mit jemand anderem telefonierten?

4. *Malen Sie nicht den Teufel an die Wand. Lassen Sie die Dinge auf sich zukommen.* Sie können nicht in einem Dauerzustand von Angst und Mißtrauen leben. Sie brauchen es auch gar nicht. Denn die meisten Katastrophen, die man sich einbildet, sind eben – eingebildete.

Fallbeispiel: Die mißtrauische Büroangestellte

Marge D. wurde zum erstenmal von ihrem Chef zum Mittagessen eingeladen. Sie arbeitete seit einiger Zeit an einem äußerst wichtigen Projekt, und bislang hatte ihr Chef an allem, was sie tat, etwas auszusetzen gehabt. Marge war überzeugt, die Einladung diene nur dazu, sie wegen Inkompetenz zu entlassen, und legte sich einen paranoiden Plan für einen Präventivschlag zurecht. Sie wollte bis auf den letzten I-Punkt genau auflisten, was in der Firma allgemein und bei dem Projekt insbesondere falsch lief.

Dann allerdings fiel ihr auf, daß der Chef selbst unter Streß stand, und sie entschied sich, doch erst einmal ihn zu Wort kommen zu lassen. Sein erster Satz lautete: »Ich wollte Ihnen in einem etwas persönlicheren Rahmen sagen, daß ich sehr zufrieden mit Ihrer Leistung bin und Ihr Gehalt vom nächsten Ersten an erhöhen werde.« Er fuhr fort, indem er schilderte, wie nervös ihn das Projekt gemacht hatte, und Marge erneut für ihre kreativen Einfälle lobte. Marge war heilfroh, daß sie sich zurückgehalten hatte. Sie sah nicht nur ein, wie töricht ihre Vermutungen gewesen waren, sondern fühlte sich auf einmal sehr viel wohler in ihrer Haut.

Paranoid Denkende sind in der Regel hochintelligente Menschen. Wenn Sie feststellen, daß Sie eine projektive Denkweise entwickeln, wehren Sie den Anfängen mit Hilfe Ihrer Intelligenz. Machen Sie sich klar, daß allein Sie verantwortlich sind, wenn Sie Ihrer projektiven Denkweise zum Opfer fallen. Sind Sie sich Ihrer Neigung erst einmal bewußt, so denken Sie beim nächstenmal, wenn Sie zwei Leute miteinander flüstern sehen: »Die reden tatsächlich über mich – na und?«

Auch Sie haben Köpfchen!

Geistesgegenwart, Cleverness und Selbstbehauptungswillen sind in kritischen Situationen oft sehr hilfreich und können auch zu einer vorurteilsfreien Einschätzung zwischenmenschlicher Beziehungen beitragen. Sie erleichtern es uns auf jeden Fall, neue, kreative Wege einzuschlagen, Probleme erfinderisch anzugehen und in letzter Konsequenz unsere selbstgesetzten Ziele zu erreichen. Im Verlaufe dieses Prozesses können Fähigkeiten zutage treten, von denen wir bislang gar nicht wußten, daß wir sie besitzen. Und je freier wir damit umgehen, um so größer ist unsere Chance, von emotionaler Abhängigkeit verschont zu bleiben.

Vom Umgang mit emotionalen Ausbeutern: Ein Schulungsplan

Sie werden es in Ihrem Leben immer wieder mit emotionalen Ausbeutern zu tun bekommen, entweder mit tatsächlichen oder mit potentiellen. Ihr Ziel: die in Ihnen tief verwurzelte Einstellung gegenüber diesen Menschen und ihren Absichten zu verändern.

1. Achten Sie auf Warnsignale

Ausbeuter verstecken ihre potentielle Grausamkeit oftmals hinter oberflächlich freundlichem Gehabe. Meistens lassen sie sich jedoch auf die eine oder andere Weise anmerken, daß es ihnen im Grunde nur darum geht, auf Kosten anderer zum Erfolg zu kommen. Die Anzeichen dafür sind unter anderem: Rücksichtslosigkeit, Taktlosigkeit, überzogenes Anspruchsdenken. Achten Sie auch darauf, was die Leute zu erzählen haben: Wer mit sichtbarem Vergnügen berichtet, wie er einen anderen Menschen mit üblen Methoden übers Ohr gehauen hat, entlarvt sich selbst als Ausbeuter.

In jedem Fall gilt: Erinnern Sie sich! In welchen Fällen gelang es Ihnen nicht, einen Ausbeuter rechtzeitig zu erkennen und entsprechende Selbstschutzmaßnahmen zu ergreifen? War vielleicht ein neuer Kollege von der ersten Minute an auf Ihren Posten aus – und bekam ihn schließlich auch? Oder wie war das mit der Frau, die sich auf Nachbars Grillparty an Ihren Ehemann heranmachte? Hat sie ihn am Ende bekommen? Haben Sie alle Warnsignale (heimliche Verabredungen zum Essen, lange Privatgespräche auf Parties) großzügig übersehen oder einfach nicht wahrgenommen?

Denken Sie darüber nach, welche Menschen in Ihrer Umgebung nach Macht und Anerkennung streben und imstande sind, Sie bei der Verfolgung ihrer Ziele zum emotionalen Opfer zu machen. Ein Beispiel: Joan M., eine junge Sekretärin, teilte ihre Wohnung mit einer anderen jungen Frau, die dauernd sagte: »Du wirst immer von so netten Männern angerufen. Ich wünschte, ich hätte mal einen von denen an der Strippe, wenn du gerade ausgegangen bist.« Eines Tages ergab sich diese Situation tatsächlich, und prompt verabredete sich die junge Frau mit Joans Bekanntem. Joans verbitterter Kommentar: »Ich wußte doch, daß sie das tun würde.« Aber sie hatte keinerlei Vorsichtsmaßnahmen ergriffen, hatte niemals mit ihrer Wohnungsgenossin besprochen, wie sie sich in einer solchen Situation verhalten solle, hatte nie auch nur über eine Lösung dieses Problems – zum Beispiel einen eigenen Telefonanschluß mit Anrufbeantworter – nachgedacht.

2. Beachten Sie, daß emotionale Ausbeuter aus vielen verschiedenen Motiven handeln

Das Verhalten emotionaler Ausbeuter entspringt mitunter den besten Absichten. Ein Beispiel: Eine Frau lud ihre Cousine und deren Tochter, von denen sie wußte, daß sie seit Jahren entzweit waren, zum Erntedankfest ein. Ein gemeinsames Dinner hielt sie für eine gute Gelegenheit, das Verhältnis der beiden wieder »zu kitten«, und verriet keiner von beiden im voraus, daß auch die andere kommen würde. Doch alle guten Absichten waren umsonst: Sowohl die Mutter als auch die Tochter fühlten sich manipuliert und hintergangen – und die wohlmeinende, aber schlecht beratene Gastgeberin hatte das Nachsehen.

3. Achten Sie darauf, ob Sie sich in einer anfälligen Situation befinden

Ganz egal, wie großzügig Ihre Firma ist – es kann immer einen Chef, einen Kollegen oder Untergebenen geben, der Ihre Position in Gefahr bringt. Auch in jeder engen persönlichen Beziehung besteht das Risiko, daß Sie sich eines Tages in der Opferrolle wiederfinden. Um zu echter menschlicher Nähe zu gelangen, müssen Sie sich dem anderen eröffnen, sich emotional preisgeben. Voraussetzung dafür ist eine enge Vertrauensbeziehung zu Ihrem Partner. Sie müssen jederzeit in der Lage sein, offen mit ihm darüber zu sprechen, wenn Sie sich hintergangen oder ausgebeutet fühlen. Ihr Partner muß Ihnen zuhören können, und Sie müssen gemeinsam eine Lösung finden.

Vorsicht: Hüten Sie sich vor allem dann vor emotionaler Ausbeutung, wenn Sie sich besonders wohlfühlen! In solchen Situationen läßt man sich gern zu Versprechungen hinreißen, die man bereut, sobald die Euphorie verschwunden ist. Händler, Verkäufer und Spendensammler wissen instinktiv, wer leicht hereinzulegen ist.

4. Finden Sie heraus, inwieweit Sie selbst zu Ihrer emotionalen Ausbeutung beitragen

Bekämpfen Sie Ideen und Gedanken, die Sie zum Mittäter machen. *Vielleicht lassen Sie sich von falschen Grundsätzen leiten*, die dazu führen, daß Sie unnötige Ausbeutung passiv hinnehmen.

Fallbeispiel: Die fehlerlose Managerin

Vickie T., eine aus Boston stammende, erfolgreiche Vertriebsleiterin, war mit der ständigen Ermahnung aufgewachsen: »Verlang nie von anderen Hilfe – du fällst ihnen damit nur auf die Nerven.« Als das über ihrer Wohnung gelegene Penthouse renoviert wurde, brach die Decke ihres neu tapezierten und eingerichteten Wohnzimmers durch. Frisch angerührter Zement ruinierte den neuen Teppich. Drei Tage lang jammerte Vickie vor sich hin, bis sie es wenigstens fertigbrachte, ihrem Hauswirt einen Brief zu schreiben. Der Mann war jedoch ein notorischer Geizhals und rührte keinen Finger. Und da Vickie den falschen Grundsatz, unter keinen Umständen andere Menschen zu belästigen, verinnerlicht hatte, rief sie weder einen Anwalt noch ihren Innenausstatter noch sonst irgendwen an, der ihr bei der Lösung des Problems hätte helfen können. Das war ein Fehler!

Vielleicht suchen Sie Hilfe bei den falschen Stellen oder ignorieren vernünftige Ratschläge. Vielleicht konsultieren Sie immer nur Verlierertypen. Oder Sie suchen nur Bestätigung für Ihre eigenen Fehlentscheidungen. Ein Beispiel: Sie fühlen sich in einer bestimmten Situation ausgebeutet und wenden sich an einen Freund. Doch so, wie Sie das Problem darstellen, bleibt ihm gar nichts anderes übrig, als zu sagen: »Du mußt so weitermachen wie bisher. Es gibt gar keine andere Möglichkeit.« Vernünftige Fragen Ihres Freundes überhören sie, weil es Ihnen im Grunde gar nicht um einen guten Rat geht, sondern nur um Selbstbestätigung.

Sie denken nur daran, was der andere eigentlich tun sollte. Ein Beispiel: Ein Verwandter von Ihnen besucht Sie regelmäßig, wenn er in die Stadt kommt. Und jedesmal bringt er Sie dazu, mit ihm ein teures Restaurant aufzusuchen. Sie sind zwar durchaus bereit, Ihren Verwandten einzuladen – aber nicht in ein so exklusives Lokal. Aber Sie denken einfach nicht voraus und haben auch beim nächstenmal kein billigeres Restaurant parat, das Sie ihm vorschlagen könnten. Sie setzen die Kollaboration bei der eigenen Ausbeutung nach gewohntem Muster fort, indem Sie das Problem lieber auf sich beruhen lassen oder als unwichtig abtun, statt konkret etwas zu ändern.

5. Erkennen und verstehen Sie Ihre Ziele

Dies ist die entscheidende Voraussetzung für das erhoffte Aufbrechen eines Kollaborationsmusters. Ihre Zielvorstellungen mögen einfach oder kompliziert sein. Um sie verwirklichen zu können, müssen Sie

- wissen, was Sie zu tun haben,
- Vertrauen in Ihre eigenen Fähigkeiten haben und
- sich klarmachen, daß die Befreiung aus einer Opferrolle nicht unbedingt mit Kampf und Krampf verbunden sein muß.

Fallbeispiel: Die kollaborierende Kolumnistin
Elsie J., die für eine Medienagentur arbeitete und sich in der Abhängigkeit von ihrer autoritären Chefin wohlfühlte, hatte die Idee zu einer regelmäßigen Kolumne, die innerhalb kürzester Zeit zu einem Riesenerfolg wurde. Elsie bildete sich ein, ihre Chefin würde sie, beeindruckt von der großartigen Leistung, mit Ruhm überschütten und zur Be förderung vorschlagen. Aber sie erntete weder ein Dankeschön noch ein Lob – die Chefin sagte lediglich: »Eine etwas philosophischere Serie wäre mir lieber.« Elsie erkannte, daß jede Form des Lobes dem Egoismus der Chefin zuwiderlief, ja, daß sogar ihr Job in Gefahr geriet,

weil sie sich von einer Mitarbeiterin zur Konkurrentin gemausert hatte. Ihre anfängliche Euphorie verwandelte sich in Wut. Um sich aus ihrer Opferrolle zu befreien, bediente sich Elsie eines Tricks. Da sie im Büro keinen offenen Ärger mit der Chefin riskieren wollte, verlegte sie sich auf eine Ausrede, die die Dame schlucken konnte: »Diese philosophische Artikelserie kann ich aus privaten Gründen nicht liefern – es ist besser, wenn Sie jemand anders damit beauftragen.« Die Anerkennung, die die Chefin ihr vorenthalten hatte, erwähnte Elsie mit keinem Wort. Statt dessen nutzte sie den Erfolg ihrer Serie und suchte sich einen besseren Job.

6. Sehen Sie Ihre Verlierersituation im richtigen Kontext

Ein eng begrenztes Problemfeld muß nicht automatisch dazu führen, daß Sie eine Beziehung abbrechen. Die Ausbeutermentalität kann einer von vielen Charakterzügen eines Menschen sein, den Sie ansonsten durchaus schätzen. Wenn beispielsweise ein guter Bekannter »vergißt«, einen geliehenen Betrag zurückzuzahlen, so schreiben Sie die Summe ruhig ab, geloben sich aber, ihm nie wieder Geld zu leihen.

Es kann vorkommen, daß eine Situationsveränderung auch die »Mißbrauch«-Muster verändert. Ein Beispiel: Marilyn und Greta waren bei der gleichen Firma angestellt. Marilyn, die in ständiger Angst um ihren Job lebte, fiel Greta bei jeder sich bietenden Gelegenheit in den Rücken. Greta litt fürchterlich unter diesem Verhalten. Beide wechselten schließlich die Firma, und ihre Wege trennten sich. Dann meldete sich Greta eines Tages am Telefon und vereinbarte mit Marilyn einen geschäftlichen Termin. Sie trafen sich zum Mittagessen. Heute sind sie Freundinnen und besuchen sich gegenseitig in ihren Wochenendhäusern. Keine von beiden erwähnt jemals die Vergangenheit. Und keine von beiden würde jemals wieder mit der anderen in ein und derselben Firma arbeiten.

Seien Sie clever – und handeln Sie danach

Wenn Sie Ihr Leben nach eigenen Vorstellungen gestalten wollen, dürfen Sie nicht im alten Trott verharren. Lassen Sie sich nicht von kleinlichen Hemmungen an der Durchsetzung Ihrer Pläne hindern. Halten Sie Ausschau nach Einstiegsmöglichkeiten. Ergreifen Sie die Initiative. Eine gewisse Risikobereitschaft ist dabei unerläßlich. Sie können Pech haben, und die Sache geht schief. Sehr viel wahrscheinlicher ist jedoch, daß Ihre *Kreativität* Sie bei der Lösung schwieriger Probleme genau dahin bringt, wo Sie hinwollen.

Fallbeispiel Nr. 1: Gleich nach seinem College-Abschluß ergatterte David B. einen Job als Ausbilder bei einer großen Luftfahrtgesellschaft. Dann kam ihm gerüchteweise zu Ohren, daß für den Posten des Personalchefs einer regionalen Niederlassung etwa zwanzig Angestellte in die engere Wahl gezogen würden. Der Manager vor Ort sollte zwei oder drei Personen zum Vorstellungsgespräch in die Firmenzentrale nach Buffalo schicken. David erkundigte sich nach den Voraussetzungen für den Posten, fand, daß er die dafür nötigen Qualifikationen besaß, und ließ sich einen Termin beim Leiter seiner Niederlassung geben. Er zählte seine Stärken auf und sagte: »Wenn Sie mich nicht von sich aus zum Kandidaten machen, werde ich persönlich dem Manager schreiben, der die endgültige Entscheidung trifft.« Dem Chef gefiel Davids Vorgehen, und er schickte ihn nach Buffalo. David bekam den Job.

Fallbeispiel Nr. 2: Mary D. hatte einen ziemlich mäßig bezahlten Posten bei einem Großkonzern im mittleren Westen; sie verdiente 15000 Dollar im Jahr. Eines Tages hörte sie von einer Freundin, daß bei einer Einzelhandelskette eine mit 30000 Dollar pro Jahr dotierte Stelle frei war. Mary bewarb sich. Sie erwähnte ihr bisheriges Gehalt mit keinem Wort, kaschierte erfolgreich ihre Unerfahrenheit und wurde eingestellt – aber nur für 22000 Dollar per annum. Sie arbeitete wie eine Besessene und hatte großen Erfolg. Ein halbes Jahr später bat sie um eine Gehaltserhöhung, wobei sie insgeheim auf die besagten 30000 Dollar spekulierte. »Sehen Sie sich Ihre nächste Gehaltsabrechnung an«, sagte Ihr Vorgesetzter lächelnd. Das tat sie: Ihr Gehalt war auf 27000 Dollar erhöht worden.

Mary hatte das Gefühl, ihr stünden eigentlich 30000 Dollar zu, sah jedoch ein, daß ihrem Chef möglicherweise die Hände gebunden waren. Sie sprach bei nächster Gelegenheit den Chef direkt darauf an, und der gab zu, daß er derzeit nicht höher gehen könne. Mary hatte sich aber eine Alternative einfallen lassen. »Wie wär's mit dreitausend Dollar Aufwandsentschädigung im Jahr? Für Kleidung?« Ihr Chef war einverstanden. »Sie repräsentieren die Firma ziemlich oft in der Öffentlichkeit«, stellte er fest. »Schicken Sie mir eine Rechnung.«

Sowohl David als auch Mary hätten ohne weiteres Zutun auf die Verliererstraße geraten können. Aber sie waren clever und ließen sich etwas einfallen. Sie waren kreativ.

»Ich wäre nie im Leben auf die Idee mit der Aufwandsentschädigung gekommen«, sagen Sie jetzt vielleicht. Aber Cleverneß ist erlernbar, und unser Gehirn ist fähig, kreative Lösungen zu entwickeln. Das Wichtigste dabei ist stets die Überzeugung: *»Das kann ich!«*

Erinnern Sie sich vergangener Problemsituationen. *Was hätten Sie besser machen können?* Schneiden Sie Artikel aus, in denen über kreative Problemlösungen in anderen Fällen berichtet wird. Lassen Sie sich von diesen Recherchen zu eigenen kreativen Planungen anregen. Suchen Sie sich Vorbilder. Fragen Sie sich, wie ein Mensch, den Sie kennen und schätzen, in einer bestimmten Situation handeln würde. Machen Sie sich klar, daß Cleverneß und Einfallsreichtum keine Grenzen kennen und Ihnen keine 08/15-Lösungen aufzwingen. Oft sind die einfachsten Ideen die besten. Ein Beispiel: Eine Frau, die für einen Spitzenjob vorgesehen war, hätte ihn beinahe nicht bekommen, weil die Firmenoberen einem ihrer Kollegen nicht zu Ohren kommen lassen wollten, daß sie mehr verdienen würde als er. Der Vorschlag der Kandidatin: »Lassen Sie doch meine Gehaltsabrechnung über das Lohnbüro der Zentrale laufen.«

Mitunter helfen Cleverneß und Einfallsreichtum sogar dabei, ein lebenslanges Trauma zu überwinden. Lesen Sie Greggs Geschichte im folgenden Fallbeispiel.

Fallbeispiel: Der vaterlose Fünfziger

Gregg M. war sein Leben lang davon ausgegangen, sein Vater wäre gestorben, als er selbst gerade zwei Jahre alt gewesen war. Das hatte ihm seine Mutter jedenfalls erzählt. Als er elf oder zwölf Jahre alt war, hatte sie wieder geheiratet, und Gregg nannte seinen Stiefvater »Papa«. Viele Jahre später – er war fast fünfzig – geriet Gregg in eine Krise: Sein Beruf begann ihn zu langweilen, und er fühlte sich ohne seine Kinder, die längst das elterliche Nest verlassen hatten, einsam. Durch Greggs ständige Reizbarkeit und schlechte Laune entnervt, hatte ihn auch seine Frau verlassen. Gregg litt an Depressionen und sehnte sich nach einem »richtigen Vater«. Als er mit seiner Mutter darüber sprach, gestand sie, daß sie ihn belogen hatte: Sein Vater sei ihres Wissens gar nicht gestorben. Die Scheidung hätte sie damals furchtbar mitgenommen. Mit Hilfe der Lüge, so habe sie geglaubt, komme sie am einfachsten über die Dinge hinweg. »Vielleicht lebt er ja noch irgendwo«, meinte sie.

Gregg beschloß, seinen Vater zu finden, obwohl er nicht viel mehr als einen handfesten Hinweis besaß: »Dein Vater war im Show-Business tätig.« Zwei Faktoren kamen ihm bei der Suche zugute: Einmal seine Begabung, die ihn in seiner Firma zum Werbeleiter hatte aufsteigen lassen; und zum zweiten *das Wissen, daß er das erforderliche Know-how besaß*, um seinen Vater zu finden – vorausgesetzt, er war tatsächlich noch am Leben. Sein Trick: Er gab vor, eine längst verschollene Berühmtheit zu suchen, um sie in einer Werbekampagne auftreten zu lassen. Er fragte in den einschlägigen Klubs nach, schrieb zweihundert Briefe an alle Komiker, Schauspieler, Rundfunkintendanten, Künstlerverbände, Librettisten und Bühnenautoren, die ihm einfielen, und wandte sich an inzwischen im Ruhestand lebende Journalisten der Fachpresse. Er erhielt zehn Antwortbriefe. Einer kam von einem ehemaligen Rundfunkredakteur, der ihm mitteilte, sein Vater habe vor einigen Jahren mit seiner zweiten Frau in Tampa, Florida, gelebt.

Gregg nahm die Spur auf und fand schließlich seinen Vater. Zwei Tage später fand in Florida das große Wiedersehen statt. Sein Erfolg bei der Vatersuche machte Gregg soviel Mut, daß er die Initiative ergriff und sein Leben in mehrfacher Hinsicht gründlich änderte. Er gab seinen Job auf, verkaufte sein Haus in der Vorstadt und zog nach Arizona. Dort baute er ein neues Haus und suchte sich einen Job, der ganz neue Anforderungen an ihn stellte. Seine Frau versöhnte sich mit ihm und zog mit nach Arizona. Der neue Gregg war ihr viel lieber als der alte.

So wie Gregg können auch *Sie* Ihr Leben ändern.

Versuchen Sie es mit einer der geschilderten Methoden annehmbarer Aggression, die Sie bislang stets vermieden haben. Sie werden überrascht erkennen, daß es viel leichter ist, selbst die Initiative zu ergreifen, als immer nur nach der Pfeife anderer zu tanzen.

Ändern Sie Ihre Denkweise nach dem Vorbild der Spitzensportler. Ihre Methoden sind erfolgreich!

Seien Sie clever und lassen Sie Ihre Kreativität nicht brachliegen. Zeigen Sie, was in Ihnen steckt.

Wandeln Sie sich vom Verlierer zum Gewinner. Sie haben die Wahl.

KAPITEL 6

WANN IST EIN FREUND EIN ECHTER FREUND

Wir alle sind Gemeinschaftswesen. Sobald etwas schiefgeht, wollen wir die Gewißheit haben, daß jemand da ist, den wir bitten können: »Komm und hilf mir! Ich brauche dich.« Und dann wollen wir uns darauf verlassen können, daß dieser Mensch auch wirklich kommt und wirklich hilft. Noch wichtiger ist, daß wir zumindest einen Menschen haben, mit dem wir unsere Gefühle, Gedanken, Freuden und Erfolge teilen können. Das Sprichwort »Geteiltes Leid ist halbes Leid, geteilte Freud' ist doppelte Freud'« enthält einen wahren Kern. Uns allen gemeinsam ist auch die Sehnsucht nach Gemeinsamkeit, nach Bindung und Wärme. Wir wollen nicht einfach nur einsam dahinvegetieren, weder physisch noch psychisch. Allerdings können wir von falschen Vorstellungen ausgehen, durch Fehlhandlungen die Entstehung kurz- oder langfristiger Freundschaften verhindern – und uns auf diese Weise gleichsam selbst aufs Kreuz legen.

Grundregeln der Freundschaft

- *Es gibt verschiedene Arten von Freundschaft.*

Da ist zunächst einmal die *Grußbekanntschaft*, das heißt, jene Art von freundschaftlicher Beziehung, die wir zu Nachbarn entwickeln oder zu Kollegen aus dem Büro nebenan, mit denen wir am Kaffeeautomaten ein paar nette Worte wechseln. Dann gibt es noch *Bekannte, Freundinnen und Freunde* und schließlich *den besten Freund oder die beste Freundin*, denen wir zwar unsere Privatangelegenheiten und Intimgeheimnisse anvertrauen, die aber weder unser Sexualpartner sind noch zur Familie gehören.

Innerhalb dieser vier Kategorien gibt es wiederum viele verschiedene Variationen und Abstufungen. Wir haben Bekanntschaften, die wir nur von Zeit zu Zeit treffen – die Schneiderin zum Beispiel, die wir jedes Jahr nur ein- oder zweimal sehen, um unsere Garderobe aufzufrischen, oder die ehemalige Zimmergenossin aus dem College, mit der wir einmal in der Woche Tennis spielen, aber sonst keinen Kontakt haben. Eine junge Frau, die in Kürze ihren Job aufgeben und in einer anderen Stadt promovieren will, bezeichnet ihren Kreis als »gegenwärtige Freunde« und sagt dazu: »Demnächst ziehe ich weit fort und werde sie nie wieder sehen.«

Es gibt Freunde für gute Zeiten und Freunde für schlechte Zeiten. Ein Zahnarzt sagte einmal zu mir: »Ich habe einen Freund, der sich nur dann bei mir blicken läßt, wenn alles schiefgeht. Sobald alles wieder im Lot ist, scheint er sich in Luft aufzulösen.« Wir können Freunde haben, die alle unsere Schwachpunkte und Verletzlichkeiten genauestens kennen, sie aber nie gegen uns verwenden würden. Die besten Freunde sind jene, die – egal, worum es geht und wie unbequem es für sie ist – immer für uns da sind.

Unser Freundeskreis muß individuell zusammengesetzt sein. Manche Menschen brauchen bloß einige wenige handverlesene Freunde, mit denen sie ein sehr enges Vertrauensverhältnis verbindet. Ein Anwalt sagte einmal zu mir: »Ich brauche keinen großen Freundeskreis. Dazu bin ich zu verletzlich. Ich müßte zuviel von mir preisgeben. Also begnüge ich mich mit drei echten Freunden, für die ich mich jederzeit voll einsetzen kann. Daneben habe ich eine Vielzahl von Bekannten.« Andere ziehen es vor, einen großen Freundeskreis um sich zu sammeln; die Beziehungen zu den einzelnen sind oberflächlicher. *Probleme ergeben sich nur dann, wenn wir uns einen Stil aufzwingen, der nicht unseren Bedürfnissen entspricht, und uns damit selbst in die Opferrolle drängen.*

■ *Ein falsches Freundschaftsmodell bringt Probleme mit sich.*

Vielleicht beherrscht uns auch als Erwachsene noch die unreife Vorstellung von *Kameradschaft*, die wir als Kinder und Jugendliche hatten. Vielleicht hatten Sie in Ihrer Kindheit und Jugend einen »besten« und einen »zweitbesten« Freund, mit denen Sie stundenlang reden, vieles unternehmen und alle Gedanken und Gefühle teilen konnten. Jedesmal, wenn der Freund (oder die Freundin) mit der Familie in die Sommerferien fuhr und Sie nicht mitdurften, hatten Sie das Gefühl, Ihnen »fehle irgendwas«. Und sobald er oder sie sich angeregt mit einem Altersgenossen unterhielt, wurden Sie eifersüchtig. Sie und Ihr Gefährte waren unzertrennlich.

Die eine oder andere Beziehung unter Erwachsenen erinnert mitunter stark an jene Kindheitsfreundschaften. Ein Beispiel: Amy und Janet, zwei beruflich sehr erfolgreiche Frauen in den Dreißigern, telefonieren täglich miteinander und treffen sich einmal die Woche zum Essen. Als Amy in der Zeit zwischen ihrer ersten und zweiten Ehe häufig die Partner wechselte, rief Janet gelegentlich bei ihr an und tat so, als sei sie ein Verehrer, um dem gerade im Wohnzimmer sitzenden Besucher zu zeigen, wie beliebt Amy war. Unzertrennlich sind die beiden allerdings nicht. Sie sind unabhängig voneinander und akzeptieren es als selbstverständlich, daß die eine Interessen hat, die die andere nicht teilt.

Schwierigkeiten ergeben sich regelmäßig dann, wenn wir das Kameradschaftsverhältnis aus der Kindheit auch später noch auf alle Freundschaftsbeziehungen übertragen wollen. Dann schließen wir Freundschaften zu schnell, erwarten zu viel davon, werden zu empfindlich und sind nachher enttäuscht oder verletzt, wenn wir feststellen müssen, daß sich Freundschaften im Erwachsenenalter nicht mehr so rasch entwikkeln wie in der Jugend. Vielleicht versuchen wir auch, mit allen Bekannten eine gleich tiefe Vertrauensbindung zu erreichen. Gelingt uns das nicht, so meinen wir, es handele sich um gar keine richtige Freundschaft, und reagieren enttäuscht.

■ *Wunschdenken führt zu falschen Erwartungen.*

Manche Menschen glauben, aus jeder neuen Bekanntschaft entwickle sich automatisch eine hilfreiche Freundschaft. Andere erwarten Eigenschaften, die der Freund oder die Freundin nicht besitzt oder wollen deren persönliche Schwächen partout nicht erkennen.

Andere können nicht zwischen echter und Pseudofreundschaft unterscheiden. Pseudofreundschaften entstehen oftmals aus Bequemlichkeit und entbehren jeglichen persönlichen Engagements, das für wahre Freundschaften bezeichnend ist. Sie bilden sich zum Beispiel zwischen zwei gleichaltrigen Junggesellen, die einander dazu benutzen, ihrer jeweiligen Einsamkeit zu entfliehen. Auf Partys und in den umliegenden Kneipen tauchen sie stets im Duett auf. Sobald jedoch einer der beiden eine feste Freundin findet, läßt er den anderen fallen. Pseudofreundschaften werden hauptsächlich von Alleinstehenden, Geschiedenen oder Verwitweten geschlossen und dienen lediglich dem Zweck, in der Freizeit nicht allein sein zu müssen.

Wiederum anderen fehlt der rechte Sinn für Ausgewogenheit. Sie mißachten ihre eigenen Bedürfnisse, erwarten aber von anderen, daß sie Gedanken lesen und ihre unausgesprochenen Wünsche erfüllen. Jede konkret formulierte Bitte würde dieses Muster zerstören. Sie handeln nach der selbstgeschaffenen Prämisse: »Meine Freunde sollten dies und das ungebeten für mich tun. Auch ich lasse mich nicht von ihnen bitten.« Manche Menschen sind auch einfach nicht imstande, ihre Wünsche in Worte zu fassen. Ein Beispiel: Eine Frau, die eine schwere Operation hinter sich hatte, war entsetzt, als ihre beste Freundin erklärte: »Sag mir Bescheid, wenn du irgendwas brauchst, ich habe ja Personal.« Die Kranke brachte es nicht über sich zu antworten: »Dein Personal kann mir gestohlen bleiben – *du* sollst mich besuchen.« Wunschdenken führt auch oft dazu, daß wir andere ständig kritisch beobachten. Erfüllt der Freund/die Freundin unsere Kriterien für eine Freundschaft? Verhält er oder sie sich »genauso, wie ich es täte?« Und viele von uns begehen einen Grundfehler, durch den wir uns selbst in die Rolle des ewigen Verlierers drängen. Um es mit Dorothy Parker zu sagen: Wir versuchen oft genau jenen zu gefallen, die uns nicht gefallen.

Schließlich gibt es auch noch illusorische Freundschaften, etwa, wenn wir uns eine enge Beziehung vorgaukeln, die – außer in unserem Kopf – niemals existiert hat.

Fallbeispiel: Die eingebildete Freundschaft
Lillian und Sarah wuchsen gemeinsam in einer Vorstadt von St. Louis auf und waren von Kindesbeinen an Freundinnen. Sarah war die Gebende, Lillian die Nehmende; sie ergänzten sich also in gewisser Hinsicht. Als sie erwachsen waren, zogen sie in verschiedene Gegenden. Sarah, die beruflich sehr erfolgreich war, wurde eines Tages von einem Frauenklub ihrer Heimatstadt zu einem Vortrag eingeladen. Da sie sich einbildete, die »Heimkehr« der in der Fremde zu Erfolg gekommenen »Tochter unserer Stadt« würde zu einem lokalen Großereignis werden, sagte Sarah zu. Aber der Vortrag erwies sich als totales Fiasko. Die Damen des Clubs waren so sehr damit beschäftigt, ein schon recht betagtes Vereinsmitglied zum Geburtstag hochleben zu lassen, daß sie Sarah kaum zuhörten. Sarah war tief enttäuscht und rief Lillian an, um ihr Leid mit ihr zu teilen; sie war fest davon überzeugt, bei der Freundin Verständnis zu finden. Lillians brüsker Kommentar: »Kehr nie in das Kaff zurück, aus dem du stammst.« Von Mitgefühl keine Spur. Erst jetzt ging Sarah auf, daß Lillian nie imstande gewesen war, Trost oder Mitgefühl zu zeigen. Zwanzig Jahre hatte sie gebraucht, um zu dieser Erkenntnis zu kommen.

■ *Freundschaften ändern sich.*

Auch Freundschaften unterliegen dem allgemeinen Wandel des gesellschaftlichen und familiären Umfelds, in dem wir uns bewegen. Freunde ziehen fort und werden durch neue Freunde ersetzt. Jahre später kehren sie vielleicht zurück, und die Freundschaft lebt wieder auf. Oder: Zwei Freunde heiraten, doch die jeweiligen Ehepartner können sich nicht leiden; die einst so enge Beziehung reduziert sich auf ein gelegentliches gemeinsames Essen, den gemeinsamen Besuch eines Sportereignisses oder die alljährliche Begegnung auf der traditionellen Neujahrsparty eines gemeinsamen Bekannten.

Bei mancher Freundschaft mag sich, wenn wir sie einer genaueren Analyse unterziehen, herausstellen, daß sie emotional zu kostspielig für uns ist. Wer Bilanz zieht und aufrechnet, was er gibt und was er erhält, kommt mitunter zu haarsträubenden Ergebnissen. Eine Freundschaft kann entweder mit uns wachsen, reifen und sich verändern – oder sie siecht dahin und geht schließlich ganz ein. Eine Bekanntschaft dagegen kann über Jahre hinweg vollkommen unverändert bleiben.

■ *Die aktive Pflege von Freundschaften schafft ein gesellschaftliches Netzwerk.*

Wenn wir die Dinge »einfach auf uns zukommen« lassen, wird vermutlich gar nichts auf uns zukommen. Manche Menschen wissen nicht, wie sie Freunde finden können, die ihren Vorstellungen entsprechen. Sie meinen vielleicht: »Ich sehe doch auch nicht schlechter aus als X und Y – wieso kennen die so viele interessante Leute?« Wir sollten uns statt dessen fragen: »Was tragen Y und X *selbst* zur Entstehung und Erhaltung ihres interessanten Freundeskreises bei? Was kann *ich selbst* unternehmen?«

Manch einer baut sich keinen Freundeskreis auf, weil er gar nicht weiß, was für Vorteile ihm eine Freundschaft bringen kann. Ein Manager formulierte seine Einstellung sehr pointiert: »Freunde sind Gottes Entschuldigung dafür, daß er uns mit Verwandten straft.« Ein anderer sagt einfach: »Meine Freunde sind meine Familie.«

Erkennen Sie Ihre eigene Einstellung zu Freundschaften und beantworten Sie die folgenden Fragen:

■ Was für Menschen möchte ich gern zu Freunden haben? Was trage ich dazu bei, solche Freunde auch zu finden?

■ Wann habe ich mir zuletzt Gedanken darüber gemacht, ob ich selbst die Art von Freund bin, die ich gerne wäre? Ob ich selbst das gebe, was ich von meinen Freunden erwarte?

■ Erfüllen meine Freundschaften die Ansprüche, die ich an sie stelle? Woran liegt es, wenn ich mich mitunter enttäuscht oder betrogen fühle oder manchmal tatsächlich in eine Opferrolle gerate?

■ Wie fühle ich mich in der Opferrolle, und was tue ich, um mich aus ihr zu befreien? Ziehe ich mich in den Schmollwinkel zurück, wehre ich mich, räche ich mich, führe ich eine Aussprache herbei oder schlucke ich den »Verrat« nur um der »lieben Freundschaft« willen bewußt hinunter?

Suchen Sie sich die richtigen Freunde – mit der richtigen Begründung

Die Beschäftigung mit unseren eigenen Bedürfnissen, Überzeugungen und Gewohnheiten läßt uns oftmals übersehen, daß eine Freundschaft, so ergänzend und bereichernd sie in bestimmten Aspekten sein mag, auf der anderen Seite auch ausbeuterische Züge annehmen kann. Man sollte daher bei der Wahl seiner Freunde gewisse Vorsichtsmaßregeln beachten.

▪ *Halten Sie sich Leute vom Leibe, von denen Sie nur ausgenutzt werden.*

Es gibt Menschen, die darin, daß sie von »Freunden« hemmungslos ausgenutzt werden, insofern einen gewissen Trost sehen, als es ihnen das Gefühl gibt, wenigstens noch ein bißchen gebraucht zu werden. Gewöhnlich haben sie sogar eine vernünftig klingende Begründung für diese Form der Abhängigkeit parat. Ein Beispiel: Eine Frau, die in recht betuchten Verhältnissen lebte, rief jedesmal, wenn sie einen Brief zu tippen hatte, eine Freundin an und bat sie, ihr die Arbeit abzunehmen. Die Freundin fand in dieser Form von Ausbeutung ihre eigene Vorstellung von echter Freundschaft verkörpert und erfüllte brav die ihr zugewiesene Sekretärinnenarbeit. Die wahren Motive hinter ihrer Fügsamkeit konnte sie sich nicht eingestehen, weil sie ihren tiefsitzenden Mangel an Selbstwertgefühl unter allen Umständen verborgen halten wollte. Die Freundin, die sich diese Einstellung zunutze machte, erklärte ihren Herrschaftsanspruch als ausgleichende Gerechtigkeit: »Ich nehme sie schließlich mit, wenn ich ausgehe, und sorge sogar noch für männliche Begleitung. Also kann ich von ihr auch ab und zu eine Gegenleistung erwarten.«

Wenn Sie sich selbst von einem Freund oder einer Freundin ausgenutzt fühlen, stellen und beantworten Sie sich die Frage: *Was trage ich selbst dazu bei?*

Fallbeispiel: Die Frau, die ausgenutzt werden wollte

Sybil und Mary waren jahrelang enge Freundinnen. Sybil sah gut aus, war allseits beliebt und hatte den besser bezahlten Job. Sie versorgte Mary mit männlichen Begleitern, nahm sie auf alle Parties mit und schuf ihrer weniger attraktiven, aber intellektuell anspruchsvolleren Freundin ein echtes soziales Umfeld. Mary, die freudig jede Einladung akzeptierte, dankte es ihr mit Kritik: »Dir fehlt einfach jeder Tiefgang.« Eines Abends fragte Sybil: »Was kriege ich eigentlich von dir?« Marys Antwort: »Ich höre dir zu.« Da platzte Sybil der Kragen und sie gab zurück: »Das reicht mir nicht.«

Sybil beschloß, der Freundschaft ein Ende zu setzen, hat aber immer noch den Wunsch, für Mary »etwas zu tun«. In verhaltenstherapeutischer Terminologie ausgedrückt: Sie hat unbewußt das Gefühl, wenn sie Mary dazu bringen könnte, sich ihr gegenüber freundlich, nett und liebevoll zu verhalten, so wäre es, als könne sie ihre Mutter für sich einnehmen. Von ihrer Mutter, die starb, als Sybil zweiundzwanzig Jahre alt war, war sie stets abgelehnt worden.

Zur Durchsetzung ihrer Ziele nehmen emotionale Ausbeuter, was immer sie kriegen können, und scheuen vor keiner Manipulation zurück. »Das ist mein gutes Recht«, sagen sie. Sie stellen unentwegt Forderungen, erbringen aber nie eine Gegenleistung. Gewöhnlich handelt es sich bei ihnen um selbstsüchtige Energieschmarotzer, die sich von anderen jene Lebensfreude, Ursprünglichkeit und Gesellschaft erwarten, die ihnen selbst abgeht. Oft haben sie nur zweierlei im Sinn: Sie wollen ihre eigenen Überlegenheitsgefühle und die Unsicherheit ihrer Opfer verstärken.

Dazu trägt nicht selten der Ausgebeutete selbst bei. Schiere Unkenntnis läßt ihn nicht erkennen, daß einer, den er für einen Freund hält, sich nur dann um ihn bemüht, wenn er dabei etwas im Schilde führt. Er braucht Ihre Unterschrift, um in den Club, dem Sie angehören, aufgenommen zu werden, oder weil er sich um ein bestimmtes Amt bewirbt. Er will Ihnen ein Empfehlungsschreiben herauslocken oder irgend etwas andrehen, was Sie gar nicht brauchen. Sobald er sein Ziel erreicht hat, läßt er Sie fallen oder haut Sie übers Ohr.

Ein Beispiel: Als Danny J. noch in San Francisco lebte, verhalf er einem Freund, der einen Film drehen wollte, zu einem berühmten Darsteller. Außerdem versorgte er den Freund mit den besten Einfällen für das Drehbuch. Doch bei der Filmpremiere mußte Danny feststellen, daß sein Name im Abspann fehlte. Sein Kommentar: »Mein Freund war unsicher. Er wollte alles unter *seinem* Namen machen. Ich habe daraus meine Lehren gezogen. Seitdem suche ich mir Freunde, mit denen ich zusammenarbeite, sorgfältiger aus oder bestehe von Anfang an auf festen vertraglichen Vereinbarungen.«

Wenn es immer wieder vorkommt, daß andere Sie ausnutzen, so liegt dies vielleicht daran, daß Sie insgeheim ausgenutzt werden wollen. Erforschen Sie Ihr Vorbewußtes. Handeln Sie nach einem aus der Kindheit übernommenen Schema? Erfüllen Sie sich mit Hilfe dieser »Freunde« den unbewußten Wunsch, unterwürfig zu sein, bestraft oder herumgestoßen zu werden?

■ *Lassen Sie sich nicht mit »feindlichen Freunden« ein.*

Dabei handelt es sich meist um Menschen, die andere angreifen oder kritisieren müssen, um sich selbst überlegen fühlen zu können. Ihr Umgangston reicht von kaustischen Bemerkungen (»Nichts für ungut, aber ich muß dir doch mal sagen, daß . . .«) bis zu ständigen Herabsetzungen (»Sinnlos, mit dir darüber zu reden – du verstehst es ja doch nicht.«). Sie suchen Ihre Gesellschaft nur dann, wenn sie einen Dummen oder einen Sündenbock brauchen.

Oder sie schlagen um sich, um ihre eigenen Unzulänglichkeitsgefühle zu kaschieren. Ein Beispiel: Insgesamt viermal versorgte Tom D., ein erfolgreicher Public-Relations-Manager, den notorischen Stellenwechsler Al A. mit beruflichen Empfehlungsschreiben. Im Vertrauen auf Toms guten Ruf schufen die Firmen eigens für Al neue Arbeitsplätze. Als Tom Jahre später zufällig einmal seine früheren Gefälligkeiten erwähnte, erwiderte Al feindselig: »Das vergißt du wohl nie, oder?«

Warum lassen wir uns überhaupt mit von vornherein aggressiven Typen dieser Art ein? Es gibt dafür eine ganze Reihe von Gründen: Vielleicht bestärken sie uns in unserer eigenen geringen Meinung von uns selbst oder liefern uns einen bequemen Vorwand für aggressive Reaktionen. Menschen dieser Couleur verschaffen uns darüber hinaus die Möglichkeit, uns selbst als hilflose Opfer zu betrachten – eine irrationale Vorstellung, von der sehr viele Menschen besessen sind.

■ *Hüten Sie sich vor Leuten, in deren neurotischen Phantasien und Verhaltensweisen unweigerlich eine Person in die Opferrolle gedrängt wird.*

Neurotische Phantasien und Verhaltensweisen haben die verschiedensten Ursachen. In manchen Fällen rührt das Problem daher, daß eine *unausgelebte Geschwisterrivalität* auf einen Freund oder eine Freundin übertragen wird.

Fallbeispiel: Das Goldkind

Connie und Josie waren Freundinnen von Kindesbeinen an. Connie war ein richtiges Goldkind – groß, hübsch, gescheit und viel reicher als Josie. Sie heiratete schon in jungen Jahren und hatte zwei Kinder. Dann bekam ihr Mann eine unheilbare Krankheit. Die treue Josie tauchte regelmäßig nach der Arbeit bei Connie auf, um – kostenlos – deren Kinder zu hüten, während Connies jüngere Schwester, eine bekannte Schauspielerin, durch Abwesenheit glänzte. Connie belohnte Josies Dienste mit einem gönnerhaften: »Wenn du mal heiratest, richte ich deine Hochzeit aus.«

Die Zeit verging. Josie, mittlerweile im Bankfach sehr erfolgreich, verlobte sich mit einem prominenten Arzt. Connie, nunmehr verwitwet, wiederholte ihr Angebot, die Hochzeit auszurichten, nicht. Statt dessen ließ sie Josie fallen. Einige Jahre später schlug die noch immer treue Josie ein Versöhnungsmahl vor. Dreimal wartete sie zum vereinbarten Termin vergeblich auf Connies Erscheinen. Damit war die Freundschaft zu Ende. Daß Connie wieder geheiratet hat, erfuhr Josie von einer gemeinsamen Bekannten – sie selbst erhielt nicht einmal eine Vermählungsanzeige. Die beiden haben keinerlei Kontakt mehr miteinander.

Psychologisch erklärt sich Connies Verhalten folgendermaßen: Extrem eifersüchtig auf ihre jüngere Schwester, die all den Ruhm erntete, von dem Connie meinte, er stünde eigentlich ihr zu, übertrug sie ihre Geschwisterrivalität auf Josie. Solange sie sich ihr überlegen fühlte (sie hatte schon einen Mann und mehr Geld als Josie), funktionierte die Freundschaft bestens. Josie diente Connie als Ersatzschwester, an der sie ihre unausgelebten Überlegenheitsgefühle austoben konnte. Als sich Josies Status veränderte, indem sie selbst bekannt wurde und einen erfolgreichen Mann heiratete (während Connie nach dem Tod ihres Mannes mit finanziellen Schwierigkeiten zu kämpfen hatte), taugte sie nicht mehr für diese Rolle und wurde somit für Connie uninteressant.

Manchmal dienen wir unselbständigen Freunden als Elternersatz. Da Freunde dieser Art keine einzige Entscheidung ohne uns treffen können, übernehmen wir in gewisser Hinsicht die Verantwortung für ihr Leben. Wir leiden darunter – und geraten, manchmal ganz unbewußt, in eine Opferrolle. Ein Beispiel: Eine freiberufliche Autorin, die einen Vertrag über ein Buch abgeschlossen hatte, rief wegen jedes Kommas, jeder Korrektur und jeder Auseinandersetzung mit dem Lektor eine Freundin an und fragte sie um Rat. Als das Buch erschienen war, erhielt es eine herausragende Besprechung in der Literaturbeilage der *New York Times* (die unermüdliche Freundin hatte ihre Beziehungen spielen lassen und einen prominenten Rezensenten für die Besprechung gewinnen können). Die Autorin rief unverzüglich bei ihrer Freundin an – allerdings nicht, um sich zu bedanken oder ihre Freude kundzutun. »Ich hab' entsetzliche Magenschmerzen!« jammerte sie ins Telefon.

»Ruf deinen Arzt an«, riet die Freundin.

Darauf die Autorin: »Aber dich mußte ich zuerst anrufen!«

Diese Antwort brachte das Faß zum Überlaufen. Die Freundin hatte die Unselbständigkeit der Autorin ein für allemal satt.

Machen Sie sich klar, daß Freunde, die in Ihnen einen Vater- oder Mutterersatz sehen, Umstellungsprobleme haben. Da wir ihre unbewußten Anliegen allem guten Willen zum Trotz niemals voll erfüllen können, werden sie letztlich enttäuscht sein: Sie werden sich im Stich gelassen fühlen – und als unsere Opfer. Wir *geben.* Unsere sogenannten Freunde *nehmen.* Beide Seiten leiden darunter.

Im umgekehrten Fall *machen wir unsere Freunde zu Ersatzeltern.* Und wenn deren Probleme entsprechend gelagert sind, spielen sie bereitwillig mit. Stellen Sie sich vor, Sie haben eine Freundin gefunden, die Sie unterstützt, die Wärme ausstrahlt – und Ihnen gestattet, unselbständig zu bleiben. Jeden Abend schauen Sie bei ihr vorbei und berichten ihr von den Belanglosigkeiten des Tages – genauso wie früher Ihren Eltern, wenn Sie aus der Schule nach Hause kamen. Sie geraten auf diese Weise mehr und mehr in eine Opferrolle, denn alle anderen Leute sehen in Ihnen einen unselbständigen Schwächling, der keinen Finger rührt, bevor er nicht alles haarklein mit seiner mütterlichen Freundin diskutiert hat. Sie berauben sich selbst jeglicher Eigeninitiative und vernachlässigen Ihre potentiellen persönlichen Pluspunkte und Stärken.

Auf Ihre Freundschaft kann sich eine solche Situation in unterschiedlichster Weise auswirken. Vielleicht fühlt sich die Freundin überlastet und ausgenutzt; sie kann dann entweder die Mutterrolle aufgeben oder Ihrem Unmut freien Lauf lassen – mit dem Ergebnis, daß Sie sich als Verlierer fühlen. Vielleicht haben Sie aber auch einen Freund, der die ihm aufoktroyierte Rolle akzeptiert, weil sie seinen eigenen neurotischen Bedürfnissen entgegenkommt. Eine solche Beziehung ist langfristig unausgewogen und problematisch; im Endeffekt leiden beide Seiten darunter.

Zwei Tips: 1. Versuchen Sie, Ihre Probleme allein zu lösen, bevor Sie um Hilfe bitten. 2. Erkennen Sie, daß Ihre Freunde auch nur Menschen und ihnen ganz normale menschliche Grenzen gesetzt sind.

Ihr persönliches Programm zur Befreiung von Abhängigkeiten

Wenn in unserem Privatleben etwas schiefgeht, neigen wir dazu, die Schuld in den Umständen zu suchen. Häufig geht aber nur deshalb etwas schief, weil mit uns selbst oder mit dem, was wir tun, etwas nicht in Ordnung ist. Anderen die Schuld zuzuschieben, führt zu Ratlosigkeit und lenkt uns davon ab, aktiv an der Verbesserung unserer gesellschaftlichen Beziehungen zu arbeiten und auf diese Weise zu verhindern, daß wir eines schönen Sonntags aufwachen und denken: »Heute bin ich mal wieder so alleine, daß ich kalte Würmer verspeisen könnte.« Im folgenden finden Sie einige Tips, wie Sie Ihre Ängste überwinden und herausfinden können, wer Ihr Vertrauen verdient; ferner einige allgemeine Leitlinien für den Umgang mit Freunden und Freundschaften. Befolgen Sie sie – und die kalten Würmer können Ihnen gestohlen bleiben.

Setzen Sie Prioritäten: Ihre Ziele zählen mehr als Ihre Ängste

John ist genauso schüchtern wie Sie. Wie bringt er es bloß über sich, blindlings zwei Theaterkarten zu kaufen und erst danach jemanden anzurufen, den er einladen möchte? Hat er keine Angst, sein Wunschgast könne ablehnen?

Woher nimmt eigentlich die arme Doreen, der in kurzer Zeit zwei Beziehungen hintereinander in die Brüche gingen, den Mut, ihre Freundin anzurufen und zu fragen: »Ist der nette Anwalt, von dem du mir erzählt hast, noch zu haben? Ich meine, daß ich mich bloß selber zur Verliererin mache, wenn ich nein sage.«?

Fran weiß kaum, wie man eine Konservendose öffnet und hat Angst vor Fremden. Dennoch hat sie sich mit drei Freundinnen zusammengetan, eine Liste aller interessanten Bekannten zusammengestellt und Einladungen zu einer Party verschickt, zu der jeder Gast einen weiteren Gast des jeweils anderen Geschlechts mitbringen sollte: »Wir laden nur die nettesten Leute und die klügsten Köpfe ein. Und Ihr gehört dazu. Kommt am . . . um . . . Uhr!« Alle Eingeladenen kamen, und alle brachten einen Freund oder eine Freundin mit. Wie hat Fran das geschafft?

John, Doreen und Fran haben wie so viele von uns tiefsitzende Angstgefühle im Umgang mit anderen Menschen. Aber *sie stellen ihre Ziele über ihre Ängste.* Sie verkriechen sich nicht in ihre eigenen vier Wände. Sie gehen aus sich heraus und unternehmen etwas. Und je mehr sie ihre Ängste aufarbeiten, desto weniger werden sie von ihnen behelligt. Mitunter welken die Ängste, wie die sprichwörtlichen alten Soldaten, »einfach dahin«.

Auch Sie können lernen, Ihr von Ängsten beherrschtes Denken in den Griff zu bekommen und Ihr Selbstvertrauen zu stärken, gleichgültig, ob Sie sich wegen des einen oder anderen Fehlers in der Vergangenheit in Ihre Befürchtungen hineinsteigern oder ob Sie sich irgendwelche unrealistischen Katastrophenszenen ausmalen und darauf starren wie das Kaninchen auf die Schlange. Die folgenden Übungen machen den meisten Leuten großen Spaß. Und Sie helfen weiter!

- *Befreien Sie sich von der Mauerblümchen-Mentalität.* Machen Sie aus Ihrem »Ich bin ja doch nur wieder der Flop des Abends« ein »Ich verhalte mich ganz freundlich und natürlich, und dann werden wir ja sehen, was passiert«. Achten Sie jedoch darauf, daß Sie sich ein erreichbares Ziel setzen und nicht gleich in Euphorie verfallen (»Auf dieser Party bin ich der Hecht im Karpfenteich!«).
- *Befreien Sie sich von Ihrer Katastrophen-Mentalität.* Sobald Sie

merken, daß Sie sich schon wieder künftige Katastrophen ausmalen, sagen Sie ruhig und bestimmt zu sich selbst: »Entspann dich!« und schieben die unheilvollen Gedanken beiseite. Dann entspannen Sie sich kurz – vielleicht konzentrieren Sie sich dabei auf bestimmte Körperpartien, wie zum Beispiel Ihre Schultermuskulatur. Lenken Sie Ihre Gedanken bewußt auf etwas Angenehmes, etwa auf einen Film, den Sie sich ansehen oder auf ein Geschenk, das Sie kaufen wollen. Wenden Sie diese Technik jedesmal an, wenn erneut düstere Gedanken aufkeimen.

■ *Bekämpfen Sie Ihr negatives Denken.* Ängste und Befürchtungen rufen oftmals unlogische gedankliche Assoziationen hervor. Man rechnet für den Fall, daß wirklich etwas schiefgehen sollte, mit unabsehbaren Folgen. Wenn Sie diesen Teufelskreis überwinden wollen, müssen Sie die Unlogik in Ihrem Denken zunächst identifizieren und danach bekämpfen. Werden die anderen Sie wirklich verachten, wenn sie erkennen, daß Sie Angst haben? Sind Sie wirklich so ein »ganz und gar minderwertiger Mensch«, bloß, weil Sie gelegentlich was Dummes sagen oder sich ungeschickt benehmen?

Wenn Sie Ihre Gedanken unter Kontrolle bekommen wollen, wenden Sie eine dieser Methoden oder eine Kombination aus allen dreien an.

Außerdem: *Versetzen Sie sich in den richtigen Gemütszustand.* Machen Sie es den Spitzensportlern nach, versuchen Sie, Ihre Tagesbestform zu erreichen. Bringen Sie sich vor der Party (oder irgendeinem anderen gesellschaftlichen Ereignis) in die richtige Stimmung. Proben Sie den Erfolg – es hilft bestimmt. (Wenden Sie die »Das-kann-ich«-Übung auf S. 113 an.)

Wenn Ihre Ängste – was vorkommt – so groß sind, daß Sie sich gar nicht erst zum Besuch der Veranstaltung aufraffen können, dann brauchen Sie eine Bewältigungsstrategie. Konzentrieren Sie sich dabei vor allem auf Ihre *Gefühle*.

1. Stellen Sie fest, vor welcher *konkreten* Situation Sie Angst haben. Ein Beispiel: Sie wollen auf eine bestimmte, Ihnen sympathisch erscheinende Person zugehen, um sich mit ihr zu unterhalten, trauen sich aber nicht.

2. Bewältigen Sie Ihre Ängste mit Hilfe Ihres Vorstellungsvermögens. Wenden Sie eine der oben geschilderten Methoden an; reden Sie sich ein, daß Sie in Topform sind; versuchen Sie sich durch Zwerchfellatmung oder Yoga zu entspannen.

3. Sobald Sie Ihre Ängste ein wenig reduziert haben, konzentrieren Sie sich auf Ihr Vorgehen. Stellen Sie sich vor, wie Sie das Gespräch am liebsten beginnen würden. Üben Sie den Beginn der Konversation so lange, bis Sie damit zufrieden sind.

Die verhaltenstherapeutischen Methoden zur Veränderung von sozialen Denk- und Handlungsmustern waren bei vielen Menschen erfolgreich. Bei einigen schlugen sie allerdings nicht an – wie etwa bei Mark S. Sie müssen versuchen, Ihre *unbewußten* Regungen wahrzunehmen.

Fallbeispiel: Der Mann, der sich vor einem Rendezvous fürchtete

Mark S., ein gutaussehender, achtundzwanzigjähriger Effektenberater, hatte schon alles nur Mögliche und Erdenkliche versucht, um seine Verlierermentalität im Umgang mit dem weiblichen Geschlecht zu überwinden. Nichts wollte helfen. Jedesmal, wenn er ein Mädchen anrufen und um ein Rendezvous bitten wollte, bekam er es mit unüberwindlicher Angst zu tun. Je sympathischer ihm ein Mädchen war, desto größer wurden seine Ängste vor ablehnenden Ausreden wie: »Ich hab' derzeit zuviel zu tun...« oder: »Ich fahre morgen in Urlaub.« Mark nahm an, daß die Angst vor einer Ablehnung sein Hauptproblem wäre und daß er mit dem Zweiten Schritt (Blockierungen) nicht weiterkäme. Und da er alles andere als dumm war, wußte er, daß er nun den Dritten Schritt der Verhaltens-Psychotherapie tun und in sein Unbewußtes vorstoßen mußte.

Er entdeckte, daß die Wurzel seines Problems unterdrückte Wut war. Er befragte sein Vorbewußtes und rief sich seine Teenagerzeit ins Gedächtnis. Schließlich erinnerte er sich, daß er jedesmal von hilfloser Wut ergriffen worden war, wenn ein Mädchen gesagt hatte: »Nein, ich kann nicht mit dir ausgehen.« Diese »Ungerechtigkeit« hatte viele Jahre lang in seinem Inneren gebrodelt: »Wieso haben Frauen eine solche Machtstellung? Wieso muß immer ich der Bittsteller sein? Die haben doch kein Vetorecht über mich? *Ich* will derjenige sein, der ablehnt.«

Nachdem Mark begriffen hatte, daß der Wunsch, selbst nein sagen zu dürfen, ihn davon abhielt, seine derzeitige Favoritin um ein Rendezvous zu bitten, brachte er den Mut auf, sie zum drittenmal zu fragen (zweimal hatte sie bereits eine Ausrede gehabt): »Lohnt es sich, wenn ich es nochmal versuche?« Ihre Antwort: »Sehen Sie, ich habe gerade einen anderen kennengelernt. Ich fände es nicht gut, wenn ich jetzt auch noch mit Ihnen ausginge.«

Also noch eine Ablehnung. Marks Befürchtung hatte sich bewahrheitet. Doch da er die Situation überdacht hatte, fühlte er sich – obgleich er sie immer noch für »ungerecht« hielt – diesmal nicht als emotionaler Verlierer.

Die »Vertrauensfrage«: Wem vertraue ich wie weit?

Die Vergänglichkeit von Vertrauen durchdringt und beeinflußt die meisten freundschaftlichen Beziehungen – und nicht selten beendet sie sie auch. Manche Menschen geben vor, um ihre Freunde besorgt zu sein, doch ihre freundlichen Worte sind nur Lippenbekenntnisse. Andere machen Versprechungen, die sie dann nicht halten. Wieder andere verhalten sich in bestimmten Bereichen wie wahre Freunde, versagen jedoch in anderen. Um emotionale Abhängigkeit zu vermeiden, müssen wir wissen, wem wir vertrauen und wie weit wir mit unserem Vertrauen gehen können. Vertrauen, das im falschen Bereich auf die falsche Person gesetzt wird, führt zwangsläufig zur Enttäuschung.

Vertrauensbereiche: Ein Quiz

Ziel: Realistische Einschätzung von Vertrauenspersonen

ERSTER SCHRITT: Schreiben Sie den Namen der Person, deren Vertrauenswürdigkeit Sie testen wollen, in Ihr Arbeitsheft.

ZWEITER SCHRITT: Überlegen Sie, wie groß Ihr Vertrauen in diesen Freund oder diese Freundin ist, und zwar in folgenden Bereichen:

- Geldfragen
- Hilfe bei kleineren praktischen Problemen
- Hilfe bei emotionalen Randproblemen
- Hilfe bei ernsten emotionalen Problemen
- Wahrung von Geschäftsgeheimnissen
- Diskussion familiärer Probleme
- Diskussion sexueller Probleme
- Einhaltung von Versprechungen

Berücksichtigen Sie nicht nur Ihre eigenen Erfahrungen mit diesem Freund oder dieser Freundin, sondern auch sein/ihr Verhalten Dritten gegenüber. Bewerten Sie die Stärke Ihres Vertrauens nach der folgenden Tabelle:

0 - Absolutes Mißtrauen
1 - Weitgehendes Mißtrauen
2 - Eher Miß- als Vertrauen
3 - Eher Ver- als Mißtrauen
4 - Weitgehendes Vertrauen
5 - Absolutes Vertrauen

Selbstverständlich können Sie der Liste der Vertrauensbereiche noch weitere hinzufügen.

Die Einbeziehung weiterer Bereiche wird Ihnen bald auch die Grenzen des Vertrauens zeigen.

Ganz allgemein gilt: Je persönlicher die Vertrauensbereiche sind, desto enger ist die Freundschaft. Doch auch die denkbar engste Freundschaft hat ihre Grenzen. So haben Sie vielleicht einen Menschen, mit dem Sie zwar die persönlichsten Angelegenheiten besprechen können, der jedoch ganz einfach nicht in der Lage ist, auch nur das kleinste Geheimnis für sich zu behalten. All seine Beteuerungen, »kein Sterbenswörtchen« käme über seine Lippen, sind für die Katz. Wenn Sie diesem Menschen weiterhin unbesehen Ihr Vertrauen schenken, können Sie am Ende der Verlierer sein.

Vertrauensprobleme haben die verschiedensten Ursachen.

Fallbeispiel Nr. 1: Mitunter liegt es an der *Erziehung*. Glenn A. bekam als Kind von seiner Mutter ständig zu hören: »Wer Gutes tut, dem wird auch Gutes widerfahren.« Also wurde ein guter, vertrauensvoller Junge und schließlich ein gutmütiger, vertrauensseliger Erwachsener aus Glenn. Auf seine berufliche Laufbahn hatte seine Mutter keinen Einfluß. Glenn brachte es zum Marketingchef einer Werbefirma. Im Privatleben allerdings fehlten ihm die richtigen Beurteilungskriterien. Er heiratete ein »schönes Luder«, das ihn bald wieder verließ. Als er von seinem Onkel 50000 Dollar erbte, vertraute er das Geld einem Freund und angeblichen Anlageexperten an; ein halbes Jahr später war es den Weg aller schlechten Investitionen gegangen. Da er stets »das Richtige« tun will, stellt Glenn hin und wieder sein Haus für öffentliche Veranstaltungen zur Verfügung – nur um hinterher festzustellen, daß diverse Gegenstände von nicht geringem Wert verschwunden sind. Und er lernt aus all diesen Erfahrungen nichts dazu. Seine Schwester bringt es auf einen Nenner: »Er vertraut eben immer den falschen Leuten.«

Fallbeispiel Nr. 2: Wir setzen unser Vertrauen in die falsche Person. Bob M. hatte in seinem zweiten Studienjahr an der University of Chicago einen Professor, den er sehr bewunderte. Er bildete sich ein, sie seien nicht einfach Lehrer und Schüler, sondern echte Freunde. Dann wechselte Bob das Hauptfach. Der neue Studiengang fiel ihm schwerer und brachte ihm keine guten Noten ein, so daß er schließlich zu seinem ehemaligen Mentor ging und ihn um seine objektive Meinung und »Hilfe« bat. Bobs Feststellung: »Ich vertraute darauf, daß ich ihn als Mensch und nicht nur als irgendein Student interessierte. Aber das traf nicht zu. Als ich nicht mehr bei ihm hörte, hat er mich sofort ad acta gelegt. Ich fühle mich von ihm hintergangen.«

Fallbeispiel Nr. 3: Das Leben steckt voller Überraschungen. Garantien gibt es nicht. In jeder neuen Freundschaft lernen Sie neue Formen des Vertrauens kennen.

Kitty T. war eine junge Werbefilm-Produzentin, und ihre beste Freundin war mit Larry verheiratet. Eines Tages traf sie sich mit Larry zum

Mittagessen. Beim Hühnchen »Marengo« verliebten sie sich, gingen unverzüglich nach Hause und miteinander ins Bett. Larry ließ sich prompt von seiner Frau scheiden und heiratete Kitty. Sie schlossen Freundschaft mit einem anderen Ehepaar aus der gleichen Branche.

Als Larry starb, war er noch ziemlich jung. Das befreundete Paar kümmerte sich um Kitty und ihre beiden vaterlos gewordenen Kinder – bis Kitty auch dieser Frau den Mann wegnahm.

Die Moral von der Geschichte: Solange Kitty einen Ehemann hat, ist sie treu und zuverlässig. Sobald sie alleinsteht, nimmt sie anderen Frauen den Mann weg. Ihre Freundinnen müssen selbst entscheiden, ob sie sich auf diese Art »Vertrauen mit beschränkter Haftung« einlassen wollen.

Allgemeine Richtlinien für Freundschaften

Stellen Sie Verhaltensrichtlinien für andere auf

■ *Lassen Sie nicht zu, daß andere Sie respektlos behandeln.* Manchen fällt ihr Benehmen vielleicht gar nicht auf. Eine alte Freundin behandelt Sie vielleicht immer noch wie damals in der Schule, obwohl Ihnen ihr Ton ziemlich überholt vorkommt. Vielleicht sind Sie auch zu langmütig gegenüber alltäglichen Rücksichtslosigkeiten – Absagen in letzter Minute, unannehmbaren Aggressionen. In beiden Fällen tragen Sie unweigerlich selbst dazu bei, daß Sie in die Opferrolle gedrängt werden. Ein Beispiel: Sylvia und Cathy beschlossen, gemeinsam eine Singles-Party zu geben. Da Sylvia in einer Vorstadt lebte, wo Lebensmittel billiger zu haben waren, nahm sie sich extra einen Tag Urlaub, erledigte alle Einkäufe, bereitete das Essen vor, lud es in ihren Wagen und fuhr zu Cathy. Die allerdings war noch dabei, sich die Haare zu waschen und hatte noch nicht einmal den von Katzenhaaren übersäten Teppich gesaugt. Sylvias Kommentar: »Ich wollte nur nett sein, aber sie weiß nicht einmal, was das ist.«

■ *Verkehrtes Verhalten entspringt mitunter den besten Absichten.* Ein Ehepaar war mit einer alleinstehenden Frau befreundet und kritisierte ständig an dem Mann herum, mit dem sie ausging. Sarkastisch bemerkt die Frau: »Sie hatten recht, aber sie hatten kein Recht dazu.« Das Problem war, daß die beiden unentwegt nörgelten und nie einen Gedanken darauf verschwendet hatten, wie man das Thema taktvoll zur Sprache bringen könnte. Die Freundin wurde von ihnen unweigerlich in die Opferrolle gedrängt.

■ *Andere Menschen folgen anderen Verhaltensregeln.* Wenn Sie Verhaltensrichtlinien für andere aufstellen, vergessen Sie nicht, deren persönliche Eigenarten zu berücksichtigen. Was Ihren Freunden vollkommen selbstverständlich ist, mag Ihnen ungewöhnlich erscheinen. Und da diese ihren eigenen Maßstäben folgen, fühlen Sie sich dann leicht manipuliert. Ein Beispiel: Ein Ehepaar hatte eine Party gegeben und zwanzig Leute dazu eingeladen. Wenig später rief eines der Paare reihum sämtliche Gäste an und lud sie seinerseits zu einer Party – alle, mit Ausnahme der vormaligen Gastgeber. Die erste Gastgeberin regte sich furchtbar darüber auf, fürchtete sie doch, das flegelhafte Benehmen würde nun ihr angekreidet. In Wirklichkeit wußten sowohl sie als auch ihr Mann von vornherein, was von dem betreffenden Pärchen zu halten war. Ihr Fehler: die beiden überhaupt einzuladen.

■ *Entscheiden Sie, wie Sie auf kleine, aber vielleicht nicht unbedeutende Kränkungen reagieren.* Joan und Gloria waren jahrelang die besten Freundinnen. Eines Tages kam Joan zu Ohren, daß Gloria alle möglichen und unmöglichen Leute fragte, ob sie Fred – Joans Ehemann – tatsächlich für einen guten Therapeuten hielten. Verärgert sagte sie zu ihrer Freundin: »Was soll deine dumme Fragerei? Fred und ich finden dein Verhalten einfach unmöglich.« Gloria focht das nicht im geringsten an. Nachdem Joan drei weitere Vorfälle dieser Art bekannt geworden waren, beendete sie die Freundschaft.

■ *Halten Sie mit Ihren eigenen Richtlinien nicht hinter dem Berg.* Es ist gut, wenn andere Leute Ihre persönlichen Richtlinien kennen. Sie mögen davon nicht begeistert sein, wissen aber wenigstens, woran sie sind. Sagen Sie zum Beispiel: »Schaut, Freunde, wenn ihr euch in meinem Haus kennenlernt, euch sympathisch findet und gleich zum Mittagessen verabredet, dann find' ich das großartig. Aber beim erstenmal *ladet mich bitte auch ein.* Danach lass' ich euch dann vollkommen in Ruhe.« Anderen Menschen sind solche Benimm-Nuancen vielleicht unbekannt oder völlig egal. Sie brauchen eine Erklärung.

Auch am Beispiel kleiner Neckereien läßt sich aufzeigen, wann Sie den Mund aufmachen müssen. Obwohl Sie genau wissen, daß die ewigen Spötteleien Ihrer Freundin nur liebevoll gemeint sind und einfach zu ihrem Umgangston gehören, fühlen Sie sich ihnen hilflos ausgeliefert, zumal Ihnen nie eine schlagfertige Antwort darauf einfällt. Sagen Sie Ihrer Freundin frank und frei: »Bitte, hör auf mit den dummen Witzen. Sie gehen mir auf die Nerven.«

Stellen Sie Verhaltensrichtlinien für sich selbst auf

Wenn Sie es satt haben, mit Märtyrermiene herumzulaufen, weil es Ihnen einfach nicht gelingt, neue Freunde zu finden, ergreifen Sie die Initiative. Zwei Grundregeln dafür:

- *Tun Sie nur, was zu Ihnen paßt.* Sie werden sich weniger abhängig fühlen, wenn Sie Ihren Freundeskreis auf Ihre eigene Persönlichkeit zuschneiden. Ein Junggeselle fand bald heraus, daß Bekanntschaftsanzeigen nicht auf seiner Linie lagen. (»Es war mir zuwider, unsympathische Frauen in teure Restaurants einladen zu müssen.«) Er schloß sich einer Singles-Gruppe an, die regelmäßig klassische Musik hört. Eine junge Frau findet die Bekanntschaftsanzeigen in der Zeitschrift *New York* zum Davonlaufen, findet aber dank der Zeitschrift *Harvard* immer wieder Freunde, die mit ihr auf gleicher Wellenlänge funken.
- *Finden Sie Ihre Stärken heraus, damit Sie nicht zuviel von anderen verlangen.* Ein Beispiel: Mike, jung und einsam, lag ständig einem Freund in den Ohren, er möge ihn doch zu seinen Partys mitnehmen. Der Freund tat ihm eine Zeitlang den Gefallen, doch dann sagte er: »Es wird mir zu lästig. Unternimm doch selber was.« Mike meldete sich also bei einer computerisierten Partnerschaftsvermittlung. Er erzählte es seinem allseits beliebten Freund, verzichtete von nun an auf dessen Vermittlung und lernte interessante und sympathische Leute kennen. Seine Eigeninitiative erwies sich als doppelter Erfolg: Der beliebte Freund, befreit von der drückenden Verantwortung, Mikes einziger Ansprechpartner zu sein, nahm ihn von sich aus auf eine Silvesterparty mit, wo Mike – diesmal ohne Computer – wiederum nette Leute kennenlernte. Das nötige Selbstvertrauen dazu hatte ihm allerdings der Computer-Service vermittelt.

Der Kompromiß-Quotient

Jede Freundschaft erreicht einmal das Stadium, da wir uns fragen: Lohnt sich die Mühe noch, die wir investieren?

Die eine oder andere Beziehung ist einfach zu belastend. Ein Beispiel: Marlene F. hatte eine verheiratete Freundin, die unter »Trennungsängsten« litt. Ständig rief sie bei ihr an und hinterließ die unsinnigsten Botschaften auf dem Anrufbeantworter. Jedesmal, wenn Marlene vergaß, zurückzurufen, überkamen sie Schuldgefühle. Marlene erinnert sich: »Unsere Beziehung bestand aus einer stillschweigenden

Übereinkunft. Sie bestand für meine Freundin darin, daß ich immer für sie da zu sein hatte, wenn sie anrief und mir ihre Pläne fürs nächste Dinner unterbreitete. Je mehr ich zu tun hatte, desto anhänglicher wurde sie.« Als Marlene schließlich die Freundin bat, doch nur noch einmal pro Woche anzurufen, bekam diese einen Wutanfall. Damit war für Marlene das Maß voll. Heute sagt sie: »Ich habe in ihr etwas gesehen, das gar nicht da war.«

Manch einer beendet eine Freundschaft aus Prinzipienreiterei – und ändert später seine Meinung wieder. Ein Beispiel: Pete S. und Joe J. arbeiteten beide gemeinsam als Börsenmakler in Denver. Dann trennte sich Joe unter großen Schwierigkeiten von seiner Frau und beschloß, nach New York zurückzukehren, wo er aufgewachsen war. Pete sagte: »Du willst bloß vor deinen Problemen davonlaufen. Bleib hier und steh's durch.« Joe bekam die Bemerkung in den falschen Hals; der Ton zwischen den Freunden verschärfte sich. Als Joe schließlich umzog, schien die Freundschaft zu Ende zu sein. Zwei Jahre später kam Pete nach Manhattan und rief Joe an – sie feierten ein fröhliches Wiedersehen und versöhnten sich. Joe sagte: »Man soll Vergangenes ruhen lassen.«

In anderen Fällen kommen wir zu dem Schluß, daß die positiven Seiten einer freundschaftlichen Beziehung die negativen überwiegen. Ein Beispiel: Susan L. fühlt sich buchstäblich wie der letzte Dreck, nachdem sie einen ganzen Tag damit zugebracht hatte, die nach einem Rohrbruch unter Wasser stehende Wohnung einer Freundin sauberzuwischen und aufzuräumen. Die Freundin war auf Reisen, doch der Hausmeister hatte sie alarmiert. Sie hatte am Telefon buchstäblich um Hilfe geschrien. Susan hörte nie ein Dankeschön für ihren Einsatz und fühlte sich ausgebeutet. Aber sie entsann sich der vielen vertrauten Gespräche, die sie miteinander geführt, der vielen Abende, die sie gemeinsam verbracht hatten, und beschloß, die Freundschaft aufrechtzuerhalten. Monate später stellte die Freundin Susan ihren neuen Freund vor, der ihr einen phantastischen Job vermittelte. »Sie packt alles anders an als ich«, gesteht Susan ein. »Aber sie packt es an!«

Bei der Ermittlung des Kompromiß-Quotienten *Ihrer* Freundschaft behalten Sie die folgenden Punkte im Auge:

■ Welchen Stellenwert messen Sie den Dingen zu, die Ihnen eine Freundschaft verleiden? Geht es um Wesentliches, Nebensächliches oder Unwichtiges? Ein Beispiel: Sie erwarten eine alte Freundin und haben ihretwegen diverse eigene Pläne geändert. Die Freundin kommt nicht, läßt auch nichts von sich hören und verkündet erst ein paar Tage später am Telefon, es habe ja geregnet. Sie aber erfahren von Dritten, daß sie an jenem Tag eine Matinée besucht hat. Sie hat Sie belogen – aber wollen Sie ihr deshalb gleich die Freundschaft kündigen? Viel leicht ahnte sie nicht, daß Sie großen Wert auf Zuverlässigkeit und Höflichkeit legen.

■ Verfallen Sie nicht in Schwarz-Weiß-Denken à la: entweder befreundet oder nicht befreundet. Sollte sich herausstellen, daß einem bestimmten Freund wesentliche Eigenschaften, auf deren Vorhandensein Sie größten Wert legen, vollkommen fehlen, so können Sie die Beziehung zu ihm ja etwas lockerer gestalten. Sie müssen die Verbindung aber keineswegs endgültig abbrechen.

■ Wägen Sie ab, ob die Pluspunkte einer Beziehung die negativen Aspekte überwiegen. Halten Sie eine Freundschaft aus Bequemlichkeit weiter aufrecht, obwohl Ihnen nichts mehr an ihr liegt? Wäre es nicht besser, sich einen neues Freundeskreis aufzubauen?

■ Wenn sie eine für beide Seiten bereichernde Freundschaft schließen wollen, machen Sie sich von vornherein klar, was Sie sich davon erwarten und was Sie selbst zu geben bereit sind. Danach stellen Sie sich die Frage: »Kann ich mit dem betreffenden Menschen eine solche Freundschaft erreichen oder bin ich am Ende wieder der Gelackmeierte?«

Vergessen Sie nicht: Die richtigen Freunde zu finden, zu haben und zu behalten, wird Ihr Selbstwertgefühl steigern – und nicht zuletzt auch das Ihrer Freunde.

KAPITEL 7

DIE BESTEN STRATEGIEN GEGEN EMOTIONALE PROBLEME IM BERUFSLEBEN

Janet L. wuchs in einer kleinen Mietwohnung auf, wo sie ihr Zimmer mit ihrem Bruder teilen mußte. Seit ihrem elften Lebensjahr arbeitete sie in den verschiedensten Teilzeit-Jobs. Ihre College-Ausbildung verdiente sie sich in einem Nachtclub. Sie arbeitete im Friedenskorps und wurde schließlich Sekretärin in einem Einkaufsbüro.

Ihre ärmliche Kindheit blieb ihr stets bewußt und gab ihr das Gefühl, »ausgeschlossen« zu sein. Sie erinnert sich: »Ich gab meinen Eltern die Schuld daran, fühlte mich einsam und weinte viel. Meine Freundinnen schienen alle Vorteile finanzieller und sozialer Sicherheit und einer guten Ausbildung zu genießen, die mir fehlten.«

Mit dreißig Jahren setzte Janet ihrem Gejammer ein Ende und lernte statt dessen, »kein Opfer zu sein«. Als sie bei einer Beförderung übergangen wurde, faßte sie mehrere *bewußte* Entschlüsse: »Ich will nie wieder arm sein, ich will hart arbeiten und für meinen Erfolg kämpfen.« Die nächste Aufstiegschance ergab sich schon bald, als eine ehemalige Kollegin für sie ein Vorstellungsgespräch vermittelte. Es ging um einen Posten als Mode-Directrice in einer großen Firma – ein Job, der sie die Karriereleiter gleich um mehrere Stufen hinauf befördern würde. Mit flatternden Nerven, aber in dem Bewußtsein, daß ihre ganze Zukunft davon abhing, ob sie den Job erhielt oder nicht, stellte sie Nachforschungen über die beruflichen Anforderungen an, sicherte sich Mentoren, übte das Vorstellungsgespräch ein und kaufte sogar extra für diese Gelegenheit ein neues Ensemble. Sie erhielt den Posten. (»Ich fühlte mich wie neugeboren!«)

Durch den neuen Beruf lernte sie einen (verheirateten) Werbemogul kennen. Sie wurde seine Geliebte und blieb es vier Jahre lang. Er brachte ihr eine ganz neue Welt nahe: Die Welt der hochkomplizierten Projekte. Er gab ihr auch den Mut, sich in der Modebranche selbständig zu machen, und ihre Firma blühte und gedieh. Ihr Geliebter kehrte schließlich zu seiner Frau zurück, doch Janet erwarb sich eine ganze Reihe treuer Kunden. Sie betrachtet sich als erfolgreiche Geschäftsfrau, die ein glückliches, selbstbestimmtes Leben führt.

Heute sagt die mittlerweile sehr selbstsichere und elegante Janet: »Nachdem ich beschlossen hatte, mit Hilfe einer Therapie meine Verlierermentalität aufzugeben, verstand ich zum erstenmal, wie man selber andere Leute ermutigen, ja geradezu dazu auffordern kann, einen unsicher und unglücklich zu machen. Ich habe gelernt, mich nicht mehr in unerfreuliche oder nachteilige Situationen ziehen zu lassen. Meinen Hauptkunden mag ich vor allem deshalb, weil sich sein Hauptgeschäft in zweitausend Kilometer Entfernung befindet, so daß er mir nicht dauernd über die Schulter gucken kann. Wenn sich andere Leute bei mir beklagen, sie seien blockiert und kämen einfach nicht voran, denke ich oft: Selber schuld. Ich habe jetzt Selbstvertrauen. Ich habe das Gefühl, mir das Recht auf meine eigene Meinung und auf ein Leben nach meinen Vorstellungen verdient zu haben.«

Selbstvertrauen ist das Schlüsselwort zur Beschreibung von Janets Persönlichkeit. Sie hat sich Ziele gesetzt, hat sie erreicht, und es stört sie nicht im geringsten, daß sie nicht geheiratet hat. Sie ist durch und durch zufrieden mit dem, was sie hat.

Können wir das gleiche erreichen – Zufriedenheit mit dem, was wir haben –, selbst, wenn unsere Ziele ganz anders aussehen? Unsere Fähigkeit, im Beruf eine Existenz aufzubauen, voranzukommen und uns vor Niederlagen zu schützen (die wir selbst uns ebensogut zufügen können wie andere Menschen), hängt von einem einzigen Wort ab: *Selbstvertrauen*.

Ein verhaltenstherapeutischer Leitfaden zu beruflichem Glück: Praxis und Emotionen

Grundregeln des Arbeitslebens, die Sie kennen sollten

■ *Zwischen kollegialen und privaten Beziehungen besteht ein erheblicher Unterschied.*

In Familie, Freundschaft und Liebe gilt zumindest der Mythos von der gegenseitigen Fürsorge. Wir haben ein Recht darauf, von diesen Beziehungen Hilfe und Unterstützung zu erwarten. Wenn wir darin zu Opfern werden, betrachten wir das mit Recht als Betrug an uns. Sobald wir jedoch die berufliche Situation mit der familiären verwechseln, übertragen wir tiefsitzende, ursprüngliche Gefühle der Liebe und des Angenommenseins auf den Beruf, und das geht selten gut. Wir müssen die berufliche Situation entpersönlichen und als einen Aspekt der Realität betrachten und behandeln, der nicht von emotionalen Erwägungen beherrscht sein darf. Tun wir das nicht, machen wir uns selbst zu Verlierern.

Die persönlichen Eigenheiten, die unsere Familie toleriert (Schlendrian, Sarkasmus, Rechthaberei), weil sie uns liebt, können am Arbeitsplatz zu schwerwiegenden Beeinträchtigungen führen. Ein Beispiel: Im Büro müssen Sie und Ihre Abteilung produktiv sein. In der Familie hatten Sie stets die Rolle des »Verantwortlichen« inne, der dafür sorgt, daß alles ordentlich gemacht wird. Diese Eigenschaft, die in der Familie so gute Ergebnisse zeitigt, macht Sie im Beruf jedoch zu ungeduldig. Das Ergebnis: Sie verlieren Ihren Job oder werden bei Beförderungen übergangen, weil Sie Diskussionen mit Ungeduld und überzogener Kritik kaputtmachen oder weil Sie verächtlich über die Arbeit anderer herziehen, ohne ihnen eine Chance zu geben.

■ *Gute zwischenmenschliche Beziehungen am Arbeitsplatz verringern die emotionale Abhängigkeit.*

Der Umgangston eines Menschen (hochnäsig oder freundlich), sein Ego (zu stark oder zu schwach entwickelt), vielleicht auch sein Charakter, der sich als unvereinbar mit dem der Kollegen erweist, sind die stärksten Faktoren in Fällen beruflicher Verlierermentalität. Der Managementberater David McLaughlin stellt dazu fest: »Die menschlichen Probleme sind im Beruf oft ein größeres Hindernis als die technischen.« Schätzen Sie Ihre Stärken im Umgang mit Kollegen, Untergebenen und Vorgesetzten richtig ein. Was machen Sie besonders gut? Liegt Ihre Stärke in Diskussionen unter vier Augen, in Gruppen oder auf formellen Konferenzen? Dies zu wissen, ist wichtig. Ein Beispiel: Wenn Sie Ihrer Firma einen Vorschlag zu unterbreiten haben, müssen Sie entscheiden, in welcher der genannten drei Situationen Ihnen das am besten gelingt. Machen Sie Ihre besondere Stärke zu Ihrem Kapital! Wuchern Sie mit Ihrem Pfund! In meiner Praxis erlebe ich immer wieder, daß fast jeder seine persönlichen Stärken *genau kennt*. Probleme tauchen erst auf, wenn es darum geht, sie richtig einzusetzen.

Auch unseren Bedürfnis-Ausgleichs-Faktor müssen wir richtig einschätzen können. In der Ehe gleichen wir unsere gegenseitigen Bedürfnisse mit dem Ziel aus, Nähe zu schaffen. Im Beruf haben wir andere Ziele: Den Umgang mit Chefs, Kollegen und Untergebenen so reibungslos zu gestalten, daß das Praktische erledigt und die Probleme bewältigt werden können. Wir müssen *Aktivität* zu unserem Hauptziel machen, damit wir nicht eventuellen verletzten Gefühlen zum Opfer fallen.

■ *Glauben Sie nicht, die Berufswelt sei ein Hort der Liebe.*

Zwar gibt es immer noch gewisse patriarchalische Firmen, aber in den meisten zählt nichts als gute Leistung, Fakten und Zahlen. Ein Geschäftsführer, der nach zwanzig Jahren entlassen wurde, sagt: »Du bist überzeugt, das kann dir nie passieren. Du meinst, die könnten dich nie loswerden. Selbstverständlich können sie es!« Sie können sogar dann entlassen werden, wenn es an Ihrer Leistung nichts auszusetzen gibt – weil der neue Budgetdirektor die Kosten senken will, weil eine Fusion oder eine Übernahme stattfindet (wobei ein einziges Gutachten fünf Büroetagen von Arbeitskräften leerfegen kann) oder weil Sie nicht zum Image der Firma passen (wie die Sekretärin an exponierter Stelle, die trotz einer Ermahnung das Kaugummikauen nicht lassen konnte und prompt hinausflog).

Nach einer beruflichen Niederlage stehen uns ebenso wie nach einer privaten zwei Wege offen: Wir können das Ganze dramatisieren und die Flinte ins Korn werfen – wir können aber auch die uns aufgezwungene Chance ergreifen, dazulernen und uns verbessern.

Selbstverschuldete Opfer im Beruf

Lillian Roberts, die erfahrene Direktorin einer Personalagentur, sagt: »Die meisten Leute befördern sich selber in ihre Niederlagen hinein.« Trifft das auch auf Sie und Ihre Arbeit zu? Identifizieren Sie sich mit einem der folgenden häufigen Opfertypen?

Der »Tritt mich«-Typ

Dieser Typ – Sie erinnern sich – liefert sich selbst seiner Niederlage aus.

Problem: Unsicherheit. Carol J. gesteht: »Weil ich das Gefühl hatte, es fehle mir an Erfahrung, habe ich mich dem Management selber als Sündenbock angeboten. Ich hatte weder einen Schulabschluß noch eine Berufsausbildung. Also habe ich beim großen Chef das kleine Schulmädchen gespielt. Er pflegte mich als seine Lieblingstocher zu betrachten, doch als die Geschäfte schlecht gingen, hielt er mich plötzlich für einen Schwachpunkt – bloß, weil ich mich selber dafür hielt. Ich hätte mir sagen sollen: ›Ich habe mir diese Stelle verdient. Ich kann was.‹ Statt dessen hat er mich gefeuert.« Viele Frauen machen sich, trotz aller Emanzipation, selbst zu Opfern, weil sie dankbar sind, überhaupt einen halbwegs anständigen Job bekommen zu haben. Vor lauter Dankbarkeit erkennen sie nicht, welche beruflichen und psychologischen Möglichkeiten sie haben. Dieselbe Dynamik kommt bei Männern in Gang, denen das Vertrauen in die eigenen Fähigkeiten fehlt.

Problem: Selbstschädigung. Dieses Problem umfaßt alles mögliche, von zu vielen Privattelefonaten bis zur Saumseligkeit. Fehlverhalten am Arbeitsplatz wird von der Firmenleitung sehr ernst genommen.

Kommentar eines Managers: »Unzuverlässigkeit wird zunehmend zum Problem.« Ein Beispiel: Eine niedere Führungskraft, die ständig um ihren Job fürchtet, erlaubt sich dennoch, ständig zu spät zu kommen – sowohl zur Arbeit als auch zu wichtigen Konferenzen. Ein anderes Beispiel: Eine Pressesprecherin bat einen arbeitslosen Fotografen zu einer Pressekonferenz. Doch er rief weder an, noch tauchte er auf. Voller Bedauern sagt sie: »Ich wollte ihn allen vorstellen. ›Schaut her‹, hätte ich gesagt, ›das ist Jimmy, der phantastische Fotograf, von dem ich erzählt habe!‹« Jimmy jedoch sah in der Pressekonferenz keine Chance, einen Job zu ergattern. Daher vergaß er sie einfach und traf sich mit einem Freund zum Essen.

Fehlende Selbstverantwortlichkeit ist die am weitesten verbreitete Form der Selbstschädigung. Dieses Verhaltensmuster kann zu den größten Schwierigkeiten führen. Wer sich verantwortungslos verhält, muß sich darüber klar werden, daß er auf dem besten Wege zum beruflichen Selbstmord ist – und ihn schnellstens verlassen muß. Wenn dieses Problem allzu gravierend wird, sollte professionelle Hilfe in Anspruch genommen werden.

Problem: Hausaufgaben nicht gemacht. Bei Tom B. rief eines Tages ein führender Industrieller aus einer verwandten Branche an und bat ihn, in seine Firma einzutreten. Tom, dem seine derzeitige Stellung gefiel, lehnte ab, doch der andere ließ nicht locker: »Treffen wir uns doch in meinem Club zum Abendessen.« Toms Neugier war geweckt. Er willigte ein – und erhielt einen Posten angeboten, bei dem er das Doppelte seines derzeitigen Gehaltes verdienen sollte. Das konnte er nicht ausschlagen. Er stimmte zu, trat seine neue Stellung an und vollbrachte dort wahre Wunder. Ein halbes Jahr später entließ ihn der neue Chef wieder. Konsterniert erkundigte sich Tom nach dem Grund. Antwort: »Sie haben alles erreicht, was ich von Ihnen wollte.« Tom hatte versäumt, Erkundigungen über die Firma und ihre Personalpolitik einzuziehen, ganz zu schweigen vom Ruf des Chefs. Er hatte nicht einmal auf einem Arbeitsvertrag bestanden. Da er seine Hausaufgaben nicht gemacht hatte, kann er seine Niederlage nur sich selbst zuschreiben.

Das unwissentliche Opfer

Problem: Wir schlüpfen blind in die Rollen, die andere für uns ausgesucht haben. Mel T. wuchs in einer erfolgsorientierten Familie auf. Sein Bruder übernahm die Familienfirma. Mel suchte sich ein anderes Wirkungsfeld mit etwas intellektuellerem Anstrich, jedoch immer noch gewinnorientiert. Heute, im Alter von zweiundvierzig Jahren, sagt er: »Erst vor kurzem habe ich herausgefunden, daß ich sozusagen auf die

Geschäftswelt programmiert worden bin. Jetzt ist mir klar, daß mir das gar nicht liegt. Ich wäre lieber Professor geworden.«

Problem: Wir schreiben unbewußt anderen Menschen emotionale Rollen vor. Kindheitseinflüsse oder -mangelerscheinungen lassen uns andere in einer Rolle sehen, die uns zum Schaden gereicht. Ein Beispiel: Eine mutterlose Frau fand gleich nach Abschluß der Business School eine Stellung, in der sie ihre Chefin als Mutterersatz betrachten konnte. Und da sie »Mutter« nicht verlieren wollte, schlug sie jedes Beförderungsangebot aus. Als »Mutter« schließlich in den Ruhestand trat, wurde auch die »Tochter« entlassen – mit einer minimalen Abfindung. Sie hatte Geschäfts- und Gefühlsleben miteinander verwechselt.

Problem: Selbstsabotage. Der Anwalt Joe M. fand stets eine passende Ausrede, *nicht* sein Bestes geben zu müssen. Hatte er gleichzeitig einen wichtigen und einen weniger wichtigen Klienten zu betreuen, so fand er todsicher einen Grund, sich ausschließlich und auf Kosten des bedeutenderen Klienten um den unbedeutenderen zu kümmern. Vor Kollegen spielt er seine Leistungen herunter (»Das hätte doch jeder fertiggebracht.«). In Wirklichkeit fürchtete sich Joe davor, seine eigene Tüchtigkeit zu erkennen. Sein überaus kompetenter Vater war unerwartet früh gestorben. Wenn Joe sich nun erlaubte – wie er in seiner verdrehten Denkweise meinte –, sich selbst zum kompetenten Erwachsenen zu mausern, so würde er ebenfalls sterben. Daher fühlte er sich gezwungen, seine Fähigkeiten zu verleugnen. Er hatte keine Ahnung, daß er einem Selbstbetrug unterlag.

Wir können zu Saboteuren unserer selbst werden, indem wir über Dinge reden, die besser ungesagt blieben. Ein Beispiel: Joy B., dreißigjährige Verkäuferin in einem Geschäft mit sehr gutem Ruf, quasselte unaufhörlich über ihre Zuckerkrankheit – über die Symptome, Diätvorschriften und monatlichen Kontrolluntersuchungen. Bei einer Geschäftsfeier bemerkte der Chef einer Kollegin gegenüber: »Joy ist ja wirklich ein armes krankes Ding.« Die Kollegin, die Joys enorme Leistungsfähigkeit kannte, hinterbrachte ihr diese Bemerkung und riet: »Du bist gesund genug, um eine gesunde Leistung zu vollbringen. Halt also lieber den Mund über deine Krankheit.« Joy nahm sich den Rat zu Herzen – und entging der Selbstsabotage.

Opfer eigener Fehlwahrnehmung

Problem: Notwendigkeiten werden nicht rechtzeitig erkannt. Marve D. war als Ghoastwriter für den Chef eingestellt worden. Er prahlte mit seiner Arbeit – und wurde gefeuert. Er sei nicht der richtige Mann für diesen Job, erklärte der Personaldirektor. Marve sagt: »Der Boß wollte jedermann im Glauben lassen, er verfasse seine Reden selber. Diesen Fehler mache ich nicht zweimal.«

Problem: Dem Chef die Schuld an eigenen Fehlern anlasten. Die Innenausstatterin Jill J., die eine Therapie macht, um größere Selbstsicherheit zu erlangen, leistete sich einen schweren Schnitzer im Beruf. Der betroffene Kunde rief am Wochenende bei Jills Chef an, und dieser bügelte die Sache wieder aus. Bei der nächsten Sitzung ihrer Selbstsicherheits-Trainings-Gruppe berichtete Jill wutschäumend von ihrem »rücksichtslosen« Chef, der ihr die Sache nicht selbst überlassen hatte. In Wirklichkeit hatte Jill durch ihre schlechte Leistung nicht nur sich selbst, sondern auch ihren Chef in eine Niederlage manövriert.

Problem: Ungerechtigkeiten sehen, wo keine sind. Zu diesem Problembereich gehört auch der Fall, daß eine Ungerechtigkeit als gravierend betrachtet wird, die in Wirklichkeit harmlos ist. Das geschieht leider nur allzu häufig.

Fallbeispiel: Die Angestellte, die mit dem Chef schlief
Dick M., ein gutaussehender Jurist, wurde von seiner Konzernleitung zum Leiter einer Tochterfirma mittlerer Größe ernannt. Dick stürzte sich umgehend in eine Affäre mit Betty J., einer begabten jüngeren Führungskraft. Die Affäre mißfiel Bettys Vorgesetztem, und er kündigte. Betty erhielt seinen Posten und die entsprechende Gehaltsaufbesserung. Alle anderen Mitarbeiter hielten das für ungerecht: »Naja, wenn sie mit dem Chef schläft...« Viele fühlten sich durch Bettys Beförderung hintergangen, so daß sie der talentierten jungen Frau jeden Erfolg mißgönnten. Schließlich verlor Dick seinen Job, während Betty, die Außerordentliches leistete, die Karriereleiter immer höher kletterte. Der Vorwurf der »Ungerechtigkeit« war nichts als Angestelltengeschwätz. Bettys sexuelle Aktivitäten sind ihre Privatangelegenheit. Ihren beruflichen Weg wäre sie in jeder anderen Firma ebenso gegangen. Sie hatte es nicht nötig, dafür ihren Körper einzusetzen.

Notorische Übertreiber

Manche beruflichen Probleme sehen wir schlicht falsch, anstatt sie zu lösen. Ein Beispiel: Kevin C. liebte seinen Job in der Marketingabteilung seiner Firma. Eines Tages wurde er ohne Erklärung in eine andere Abteilung versetzt, die er als berufliche Sackgasse empfand. Da er die Versetzung als »unerklärliche Willkür« betrachtete, suchte er sich in einer anderen Firma einen gleichwertigen Job und kündigte. »Schade, daß Sie gehen«, sagte sein Vorgesetzter, als Kevin sich verabschiedete.

»Haben Sie denn nicht erkannt, weshalb wir Sie versetzt haben? Wir wollten Sie befördern. Vorher sollten Sie allerdings jede Abteilung durchlaufen, um genau Bescheid zu wissen.« Kevin war von der vermeintlichen Beleidigung derart in Anspruch genommen gewesen, daß er versäumt hatte, nach dem Grund für seine Versetzung zu fragen.

Notorische Unterdrücker im Beruf und wodurch sie sich verraten

Unterdrücker und Herrschernaturen gibt es in jedem Berufszweig. Manche kommandieren bloß herum, andere freuen sich diebisch, wenn sie mit ihren hinterlistigen Manövern durchkommen – ein Chef etwa, der zwei Mitarbeiter mit ein und demselben Projektentwurf beauftragt, doch beiden verschweigt, daß noch ein anderer daran arbeitet. Die hohen Anforderungen und die Unpersönlichkeit des Berufslebens ermutigen manche Menschen geradezu (vor allem Vorgesetzte, mitunter aber auch Kollegen und Untergebene), sich Opfer zu schaffen. Der berufliche Druck, den sie ausüben, kommt allerdings häufig unserem eigenen Stil und unseren eigenen Bedürfnissen entgegen.

Hier einige Vorschläge zur wirksamen Behandlung (nach dem Ersten Schritt, Verhalten) typischer Unterdrücker.

Der neue Manager: Eine unpersönliche Herrschernatur

Kaum hat der neue Manager seinen Fuß in die Firma gesetzt, wird auch schon gekürzt, gekündigt, umorganisiert und umbesetzt – das ist seine Aufgabe. Seine Vorgehensweise mag ungerecht sein, zumal ihm jede Detailkenntnis fehlt, aber die Geschäftslage zwingt ihn dazu (»Sie müssen zehn Leute loswerden.«). Vielleicht gibt es eine neue Direktive: Wo früher schlechte Leistungen mit einem Rauswurf entgolten wurden, ist es heute sogenannte Teamunverträglichkeit. Oder der Manager hat das Bedürfnis, seine Machtstellung zu sichern, und will potentielle Konkurrenten loswerden. Vielleicht ist er auch tatsächlich ungerecht und trifft seine Auswahl ausschließlich aufgrund persönlicher Sympathien und Unsicherheiten – etwa, wenn er selbst nie ein College besucht hat, Sie aber Harvard-Absolvent sind: Dann nichts wie raus mit Ihnen!

Es kann sogar vorkommen, daß all Ihre Versuche, des Problems Herr zu werden, einfach für die Katz sind.

Fallbeispiel Nr. 1: Phil D., Psychologe in einem großen Konzern, fühlte sich bedroht, als ihm der Präsident eine Frau »mit weniger Erfahrung« vor die Nase setzte. Er erinnert sich: »Ich habe Sachen gemacht – bei einem anderen hätte ich gesagt: ›Laß bloß den Blödsinn bleiben!‹ Ich habe zugelassen, daß meine Ressentiments jeden vernünftigen Gedanken ausschalteten.« Ratlos, wie er war, bediente sich Phil vorlauter Respektlosigkeiten und besiegelte damit seinen Weg in die Niederlage. Typisch für seine sich häufenden Faux-pas: Auf einer Konferenz verkündete die neue Abteilungsleiterin voll Stolz, sie habe in einem halben Jahr zehntausend Dollar eingespart. Spottete der Psychologe: »Was, nur zehntausend in ganzen sechs Monaten!« Kurz darauf war er arbeitslos.

Fallbeispiel Nr. 2: Sandy M., Vertriebsleiter in der Sportmodenbranche, arbeitete in einem großen Haus, das aus heiterem Himmel von einem Konzern aufgekauft wurde. Sandy erarbeitete sich verschiedene Strategien zur Erhaltung seines Jobs. Er vertraute sich niemandem an und verzichtete auf alle gemeinsamen Essen und Cocktails mit Kollegen. Als er erfuhr, daß die neuen Besitzer ausschließlich an den Bilanzen interessiert waren, trommelte er seine Verkäufer zusammen und teilte mit, sie hätten der neuen Geschäftsleitung nun vorzuführen, wie gut sie seien – jeden Morgen leere Papierkörbe, die Lagerbestände im Kopf, keinerlei Bürogeschwätz. Und um jeden Kunden hätten sie sich umgehend zu kümmern. Sandy selbst strich bei jedem Gespräch mit den Bossen seine eigenen Stärken heraus. Er besaß die Fähigkeit, Modewerbung so zu entwerfen, daß sie überall plaziert werden konnte – sei es in Schaufenstern oder in Anzeigen – und stets unweigerlich die Verkaufszahlen in die Höhe trieb. Der Geschäftsleitung unterbreitete er, gestützt auf seine vorausgegangenen Erfolge, eine vielversprechende neue Werbekampagne. Sandy behielt seinen Posten: Er hatte getan, was getan werden mußte, und er wußte, daß nur Bestleistung gefragt war.

Der Machthungrige

Dieser Typ stellt sein Bedürfnis, seine Zeitgenossen zu unterdrücken, über jede geschäftliche Erwägung. Das geschieht mitunter aus schierer Unwissenheit. Der Machthungrige kann zwar seine eigene Arbeit routiniert erledigen, doch fehlen ihm die Kenntnisse, andere zu lenken und zu leiten. Werden sie seinen ungerechten Anforderungen nicht gerecht, so wird er zum Unterdrücker. Oder er hat das Bedürfnis, andere zu schützen, indem er sich ausschließlich mit mittelmäßigen Untergebenen umgibt. Der *Sadist* genießt es, andere herabzuwürdigen. Manch einer mag gar so rücksichtslos sein wie J. R. in »Dallas«. Andere scheuen nicht einmal davor zurück, Dossiers über das Geschwätz der Angestellten anzulegen – um sie irgendwann einmal als Waffe zu verwenden.

Fallbeispiel: Die Frau, die ihren Chef für einen Sadisten hielt

Karen J., die hervorragende Kreativ-Direktorin einer Top-Werbeagentur im Westen der USA, wurde vom Präsidenten ihrer Firma, Norman C., unablässig drangsaliert, kritisiert und beschimpft. Schließlich ertrug sie es nicht länger. Wohl wissend, daß ihr Job auf dem Spiel stand, teilte sie ihm mit: »Ich erlaube Ihnen nicht, mich derart zu behandeln.« Norman behandelte sie ungerührt weiterhin schlecht. Sie protestierte erneut: »Unter diesen Bedingungen bin ich nicht mehr zur Mitarbeit bereit.« Auch damit blieb sie erfolglos.

Als Norman sich wie ein Sadist verhielt, sah Karen in ihm nichts anderes und beschloß, zurückzuschlagen, statt sich zum willenlosen Opfer machen zu lassen. Sie trug ihre Geschichte vor den Aufsichtsratsvorsitzenden, der ihre Erlaubnis einholte, Norman einen Verweis zu erteilen. Am folgenden Tag brüllte Norman sie an: »Wie konnten Sie mir so etwas antun?« Karen gab zurück: »Ich kann auf diese Art nicht arbeiten. In meiner Familie war es üblich, daß meine Brüder und ich uns erst an den Tisch setzen durften, wenn wir uns versöhnt hatten.« Verblüfft und etwas kleinlaut gestand Norman: »Ich hab' mich mit meinen Brüdern auch dauernd gestritten, aber sobald wir am Tisch saßen, war alles vergeben und vergessen.«

Derzeit herrscht Waffenruhe zwischen den beiden. Karen, die einsieht, daß Norman bei seiner Erziehung ihre Auseinandersetzungen als nebensächlich betrachtet, sagt: »Wenn er heute losbrüllt, zucke ich nur noch mit den Achseln. Mein Einsatz für mich selbst hat sich gelohnt.« Darüber hinaus allerdings hat sie sich von einem Anwalt beraten lassen, wie sie sich vor Entlassung schützen kann, sollte Norman jemals wieder offensiv werden.

Wenn Sie im Beruf machthungrigen Unterdrückern ausgesetzt sind, ist es von Vorteil (und hilft, Niederlagen zu vermeiden), wenn Sie in verschiedenen Abteilungen über einen Mentor oder über Freunde verfügen und sich in der »Gerüchteküche« zurechtfinden. Dazu eine mittlere Führungskraft: »Es gibt Unmengen von Dingen, die man nicht in der Firmenzeitung veröffentlichen kann. Und es findet sich immer jemand, der Lügen über dich verbreitet. Aber du willst natürlich, daß die Gerüchteküche die Wahrheit über dich erfährt. Ich habe Freunde, die das für mich erledigen.«

Eine besondere Abart des machthungrigen Unterdrückers ist der Unternehmer, der sich sein Geschäft von der Pike auf selbst aufgebaut hat. Stellt sich ein spektakulärer Erfolg ein, wird das Unternehmen erweitert, und er entwickelt einen »Herrscherkomplex«. Dem neuen »Herrscher« jedoch, der sich vorher so nett und wohlmeinend verhielt, fehlen alle Fähigkeiten, den Großbetrieb richtig zu leiten. Das erfordert erhöhte Disziplin und finanzielle Straffung – dem ist er nicht gewachsen. Die Dinge gleiten ihm aus der Hand, und er glaubt, er habe keine andere Wahl, als einen Mitarbeiter zu entlassen, der an der Firmenerweiterung beteiligt war. – »Fort mit Schaden«, meint er. Wenn Sie in eine solche Falle geraten sind, hüten Sie sich, die Hände über dem Kopf zusammenzuschlagen und nichts zu tun. Behalten Sie einen klaren Kopf. Sehen Sie sich rechtzeitig nach einem neuen Job um – mit Hilfe von Freunden, durchs Arbeitsamt oder irgendwelche anderen Methoden, die Ihnen einfallen.

Der Chef mit persönlichen Problemen, die ihn zum Unterdrücker werden lassen

■ *Der Ich-Unterdrücker.* Typische Ich-Unterdrücker beanspruchen Anerkennung für alles und jedes – und erhalten sie gewöhnlich auch. Ihre Unsicherheit treibt sie dazu, andere Menschen auszunutzen: Sie lassen ihre eigene Arbeit von ihnen erledigen, leisten dabei keinerlei Hilfestellung und geben allenfalls einen Teil der benötigten Informationen preis. Und wenn sie Fehler machen, suchen sie sich – und finden – einen Sündenbock.

Wenn Ihr Chef oder ein Kollege Sie kritisiert, finden Sie sein Motiv heraus. Basiert die Kritik auf Unsicherheit oder Neid oder auf dem aufrichtigen Wunsch, Ihnen damit zu helfen? Ist die Ursache Neid oder Unsicherheit, so haben Sie es mit einem Ich-Unterdrücker zu tun. Doch nicht jede Kritik ist gleich automatisch eine Unterdrückung. Manche Menschen versuchen, Sie damit an einem Fehler zu hindern, den zu begehen Sie im Begriff sind – vielleicht delegieren Sie nicht genug oder Sie haben die Dinge nicht so recht im Griff. In diesem Fall versuchen Sie es mit der Reaktion: »Was meinen Sie, was ich tun könnte? Lassen Sie uns doch nochmal in zwei Wochen darüber reden.« Auf diese Weise demonstrieren Sie Ihre Zielorientierung.

Probleme mit Ich-Unterdrückern lassen sich mitunter bewältigen, indem man mit voller Absicht gar nichts unternimmt. Ein Beispiel: Tim R. hatte einen »gemeinen Blödmann« als Chef. Wenn Tim friedlich vorschlug: »Wir könnten das so oder so vielleicht besser machen«, kriegte der Chef einen Wutanfall und brüllte: »Hier wird gemacht, was ich sage!« Tim dachte sich zwar: »Soll er doch sehen, wo er bleibt«, fühlte sich aber doch unterdrückt und befolgte die Anordnungen kommentarlos. Am Ende verlor der Boß seinen Posten. Tim bekam ihn.

■ *Der entscheidungsschwache Chef.* Dieser Typ glaubt, er könne seine Meinung beliebig ändern und doch immer recht behalten. Zunächst sagt er zu seinem Untergebenen: »Alles falsch, was Sie da gemacht haben.« Drei Tage später lautet der Kommentar: »Genau das Richtige für uns.« Mittlerweile hat die unentschiedene Haltung des Chefs seinen Mitarbeiter vollkommen eingeschüchtert, so daß er sich nun selbst nicht mehr zutraut, eine Entscheidung zu treffen. Da fährt ihn der Chef an: »Wieso können Sie das nicht selber entscheiden? Wofür bezahle ich Sie eigentlich?«

■ *Der Süchtige.* Wovon der Süchtige abhängig ist – von Alkohol, Sex, Drogen oder Glücksspielen –, spielt keine Rolle. Statt zu arbeiten, vertut er seine Zeit in einer Bar, beim Drogenkonsum, mit einer Bettgespielin oder beim Pferderennen. Die Folgen: Sein Mitarbeiter wird unweigerlich hineingezogen, da er ständig mehr Aufgaben zu übernehmen hat, die eigentlich Chefsache wäre. Dafür wird er weder bezahlt, noch verfügt er über das Hintergrundwissen und die Macht, die dazu nötig sind.

■ *Der Arbeitssüchtige.* Arbeitssüchtige vergessen nur allzu leicht, daß ihren Mitarbeitern bestimmte Grenzen gesetzt sind oder daß sie andere Terminpläne haben. Sie machen keinen Unterschied zwischen Arbeit und Freizeit und meinen, alle anderen Menschen sollten die gleiche Einstellung wie sie haben. Sie tyrannisieren Mitarbeiter und Untergebene. Sie ziehen nicht nur Angestellte in Mitleidenschaft, die ein wenig Freizeit haben wollen, sondern auch deren Frauen und Kinder. Ein Beispiel: Ein Manager untersagte seinem Assistenten, Urlaub zu nehmen.

Einem arbeitssüchtigen Chef dürfen Sie keinesfalls erlauben, Sie zu unterdrücken. Sie müssen zumindest den Versuch machen, einen gangbaren Mittelweg zwischen Beruf und Privatleben zu finden.

Ein Beispiel: Molly A., Sekretärin und jung verheiratet, hatte zwei Chefs. Der eine war arbeitssüchtig und sah nie auf die Uhr; der zweite lebte in Zwietracht mit seiner Familie und blieb bis spät abends im Büro. Das Ergebnis war, daß Molly von Tag zu Tag später nach Hause kam und ihr Mann zunehmend unwillig reagierte. Molly, die glaubte, sie würde entlassen, wenn sie diese verrückten Arbeitszeiten nicht mehr mitmachte, fand allmählich keinen Ausgleich mehr zwischen Arbeit und Ehe. Sie nahm sich die Zeit, gründlich nachzudenken, und erarbeitete eine Strategie, die beide Seiten zufriedenstellen sollte. Sie schlug ihren Chefs vor, jede Woche regelmäßig an zwei Abenden länger zu arbeiten – aber nicht mehr. Da sie ihren Vorschlag vernünftig vortrug, stimmten die beiden zu – vorausgesetzt, sie mache keine Ausnahme von der Regel. Fortan verhielten sich die beiden Chefs Molly gegenüber wesentlich respektvoller.

Grundlegende Strategien im Berufsleben

■ *Vernachlässigen Sie Ihre Rückendeckung nicht.* Denken Sie daran: Nicht jede Unterdrückung geht vom Chef aus. Sie kann von Untergebenen kommen, die keine Kritik vertragen und ihre Fehler anderen anlasten wollen (»Ich habe nur das getan, was Sie mir aufgetragen haben.«). Oder ein Kollege verkündet auf einer Konferenz lauthals: »Joe hat die Situation vollkommen falsch beurteilt.« Betrachten Sie solcherlei Kritik als berufliches Problem und reagieren Sie entsprechend. Der Untergebene oder Kollege ist vielleicht auf Ihren Posten aus und attackiert Sie aus Unsicherheit. In diesem Fall ist ein Mentor oft hilfreich – ein Mensch, der Ihnen durch das Labyrinth diffiziler bürointerner Beziehungen helfen kann.

Nicht selten geht die Unterdrückung weit über momentan hervorgestoßene Boshaftigkeiten hinaus. Sie kann von einem *wettbewerbsorientierten Unterdrücker* kommen, der sich schmutziger Tricks bedient – oftmals nicht etwa in der Absicht, sich selbst mit Ruhm zu bekleckern, sondern um die Aufmerksamkeit auf ein bestimmtes berufliches Problem oder Projekt zu lenken. Ein Beispiel: John M., Forscher an einem Chemie-Labor, bat ein anderes Labor um die Formel für eine bestimmte chemische Zusammensetzung. Das Labor kam seinem Wunsch nach, doch nach vier Monaten nervenaufreibender Arbeit kam John dahinter, daß die Formel nicht stimmte. Der Leiter des anderen Labors hatte, da er bei der Bewerbung um Forschungsgelder die Nase vorn haben wollte, John absichtlich eine falsche Formel zukommen lassen.

■ *Entwickeln Sie die Fähigkeit, Ihre Ziele zu erreichen*, wobei es keine Rolle spielt, ob Sie bloß Ihre Stellung behalten oder befördert werden wollen. Viele Niederlagen lassen sich von vornherein ausschließen, wenn Sie das, was Sie tun, richtig anpacken und ausführen. Geht es Ihnen um eine Beförderung, so schätzen Sie Ihre Fähigkeiten richtig ein, und zwar nicht unter dem Motto »Kann ich das überhaupt?«, sondern unter der Prämisse: »Wie mache ich das achtzigprozentig gut?« Vergessen Sie nicht: Unterschiedliche Ziele motivieren auf unterschiedliche Weise. Der Managementberater David McLaughlin sagt: »Manche Menschen brauchen eine Ehe oder einen finanziellen Anreiz zum Ansporn. Mitunter treffen sich die Senkrechtstarter und die lahmen Enten am Ende auf dem gleichen Posten.«

■ *Bereiten Sie sich gründlich vor.* So wenig wie ein emotional unsicherer Mensch sich einen Freundeskreis schafft, indem er zu Hause sitzt und die Hände im Schoß verschränkt, so wenig wird ein Ehrgeiziger eine Beförderung erhalten, wenn er sich in seinem Sessel zurücklehnt und die Dinge auf sich zukommen läßt. Bereiten Sie sich auf Ihr Ziel vor – mittels spezieller Kurse, durch Weiterbildung oder ein Zusatzstudium. Oder bitten Sie einfach um das, was Sie wollen. Rechnen Sie damit, daß Sie um eine Gehaltserhöhung bitten müssen – vor allem von einem Unterdrücker-Chef. Vielleicht bekommen Sie zu Ihrer eigenen Überraschung zu hören: »Ich habe schon darauf gewartet, daß Sie darum bitten.« Eine Public-Relations-Kraft bat ihre Firma um Erhöhung ihres Honorars um das Doppelte. Mit Erfolg, denn sie wies nach, daß sie ihre Firma jede vierte Woche mit so vielen Meldungen und Nachrichten in den Medien unterbrachte, daß sie den Werbeetat eines ganzen Jahres plus ihre eigene Aufwandsentschädigung wettmachten.

■ *Treffen Sie keine voreiligen Entscheidungen.* Eine Sekretärin fühlte sich von ihrem Chef, einem Arzt, schrecklich ausgebeutet, weil er »neunhundert Silben pro Minute« diktierte. Sie war drauf und dran zu kündigen, da sagte er plötzlich: »Entschuldigung – ich diktiere mal wieder viel zu schnell. Eine Gewohnheit, die ich offenbar nicht mehr loswerde.« Sein Eingeständnis ermutigte sie zu bleiben, und mit der Zeit gewöhnte sie sich an seine Geschwindigkeit – ja, der Job gefiel ihr sogar.

■ *Geben Sie acht, daß Sie nicht einer bestimmten Firmenpolitik zum Opfer fallen.* Lassen Sie sich etwas einfallen. Dabei stellen Sie womöglich fest, daß Sie eine Situation bereinigen können, der Sie ansonsten zum Opfer gefallen wären.

Fallbeispiel: Die Frau, die sich erfolgreich wehrte

Die sechsundfünfzigjährige Lynn W. sollte aufgrund eines Managementwechsels von ihrer Firma gezwungen werden, ihrer vorzeitigen Pensionierung zuzustimmen. Da den Herren durchaus klar war, daß Lynn sich dagegen wehren konnte, beschlossen sie, ihr einen besonderen Anreiz zu bieten. Sie – hauptsächlich der »ekelhafte Geschäftsleiter« – boten ihr an, in freier Mitarbeit eine Reihe von Selbsthilfe-Heftchen herauszugeben, die sie mit einem großzügigen Budget versehen wollten. Das Projekt sollte auf drei Jahre konzipiert sein und Lynn die Leitung übernehmen. Lynn nahm das Angebot an und stimmte auch ihrer vorzeitigen Pensionierung zu.

Die Firma jedoch hatte keinerlei Absicht, das Projekt auch zu realisieren. Es wurde fallengelassen, kaum daß Lynn der Firma den Rücken gekehrt hatte, um zu Hause zu arbeiten. Das Ganze hatte nur als Manöver gedient, um Lynn loszuwerden.

Lynn – fest entschlossen, es der Firma heimzuzahlen – überging den Justitiar und den Geschäftsleiter. Statt dessen schrieb sie einen erklärenden Brief direkt an den Aufsichtsratsvorsitzenden, einen Multimillionär, der auf nichts so sehr bedacht war wie auf seinen guten Ruf. Zwei Tage später erhielt sie einen Anruf von einem Untergebenen: »Mr. ... bedauert, daß Sie so viele Unannehmlichkeiten hatten. Wir schicken Ihnen einen Scheck über fünfundzwanzigtausend Dollar.«

Lynn ließ sich etwas einfallen – und hatte Erfolg. Dazu verhalf ihr vor allem die Erkenntnis, daß das hinterlistige Manöver allein auf den Geschäftsleiter zurückging und daß der Aufsichtsratsvorsitzende nicht nur über ein gewisses Maß menschlichen Anstands verfügte, sondern auch über eine gehörige Portion Furcht vor schlechter Publicity. Wäre die Firma anders strukturiert gewesen, hätte Lynns Strategie möglicherweise versagt. Lillian Roberts Kommentar dazu: »Gegen eine Firma, die einen ganzen Stab von Anwälten auf Honorarbasis beschäftigt, hast du nicht die geringste Chance.« In diesem Fall allerdings hat Lynn ihre Chance beim Schopf gepackt – und gewonnen, weil sie ihre professionelle Kreativität für sich selbst einsetzte.

Derlei kreative Ideen sind niemandem angeboren. Doch die Fähigkeit dazu läßt sich erwerben.

Keine Angst mehr vorm Büro

Fallbeispiel Nr. 1: Len J. war Vize-Präsident in einem Großkonzern und in seiner Stellung einem höhergeordneten Vize-Präsidenten verantwortlich. Seinem Chef gegenüber nahm Len bei der monatlichen Berichterstattung über die Arbeit seiner Abteilung stets die Verantwortung auf sich, wenn etwas schiefgegangen war. War jedoch alles gutgegangen, so achtete er darauf, daß die Anerkennung dafür seinem unmittelbaren Untergebenen zukam. Auf diese Weise wurde Lens Vorgesetztem niemals klar, in welchem Ausmaß Len selbst die Arbeit seines Untergebenen organisiert, gelenkt und gefördert hatte. Das Ergebnis: Da Len seine eigenen Fähigkeiten ständig herunterspielte, erhielt er eine niedrige Prämie und fühlte sich ausgenutzt.

Fallbeispiel Nr. 2: Ein Angestellter, der regelmäßig zu spät zur Arbeit kam, wurde von seinem Vorgesetzten, Guy L., gedeckt, indem er die Verspätungen kommentarlos hinnahm. Die Firmenleitung kam dahinter – der Angestellte wurde entlassen und Guy wurde bestraft.

Fallbeispiel Nr. 3: Martha L., Hausmeisterin an einer Universität, wachte mitten in der Nacht auf. Ihr war eingefallen, daß sie total vergessen hatte, für Personal zu sorgen, das am ersten Semestertag – einem Sonntag – die Gepäckausgabe für die Studenten besorgen sollte. Tausende junger Leute würden also nicht an ihre Koffer herankönnen. Martha ließ sich schluchzend auf einen Stuhl fallen – und unternahm gar nichts.

In diesen Fallbeispielen hat Len Angst davor, seine Autorität zu beweisen; Guy befürchtet, abgelehnt zu werden – er will unbedingt ein »netter Boss« sein, den jedermann gern hat. Und Martha ist geradezu gelähmt vor Angst, weil sie einen Fehler gemacht hat und eine Bestrafung fürchtet. Denken Sie stets daran – egal, welchen Job Sie haben und in welcher Situation Sie sich derzeit befinden: Wenn Sie emotionale Abhängigkeit im Beruf vermeiden wollen, müssen Sie Vertrauen in sich selbst und Ihre Fähigkeit besitzen, genau das zu tun, was *Sie* tun wollen. Dazu gehört noch ein weiteres Muß: Sie müssen Ihre beruflichen Ängste verstehen und etwas dagegen tun. Tun Sie den Zweiten Schritt der Verhaltens-Psychotherapie, und Ihre Ängste können sich als sehr einfach herausstellen – Angst vor Verantwortung oder, ein wenig komplizierter, Versagensangst. Hinter letzterer verbirgt sich oftmals der Wunsch zu versagen. Sie gehen dabei davon aus, daß Sie, sobald Sie versagen, sich sicherer fühlen können weil Sie a) keine Angriffe von anderer Seite abwehren müssen und b) sich keine Sorgen zu machen brauchen, wie Sie Ihren Erfolg aufrechterhalten sollen.

Unser Verhalten läßt sich unter zwei Bedingungen (oder nur einer von beiden) von Angst bestimmen:

Im ersten Fall *wissen wir nicht, daß wir Angst haben.* Manchmal verfügen wir über eine so hervorragende Vermeidungsstrategie, daß wir uns gar nicht erst in eine Situation bringen, vor der wir uns fürchten. Das können wir sogar vor uns selbst verbergen. Ein Beispiel: Ein Mann wollte einige Tage freinehmen, um an der Hochzeit seiner Schwester teilnehmen zu können. Da er befürchtete, sein Vorgesetzter könne ablehnen, bat er erst gar nicht um Urlaub. Vor sich selbst verbarg er seine Angst, indem er sich lediglich als Zauderer betrachtete. Seiner Schwester sagte er, er könne keinen Urlaub bekommen. Im zweiten Fall wissen wir um unsere Ängste und setzen automatisch voraus, all die entsetzlichen Konsequenzen, die wir uns ausmalen, träfen tatsächlich ein. Wir malen uns Dinge aus wie: »Alle Leute werden mich auslachen, wenn sie sehen, wie nervös ich bei meiner Rede bin!« oder: »Er wird meine Bitte um Gehaltserhöhung nicht nur ablehnen, sondern mich auch noch zusammenstauchen, weil ich es wage, darum zu bitten.« Und da wir den problematischen Situationen immer wieder aus dem Weg gehen, versetzen wir uns auch nie in die Lage, erleben zu können, daß das Schlimmste, selbst wenn es eintreffen sollte, nicht halb so schlimm ist, wie wir glauben.

Maßnahmen zur Angstbekämpfung

■ *Greifen Sie zur Selbsthilfe.* Sie können Fehler korrigieren und somit Ihre Furcht überwinden. Die Universitäts-Hausmeisterin zum Beispiel hätte – anstatt weinend herumzusitzen – ein Arrangement treffen können, wonach jedem Studenten im Lauf der kommenden Woche das Gepäck aufs Zimmer geliefert würde. Stellen Sie keine Forderungen an sich selbst wie: »Ich darf mir keine Fehler erlauben.« Das führt nur zu lähmender Angst. Machen Sie sich statt dessen klar, daß Fehler immer wieder vorkommen – aber daß Sie sie jederzeit bereinigen können.

■ *Bauen Sie Selbstvertrauen auf.* Versetzen Sie sich in Siegerstimmung und überzeugen Sie sich von Ihrem Selbstvertrauen wie in den Übungen in Kapitel 5 geschildert. Passen Sie dieses Konzept der beruflichen Situation an, die Sie fürchten (Übernehmen von mehr Verantwortung, Beförderung, Bitte um Gehaltserhöhung), und proben Sie sie im Geiste. Dann führen Sie die angstbesetzte Handlung aus.

■ *Erkennen Sie, daß Angst auch positive Seiten hat.* Sich in die richtige Stimmung zu bringen, um die Angst zu überwinden und eine persönliche Bestleistung zu erbringen, kann perfekte Ergebnisse zeitigen. Diese Technik wird von Schauspielern ständig angewandt. Bühnenheld Kevin Kline gesteht: »Bei jedem neuen Stück habe ich vor jedem Schritt eine Heidenangst. Schon vor der ersten Leseprobe fürchte ich mich entsetzlich ... Menschen, die nie Angst haben, machen mir Angst.«

Erforschen Sie Ihr Unbewußtes

Unser Unbewußtes kann im Beruf ebenso oft Überstunden machen wie in problematischen Situationen mit Freunden und Intimpartnern. Wir reagieren vielleicht verzerrt auf unsere Mitmenschen – das heißt, wir sehen sie nicht so, *wie sie sind*, sondern *wie wir sie sehen wollen*. Wir *projizieren* unsere Kindheitserfahrungen auf andere Menschen. Manch einer sieht einen Kollegen, den alle anderen als »netten Kerl« bezeichnen, als unangenehmen Zeitgenossen (wie seinen eigenen Vater). Oder wir betrachten unseren Chef als freundliche Vaterfigur, während alle Kollegen warnen: »Sieh dich vor!« Der verstorbene Psychiater Dr. Harry Stack Sullivan nannte diese Denkweise »parataxische Verzerrung«, was besagt, daß die Emotionen sowohl das Denken als auch die Wahrnehmung verzerren. Wenn wir Eigenschaften in andere hineinlesen, die sie gar nicht haben, so ist das ein Zeichen dafür, daß *wir* ungelöste Probleme haben. Das führt wiederum zu beruflichen Problemen, weil es uns zu Unterdrückung provozierendem Verhalten verleitet, das die Interaktionen mit unseren Kollegen beeinflußt und unserer beruflichen Leistung im Wege steht. Haben Sie ungelöste Probleme (Dritter Schritt – das Unbewußte), die Ihre Arbeit beeinträchtigen?

Willenlosigkeit

Unbewußte Gefühle der Selbstdiffamierung (oder der »Selbstverachtung«, wie Karen Horney es nennt) verleiten uns dazu, mehr Wert auf die Zustimmung unserer Mitmenschen zu legen als auf die Erledigung unserer Arbeit. Ein Beispiel: Ein Steuerberater, der von seinen Klienten gerne für einen Supermann gehalten werden möchte, gibt ihnen den Rat, den sie hören wollen – statt zu überlegen, was das Beste für sie wäre.

Manche Menschen bitten nur deshalb nicht um einen bestimmten Auftrag, weil sie befürchten, ihre Kollegen könnten dann neidisch oder eifersüchtig werden. Wenn unser Chef uns nicht die erwarteten Zeichen der Zuneigung gibt (Einladungen zum Essen oder in sein Privathaus), regen wir uns über ihn auf. Wenn wir Zuneigung dort suchen, wo sie kaum zu erwarten ist, nämlich im Beruf, so manövrieren wir uns selbst von einer Niederlage in die andere.

Masochismus

Vielleicht haben wir das Bedürfnis, bestraft zu werden. Im Beruf macht sich das folgendermaßen bemerkbar:

1. Wir übernehmen bereitwillig die undankbarsten Aufgaben, damit wir uns verkannt fühlen können.

2. Wir erbringen schlechte Leistungen, um unser niedriges Selbstgefühl bestätigt zu sehen. Unbewußt begehen wir Fehler, unterlaufen uns Irrtümer, vernachlässigen wir Wichtiges und fällen falsche Urteile, wo wir in Wirklichkeit sehr gut imstande sind, die richtigen Entscheidungen zu treffen.

Ein Beispiel: Die Abteilungsleiterin Elaine M., die zehn Angestellte unter sich hatte, sollte die Betreuung dreier Wettbewerbsgewinner übernehmen. An einem Feiertag holte sie die drei Gewinner, die aus drei verschiedenen Staaten zu unterschiedlichen Zeiten eintrafen, am Flughafen ab. Auf dem Weg zum Flughafen wurde ihr klar, daß sie sich extrem ausgenutzt fühlte – doch sie war gar nicht auf die Idee gekommen, diese Aufgabe einer ihrer Untergebenen zu übertragen. Indem sie die undankbare Aufgabe selbst übernahm, provozierte sie ihre Selbstausbeutung.

Ein anderes Beispiel: Seth M. bekam einen neuen Vorgesetzten, der vor allem die Kosten reduzieren sollte. In Mißachtung der Gegebenheiten startete Seth ein neues Werbeprojekt, bei dem er College-Studenten einsetzte. Sein Chef ordnete an, die Aufgaben der Studenten seien vom angestellten Personal zu erledigen. Vor Wut und aus Abneigung gegen den neuen Chef begann Seth, erst gegen elf Uhr am Arbeitsplatz zu erscheinen. Er wurde entlassen. Damit hatte er seine Strafe erhalten und sah sein Selbstgefühl, ein »schrecklicher Mensch« zu sein, bestätigt.

Naive Abhängigkeit

Hierbei geht es vor allem um das Bedürfnis, von anderen umsorgt zu werden. Im Beruf führt dieses Verhaltensmuster zu glattem Versagen. Die phantastische Vorstellung etwa, es werde Ihnen schon jemand helfen, ohne daß Sie darum bitten müßten, bringt Ihnen garantiert keine Hilfe ein und führt allenfalls dazu, daß Sie Ihre Arbeit nicht richtig erledigen. Wenn Sie Akten aus einer anderen Abteilung brauchen, bitten Sie nicht darum – Sie sagen sich: »Die sollten Bescheid wissen, ich habe es schließlich laut und deutlich auf der Konferenz gesagt.« Oder Ihre Firma macht Bankrott, doch Sie suchen sich keinen neuen Job. Statt dessen hoffen Sie, irgend jemand werde aus heiterem Himmel auftauchen und Ihnen eine Stellung anbieten.

Das Abel-Syndrom

Wie wir bereits festgestellt haben, gibt es Menschen, die Schuldgefühle über ihre Begabung oder ihren Erfolg empfinden. Hierbei geht es nicht allein um Angst vor dem Erfolg. Aus Schuldgefühlen verfallen wir in ein Verhaltensmuster, das uns der Schädigung preisgibt. Zwar haben wir das Bedürfnis, erfolgreich zu sein – können aber mit dem Erfolg nicht leben. Wir glauben, wir verdienten ihn nicht. Ein Beispiel: Ein Chef und sein Assistent hatten einem Kunden eine überaus erfolgreiche Präsentation geliefert. Die Vorarbeit dazu hatte der Assistent praktisch allein getan. Auf dem Rückweg zum Büro gratulierte ihm sein Chef sehr herzlich zu seiner Leistung, doch der Assistent verfiel – statt das Lob anzunehmen – wieder in sein lebenslanges Verhaltensmuster: Er reagierte mit Schuldgefühlen. Er brach einen Streit vom Zaun über eine Bemerkung, die sein Chef im Verlauf der Präsentation gemacht hatte, worauf dieser einen Wutanfall bekam und nun über seinen Assistenten herzog, der sich die Niederlage selbst zu verdanken hatte. Da er das Lob des Chefs nicht akzeptieren konnte, zog er es vor, ihn in Rage zu bringen.

Befreien Sie sich von unbewußten Verhaltensmustern bei der Arbeit: Eine Erinnerungs-Übung

Ziel: Lernen Sie zu verstehen, wie Ihre in der Kindheit erworbenen Verhaltensmuster Ihr Verhalten im Beruf beeinflussen.

Denken Sie darüber nach, wie Sie in der Kindheit auf Probleme oder bestimmte Situationen reagiert haben. Untersuchen Sie beispielsweise Ihr Verhältnis zur Verantwortung, das das Verhalten vieler Menschen nachhaltig beeinflußt. Rufen Sie sich ins Gedächtnis, was Sie früher dachten, wenn Ihnen eine verantwortungsvolle Aufgabe übertragen wurde.

In der Kindheit. Hatten Sie Angst vor der nachfolgenden Beurteilung, wenn Sie eine Aufgabe erledigten? Haben Ihre Eltern Sie gelobt oder fanden sie stets etwas auszusetzen? Wurden Sie bestraft, wenn Sie Ihre Pflichten nicht erfüllten? Haben Sie schon als Kind begonnen, der Verantwortung aus dem Weg zu gehen? Warum? Hatten Sie Angst, Ihre Mutter würde Sie tadeln, auch wenn Sie Ihre Sache noch so gut gemacht hatten?

In der Teenager-Zeit. Wurden Sie zum Klassensprecher gewählt – und lehnten das Amt ab? Hat Ihnen allein der Gedanke an soviel Verantwortung derartige Angst eingejagt, daß Ihnen klar war, Sie könnten das nicht? Wenn Sie die Verantwortung doch übernommen haben – empfanden Sie dann ein Gefühl der Macht und war Ihnen das angenehm? Haben Sie Ihr Amt ernst genommen oder eher auf die leichte Schulter? Läßt sich Ihre damalige Reaktion mit Ihren heutigen Reaktionen im Beruf vergleichen?

In den ersten Berufsjahren. Wie haben Sie reagiert, wenn Ihr Vorgesetzter Ihnen eine verantwortungsvolle Aufgabe übertrug? Wenn Sie eine komplizierte Arbeit zur Beurteilung vorlegten? Haben Sie jede Gelegenheit wahrgenommen, zusätzliche Verantwortung zu übernehmen? Empfanden Sie Neid auf Freunde, die bessere Jobs ergatterten? Hätten Sie deren Arbeit gerne und bereitwillig übernommen?

Diese Erinnerungen aus dem Vorbewußtsein sollten Ihnen Hinweise darauf geben, aus welchem Grund Ihre unbewußten Bedürfnisse Sie hinderten, beruflich so weit zu kommen, wie Sie hätten kommen können. Versuchen Sie, Ihr Verhalten zu ändern!

Wenn es um Probleme im Beruf geht, denken wir gewöhnlich vor allem daran, wie sie unsere Arbeitsleistung und unsere Beziehungen zu Chefs, Kollegen und Untergebenen beeinflussen. Dabei spielt jedoch noch eine andere Dimension mit, die wir gleichermaßen in Betracht ziehen sollten. Vielleicht geht beruflich alles glatt – wir verstehen uns gut mit dem Chef, den Kollegen und unseren Untergebenen, führen alle uns übertragenen Aufgaben hervorragend aus und verdienen uns damit Beförderungen und all die anderen Insignien des Erfolgs. Dennoch fühlen wir uns als Versager. In diesem Fall haben uns innere Spannungen, deren Wurzeln in verborgenen Gefühlen und Erwartungen liegen, in eine Karriere getrieben, die uns nicht befriedigen kann – gleichgültig, wieviel Erfolg wir darin auch *zu haben scheinen*. Wenn wir das ändern und uns von unseren Versagergefühlen befreien wollen, müssen wir uns über die Empfindungen und Erwartungen klar werden, die uns hindern, das anzustreben, was wir wirklich wollen.

Fallbeispiel: Der Altgediente, der die Zunft wechselte

Nach Abschluß der Wharton Business School trat Mark Z. in eine große Wall-Street-Firma ein und machte dort eine steile Karriere als Finanzberater. In seiner Ehe war er sehr glücklich, doch in Gesellschaft der »Geldfritzen« fühlte er sich gar nicht wohl. Er entsann sich seiner Kindheitsträume und erkannte, daß er sich stets gewünscht hatte, in exotischen Ländern zu leben und fremde Sitten und Gebräuche kennenzulernen. Aus Angst, von seinen Freunden und Mitschülern als »Spinner« abgetan zu werden, hatte er seine Träume begraben und sich statt dessen auf einen finanziellen Erfolg konzentriert. Mark sprach darüber mit seiner Frau, die Künstlerin war und praktisch überall arbeiten konnte. Sie beschlossen, in den Fernen Osten überzusiedeln. Mark studierte zwei Jahre lang Japanisch und fand auf Anhieb einen guten Job bei einer Import-Export-Firma in Tokio. Er hatte den Mut, sich zu erinnern und seine unterdrückten Ängste vor Ablehnung zu bewältigen. Er hatte die Verantwortung für sich selbst übernommen, die Initiative ergriffen – und sich geändert.

Träume können uns wertvolle Hinweise darauf liefern, was uns an ihrer Verwirklichung hindert. *Nutzen Sie Ihre Träume!* Manche Leute schreiben sie sogar auf. Doch egal, welche Methoden Sie anwenden, sich Ihrer Träume zu erinnern – *achten Sie auf die Gefühle, die sie Ihnen vermitteln.*

Überlegen Sie, welches berufliche Problem Sie am meisten beschäftigt – vielleicht ist es die Art, in der Ihr Boss Sie zurechtgewiesen hat. Fragen Sie sich: »Was kann mir der Traum darüber sagen, daß ich nicht selbst schon weiß?« Suchen Sie nach einer bestimmten Antwort. Lassen Sie Ihren Geist spazierengehen. Sie suchen nach Hinweisen auf unbewußte Gefühle, nicht nach einer bestimmten Antwort auf bestimmte Fragen. Entdecken Sie Ihre Gefühle – und Sie sind auf dem besten Weg, die richtige Antwort zu finden.

Berufliche Situation Nr. 1: Dale G. hatte einen Termin einzuhalten, und schon Wochen vorher saß ihm sein Vorgesetzter unablässig im Nacken. Dale fühlte sich irritiert, gedrängt und unter Druck gesetzt.

Der Traum: Dale befand sich in der Küche, wo der Wasserhahn kaputtgegangen war und das ganze Zimmer überflutet hatte. Sogar Müll aus dem Abfalleimer schwamm herum. Dale versuchte gerade, den Schaden zu beheben, als das Telefon klingelte. Seine Cousine Carolyn rief an, mit der er aufgewachsen war – ihr Baby war krank, ihr Mann hatte Kopfweh, und so ging es weiter, eine endlose Litanei von Klagen. Dale versuchte, den Redefluß zu unterbrechen und von *seinen* Sorgen zu erzählen, doch *sie* hörte gar nicht zu. Dale war wütend und fühlte sich frustriert.

Nach dem Traum: Dale ließ seinen Geist spazierengehen und dachte: »Ich habe schon so viel für Carolyn getan, aber sie hat für mich bisher kaum etwas getan.« Dann fragte er sich: »Was erzählt mir der Traum über meine berufliche Situation?« Er erkannte, daß ein guter Teil seiner Irritation nicht auf seine Erschöpfung und den Zeitdruck zurückzuführen war, sondern darauf, daß sein ebenfalls unter Streß stehender Chef offenbar nicht zu schätzen wußte, welche Opfer er, Dale, brachte. Er hatte sich dem Chef gegenüber nicht anders verhalten als in der Kindheit seiner Cousine gegenüber. Da er ein gutes Verhältnis zum Chef hatte, sprach er mit ihm über seine Gefühle. Er wurde angehört – und fühlte sich gleich viel besser.

Berufliche Situation Nr. 2: Charlotte M. hatte das Gefühl, bei der Arbeit werde auf ihr herumgehackt, insbesondere von ihrem Chef. »Die mögen mich nicht«, dachte sie, »die wollen mich zwingen, zu kündigen.«

Der Traum: Eine Menschenmenge kam von der Kirche her auf Charlotte zu; sie wirkte aufgebracht und bedrohlich, die Gesichter schienen Teufelsfratzen zu ähneln. Charlotte empfand Angst. Einerseits wollte sie fliehen, andererseits überlegte sie, wie sie sich gegen den Mob wehren könne. Sie hatte das Gefühl, diese Leute besäßen Macht und sie selbst sei ihnen ausgeliefert. Als die Menschenmenge näherkam, veränderte sich Charlottes Wahrnehmung und sie erkannte, daß die Leute sie nicht bedrohten, sondern um Hilfe anflehten. Die satanischen Fratzen wurden zu ängstlichen, bittenden Mienen. Mehrere Leute erklärten ihr, in der Stadt seien außerirdische Feinde gelandet und begingen entsetzliche Verbrechen. »Wir brauchen deine Hilfe, damit das aufhört!« riefen sie im Chor. Kaum hatte Charlotte das gehört, da verschwand ihre Angst. Sie empfand Mitleid und fühlte sich der Gruppe zugehörig.

Nach dem Traum: Charlotte fragte sich: »Was sagt mir der Traum über meine beruflichen Probleme?« Und plötzlich erkannte sie, daß ihre Kollegen (repräsentiert durch die Menschenmenge) und ihr Chef (im Traum der Pfarrer) sich über die Struktur der Firma und einige Neuerungen im Büro aufregten – nicht über sie.

Es funktioniert nicht immer, wenn Sie Ihre Träume befragen. Vielleicht haben sie gar nichts mit Ihrem Beruf zu tun. Dennoch kann die Traumbefragung Sie auf den richtigen Weg bringen und Ihre beruflichen Probleme in einem neuen Licht sehen lassen.

Das Opfer schlägt zurück

Nicht selten ergeben sich im Beruf Situationen, die all die Macht- und Liebeswünsche wachrufen, wie sie unter Geschwistern herrschen. Führen derartige Situationen dazu, daß wir uns als Opfer fühlen, so hegen wir vielleicht die gleichen Racheträume wie in der Kindheit.

Mitunter können wir damit fertigwerden, indem wir auf irgendeine Weise zurückschlagen. Ein Beispiel: Eine Frau hielt das *eifersüchtige Benehmen* eines männlichen Kollegen bewußt mit »freundlichem Getue« in Schach. Er setzte das Gerücht in Umlauf, die Leistungen der Frau seien »nicht der Rede wert« und über ihr Privatleben gäbe es auch so einiges zu sagen . . . Da sie ihm nicht zum Opfer fallen wollte, zahlte sie es ihm heim – nicht mit Gemeinheiten, sondern mit Freundlichkeit. Jedesmal, wenn sie ihn sah, machte sie ihm ein Kompliment. Sie verhielt sich ihm gegenüber so freundlich, daß er seine üble Nachrede schließlich einstellte.

Im Berufsleben gibt es immer wieder »Killertypen«, die sich aller möglichen hinterhältigen Tricks bedienen, um andere auszuschalten und selber vorwärts zu kommen. Wenn wir uns davor schützen wollen, solchen Typen zum Opfer zu fallen, so müssen wir mitunter annehmbare Aggression einsetzen. *Um eine unerträgliche Situation zu ändern, müssen wir eventuell unser normales Persönlichkeitsmuster verändern und aggressiv werden.*

Ein Beispiel: Gail M., Führungskraft im Einzelhandel und normalerweise eine offene, nette Person, hatte eine Sekretärin, die sie nicht leiden konnte, weil Gail ihre Arbeit noch zusätzlich tun mußte. Gail berichtet: »Sie hatte es geschafft, ihre Position in der Firma dennoch beizubehalten, weil sie über ihre beiden vorherigen männlichen Chefs ›etwas wußte‹: Der eine trank, der andere hatte, obwohl verheiratet, eine Freundin. Ständig hing sie am Telefon. Wenn ich ins Zimmer kam, legte sie den Hörer weg, nahm ihn aber sofort wieder auf, kaum, daß ich hinausgegangen war. Ich mußte sie loswerden, also legte ich eine Liste mit all ihren Fehlern an, die sie gemacht hatte. Sie flog. Ich fühle mich gerechtfertigt. Mir war klar, daß sie ihre Arbeit nicht ordentlich tat, und ich brauche eine gute Sekretärin, wenn ich meine eigene Arbeit richtig bewältigen will.«

Mitunter müssen wir unsere eigenen Ängste und Unsicherheiten überwinden, um uns erfolgreich zu verteidigen. Ein Beispiel: Mary B. hatte es nach vielen Jahren endlich zur Präsidentin eines Konzerns mittlerer Größe gebracht. Wenn sie ihren Job, in dem sie nicht viel Erfahrung hatte, behalten wollte, so mußte sie ein feindseliges Aufsichtsratsmitglied loswerden, das sie immer wieder beschuldigte, ihre Meinung zu oft und zu schnell zu ändern. Sie sicherte sich die Unterstützung des Firmenanwalts und -justitiars und zwang sich, mit jedem anderen Aufsichtsratsmitglied ein Gespräch zu führen. Sie beschrieb ausführlich den Machttrieb ihres Widersachers und sorgte dafür, daß er nicht wieder in den Aufsichtsrat berufen wurde. »Am Ende«, sagt sie, »mochten ihn alle anderen genauso wenig wie ich.«

Vielleicht können wir keine Entlassung erreichen. Mitunter müssen wir uns mit weniger als einem Sieg zufriedengeben – ja, möglicherweise sogar damit, daß sich gar nichts ändert. Ein Beispiel: Linda L. fiel dem Verkaufsmanager ihrer Firma zum Opfer, der sich mit dem Revisor zusammengetan hatte. Zu zweit versuchten sie, Lindas Entlassung »wegen Unfähigkeit« zu erreichen. Der Revisor verweigerte ihr Informationen, die sie für ihre Arbeit brauchte. Linda verfaßte ein Memorandum für die Geschäftsleitung und forderte die Entlassung des Verkaufsmanagers. Daraufhin teilte ihr die Firmenleitung mit, sie sei zwar auf Lindas Seite, doch sie müsse »sehen, wie sie zurechtkomme«. Sie hatte nur einen Teilsieg errungen, doch sie hatte ihre *Kompetenz und Autorität* bewiesen. Die Fehde mit dem Revisor flammt immer mal wieder neu auf, doch Linda hat ihren Job behalten und mußte sich nicht zusätzlich noch als Versagerin fühlen, weil sie nichts unternommen hatte.

Seien Sie stets darauf gefaßt, daß Sie *ein Rivale zu hintergehen versucht*. Ein Beispiel: Joan R. und Stan B., ihr Vorgesetzter, bewarben sich um den gleichen Posten. Darüber sollte eine Konferenz im Aufsichtsrats-Sitzungsraum stattfinden, das sich in einem anderen Gebäude befand, in dem Joan noch nie gewesen war. Stan gab vor, sie aus purer Freundlichkeit zu warnen: »Ziehen Sie sich warm an. Dieses Zimmer ist eiskalt.« Also kam Joan im Tweedkostüm mit Pelzkragen. Doch der Sitzungsraum war, wie sich herausstellte, überheizt. Joan bat vor versammelter Mannschaft um Entschuldigung: »Ich muß meine Jacke ausziehen. Stan hat mir erzählt, hier sei es immer eiskalt.« Später sagte sie: »Ich habe ihn bloßgestellt.« Nachdem Joan diese »dunkle Seite« an Stan enthüllt hatte, fielen den Aufsichtsratsmitgliedern noch andere Tricks ein, derer er sich zu bedienen pflegte. Joan erhielt den Posten.

Wie Sie sich Ihr berufliches Selbstvertrauen erhalten

Aus Selbstvertrauen erwächst Selbstvertrauen. Ihre Ängste mindern sich. Ihre Ziele werden Ihnen klarer, Sie erkennen, daß Sie Fähigkeiten und Kenntnisse besitzen, Sie entwickeln ein »Das-kann-ich«-Gefühl. Je mehr Selbstvertrauen Sie haben, desto geringer ist die Gefahr, unterdrückt zu werden. Hier einige Grundregeln zum Selbstvertrauen im Beruf:

- *Wenn sich eine Situation ergibt, vor der Sie Angst haben, legen Sie fest, was Sie unternehmen müssen, um sie zu bewältigen.* Auch hier gilt: Wenden Sie die Techniken aus Kapitel 5 an. Bauen Sie Ihr Selbstvertrauen auf!

Fallbeispiel: Die ängstliche Sozialarbeiterin

Kay D. hatte schon immer Schwierigkeiten gehabt, vor vielen Menschen zu sprechen, doch in ihrem gegenwärtigen Verwaltungsjob brauchte sie sich ihren Ängsten nicht zu stellen. Dann wurde ihr eine Beförderung angeboten, bei der sie viele Vorträge zu halten hatte. Kay akzeptierte, konnte jedoch vor Angst nicht mehr schlafen; um ein Haar hätte sie ihre Beförderung rückgängig gemacht.

Fest entschlossen, die angesehene Position zu übernehmen, kam Kay in eine meiner Selbstsicherheits-Trainingsgruppen. In der ersten Sitzung trug ich ihr auf, einen drei- bis vierminütigen Fall-Bericht für die nächste Woche auszuarbeiten. Sie machte ihre Sache gut, sowohl Körper als auch Stimme verrieten Selbstvertrauen. Wie war ihr das gelungen? »Ich wußte, daß mir keine zusätzlichen Fragen gestellt würden«, antwortete sie. Für die folgende Woche sollte sie einen neuen Fall-Bericht vorbereiten; diesmal sollte ihr die Gruppe Fragen stellen. Wiederum ging alles gut. Wie kam's? Kays Antwort: »Ich wußte, daß hier keine Fachleute sitzen und mir Fragen stellen, die ich nicht beantworten kann!« Dritte Aufgabe: Kay sollte professionelle Fragen auf Karten schreiben und an die Gruppe verteilen. Wieder keine Angst: »Ich hatte die Fragen selbst vorbereitet und kannte alle Antworten.«

Jetzt ging Kay ein Licht auf – sie verstand, was zu ihrem Selbstvertrauensmanko geführt hatte: Sie hatte sich stets ausschließlich auf ihre *schriftlichen* Fallberichte verlassen. Sobald sie sich jedoch für mündliche Falldarstellungen die möglichen Fragen und Antworten dazu im voraus überlegte und auf alle Eventualitäten vorbereitet war, empfand sie das richtige »Das-kann-ich«-Gefühl. Indem sie keinerlei Schritte zur Stärkung ihres Selbstvertrauens unternahm, hatte sich Kay selbst zur beruflichen Versagerin gestempelt.

■ *Lernen Sie aus Ihren Fehlern.* Ein Beispiel: Ron W. hatte innerhalb von zwei Jahren dreimal den Job gewechselt. Jeder neue Posten erwies sich als Fehlschlag, den Ron als unerträglich empfand. Dennoch hat Ron nicht das Gefühl, ein Versager zu sein. Sein Fazit: »Bei jedem Jobwechsel habe ich dazugelernt. Jedesmal war ich vor neue Aufgaben und eine andere Arbeitsplatzbeschreibung gestellt. Jetzt habe ich genau den Job, den ich mir immer gewünscht habe – das verdanke ich meiner Erfahrung mit den drei entsetzlichen Stellen, die ich vorher hatte.«

■ *Seien Sie realistisch. Vertrauen Sie auf Ihre eigenen Fähigkeiten. Betrachten Sie sich nicht als Versager.* Auch wenn Sie weiterkommen wollten und es nicht geschafft haben, brauchen Sie sich nicht als Versager zu fühlen!

Ein Beispiel: Anne Jackson, ein berühmter Bühnen-, Film- und Fernsehstar, gesteht freimütig ein, sie habe ihre »Grenzen«, mit denen andere sich ein Leben lang nicht abfinden könnten. Sie sieht sich keineswegs als Versagerin. Sie verfügt über ein gesundes Selbstvertrauen.

Anne ist sozusagen in die Armut hineingeboren (»Das hat mir das richtige Verständnis dafür mitgegeben, was wirklich zählt in der Welt.«). Ihr Vater war ein kroatischer Einwanderer, ihre Mutter eine irische Katholikin aus einer Familie von Kohlenbergwerksarbeitern. Sie erlitt einen Nervenzusammenbruch, als Anne noch ein Teenager war. Heute sagt Anne kurz und bündig:

»Ich lasse mich von meiner Kindheit nicht beeinträchtigen.«
»Ich arbeite an meinem Mutterproblem.«
»Ich arbeite an mir selbst.«

Anne war das jüngste Kind in ihrer Familie (»Es war ein einziger Kampf, mich durchzusetzen.«) und heiratete den Star Elli Wallach (»Ich mußte ständig um meine eigene Identität kämpfen.«). Sie hat drei Kinder, gibt offen zu, daß sie viel weint, Kritik haßt und Angst vor Verantwortung hat. Entwaffnend bekennt sie: »Ich habe kein gutes Selbstwertgefühl. Ich weiß, ich könnte sogar Regisseurin sein, aber ich habe Schwierigkeiten, mit Männern umzugehen, ihnen Anordnungen zu erteilen. Dahinter steckt natürlich die Angst, ich könnte versagen – daran, daß ich mich unrealistisch einschätze, liegt es nicht. Ich überlasse alles meinem Agenten. Das sollte ich nicht tun. Elli entwickelt viel mehr Eigeninitiative.«

Die Berühmtheit Anne Jackson hat Schwierigkeiten durchgestanden, mit denen nicht jeder Mensch so ohne weiteres fertig würde: eine harte Kindheit, eine interkonfessionelle Ehe, ja eine Schauspielerehe; auch ihre Unfähigkeit, Angebote anzunehmen, die über ihren Beruf als Schauspielerin hinausgehen, gehört dazu. Doch sie strahlt Charme und Selbstvertrauen aus (»Ich nehme meine Verantwortung als Schauspielerin ernst«) und beweist ihren Willen, voranzukommen – trotz ihrer »Grenzen«, derer sie sich ganz und gar bewußt ist. Wie macht sie das? Sie achtet darauf, stets genau zu wissen, wo ihre Stärken liegen und welche positiven Seiten ihr Leben hat. Schlimme Ereignisse betrachtet sie als relativ. Das Wort *Opfer* kommt in ihrem Wortschatz nicht vor.

Diese Einstellung ermöglicht ihr kontinuierliches persönliches Wachstum und immer neue Selbsterkenntnis. Vielleicht ist es diese Einstellung, die sie zum Star macht – nicht nur als Schauspielerin, sondern auch als Ehefrau und Mutter.

■ *Tun Sie das, was für Sie selbst richtig ist.* Wenn Sie Ihre beruflichen Entscheidungen davon abhängig machen, was andere Menschen – und nicht Sie selbst – für richtig oder angemessen halten, stempeln Sie sich von vornherein zum Versager. Dasselbe gilt, wenn sich Ihr Verhalten im Beruf an den Prioritäten anderer Leute ausrichtet. Setzen Sie Ihre eigenen Prioritäten!

Fallbeispiel: Die Frau, die Befehle von oben mißachtete und ihrem eigenen beruflichen Ehrenkodex folgte

Marge O. war in einem international bekannten Konzern angestellt und dort mit den Public Relations auf Lokalebene betraut. Sie hatte gerade eine ganze Reihe von Goodwill-Aktionen in kleineren Gemeinden zu deren Festivitäten vereinbart, da wurde ihr Chef gefeuert. An seine Stelle rückte eine gänzlich unerfahrene reiche Frau – die Schwester des Konzerninhabers. Die neue Chefin beorderte Marge zu sich und befahl: »Sagen Sie die Aktionen bei den kleinen Gemeinden ab.« Die Augen der Dame waren hinter dunklen Brillengläsern verborgen. Neben ihr saß ein Managertyp, der zu allem ja sagt – ein Freund des allmächtigen Bruders.

Marge raffte all ihren Mut zusammen und antwortete: »Ich kann den Betroffenen erklären, was hier passiert ist, aber die Entscheidung liegt bei ihnen. Für die Firma ist das, was Sie von mir verlangen, eine Fehlentscheidung!« Die neue Chefin starrte sie lediglich kalt an. Der Manager zuckte mit den Schultern: »Sie machen da einen Fehler.«

Marge ging in ihr Büro zurück und fing an, ihre Sachen zu packen. Am nächsten Morgen wurde sie erneut vor die hohe Dame zitiert. Diesmal war die Sonnenbrille verschwunden und der »radfahrende« Manager glänzte durch Abwesenheit. Die neue Chefin erklärte simpel: »Ich habe meinen Bruder angerufen, und er sagte, Sie seien sehr mutig. Vielen Dank, daß Sie mir gezeigt haben, wie falsch meine Entscheidung war. Von nun an weiß ich, daß ich Ihnen vertrauen kann.«

Marge, die das Risiko einging, der neuen Chefin zum Opfer zu fallen, weil sie ihren beruflichen Ehrenkodex nicht opfern wollte, hat durch ihren Mut einen außerordentlich guten Einstand bei der neuen Herrschaft erreicht.

Das Risiko, zum emotionalen Opfer im Beruf zu werden, ist bei uns allen um so geringer, je weniger emotionales Verhalten wir an den Tag legen.

KAPITEL 8

EIN LEITFADEN FÜR DEN UMGANG MIT ÄRZTEN UND THERAPEUTEN: WIE SIE FRAGEN STELLEN, SCHLÜSSE ZIEHEN, ENTSCHEIDUNGEN TREFFEN – UND NÖTIGENFALLS DIE PRAXIS WECHSELN

Anders als unsere berufliche Situation, die von ökonomischen Faktoren beherrscht wird (der Machtstellung des Chefs und unserer Abhängigkeit vom Gehalt), sehen wir Ärzte und Therapeuten oft gefühlsbetont und schreiben ihnen Zauberkräfte zu, über die sie gar nicht verfügen. Indem wir sie in die Rolle archetypischer Autoritätsfiguren drängen, manövrieren wir uns selbst aus Hilflosigkeit und Abhängigkeit ins opferbereite Abseits.

Wie auch immer, es handelt sich bei diesen angeblichen Archetypen um Menschen aus Fleisch und Blut mit all deren Stärken und Schwächen. Wir müssen ihnen aus einer Position der Stärke gegenübertreten und dürfen nicht in Hilflosigkeit verharren. Im Umgang mit Ärzten und Therapeuten haben wir das Recht auf Information, Fragen, Beschwerden – und freie Arztwahl.

Vom Umgang mit Ärzten

Unsere Haltung gegenüber Ärzten kann stark von unbewußten Faktoren beeinflußt sein. Da sie bis zu einem gewissen Grade die Fähigkeit besitzen, Linderung zu bringen und Krankheiten zu heilen, schreiben viele Menschen ihnen Allwissenheit und Omnipotenz zu (»Es liegt in *seiner* Macht, mich gesund zu machen«) und ordnen sie damit in dieselbe Kategorie ein wie die Eltern, zu denen sie als Kinder das gleiche Verhältnis hatten. Und obwohl sich die öffentliche Meinung gegenüber den ehemaligen »Halbgöttern in Weiß« langsam ändert (man denke an die wachsende Zahl der Kunstfehlerprozesse und die immer häufiger eingeholten Zweitdiagnosen), so lassen doch nach wie vor viele von uns die Behandlung passiv über sich ergehen und tun alles, um den Arzt bei Laune zu halten. Wir haben Angst davor, ihn zu beleidigen.

Ärzte sind auch nur Menschen. Drängen Sie ihnen nicht die Elternrolle auf. Und lassen Sie sich im Umgang mit ihnen nicht von Apathie oder Furchtsamkeit beherrschen. Dafür steht zuviel auf dem Spiel – Ihre Gesundheit und Ihr Seelenfrieden.

Grundrechte der Patienten

■ *Sie haben das Recht, nach den Kosten zu fragen*, gleichgültig, ob es sich um eine Konsultation oder um einen operativen Eingriff handelt. Es liegt an *Ihnen*, die Frage zu stellen, ob sich in bezug auf die Kosten etwas machen läßt. In einigen Fällen wird Ihre Intervention erfolgreich sein, in anderen nicht. Eine Studentin höheren Semesters, die unter Kreislaufbeschwerden litt, wollte sich von einem bekannten Facharzt behandeln lassen, konnte es sich aber nicht leisten. Als sie das Problem zur Sprache brachte, willigte der Arzt ein, nur die Grundgebühren in Rechnung zu stellen, sofern sie einwilligte, daß einer seiner Assistenzärzte die Nachuntersuchung übernahm.

■ *Sie haben ein Recht darauf, Fragen zu stellen und Antworten zu erhalten, die auch einem Laien verständlich sind.* Patienten sollten über die Nebenwirkungen von verschriebenen Medikamenten, die Nachwirkungen von Operationen, die Länge der Rekonvaleszenz, aber auch über die Unheilbarkeit ihrer Erkrankung aufgeklärt werden. Vorschlag: Notieren Sie sich Ihre Fragen im voraus und stellen Sie sie dem Arzt einzeln, vielleicht bei jedem Besuch eine. Schreiben Sie sich auch die Antworten auf. Streß und Furchtsamkeit rufen oft unser selektives Gedächtnis auf den Plan und stiften Verwirrung. Eine Frau zum Beispiel war der Meinung, der Arzt habe ihr gesagt, sie hätte noch fünf Jahre zu leben. In Wirklichkeit hatte er gesagt: »In fünf Jahren werden Sie diese Krankheit längst vergessen haben.«

■ *Sie haben ein Recht darauf, anständig behandelt zu werden.* In einem mir bekannten Fall erregte sich ein Rechtsanwalt derart über die zweistündige Wartezeit, daß er dem Arzt eine Rechnung darüber zuschickte. Es gibt Ärzte, bei denen wir *immer* warten müssen. Es liegt an uns, ob wir uns damit abfinden wollen. Ein gutes Verhältnis zum Hausarzt ist natürlich hilfreich, doch sind wir primär auf seine medizinischen Fähigkeiten angewiesen. Dazu gehört auch die Sprechstundenhilfe. Manche Ärzte beschäftigen auf diesem Posten absichtlich eine rabiate Person, um sich selbst die Patienten vom Hals zu halten. In anderen Fällen mag der Arzt durchaus bereit sein zu tun, was er kann, aber die Sprechstundenhilfe schreibt uns vor, wann wir die Grippe haben: »Ich kann Ihnen erst in drei Wochen einen Termin geben.« In diesem Fall sollte man nicht gleich nachgeben. Oft genügt die Antwort: »Ich bin aber jetzt krank. Soll ich mich an einen anderen Arzt wenden?« Höchstwahrscheinlich bekommen Sie dann Ihren Termin sofort.

- *Sie haben das Recht, einen Arzt ins Haus zu rufen.* Das Gefühl, Sie bitten Gott persönlich um eine Audienz, ist fehl am Platze.
- *Sie haben das Recht, den Arzt zu wechseln.* Die Befürchtung, von keinem anderen Arzt angenommen zu werden, ist unbegründet. Ärzte sind der Aussage eines bekannten Internisten zufolge in den letzten Jahren »wettbewerbsorientierter« geworden.

Sie brauchen Ihre Entscheidung zum Arztwechsel nicht zu begründen. Der Grund mag ganz einfach darin liegen, daß Sie ihn nicht mögen (»Wir liegen nicht auf der gleichen Wellenlänge«) und muß nichts mit seinen Fähigkeiten zu tun haben. Wie in allen Berufen gibt es natürlich auch unter den Ärzten schlechte oder unfähige Standesvertreter. Ein Berufsanfänger erkennt möglicherweise bestimmte Krankheiten noch nicht. (So diagnostizierte ein Internist, der noch nie mit Mastoiditis – Warzenfortsatzentzündung – konfrontiert worden war, das Krankheitsbild als »Geschwüre am Nacken«.) Oder aber der Arzt ist schlichtweg geldgierig und böswillig.

Eine junge Frau beispielsweise entdeckte eines Sonnabends einen Knoten in der Brust. Ihr Hausarzt war zu diesem Zeitpunkt nicht erreichbar. In panischer Angst wandte sie sich an einen ihr bislang unbekannten Arzt in der Nachbarschaft, der sich voll Eifer bereit erklärte, die befallene Brust noch am gleichen Tag operativ zu entfernen. Glücklicherweise war sie klug genug, bis zum darauffolgenden Montag zu warten. Ihr Hausarzt diagnostizierte den Knoten als gutartige Zyste und saugte sie ab.

Der Arzt hat die Aufgabe, sich unser anzunehmen. Manchmal müssen wir uns allerdings auf die Hinterbeine stellen. Eine Diabetikerin zum Beispiel wurde am Finger operiert. Als der Arzt sie mit einer offenen Wunddränage nach Hause schicken wollte, weigerte sie sich, weil sie wußte, daß bei Diabetikern erhöhte Infektionsgefahr besteht. Glücklicherweise entfernte ihr Mann, der selbst praktischer Arzt war, die Dränage. Sie fühlte sich von dem Chirurgen getäuscht und bezahlte ihn daher nur für die Operation, nicht für die Nachbehandlungszeit, in der ihr die Wunddränage zu schaffen gemacht hatte. Sie schrieb ihm einen Brief, in dem sie ihm die unsachgemäße Behandlung vorhielt und ihre Gründe für das Einbehalten eines Teilbetrags der Rechnung darlegte.

Vom Arzt aus gesehen

Manchmal passiert es, daß *weder Sie noch Ihr Arzt* mit dem Verlauf der Behandlung glücklich sind. Im gleichen Maße, wie Sie sich ärgern, wenn es Ihnen nicht besser geht, hält der Arzt Ihre Vorwürfe für ungerechtfertigt. Die Auseinandersetzung nimmt in einem solchen Fall oft wesentlich schärfere Formen an als der Streit mit Verkäufern oder Angestellten einer Fluggesellschaft – kein Wunder, schließlich geht es um Ihre Gesundheit, um Ihr Leben. Sie wissen das, und Ihr Arzt weiß es auch. Wir dürfen es bei alldem freilich nicht soweit kommen lassen, daß wir durch – berechtigte oder übertriebene – Furcht und Besorgnis um unser Wohlergehen, gelegentlich auch in Verbindung mit einer unrealistischen Erwartungshaltung, den Arzt oder die Ärztin in die Rolle des emotionalen Opfers drängen.

■ *Machen Sie dem Arzt die Ausübung seines Berufes nicht unnötig schwer.* Es gibt Patienten, die einfach nicht mitdenken. Sie nehmen zum Beispiel die ihnen verordneten Medikamente nicht ein und erzählen dann ihren Freunden: »Der Arzt taugt nichts.« Oder sie hinterlassen beim Notruf die Nachricht, es handle sich um einen »dringenden Fall« und telefonieren dann stundenlang mit jemand anders, so daß der Bereitschaftsarzt sie nicht erreichen kann. Wenn der Arzt am nächsten Tag endlich durchkommt, brüllen sie ihn an: »Warum haben Sie nicht zurückgerufen?«

■ *Hüten Sie sich vor unrealistischen Erwartungen*, die Ihrem Arzt ganz schön zu schaffen machen können. Es kann sein, daß die Genesung nicht den erhofften Verlauf nimmt und mit mehr Unannehmlichkeiten verbunden ist, als Sie dachten. Sie werfen dem Arzt vor, etwas von vornherein Unerreichbares nicht bewerkstelligt zu haben, und untermauern Ihre Anschuldigungen mit Geschichten von anderen Patienten, deren Heilung schnell und komplikationsfrei verlief. Vielleicht erwarten Sie von Ihrem Arzt, daß er ein medizinischer Tausendsassa ist, der auf der Stelle Wunder wirken kann. Eine Bankangestellte bekam nach einer Operation Depressionen und beklagte sich über ihr bisher unbekannte Konzentrationsschwächen, obwohl der Arzt sie darauf hingewiesen hatte, daß sie frühestens in drei Monaten wieder zu beruflicher Topform auflaufen könne.

■ *Sie sollten Verständnis dafür haben, daß ein Arzt die juristischen Folgen einer Fehlbehandlung fürchtet.* Es gibt sicher Fälle, in denen ärztliches Versagen Anlaß zu gerichtlichen Klagen gibt. Auf der anderen Seite gehen Geizhälse und Nörgler zu Recht oder zu Unrecht davon aus, daß ihnen eine Klage zu leicht verdientem Geld verhelfen kann. Diese Praxis hat dazu geführt, daß sich viele Ärzte heutzutage defensiv verhalten und auf vielversprechende therapeutische Maßnahmen verzichten. Der Patient wird auf diese Art und Weise zum Opfer des Systems – genauso im übrigen, wenn der Arzt aus Gründen des Selbstschutzes kostspielige Spezialuntersuchungen verschreibt, die eigentlich völlig überflüssig sind.

Sie selbst wollen Ihrem Arzt nicht zum Opfer fallen; drehen Sie den Spieß also nicht herum, so daß letztlich Sie es sind, der den Arzt in die Opferrolle drängt.

Vom Umgang mit Therapeuten

Aufgrund der engen Vertrauensbeziehung zum Therapeuten entwikkelt sich oft eine emotionale Abhängigkeit. Sie rührt nicht selten daher, daß wir uns den *falschen Therapeuten* ausgesucht haben. Daß er bei einem Freund oder einer Freundin großartige Arbeit geleistet hat, heißt noch lange nicht, daß auch wir mit ihm klarkommen. Und genau wie unter den Ärzten gibt es auch auf dem Gebiet der Therapie schlechte, mittelprächtige, gute und hervorragende Leute. (Die Spitzenkräfte in diesem Metier laufen, da sie sich der schwierigsten Fälle annehmen, besonders oft Gefahr, gerichtlich belangt zu werden.)

Es kommt vor, daß sich jemand unbewußt einen Therapeuten aussucht, der ihm hilft, eine Neurose aufrechtzuerhalten, obwohl beide so tun, als bemühten sie sich um eine Veränderung. Eventuell verzichtet man auch darauf, den Therapeuten zu wechseln, weil man unbewußt fürchtet, von ihm dafür bestraft zu werden. Schließlich besteht auch die Gefahr, das emotionale Engagement des Therapeuten zu ignorieren. Es hat Fälle gegeben, in denen sich der Therapeut oder die Therapeutin auf ein sexuelles Verhältnis mit der zu behandelnden Person einließ, ohne zu berücksichtigen, daß der Patient oder die Patientin gar nicht mehr zur freiwilligen Zustimmung in der Lage war.

Eine Therapie kann erfolgreich, teilweise erfolgreich oder aber ein totaler Fehlschlag sein. Man kann sich einer Behandlung unterziehen und am Ende nicht wissen, ob sie etwas gebracht hat. Ein Beispiel: Die dreißigjährige Alice D. begab sich vor ein paar Jahren bei einem prominenten Psychologen, der den Freudschen Ansatz bevorzugte, in Behandlung. Nach zwei Jahren war sie mit dem Verlauf der Therapie unzufrieden (»Er verlangt andauernd, daß ich über die Vergangenheit rede. Ich will aber, daß *jetzt* etwas geschieht.«) und brach die Behandlung ab. Ein Jahr später wurde Alice befördert und wurde schließlich in einer anderen Firma sogar Vizepräsidentin. Privat ging sie eine feste

Beziehung ein. Sie ist überzeugt, alles aus eigenem Antrieb heraus geschafft zu haben, und hält die damalige Behandlung nach wie vor für einen Fehlschlag.

Maßnahmen zur Vermeidung psychotherapeutischer Abhängigkeit

■ *Vergessen Sie nicht, daß Sie ein Recht darauf haben, sich Ihre eigene Behandlungsweise auszusuchen.* Sie haben die Wahl zwischen Verhaltenspsychotherapie, herkömmlicher Verhaltenstherapie, Gestalttherapie, analytischer Psychotherapie oder der klassischen Psychoanalyse (wobei die beiden letztgenannten Zweige die Sullivansche, Freudsche, Horneysche und andere anerkannte Schulen umfassen). Informieren Sie sich durch entsprechende Lektüre und wählen Sie die Therapie, die Ihren Bedürfnissen und Ihrer Persönlichkeit am besten zu entsprechen scheint. Natürlich können Sie sich auch von den jeweiligen Experten beraten lasse. Mag sein, daß Sie sich nicht überall eine ausführliche Beratung leisten können, aber vielleicht gelingt es Ihnen ja, das, was Sie wissen wollen, in wenigen Sitzungen zu erfahren. Stellen Sie präzise Fragen, damit Sie verstehen, was die jeweilige Therapie beinhaltet und bezweckt. Entscheiden Sie sich nach Ihrem Gefühl.

■ *Informieren Sie sich über den Therapeuten oder die Therapeutin, die Sie sich ausgesucht haben.* Schauen Sie im Verzeichnis des Berufsverbandes nach, um mehr über seine/ihre Ausbildung und akademische Laufbahn in Erfahrung zu bringen. In manchen US-Staaten kann jedermann ein Schild vor die Tür hängen und sich als Psychotherapeut bezeichnen. Akademische oder staatliche Qualifikationen haben zwar auch ihre Grenzen und sollten nicht als einziges Auswahlkriterium angesehen werden, können aber in den meisten Fällen als gute Orientierungshilfe dienen.

■ *Klären Sie die finanziellen Dinge vor der Behandlung.* Das bezieht sich nicht nur auf die Einzelgebühr pro Therapiegespräch, sondern auch darauf, ob der Therapeut abgesagte Termine (eventuell sogar, wenn Sie im Krankenhaus liegen) in Rechnung stellt, und welche Abmachung für die Urlaubszeit gilt. Treffen Sie Ihre Entscheidung erst danach. Es gibt Therapeuten, die Vereinbarungen noch während der Behandlung ändern wollen, weshalb es gut ist, wenn Sie sich auf eindeutige Abmachungen berufen können.

■ *Sie steigern die Erfolgsaussichten der Therapie, wenn Sie vor Ihrem Therapeuten kein Blatt vor den Mund nehmen.* Teilen Sie ihm Ihre Gedanken und Gefühle mit. Wenn Sie der Meinung sind, daß er sich nicht genug um Sie kümmert, sagen Sie es ihm. (»Sie nehmen während meiner Sitzung zu viele Anrufe entgegen.« ... »Ich empfinde es als Kränkung, wenn Sie mich warten lassen.«) Wenn Sie das Gefühl haben, Ihr Therapeut versteht Sie nicht, dann teilen Sie es ihm mit.

Es gibt Therapeuten, die ihre Klienten zur Befriedigung eigener Machtgelüste emotional manipulieren. Andere bringen Emotionen aus der eigenen Vergangenheit in die Behandlung ein. So behauptet eine Patientin: »Meine Psychoanalytikerin litt unter einer Gegenübertragung. Sie redete andauernd über ihre eigenen ungelösten Probleme.« Die Patientin traute sich nicht, ihrem Unmut Ausdruck zu verleihen, weil sie fürchtete, von der Therapeutin fortgeschickt zu werden. Sie konnte sich einfach nicht dazu durchringen zu sagen: »Warum reden wir hier eigentlich dauernd über *Ihr* Leben? *Ich* bin es, die Sie bezahlt.« Ihre Passivität führte dazu, daß sie auch in der Therapie ihre Opferrolle weiterspielte. Ein freimütiger Protest hätte ihr mehr geholfen.

Wenn Sie das Gefühl haben, daß Ihre Behandlung in die falsche Richtung abgleitet, so müssen Sie das zum Ausdruck bringen.

Fallbeispiel: Die depressive Frau

Vickie M., Mitte Dreißig, versorgte nicht nur Mann und Kinder, sondern hatte auch noch einen Halbtagsjob. Sie verfiel zunehmend in Depressionen und zog sich immer mehr aus dem Leben zurück. Im Laufe der verhaltenstherapeutischen Behandlung versuchte ich, sie dazu zu bringen, an den verschiedenartigsten gesellschaftlichen Aktivitäten teilzunehmen, gleichgültig, ob sie ihr Spaß machten oder nicht. Vicki befolgte diese Anweisungen auch, beschwerte sich aber bald darüber, daß ihr das nichts half und die Therapie keinen Erfolg zeitigte. Ich ermutigte sie dazu, sich freimütig von der Leber zu reden, was ihrer Meinung nach nicht stimmte. Es schälten sich zwei Faktoren heraus: 1. Sie wollte, daß die Veränderungen von mir und nicht von dem, was *sie* tat, ausgingen. 2. Sie wollte, daß sich sofort und wie von Zauberhand Verbesserungen einstellten. Kleine Erleichterungen zählten für sie nicht.

Als Vickie endlich den Mund aufmachte, dämmerte ihr allmählich selbst, daß ihre Depressivität bereits abgenommen hatte. Sie war nun imstande zu erkennen, daß sie sich selbst als Opfer einer unzulänglichen Behandlung sehen wollte, anstatt ihre eigene Stärke und Wandlungsfähigkeit wahrzunehmen. Dieser Schritt führte zu einer neuen Entdeckung; Vickie erkannte die Grundstruktur ihrer Depression: Es war das Bedürfnis, sich selbst stets als Opfer der Unzulänglichkeit anderer Menschen zu sehen. Ihr neu erworbenes Wissen über sich selbst befähigte sie mit der Zeit zu einer Reihe positiver Veränderungen.

■ *Übernehmen Sie Verantwortung für lebenswichtige Entscheidungen selbst.* Ein Mann sagt dazu: »Mein Therapeut riet mir, die Scheidung einzureichen, und ich habe auf ihn gehört. Es war ein Fehler.« Der Therapeut hat genug eigene Probleme. Er kann sich unmöglich auch noch Ihr Leben und Ihre Sorgen aufbürden. Falls er Ihnen vorschlägt, den Beruf oder die Arbeitsstelle zu wechseln, Ihre Lebensweise umzustellen oder in Ihren Partnerbeziehungen Veränderungen vorzunehmen, so gibt es drei Möglichkeiten: Der Vorschlag ist entweder richtig oder falsch, oder es handelt sich darum, in Ihnen Gefühle oder Assoziationen anzusprechen, die bei der Therapie von Nutzen sein könnten. Es handelt sich keinesfalls um Direktiven, denen Sie unbedingt Folge zu leisten haben. Es gibt Therapeuten, die in der einen oder anderen Beziehung vielleicht Druck auf Sie ausüben wollen. Vergessen Sie jedoch nie, daß *Sie selbst* es sind, der mit den Konsequenzen leben muß, und daß *nur Sie die Entscheidungen treffen können.* Seien Sie Ratschlägen gegenüber offen, aber tun Sie das, was Ihrer Ansicht nach für Sie am besten ist.

■ *Denken Sie daran, daß es bisweilen nötig ist, sich von Dritten Rat zu holen.* Wenn Sie nach einer längeren Behandlung unverändert das Gefühl haben, keine Fortschritte zu machen, ist es nicht auszuschließen, daß Sie recht haben. Sie sollten sich in diesem Fall an einen unbeteiligten Experten wenden. Vielleicht empfiehlt Ihnen Ihr Therapeut jemanden für diese Konsultation. Dabei kann es allerdings vorkommen, daß er Sie zu einem seiner ehemaligen Lehrer schickt, dem eine objektive Einschätzung der Lage aufgrund von persönlichen Loyalitäten schwerfällt oder sogar unmöglich ist. Stellen Sie also Ihre eigenen Nachforschungen an. Seien Sie sich darüber im klaren, daß es hier nicht nur darum geht, ob Sie den richtigen Therapeuten haben, sondern auch darum, ob die Behandlungsart stimmt.

Die folgenden, dem Buch *Ich kann, wenn ich will* der Ärzte Arnold Lazarus und Allen Fay entlehnten Fragen sollten Ihnen dabei helfen, Ihre Einstellung zur therapeutischen Situation abzuklären.

■ Kommen Sie mit Ihrem Therapeuten/Ihrer Therapeutin aus?

■ Ist er flexibel und neuen Ideen gegenüber aufgeschlossen, oder versteift er sich auf einen bestimmten Standpunkt?

■ Kennt der Therapeut seine Grenzen, oder gibt er ein Wissen vor, über das er in Wirklichkeit nicht verfügt?

■ Gibt der Therapeut Fehler und Versäumnisse zu oder versucht er, sein Verhalten zu rechtfertigen?

■ Berät Ihr Therapeut Sie und geht er auf Sie ein oder haben Sie das Gefühl, er wolle Ihnen vorschreiben, wie Sie zu leben haben?

■ Akzeptiert oder begrüßt der Therapeut Meinungsdifferenzen

oder wirft er Ihnen Halsstarrigkeit vor, falls sie anderer Auffassung sind als er?

■ Haben Sie nach den Therapiegesprächen generell den Eindruck, wieder hoffnungsfroher in die Zukunft zu sehen und über ein gesteigertes Selbstwertgefühl zu verfügen?

Sollten Sie auch nur eine dieser Fragen verneinen, so ist es an der Zeit, die Beziehung zu Ihrem Therapeuten oder Ihrer Therapeutin zu überdenken. Eventuell laufen Sie Gefahr, in eine Opferrolle gedrängt zu werden. Sprechen Sie mit Ihrem Therapeuten über Ihre Empfindungen.

Bei der Therapie dürfen Sie, unabhängig von der Behandlungsmethode und der Persönlichkeit des Behandelnden, nie Ihr Ziel aus den Augen verlieren: Sie wollen mit sich selbst und Ihrem Leben ins reine kommen.

TEIL III
BEZIEHUNGEN

KAPITEL 9

ENGE BEZIEHUNGEN: GEWINN UND RISIKO

Die rechtzeitige kritische Betrachtung einer Beziehung kann den Ausschlag darüber geben, ob sie glücklich oder unglücklich verläuft.

Grundsätzliches über die Anbahnung einer engen Beziehung

Dr. Robert J. Sternberg von der Universität Yale weist in seinem Artikel »A Triangular Theory of Love« in der Zeitschrift *Psychological Review* darauf hin, daß die Liebe sich im wesentlichen aus drei Komponenten zusammensetzt:

1. aus der Intimitäts-Komponente,
2. aus der Leidenschafts-Komponente und
3. aus der Entscheidungs-/Verpflichtungskomponente.

Bei der *Intimitäts-*(oder »Wärme«-)*Komponente* geht es um all jene Gefühle, die Nähe, Verbundenheit und Innigkeit fördern. Diese Gefühle wiederum bestehen im wesentlichen aus dem Verlangen, mit dem oder der Geliebten glücklich zusammenzuleben; aus der Achtung vor dem Partner und dem Bemühen um sein Wohlergehen; aus der Fähigkeit, sich selbst mitzuteilen und sich auf den anderen verlassen zu können; aus dem Geben und Nehmen emotionaler Unterstützung und vertraulicher Kommunikation. Dabei ist es durchaus möglich, daß wir diese verschiedenen Gefühle als umfassendes Gesamtgefühl wahrnehmen.

Bei der *Leidenschafts-*(oder »Hitze«-)*Komponente* geht es um körperliche Anziehungskraft und geschlechtliche Liebe. Die sexuellen Bedürfnisse können in einer Liebesbeziehung sogar Vorrang genießen. Allerdings können auch andere Bedürfnisse – etwa nach Selbstachtung, Machtausübung, Unterwerfung, Fürsorge oder Selbstverwirklichung – zur Erfahrung der Leidenschaft beitragen.

Die *Entscheidungs-/Verpflichtungs-*(oder »Kälte«-)*Komponente* wirkt sich wie folgt aus: Zunächst kommen wir zu dem Entschluß, daß wir einen bestimmten Menschen lieben; daraufhin verpflichten wir uns, diese Liebe auf lange Sicht aufrechtzuerhalten. Da dieser Faktor die »Hitze« der Intimitäts- und Leidenschaftskomponente vermissen läßt, wird er von vielen Menschen vernachlässigt.

In kurzfristigen romantischen Verbindungen spielt die Leidenschafts-Komponente eine große Rolle. Sie entsteht am schnellsten und ebbt ebenso schnell wieder ab. Ein Beispiel: Eine fünfundzwanzigjährige Frau, die mit ihrem Geliebten auf sexuellem Gebiet nicht harmonierte, hatte das Gefühl, noch nicht »mit sich selbst ins reine gekommen zu sein« und noch andere Beziehungen erleben zu müssen, bevor sie sich für einen einzigen Menschen entschied. Doch jede Beziehung ging, sobald sie das sexuelle Interesse verlor, in die Brüche. Sie war dann nur noch daran interessiert, die Verbindung zu beenden, und verhielt sich entsprechend rücksichtslos. In einer längerfristigen Beziehung spielen die Intimitäts- sowie die Entscheidungs-/Verpflichtungskomponente eine große Rolle, doch muß auch Leidenschaft vorhanden sein, sonst kann allenfalls von Freundschaft, nicht aber von romantischer Liebe die Rede sein.

Bestandsaufnahme zu Beginn einer Beziehung

Wir *glauben*, wir könnten uns eventuell mit einem bestimmten Menschen auf eine romantische Zukunft einlassen, deshalb wollen wir mehr über seine grundsätzliche Bereitschaft zu einer verpflichtenden Bindung in Erfahrung bringen. Die folgenden vier Fallbeispiele sollen uns helfen zu erkennen, warum wir in der Vergangenheit stets die falsche Wahl getroffen haben und entweder in eine Opferhaltung gedrängt wurden oder den Partner in diese Rolle gedrängt haben.

Fallbeispiel Nr. 1: Steve P. ist neununddreißig Jahre alt, sieht gut aus, hat Vermögen und gilt als regelrechter Traummann. Er hat eine kurze Ehe hinter sich und steht bei vielen Gastgeberinnen an der Spitze ihrer Liste heiratsfähiger Junggesellen. Seine Beziehungen zu Frauen beschränken sich auf kurze Affären und Abenteuer für eine Nacht. Einer seiner Freunde bemerkt, Steve habe sein ganzes Leben darauf hingearbeitet, ein Netzwerk aus Arbeit und freundschaftlichen Beziehungen zu knüpfen, das nun seinen Junggesellenstatus absichert: »Du hast nicht den geringsten Grund, irgend etwas daran zu ändern. Sobald du jedoch New York verläßt und in eine Stadt ziehst, in der du nicht auf dein Netzwerk zurückgreifen kannst, dauert es kein Jahr, und du bist verheiratet.« Steve gibt seinem Freund recht und sagt: »Vor einiger Zeit habe ich die ideale Frau kennengelernt. Sie lebt in Kalifornien und wollte unbedingt nach New York umziehen. Aber hier kann ich sie nicht brauchen.«

Analyse: Eine Beziehung ist nichts für Steve. Seine Stärke liegt darin, daß er sich darüber im klaren ist. Viele Leute haben das Gefühl, sie müßten eine Beziehung eingehen, weil der Druck der gesellschaftlichen Konventionen und der Freunde zu groß wird. Doch wenn Sie die Grenzen, die Ihnen eine Beziehung setzt, nicht akzeptieren wollen, so müssen Sie diese Tatsache anerkennen und berücksichtigen. Steve ist unabhängig, aber er könnte andere abhängig machen. Er befriedigt seine Bedürfnisse nach Leidenschaft und Intimität mit kurzen Affären und spürt keinerlei Verlangen nach längerfristigen Beziehungen. Und jede Frau, die sich mit ihm einläßt, ohne dies zu erkennen, wird die Betrogene sein.

Fallbeispiel Nr. 2: Die vierundzwanzigjährige Architektin Lorraine F. ist außerordentlich beliebt. Sie verabredet sich oft mit einem Mann zum Abendessen und anschließend mit einem anderen zum Tanzen in einer Diskothek. Lorraine gibt jedoch zu, daß sie absichtlich jede innere Bindung meidet. Sie sagt: »Ich habe Angst vor Beziehungen.«

Sie schiebt die Schuld sowohl auf ihre Eltern als auch auf sich selbst. »Meine Eltern«, sagt sie, »reden kaum miteinander. Dadurch habe ich eine Menge negativer Gewohnheiten angenommen – genau wie meine Eltern versuche ich, das, was ich will, durch störrische Schweigsamkeit zu erreichen. Und weil ich davon ausgehe, daß Menschen, die sich lieben, auf diese Art bekommen, was sie wollen, manipuliere ich auch jede Beziehung in dieser Weise. Ich habe ständig Angst, eine Beziehung könnte schiefgehen; daher tue ich immer, als sei alles in Ordnung, auch wenn es hinten und vorne nicht stimmt. Wenn die Beziehung auch nur halbwegs in Ordnung ist, dann tue ich so, als sei sie rundum perfekt. – Meine Mutter ist Hausfrau und hat sich ihrem Mann so total untergeordnet, daß sie nie eine eigene Identität gehabt hat. Ich habe Angst davor, den gleichen Fehler zu begehen. Und ich habe Angst davor, mich mit einem Mann einzulassen, der nicht der richtige für mich ist, und dann keinen Ausweg mehr zu wissen. Das ist mein Fehler. Aber ich weiß nicht, wie ich es anstellen soll, mich zu ändern.«

Analyse: An Lorraines Beispiel können wir zwei häufige Beziehungsängste erkennen: Da ist einmal die Angst vor persönlichem Versagen und zum zweiten die Angst vor dem Verlust der eigenen Identität. Lorraine hat, ähnlich wie Steve P., Schwierigkeiten, sich auf eine verpflichtende Bindung einzulassen, aber ihr Problem ist nicht das gleiche. Einerseits sehnt sie sich nach Nähe, doch andererseits fürchtet sie sich davor, was dazu führt, daß sie sich selbst etwas vormacht, etwa, indem sie vor dem wahren Ausmaß an Bindungsintensität die Augen verschließt (»rundum perfekt«). Sobald sie von der Realität, also der Tatsache, daß die Beziehung nicht funktioniert, eingeholt wird, fühlt sie sich als Opfer. (Sie wurde von einem Mann sitzengelassen, weil sie, wie sie sagt, »alles für ihn tat«.)

Fallbeispiel Nr. 3: Der Onkologe Allan M. hat zwei langwährende Beziehungen hinter sich, die schließlich in die Brüche gingen. Beim erstenmal verschanzte er sich ausschließlich hinter seiner Arbeit und vernachlässigte seine Freundin, die ihn schließlich verließ, obwohl sie ihn liebte. Er erinnert sich: »Ich glaubte, niemand wolle mich haben, und ließ mich deshalb mit einem wahren Scheusal ein. Meine Familie lehnte sie vollkommen ab und hatte recht damit. Diesmal zog *ich* den Schlußstrich. In den letzten fünf Jahren hatte ich zwar viele Affären, suchte mir aber immer nur Frauen aus, die für die Ehe nicht in Frage kamen. Vor anderthalb Jahren ging mir endlich ein Licht auf. Jetzt habe ich kein Interesse mehr an flüchtigen Beziehungen oder an Frauen, die nicht mehr von mir erwarten. Meine Arbeit macht mich sozusagen zum Mönch und ich habe wenig Freizeit, aber in meiner Denkweise bin ich wie neugeboren. Jetzt wäre ich fähig, eine Beziehung erfolgreich zu gestalten, und würde auch einiges dafür tun. Das Schlüsselwort ist *Verpflichtung*. Nun bin ich auf der Suche – ich weiß nur noch nicht, wie ich es anpacken soll.«

Analyse: Allan hat sich aufgrund seiner Erfahrung verändert, auch wenn dieser Prozeß wohl noch nicht abgeschlossen ist. Er weiß, was er von seiner Partnerin erwartet: Wärme, Verständnis und Ellbogenfreiheit, damit er seiner Arbeit ohne zänkische Forderungen ungestört nachgehen kann. Aber er denkt ausschließlich an seine Bedürfnisse und seine eigene Bequemlichkeit und nicht daran, was er *geben* könnte und will. Damit steckt er selbst seiner Auffassung von Intimität enge Grenzen. Trotz all seiner neuen Einsichten stellt er seine Arbeitssituation, die hohe Anforderungen an ihn stellt, schlimmer dar, als sie tatsächlich ist. Immerhin finden zahlreiche hart arbeitende Akademiker die richtige Frau. Wahrscheinlich ist Allan in Wirklichkeit doch noch nicht ganz so bereit für eine bindende Beziehung, wie er glaubt.

Fallbeispiel Nr. 4: Seymour D. und Sarah S. leben beide in Indianapolis. Beide sind geschieden und kinderlos. Vor zwei Jahren lernten sie sich kennen. Seymours geschiedene Frau war »zu freiheitsliebend«, zu unkonventionell, »zu wenig an ernsthafter Arbeit interessiert«. Sarah war achtundzwanzig, als sie sich scheiden ließ: »Ich wußte einfach noch nicht, wer ich eigentlich war. Und da ich Angst hatte, den gleichen Fehler noch einmal zu begehen, habe ich seitdem einfach alles auf mich zukommen lassen.«

Sarah fühlt sich mittlerweile viel sicherer und weiß, daß sie eine gute Ehe führen kann. Außerdem akzeptiert sie Eigenschaften an Seymour, die ihm manche Leute als Fehler ankreiden würden. Er ist freiberuflich tätig und rechnet es ihr wiederum hoch an, daß sie über Ersparnisse, ein Ferienhaus und einen begehrten Posten verfügt und außerdem noch eine charmante und beliebte Gastgeberin ist.

Seymour ist glücklich über die Beziehung zu Sarah und sagt: »Ich habe mich verändert, bin nicht mehr so egoistisch. Ich fühle mich zunehmend verantwortlich für unser gemeinsames Leben.« Und er fügt hinzu: »Mit Sarah kann ich es schaffen. Sie verkörpert für mich eine Mischung aus Fürsorglichkeit und Humor, und sie hat ein gewisses Selbstwertgefühl, obwohl ihre kurze Ehe und eine schiefgegangene Affäre sie mehr verunsichert haben, als nötig gewesen wäre.«

Analyse: Beide haben den Schmerz vergangener Fehlschläge verwunden und sich wirklich geändert. Sarah und Seymour denken nicht nur an ihre eigenen Bedürfnisse, sondern auch an die des Partners und vor allem an die ihrer Beziehung. Ihre Niederlagen haben sich als Perioden inneren Wachstums herausgestellt. Sie haben es geschafft. Alle drei Komponenten – Intimität, Leidenschaft und Bindungsbereitschaft – sind vorhanden.

Wie Sie Ihre Beziehung schon in einem frühen Stadium bewerten können

Ziel: Herauszufinden, an welchem Punkt Ihre Beziehung angelangt ist und wohin sie führt.

ERSTER SCHRITT: Beantworten Sie die folgenden Fragen anhand einer Werteskala von eins bis hundert:

- Wieviel Leidenschaft gibt es in Ihrer Beziehung?
- Wieviel Vertraulichkeit?
- Wieviel Bindungsbereitschaft besteht für die Zukunft?

ZWEITER SCHRITT: Wohin führt die Beziehung Ihrer Meinung nach?

- zurück
- stagniert
- sie macht Fortschritte

DRITTER SCHRITT: Beantworten Sie zwei weitere Fragen:

- Ist Ihr Partner bereit, zur Verbesserung Ihrer Beziehung beizutragen? (Etwa mit dem Versprechen, nicht mehr alles mit Argusaugen zu beobachten oder mehr Freizeit gemeinsam zu verbringen.)
- Sind Sie bereit, zur Verbesserung Ihrer Beziehung beizutragen?

Bereitwilligkeit zur Veränderung ist für eine erfolgreiche Beziehung unerläßlich. Ein Beispiel: Lila P. erkannte ihre Ichbezogenheit früh genug, um etwas für ihre Beziehung tun zu können. Sie hatte sich gemeinsam mit Jack F. für ein teures Wochenendseminar über Fotografie angemeldet. Dann wurde sie für das gleiche Wochenende von Freunden zur Taufe ihres gerade adoptierten Babys eingeladen und sagte ohne nachzudenken zu. Als Jack sie daraufhin wütend fragte, wie sie so etwas tun könne, erkannte sie schließlich: »Ich mußte immer das brave Mädchen spielen, das Mutters Erwartungen erfüllt – und eben auch die meiner Freunde. Dabei vergaß ich, daß meine Beziehung zu Jack viel wichtiger ist. Ich bedeute ihm soviel, daß er verletzt reagiert, wenn ich ihn hintanstelle.«

Trennung

Eine Trennung tut weh, aber übertreiben Sie den Schmerz nicht so, daß er eine anhaltende emotionale Schädigung zur Folge hat.

Menschen trennen sich aus den unterschiedlichsten Gründen. Vielleicht haben sie das Gefühl, daß die Beziehung zwar schön war, solange sie dauerte, doch daß es nun an der Zeit ist, zu neuen Ufern aufzubrechen. Mag sein, daß sich die Anziehungskraft zwischen den Partnern nicht weiterentwickelt hat, was eine gewisse Leere, Unerfülltheit und Unzufriedenheit hinterläßt. Vielleicht nimmt der Partner alles passiv hin, und wenn sich beide einfach treiben lassen, werden beide abhängig. Oft tragen auch beide aktiv dazu bei, daß die Beziehung in die Brüche geht. Oder einer von beiden schlägt eine Trennung vor, beide aber willigen ein, und beinahe gleichzeitig mit der Enttäuschung stellt sich ein Gefühl der Erleichterung ein. Vielleicht plagen Sie auch Zweifel und Unzulänglichkeitsgefühle, so daß es Ihnen notwendig erscheint, sich als Opfer aufzuspielen.

Beinahe jede Trennung kostet beinahe jeden Beteiligten einen gewissen Preis. *Je mehr wir jedoch über alle Nachteile und unsere eigene Abhängigkeit nachgrübeln, um so geringer wird unsere Chance, eine neue Beziehung einzugehen.* Fehlschläge können derartige Ängste auslösen, daß wir einen neuerlichen Versuch, eine Beziehung einzugehen, gar nicht erst unternehmen.

Wenn Sie Ihren Partner verlassen

Ihre Vernunft hat ihre Gründe. Sie haben Ihrem Freund oder Ihrer Freundin zum Beispiel schon vor etlicher Zeit mitgeteilt, daß Sie, sobald Sie genug Geld auf der hohen Kante haben, ein paar Jahre im Ausland verbringen wollen, doch Ihr Partner hat Ihnen entweder nicht zugehört oder sich geweigert, Ihnen zu glauben. Vielleicht haben Sie die Beziehung auch nur aus Mangel an Alternativen aufrechterhalten; endlich aber ist die ersehnte Situation eingetreten und Sie ergreifen entsprechende Initiativen. Ein Beispiel: Tina J. wurde von ihrem Freund, einem Geschäftsmann, plötzlich abserviert, weil er sich auf einer geschäftlichen Feier Hals über Kopf in eine Frau verliebte, die im gleichen Fachgebiet tätig war wie er. Tina wurde von aller Welt bemitleidet: »Wie konnte er ihr das nur antun?« Ihr Freund jedoch hatte sich an ihrer Seite gelangweilt und nur darauf gewartet, daß ihm die richtige Frau über den Weg lief.

Vielleicht kommen Sie zu dem Ergebnis, daß Ihre Beziehung Ihnen langfristig nicht das bietet, was *Sie* sich vorstellen, während Ihr Partner nach wie vor mit der Situation zufrieden ist. Oder Ihrer beider Lebensauffassung und Wertmaßstäbe lassen sich nicht unter einen Hut bringen, und schließlich sagen Sie sich: »Das ist nichts für mich.« Ein Beispiel: Elaine G. war auf jeder Party zu finden und gleichzeitig mit einem seriösen Chemiker liiert. »Ich will heiraten und ein Heim gründen«, sagte er schließlich zu ihr. »Du hast nichts als dein Vergnügen im Kopf. Wir haben uns einfach zum falschen Zeitpunkt kennengelernt.«

Fallbeispiel: Die unsichere Frau

Die achtundzwanzigjährige Paula A. hatte alles, was das Herz begehrt: Sie hatte einen eigenen erfolgreichen Partydienst, sah gut aus und hatte viel Humor. Was sie nicht hatte, war Selbstvertrauen. Auf einem ihrer Diensteinsätze lernte sie einen gutaussehenden, verheirateten Mann kennen. Und obwohl sie wußte, daß er seine Frau nie verlassen würde, machte sie sich insgeheim Hoffnungen. Jedesmal, wenn Paula die Beziehung beenden wollte, kam Les ihr auf die Schliche und behandelte sie so liebevoll, daß sie ihr Vorhaben wieder aufgab.

Paula kam zur verhaltenspsychotherapeutischen Behandlung in meine Praxis. Ihre Frage lautete: »Mit diesem Mann habe ich keine Zukunft. Warum kann ich mich nicht von ihm trennen?« Wir versuchten es zunächst mit dem Ersten Schritt der Verhaltensänderung. Paula gab sich alle erdenkliche Mühe, mit anderen Männern Verabredungen zu treffen, doch es gelang ihr nicht. Aber ihr war klar, daß sie Les schon um ihrer Selbstachtung willen aufgeben mußte.

Als wir uns mit dem Zweiten Schritt (Blockierungen) befaßten, fanden wir heraus, daß Paula trotz ihrer erfolgreichen Karriere unumstößlich davon überzeugt war, kein anderer Mann wolle sie haben, geschweige denn heiraten. Von diesem Irrglauben war sie so felsenfest überzeugt, daß sie ebenso gut ein Schild »Hände weg« vor sich hertragen hätte können. Ihr Glaube erfüllte sich. Andere Männer schenkten ihr kaum je Beachtung. Ich wies Paula darauf hin, daß ihr falscher Glaube Ängste in ihr auslöste, die sie wiederum zu Handlungsweisen trieben, die ihre Ängste in Erfüllung gehen ließen. Ich gab ihr die Übung aus Kapitel fünf zur Einstellungsänderung und beauftragte sie, sich zu überlegen, aus welchen Gründen sie für Männer interessant sein könne. (»Ich bin klug«, zum Beispiel, oder »Ich bin hübsch und verdiene sehr gut.«) Außerdem sollte sie sich verschiedene gesellschaftliche Situationen und ihren Umgang mit den dabei anwesenden Männern ausmalen.

Die Behandlung war erfolgreich. Die Männer, mit denen Paula Tag für Tag zusammentraf, reagierten plötzlich anders auf sie. Einige riefen an, um sich mit ihr zu verabreden. Das brachte ihre ursprüngliche Annahme, niemand interessiere sich für sie, ins Wanken. Zu guter Letzt war Paula imstande, die Beziehung zu dem verheirateten Mann, mit dem sie sich mehr aus Einsamkeit denn aus Liebe eingelassen hatte, zu beenden.

Es kann sein, daß Sie ganz einfach keine feste Bindung eingehen wollen. Sie geben eine Beziehung auf, weil Sie von sich aus – oder mit etwas Nachhilfe – einsehen, daß sie ein Problem aufrührt, das Sie tief in sich vergraben haben.

Gefahrenstelle: Wer eine Beziehung abbricht, kann leicht seinen eigenen Schuldgefühlen zum Opfer fallen. Der Wunsch nach Absolution kann uns dazu verleiten, ausschließlich die Fehler des ehemaligen Partners zu sehen und unsere eigenen Schuldgefühle zu verdrängen, um der selbstgeschaffenen Vorstellung von unserer Opferrolle gerecht zu werden. Oder das Gegenteil ist der Fall: Wir sehen nur unsere eigenen Fehler und bauschen sie maßlos auf, damit wir uns in hohlen Machtgefühlen und übertriebenen Selbstopferungsvorstellungen ergehen können. Ob wir nun so oder so handeln – wir verdrängen alles Geben und Nehmen, das die Beziehung prägte, und verlieren damit jede Chance, aus der gemachten Erfahrung zu lernen.

Wenn Ihr Partner Sie verläßt

Sie haben in Ihrer Naivität und Einfalt niemals zugeben wollen, daß Ihre Beziehung eines Tages zwangsläufig Schiffbruch erleiden mußte. Statt dessen haben Sie alle Warnungen in den Wind geschlagen und die Beziehung zu einem Ideal hochstilisiert, dem sie nie entsprach.

Vielleicht haben Sie die Warnzeichen sogar bemerkt und auf bessere Zeiten gehofft. Sie waren so auf Ihren Partner fixiert, daß Sie jede Kränkung hinnahmen (etwa, wenn er auf einer Party in Ihrem Haus mit jemand anders anbandelte). Ihre ebenso optimistische wie unrealistische Annahme lautete: »Das renkt sich schon wieder ein.«

Mag sein, daß Sie den Fehlschlag als Grund zu Selbstbezichtigungen brauchen – »Ich bin nicht gut genug... nicht gut im Bett... kein richtiger Mann (keine richtige Frau). Was ist nur mit mir los?« Ihr Unterbewußtsein verlangt, daß Sie in die Rolle des Opfers eines herzlosen Partners schlüpfen. Sie übertreiben die Geschehnisse ebenso wie Ihre eigene, vermeintliche Unzulänglichkeit.

Vielleicht sind in Wirklichkeit Sie die treibende Kraft, die die Beziehung zerstört: Sie beschwören Situationen herauf, in denen Ihr Partner Sie zwangsläufig vernachlässigen *muß*. Oder Sie machen Ihrem Partner mit ständiger Kritik, mit Ihrer Heftigkeit und Ihren Manipulationen das Leben so sauer, daß er Sie allein schon aus Selbstachtung verlassen muß. Vielleicht erwarten Sie auch schlicht Unmögliches. Ein Beispiel: Eine Frau war von der Vorstellung besessen, Ihr Partner dürfe niemals böse auf sie werden. Solch hochgesteckten Anforderungen konnte er, wie nicht anders zu erwarten, nicht gerecht werden. Schließlich fand er ihre Unbeugsamkeit zermürbend und nahm Reißaus.

Woran Sie denken sollten, bevor Sie Ihre Beziehung beenden

■ *Wenn Sie Ihre Beziehung ernstnehmen, so lassen Sie nichts unversucht, bevor Sie einen Schlußstrich ziehen.* Sie könnten versuchen, Ihr eigenes Verhalten zu ändern, eine Unterredung herbeiführen oder es zur Konfrontation kommen lassen. Stellen Sie Bedingungen (»Jane, du mußt mit diesen Absagen auf die letzte Minute aufhören.«). Seien Sie ehrlich (»Gerry, unsere Beziehung führt zu nichts. Willst du sie noch aufrechterhalten oder nicht?«). Beide Partner müssen sich darüber im klaren sein, daß die Beendigung der Beziehung der einzige Ausweg ist, wenn keine praktikable Alternativlösung gefunden wird.

■ *Beiden Partnern steht das gleiche Recht zu, die Beziehung – insbesondere in der Anfangsphase – abzubrechen.* So ungerecht Ihnen die Trennung erscheinen mag – vor allem dann, wenn die Initiative dazu nicht von Ihnen ausgeht –, so bleibt es doch eine Tatsache, daß jede Beziehung in ihren Anfängen ein Versuchsstadium durchläuft.

■ *Klammern Sie sich nicht an eine Beziehung, von der Ihnen klar ist, daß sie nie funktionieren wird.* In meiner verhaltenstherapeutischen Praxis komme ich immer wieder mit Menschen zusammen, die dem Leben den Rücken gekehrt haben und vergeblich darauf warten, daß man sie zurückruft. Da sie einmal eine Blessur davongetragen haben, verharren sie – aus Angst vor Wiederholung – in einem lähmungsähnlichen Zustand und klammern sich an eine zerbrochene Beziehung, die sie im nachhinein idealisieren. In anderen Fällen dringt zwar einer der Partner auf Beendigung der Beziehung, bringt es aber aus Schuldgefühlen nicht fertig, eine klare Trennungslinie zu ziehen. Ein Beispiel: Barbara D. fand endlich den Mut, die entscheidenden Worte auszusprechen und ihrem Freund zu sagen: »Du mußt ausziehen.« Doch schon am nächsten Tag zog sie los, suchte eine Wohnung für ihn und füllte ihm den Kühlschrank mit Vorräten.

▪ *Grübeln Sie nach der Trennung nicht endlos darüber nach und bauschen Sie sie nicht unnötig auf.* Quälen Sie sich nicht mit Sätzen wie: »Wenn ich nicht gleich die Flinte ins Korn geworfen hätte, wäre alles von allein wieder ins Lot gekommen.« Stimmt nicht!

Denken Sie daran, daß *das Scheitern einer Beziehung auch seine positiven Seiten hat.* Sie können daraus lernen: Was Sie falsch gemacht haben, wem Sie vertrauen können, wo Sie etwas hätten riskieren sollen und es nicht getan haben (oder umgekehrt). Und Sie können lernen, was Sie in künftigen Beziehungen besser machen können.

Fallbeispiel Nr. 1: Der zuvor erwähnte Geschäftsmann, der seine Freundin Tina J. Hals über Kopf sitzen ließ, langweilte sich mit seiner neuen Flamme bald noch mehr als zuvor. Tina machte ihm keine Vorwürfe, sondern nahm ihn mit offenen Armen wieder auf und heiratete ihn schließlich. »Ich liebe ihn«, sagt sie, »und ich habe ihm verziehen.« Beide haben aus der Trennungserfahrung gelernt, den Partner wirklich zu schätzen.

Fallbeispiel Nr. 2: Carolyn J. verliebte sich auf den ersten Blick in den Internisten Bill T., dessen Scheidung erst kürzlich erfolgt war. Seitdem hatte er für jeden Tag der Woche (außer Samstag, da er Bereitschaftsdienst hatte) ein anderes Mädchen. Er machte vor Carolyn keinen Hehl aus seinen vielen Freundinnen. Sie wurde seine Freitagsfrau. Sie hütete sich, ihn zu irgend etwas zu drängen (»Das würde ihm nur einen Vorwand liefern, mich zu verlassen«), sondern hielt sich immer für ihn bereit. Eines Montagabends rief Bill um halb zehn bei ihr an und sagte: »Ich bin bei meiner Montagsfrau. Hast du um zehn Zeit für mich?« Carolyn sagte ja, und in der gleichen Nacht rückte er endlich mit der Sprache heraus: »Gib mir zwei Wochen, um diese Frauengeschichten abzuwickeln, danach können wir dann zusammenziehen.« Genau das taten sie – und heirateten schließlich.

Carolyn hatte genau gewußt, auf was sie sich einließ. Sie ging mit dieser Beziehung ein kalkuliertes Risiko ein. Da sie wußte, wie gefährlich es ist, sich einfach treiben zu lassen, hatte sie sich eine sechsmonatige Frist gesetzt. Ihr war klar: Sollte Bill sich in dieser Zeitspanne nicht ändern und seine Freundinnen beibehalten, mußte sie sich von ihm trennen, so sehr sie ihn auch liebte. Dieses Wissen gab ihr den Mut, ihren Plan durchzuführen, und sie hatte Glück.

Nach einer Trennung müssen Sie sich um Ihrer eigenen Zufriedenheit willen *auf die unmittelbar vor Ihnen liegende Zukunft konzentrieren* und folgendes akzeptieren:

- Es tut weh.
- Sie haben Ihrer Lebenserfahrung entsprechend Ihr Bestes getan.
- Es ist vorbei.

Und nun stellen Sie sich die Frage: »Was mache ich jetzt?«

Sagen Sie sich: »Ich stehe auf der Schwelle zu einer neuen Gefühlswelt. Ich habe alle Chancen, eine neue Beziehung einzugehen – diesmal die richtige.«

KAPITEL 10

EMOTIONALE ABHÄNGIGKEIT IN DER LIEBE: WIE KOMMT ES DAZU?

Männer und Frauen jeden Alters und jeder Gesellschaftsschicht wachen eines Tages auf und erkennen, daß sie in ihrer Ehe oder in ihrer Beziehung zu emotionalen Opfern geworden sind, obwohl die Verbindung angeblich auf gegenseitiger Liebe beruht. Der Grund dafür mag auf vergangene oder gegenwärtige Lebensumstände zurückzuführen sein, doch das Resultat ist stets das gleiche: Die gegenseitige Liebe nimmt ab oder verschwindet gänzlich. Zurück bleiben Enttäuschung, Distanz, Mißtrauen und das Verlangen, einen Schlußstrich zu ziehen.

In diesem und im folgenden Kapitel werden wir Ihnen zeigen, wie die Verhaltens-Psychotherapie helfen kann zu verstehen, warum Menschen mitunter Dinge tun, die nicht nur ihnen selbst schaden, sondern auch jenen, die sie am meisten lieben. Wir zeigen Ihnen, wie dieser Schaden zu beheben ist und wie Offenheit in der Äußerung von Liebesgefühlen und konstanter Wandel eine enge emotionale Bindung entstehen lassen können.

Der Dramatiker Jean Anouilh kommt in seinem Stück *Ardèle oder das Gänseblümchen* zu zwei Erkenntnissen, die für alle romantischen Verbindungen Gültigkeit haben: Der Feind der Liebe, schreibt er, sei das Leben; und Liebe bedeute vor allem, sich selbst zum Geschenk zu machen.

Grundregeln für enge Beziehungen

Jede enge Beziehung enthält eine Mischung aus *einengender* und *befreiender Intimität*. Ihr Ziel sollte sein, diese beiden Komponenten in Ihrer Verbindung sowohl allein als auch im Verhältnis zueinander zu erkennen. Sie sollten sich um die *Entwicklung befreiender Intimität bemühen*, so daß Sie selbst, Ihr Partner sowie Ihrer beider Beziehung wachsen und reifen können.

Der verstorbene Dr. Abraham H. Maslow beschrieb in *Psychologie des Seins* den Unterschied zwischen D-Liebe und S-Liebe (Defizit-Liebe und Seins-Liebe). D-Liebe ist eigennützig und bedürftig, S-Liebe bedürfnislos und selbstlos.

Einengende Intimität oder D-Liebe ist auf Schwäche zurückzuführen. Unsere Rolle in dieser Beziehung zeichnet sich durch unseren Selbstschutzmechanismus aus, der uns Ängste (wie die Angst vor Einsamkeit) vom Leibe halten oder bestimmte Seiten an uns verbergen soll, zum Beispiel das Gefühl, unliebenswert oder unzulänglich zu sein. »Ich habe ihn nicht geheiratet, weil ich ihn liebe«, sagt eine Patientin, »sondern weil er mich liebte und mir ein gewisses Selbstwertgefühl gab.« Manchmal erfüllt ein Partner unser Liebes- und Schutzbedürfnis so vollkommen, daß unser Selbstschutzbedürfnis abnimmt. Häufiger jedoch brauchen wir mehr Liebe und Zustimmung, als wir zu bekommen glauben.

Wenn unsere Eigenliebe nur wenig ausgeprägt ist, erwarten wir von unserem Partner mitunter mehr Liebe, als wir selbst in die Beziehung einbringen. Aber wir können den äußeren oder inneren Ausdruck von Gefühlen bei anderen nicht kontrollieren. Wir werden daher, unabhängig von unserem eigenen Verhalten und den Problemen unseres Partners, seine Gefühle immer wieder auf die Probe stellen. Jede kleinste Kritik oder Gereiztheit deuten wir als Anzeichen dafür, unser Partner könne uns weniger lieben als wir erwarten, und beweist uns unsere eigene Minderwertigkeit. Auf Dauer gefährdet das die Beziehung.

Einengende Intimität beeinflußt das Bild, das wir von unserem Partner haben, nachhaltig. Wir sehen in ihm nicht eine umfassende, vielschichtige Persönlichkeit, sondern nur die Teilaspekte des Gebens oder Verweigerns von Liebe, Anerkennung oder Sicherheit. Damit stecken wir der Verwirklichung echter Nähe und Intimität enge Grenzen und befürchten insgeheim ständig, ein potentielles Opfer zu sein.

Expansive Intimität oder S-Liebe läßt uns aus einer Position der Stärke agieren. Diese Stärke verschafft dem Teil in uns mehr Raum, der in der Nähe zum anderen Wachstum und Erfüllung sucht. Und da diese Art der Liebe einen eher kreativen als defensiven Prozeß verkörpert, ist die Liebesbeziehung genußvoll und befriedigend. Die Betonung liegt mehr auf dem Geben als auf dem Nehmen. Da S-Liebende bedürfnisloser sind, benötigen sie Liebe lediglich in regelmäßigen, geringen Dosierungen und können sogar lange Zeit ohne sie auskommen. Gleichzeitig können sie aber auch mehr Liebe geben; und da sie unabhängig sind, brauchen sie ihren Partner nicht dauernd auf die Probe zu stellen. Von der Angst, Ablehnung und Feindseligkeit einer defensiven Intimität spüren sie kaum etwas. Sie sind gleichzeitig unabhängiger und individualistischer und trotzdem selbstlos und großzügiger. Überdies entwickelt sich ihre Beziehung ebenso weiter, wie beide Partner persönlich wachsen.

All diesen Pluspunkten zum Trotz kann es doch vorkommen, daß Sie Ihrer eigenen Stärke zum Opfer fallen. Da sie zu größerer Offenheit verleitet, werden Sie, sobald Sie sexuelles Neuland betreten, verwundbarer. Sie könnten eine der Schwächen Ihres Partners unterschätzen. Vielleicht stellt sich heraus, daß Ihr Partner Vorbehalte hat, von denen Sie nichts wußten. Oder *Sie* haben Vorbehalte, und Ihr Partner zieht sich daraufhin zurück. Das schmerzt Sie zutiefst, da Sie sich dieser Beziehung mit Leib und Seele verschrieben haben. In diesem Fall sind Sie wirklich das Opfer.

In einer engen Liebesbeziehung verfügen beide über eine Mischung aus defensiven und expansiven Vertrautheiten. Je klarer wir die defensiven erkennen können, desto weniger Macht haben sie über uns. Außerdem können wir dann den Risiken, die mit expansiver Intimität verbunden sind, offener entgegentreten. Vielleicht jagt Ihnen dieses vorbehaltlose Geben Angst ein. Vielleicht wird man Ihnen wehtun oder Sie werden sich aufopfern. Aber vergessen Sie nicht, daß das Ziel jeden Preis wert ist, den Sie zahlen müssen.

Was wir auf jeden Fall vermeiden sollten, ist, uns zum Ziel zu setzen, unsere Beziehung dürfe sich niemals verändern. *Eine enge Beziehung ist nicht statisch, sondern ein Wachstumsprozeß, der ständigen Veränderungen unterworfen ist.* Jeder Versuch, alles beim alten zu belassen, führt lediglich zur Zerstörung der gegenseitigen Liebe. Erfolgreiche Beziehungen wachsen und reifen.

Dr. Robert J. Sternberg, Psychologe an der Yale University, legte eine vorläufige Studie an achtzig Erwachsenen im Alter von siebzehn bis neunundsechzig Jahren vor. Dabei ging er von der Hypothese aus, viele enge Beziehungen scheiterten daran, daß Partner nach Kriterien ausgesucht würden, die nur zu Beginn einer Beziehung wichtig sind (körperliche Anziehungskraft, gemeinsame Interessen), *nicht* jedoch nach Eigenschaften, die auf lange Sicht hinaus sehr viel schwerer wiegen (Bereitschaft, sich mit dem Partner zu ändern, gegenseitige Unterstützung).

Die ursprüngliche Anziehungskraft zwischen den Paaren basiert eher auf oberflächlichen Aspekten wie gleicher Herkunft und ähnlichen Interessen. Der wissenschaftliche Begriff dafür lautet *Homogamie* und kommt in dem Sprichwort »Gleich und gleich gesellt sich gern« zum Ausruck. Auf soziologische Variable wie Rassen- und Religionszugehörigkeit sowie Erziehung trifft das im allgemeinen zu. Ein Beispiel: Eine fünfundzwanzigjährige Betriebswirtin und Wharton-Absolventin heiratet demnächst den Juristen, mit dem sie schon seit den ersten Semestern zusammenlebt, und erklärt, der Stammbaum eines Mannes sei ihr wichtig.

Für manche ist Homogamie nicht genug; sie wollen mehr als gemeinsame Interessen und gleiche Herkunft. Ein Beispiel: Peter und Mary O. waren zunächst mit homogamen Partnern verheiratet und beide gescheitert. Heute, in ihrer zweiten Ehe, sind sie viel zufriedener. »Mary hatte mehr Gemeinsamkeiten mit ihrem ersten Mann«, sagt Peter. »Sie liest viel, mag Musik und kocht gerne, alles Sachen, um die ich einen großen Bogen mache. Aber wir führen eine leidenschaftliche Ehe.«

Die zweite Ehe von Peter und Mary ist ein Beispiel für Menschen, die besser aufeinander eingehen können. Zwar lesen sie weder die gleichen Bücher, noch haben sie die gleichen politischen Ansichten, doch ihre generelle Lebensauffassung und ihre Wertmaßstäbe decken sich. Dabei geht es beispielsweise um Wohltätigkeitsinteressen, den Umgang mit Geld (sparsam oder freigiebig) und ähnliche Ansichten über Kindererziehung.

Eine solche Partnerschaft wird zum Filterungsprozeß, in dem beide zum »Bedürfnis-Ausgleich« beitragen. Vielleicht sucht man sich einen Partner, der einen ergänzt, der die Eigenschaften aufweist, die man selbst nicht hat. Der eine ist vielleicht schüchtern, der Partner überschwenglich. Meine Frau pflegt zu behaupten, sie hätte mich geheiratet, weil ich der erste Mann war, der sie so sah, wie sie *wirklich* ist; der erste, der erkannte, daß sie emotional schutzbedürftig ist, obwohl sie in praktischen Dingen ungemein tüchtig ist.

Erfüllen Sie die Bedürfnisse Ihres Partners? Erfüllt Ihr Partner Ihre Bedürfnisse?

Beziehungen, die auf einem Bedürfnis-Ausgleich basieren, funktionieren manchmal gut, manchmal überhaupt nicht – entweder ist der Ausgleich von vornherein falsch, oder er entwickelt sich erst im Laufe der Zeit in die verkehrte Richtung.

Fallbeispiel Nr. 1: Der achtundzwanzigjährige Donald S. lernte Pat während der Sommerferien in Provincetown kennen und hielt um ihre Hand an. Er glaubte, mit ihr eine aufgeweckte, zielbewußte Frau zu heiraten, aus der er eine erstklassige Gastgeberin machen könnte, die ihm bei seiner Manager-Karriere von Nutzen sein würde. Pat war zweiundzwanzig und wünschte sich nichts sehnlicher als finanzielle Sicherheit; ihr Vater hatte in dieser Hinsicht völlig versagt. Donald erfüllte seinen Teil des unausgesprochenen Vertrags und stieg schließlich zum Vorstandsmitglied einer der laut *Fortune* fünfhundert umsatzstärksten Firmen auf. Nicht so Pat. Sie gebar zwei Kinder, weigerte sich, dem örtlichen Sportclub beizutreten oder Gastgeberin zu spielen, und bestand darauf, ein höchst unscheinbares Haus zu kaufen, das Donald seinen illustren und reichen Geschäftsfreunden nicht vorführen mochte. Zwanzig Jahre später herrschte Grabesstille im leeren Nest. Die Kinder gehen aufs College, Donald und Pat haben sich nichts mehr zu sagen. Ihr Bedürfnis-Ausgleich hat nicht funktioniert, und beide sind zum Opfer des Partners geworden.

Fallbeispiel Nr. 2: Roger und Leslie T. ergänzen sich bestens in ihrer Ehe. Er ist schwach, sie ist stark. Und obwohl sie es noch nicht einmal sich selbst eingestehen würden, so war es doch dieser Unterschied, der sie zusammenführte. Roger war als Kind Legastheniker, und sein Vater verachtete ihn, weil er »dem Kindergartenniveau nie entwuchs«. Vertreterjobs, die er als Erwachsener annahm, endeten jedesmal damit, daß er entlassen wurde. Mit dreißig lernte er Leslie, eine Volksschullehrerin, in einem Feriendorf des Clubs Méditerranné kennen. »Ich will sie heiraten, weil sie mir Beine machen wird«, erklärte Roger seiner Schwester. Und genau das tat Leslie. Mit ihrer unauffälligen Hilfe im Hintergrund gelang es ihm, ein erfolgreiches Geschäft aufzubauen. Sie gibt ihm Stärke. Er bietet ihr Schutz und Trost. Sie lieben sich und haben sich ein Leben nach eigenen Maßstäben eingerichtet. Einer erfüllt des anderen Bedürfnisse.

Männer und Frauen: Ihre unterschiedlichen Perspektiven

Männer und Frauen reagieren unterschiedlich auf Gefühle. Der Psychologin Dr. Kathleen White von der Universität Boston zufolge scheinen Frauen sich nicht wohlzufühlen, wenn zwischen den Partnern Distanz besteht, während Männer eher vor Nähe zurückschrecken. Dr. Whites Untersuchungen haben gezeigt, daß eine Frau normalerweise um so zufriedener ist, je unbeschwerter ihr Mann mit Intimität umgehen kann. Das Gegenteil trifft nicht immer zu.

Dr. John Gutman, Psychologe an der Universität von Illinois, weist darauf hin, daß im allgemeinen Ehefrauen mehr als ihre Männer dazu neigen, sich über Eheprobleme zu beklagen und sie in Angriff nehmen. Einer Frau geht es darum, einen Streit beizulegen, so daß sie sich ihrem Mann wieder verbunden fühlen kann und von ihm respektiert wird. Der Ehemann betrachtet eine Meinungsverschiedenheit nicht als Gelegenheit, sich näherzukommen, sondern als Ärgernis. Er will offenen Streit vermeiden.

In der Ehe knüpft eine Frau wieder engere Beziehungen zu ihren Eltern, während der Mann sich von seinen eher distanziert. Ehefrauen legen sogar Wert darauf, nicht nur mit den eigenen, sondern auch mit den Schwiegereltern engen Kontakt zu halten. Es kommt sogar vor, daß Frauen sich an ihre Mutter wenden, um dort die innige Verbundenheit zu finden, die sie bei ihren Partnern umsonst suchen. Die Rebellionen der Jugendzeit sind vergessen und vergeben.

Dr. Sternberg kam ebenso wie andere Kapazitäten zu dem Ergebnis, daß Doppelmoral nach wie vor nicht unüblich ist. Seine Untersuchungen belegen, daß Ehefrauen die absolute Treue beider Partner für sehr wichtig halten; Männer glauben, sie sei für Frauen wichtiger als für Männer.

Was veranlaßt manche Menschen, die falsche Wahl zu treffen?

Falsche Eindrücke und Erwartungen

Allein der Glaube, unser Partner zeichne sich durch bestimmte Eigenschaften aus, muß nicht heißen, daß er sie auch besitzt. In den Anfangsstadien einer engen Beziehung wird unsere Realitätswahrnehmung oft durch Gefühle verschleiert. Wir *haben das Gefühl*, daß ein Mensch freundlich, verständnisvoll und einfühlsam ist und nehmen an, dieser Eindruck entspräche der Wahrheit. Sobald wir die Welt nicht mehr durch eine rosarote Brille sehen und merken, daß uns statt Liebenswürdigkeit Härte entgegengebracht wird – sich unser ursprünglicher Eindruck also als falsch herausstellt –, fühlen wir uns als Opfer unseres eigenen Mangels an Klarsicht.

Mitunter führen wir uns selbst an der Nase herum, indem wir dem Partner Qualitäten oder Charakterzüge andichten, die er gar nicht hat. Ein Beispiel: Eine engagierte Sozialarbeiterin heiratete einen sechs Jahre älteren Journalisten in dem Glauben, er müsse allein schon seiner Interviews mit Berühmtheiten wegen einen faszinierenden Partner abgeben. Zu spät erkannte sie, daß er als Lebensgefährte nichts als Langeweile ausstrahlte.

Manche Leute haben geradezu märchenhafte Vorstellungen von der Ehe. Daß sie daran »arbeiten« müssen, ist ein Gedanke, der ihnen gar nicht erst kommt. Sie haben irgendwie das Gefühl, ihrem Partner sollen die gleichen Dinge wichtig sein wie ihnen, sei es nun moderne Innenarchitektur oder der Wunsch, täglich zum Essen auszugehen. Oder sie glauben, der Partner sollte – gleichgültig was gerade in ihm vorgeht oder welche Probleme er hat – dem anderen jeden Wunsch von den Augen ablesen und umgehend erfüllen. Mitunter setzen wir auch Interessen beim Partner voraus, die er gar nicht hat – der Mann ist extrovertiert, doch seine Frau mag kaum unter Leute gehen, oder die Frau ist ehrgeizig, während ihr Mann mit seiner beruflichen Sackgasse zufrieden ist.

Die ökonomische Realität kann uns daran hindern, das wahre Selbst eines Menschen zu durchschauen. Ein Beispiel: Rita, Sozialarbeiterin aus Seattle, zog nach Absprache mit ihrem Freund in dessen riesige Wohnung, die er sich aus Kostengründen mit seinen zwei besten Freunden teilte. In ihrer Verliebtheit setzten Rita und ihr Freund ein Datum für die Hochzeit fest. Da fand Rita heraus, daß ihr Verlobter sie mit einer anderen Frau betrogen hatte. Sie löste die Verlobung. Es wäre nun an der Zeit gewesen, sich Gedanken über die Beziehung zu machen, und daraus zu lernen. Das tut Rita nicht, sondern sie schiebt die Schuld auf die beiden Wohnungsgenossen: »Ständig waren sie da. Wir hatten nie genug Zeit für uns allein. Ich konnte ihn nie richtig kennenlernen. Und mit Baseball-Übertragungen im Fernsehen konnte ich einfach nicht konkurrieren.«

Liebe kann uns sogar blind für gravierende Probleme machen. So kommt es zum Beispiel vor, daß sich einer der Partner als psychisch gestört erweist, der andere aber in seiner Verliebtheit bis in die ersten Ehewochen hinein keinerlei Warnsignale bemerkt.

Ein Beispiel: Dem neunundzwanzigjährigen David M. war zwar aufgefallen, daß seine attraktive Verlobte kaum Freunde hatte, doch schrieb er es ihrer Schüchternheit zu. Die Bemerkung ihrer beiden einzigen Freundinnen, sie sei »ein bißchen komisch«, beachtete er nicht weiter, da er annahm, es sei im übertragenen Sinn und freundschaftlich gemeint. Die Ehe wurde zur reinsten Tragödie. Mehrere Therapeuten diagnostizierten eine Psychose bei Davids Frau. Ein Anstaltsaufenthalt folgte dem anderen. »Ich hätte viel früher dem einzigen Hinweis nachgehen sollen, den ich hatte«, sagt David. »Als sie fünf Jahre alt war, nahm ihre Mutter sie drei- oder viermal die Woche zu Doppelvorstellungen mit ins Kino. Sie ist mit einem falschen Realitätsgefühl aufgewachsen. Anfangs war ich blind dafür. Ich wußte nur, daß ich sie liebte.«

Wenn man eine Beziehung aus den falschen Gründen eingeht

Manche Menschen gehen eine Beziehung nicht etwa ein, um aus einem guten ein besseres Leben zu machen, sondern weil sie sich negative Lebensaspekte möglichst fern halten wollen. Vor allem Frauen glauben – trotz der neuen Emanzipationsbewegung –, sie müßten unbedingt heiraten. Ihre Hauptmotive sind das Gefühl, gesellschaftlichen Erwartungen entsprechen zu müssen, und die Hoffnung auf weniger Einsamkeit.

Fallbeispiel: Die verzweifelte Büroleiterin

Die fünfunddreißigjährige Büroleiterin Emily M. fühlte sich entsetzlich einsam. Eine Ehe, meinte sie, sei die einzig mögliche Lebensweise, die ihr gerecht würde, doch alle ihre Affären verliefen im Sand. Sie war von den Männern enttäuscht und die Männer fanden sie zu anspruchsvoll.

Durch eine Bekanntschaftsanzeige lernte Emily einen achtunddreißigjährigen Angestellten beim Fernmeldeamt kennen, der mit seiner Mutter zusammenlebte. Emily war sich von Anfang an über seine Nachteile im klaren: Er war geizig, überkritisch und nicht im geringsten daran interessiert, irgend etwas aus Spaß an der Sache zu tun. Allerdings hatte er zwei große Vorteile: Er wollte Emily heiraten und, genau wie sie, sofort ein Kind haben. Sie traten also vor den Altar und bekamen innerhalb eines Jahres ein Kind.

Die Ehe besteht immer noch, aber sie ist nicht glücklich. Das Sexualleben der beiden ist kaum der Rede wert. Die Familie lebt freudlos und so gut wie von der Umwelt abgeschlossen vor sich hin. Aber Emily hat die Tochter, die sie sich wünschte. Wenn ihr doch einmal Zweifel an ihrer Ehe kommen, ruft sie sich ins Gedächtnis, wie unglücklich sie als Alleinstehende war. Sie hält ihre Ehe für das kleinere von zwei Übeln. Sie und ihr Mann gehen getrennte Wege. Emily hat erreicht, was sie wollte, und hält es für allemal besser als ein Leben allein.

Es sind hauptsächlich Frauen, die in Gefahr geraten, einer gewissen Torschlußpanik zu unterliegen – der Angst, keinen Mann mehr zu finden. Und manche Frau glaubt, »spät« sei gleichbedeutend mit »nie«. Einer neueren, sehr kontroversen Untersuchung zweier Soziologen aus Yale und eines Wirtschaftswissenschaftlers aus Harvard zufolge kann man von der Erwartung ausgehen, daß von allen Frauen, die mit dreißig Jahren noch ledig sind, gerade zwanzig Prozent noch eine Ehe eingehen; bei den Fünfunddreißigjährigen sind es nur noch fünf Prozent, und von den über Vierzigjährigen wird »vielleicht noch ein Prozent heiraten«. Wenige beruflich erfolgreiche Frauen entwickeln ihren eigenen Lebensstil und sind ohne Partner zufrieden. Viele jedoch machen sich auf die Suche nach einem Gefährten, der ihnen ebenbürtig ist; finden sie keinen, so geben sie sich mit einem Mann zufrieden, der ihnen nicht das Wasser reichen kann.

Junggesellen geraten leicht in eine andere Gefahr: Die Mutter stirbt, und sie brauchen sofort eine neue Haushälterin. Dann wählen sie eine Frau, die sanft und mütterlich wirkt – und entdecken zu spät, daß der Schein trog.

Manche Leute heiraten zu jung – sie haben ihre Identität noch nicht gefunden und treffen daher die falsche Wahl. Wieder andere Menschen heiraten nicht aus Liebe, sondern um ein bestimmtes Problem zu lösen – etwa, um das Elternhaus verlassen zu können.

Fallbeispiel: Der unstete Teenager

Sally W. wuchs in kultivierter häuslicher Umgebung in einem Vorort von Boston auf. Ihr Leben daheim war finanziell sorgenfrei, aber gefühlsmäßig schwierig. Ihre Mutter war »die andere Frau« im Leben eines Mannes und wartete auf die Scheidung ihres Geliebten von der Frau, mit der er schon viele Jahre lang verheiratet war. Sally wußte darüber Bescheid, fühlte sich unwohl in dieser Situation und wollte »raus aus dem Haus«. Mit fünfzehn lernte sie einen sieben Jahre älteren, attraktiven Mann kennen. Mit achtzehn heiratete sie ihn – zur gleichen Zeit wie die Mutter ihren langjährigen Geliebten, der sich endlich von seiner Frau hatte scheiden lassen.

»Ich war noch ein Kind«, gibt Sally offen zu. »Mein Mann war nett, aber ein bißchen beschränkt. Ich langweilte mich, aber ich wurde auch erwachsen. Ich habe nur so früh geheiratet, weil ich mich nicht in das neue Leben meiner Mutter einmischen wollte.« Sally wurde Innenausstatterin (»Ich erkannte, daß ich mich ändern konnte«), trat der örtlichen Vereinigung von Unternehmerinnen bei (»Ich merkte, daß ich mich im Umgang mit gebildeten Frauen wohlfühlte«) und kam allmählich zu dem Schluß, daß es mit ihrer Ehe einfach nicht gutgehen konnte (»Mein Mann kümmerte sich um gar nichts. Er schien mich als eine Art Mutter zu betrachten, obwohl ich jünger war als er.«). Sie bat ihn um die Scheidung, in die er nur ungern einwilligte. Heute sagt sie: »Ich will mit einem erwachsenen Menschen zusammenleben. Ich habe den Ehevertrag gebrochen. Ich bin erwachsen geworden, er nicht.«

Wissenschaftler an der University of Chicago führten eine achtzehn Jahre währende Langzeit-Untersuchung durch, die einmal mehr betont, wie wichtig es für jeden Menschen ist, seine eigene Identität zu finden. Dieser Studie zufolge ist ein Mann, der mit zwanzig noch keine fest umrissene Identität gefunden hat, aller Wahrscheinlichkeit nach mit vierzig noch immer unverheiratet. Eine Frau mit den gleichen Voraussetzungen hat zwar höchstwahrscheinlich geheiratet, ist aber mit vierzig geschieden.

Manche Menschen wollen ein inneres Defizit ausgleichen. Das ist etwas ganz anderes als der bereits erwähnte »Bedürfnis-Ausgleich«. *Diese Menschen verspüren einen konkreten Mangel* – sei er nun charakterlich oder im äußeren Erscheinungsbild –, *den der Partner ausglei-*

chen, nicht nur ergänzen muß. Ein Beispiel: Ein Mann, der Zweifel an seiner Männlichkeit hat, wählt eine ausgesprochen feminine Frau in der Hoffnung, daß sie die schlummernde Maskulinität in ihm wecken wird. Vielleicht hat er Glück, und es klappt. Mitunter jedoch ist ihre zur Schau gestellte Koketterie nichts als ein Deckmäntelchen für ihr eigenes Defizit an Weiblichkeit.

Unsicherheit kann dazu führen, daß man sich auf eine solch ungleiche Ehe einläßt. Ein gehemmter Mann sehnt sich oft nach einer attraktiven Frau. Er möchte die Leute sagen hören: »Das muß ja ein toller Kerl sein, wenn er so eine schöne Frau hat.« Das kann nur gut gehen, solange die Frau ihre Schönheit nicht einbüßt. Andererseits fürchtet er ihre Anziehungskraft auf andere Männer, die ihn zur Eifersucht treibt.

Menschen verändern sich. Eine hausbackene, unsichere Frau, die in einer Kleinstadt in New England das örtliche College besuchte, lernte dort einen gutaussehenden jungen Burschen kennen, den sie heiratete. Zunächst störte sie sich nicht an seiner Unbildung, denn sie war glücklich über ihren attraktiven jungen Mann. Mittlerweile jedoch hat sie beruflich großen Erfolg, während ihr Mann sich als Versager entpuppte: Er ist so ungebildet und unkultiviert, daß sie ihn nicht einmal zu Geschäftsparties mitnehmen kann. Und sein gutes Aussehen ist längst dahin.

Wie Sie Ihre Beziehung dazu nutzen können, komplizierte und unbewußte Probleme zu lösen

Bei solchen Problemen steht normalerweise der Elternteil des anderen Geschlechts im Mittelpunkt: Männer haben Schwierigkeiten mit ihrer Mutter, Frauen mit ihrem Vater.

Manche Menschen sind sich ihrer Probleme bewußt und versuchen, sie in den Griff zu bekommen. Ein Beispiel: Als Sie noch ein kleines Mädchen waren, war Papa mit Mama verheiratet und unerreichbar für Sie. Heute, als Erwachsene, wiederholen Sie das Kindheitsmuster und suchen sich Männer aus, die unerreichbar für Sie sind. Die Sängerin Carly Simon sagte einmal über ihren Vater: »Ich war mir niemals sicher, ob er wirklich an mir interessiert war und mich liebte. Dann starb er Anfang der sechziger Jahre und ließ mich mit diesem ungelösten Dilemma zurück. In der Vergangenheit habe ich oft Liebe bei Menschen gesucht, die unerreichbar waren. Das ist eine geistige Falle, von der ich mich freimachen mußte.«

Einige von uns heiraten eine Phantasievorstellung dessen, was Mutter oder Vater *hätten sein sollen.* Wenn Mutter oder Vater (in der Gegenwart repräsentiert durch Ehefrau oder Ehemann) sich nicht unseren Wunschträumen gemäß verhalten, fühlen wir uns betrogen. Ein Beispiel: Eine Frau hing noch immer der Vorstellung von einem starken, selbstbewußten Vater nach, der sie stets beschützte. Eines Sommers befand sie sich mit ihrem Mann auf dem Weg nach Maine in den Urlaub. Er verfuhr sich und sie mußten anhalten, um nach dem Weg zu fragen. Sie folgerte, er hätte, wenn er wirklich selbstsicher wäre, die Landkarte zu Rate ziehen und den richtigen Weg allein finden müssen. Doch da er die Situation nicht ihrem Wunschtraum entsprechend meisterte – sie also, im übertragenen Sinne, auch nicht beschützen konnte –, fühlte sie sich bedroht und reagierte wütend. Ihr Mann wiederum fühlte sich als Opfer ihrer Wut.

Der gleiche ungelöste Vater- oder Mutterkonflikt kann aber auch dazu führen, *daß wir einen Partner mit entgegengesetzten Eigenschaften suchen.* Unsere Begründung: Heiraten wir einen Menschen, der zu sehr einem Elternteil ähnelt, den wir enttäuscht haben oder von dem wir enttäuscht wurden, so beschwören wir Angst- und Schuldgefühle herauf. Wir lösen die Situation, indem wir die entgegengesetzte Richtung einschlagen.

Ein Beispiel: Der junge Architekt Mark lernte eine charmante Zahntechnikerin kennen, die ihn nach der zweiten Verabredung zu einer Tasse Kaffee in ihre Wohnung bat. Sie warnte ihn: »Bei mir herrscht totale Unordnung.« Die herrschte tatsächlich – vom ungemachten Bett bis zum Abwasch einer ganzen Woche, der sich in der Spüle stapelte. Marks Mutter allerdings zwar zwanghaft ordentlich gewesen und hatte ihre Maßstäbe auch ihrem Sohn aufgezwungen, so daß er diese Unordnung »reizend« fand. Für ihn war sie ein Symbol für »Freiheit«. Nach ihrer Hochzeit jedoch dämmerte ihm, daß es nicht um Freiheit, sondern um zwanghafte Unordnung ging. Er war in die gleiche Falle getappt – diesmal mit umgekehrten Vorzeichen: Seine Frau war nicht weniger zwanghaft als seine Mutter. Und wieder war er das Opfer.

Mitunter wollen wir unser vorherrschendes Eltern-Beziehungsproblem durch *defensive Orientierung auf uns selbst* lösen, eine Haltung, die dann in unsere Erwachsenen-Beziehungen hineinspielt. Da wir uns von den Eltern nie anerkannt fühlten, erproben wir unsere »Annehmbarkeit« in den unterschiedlichsten Beziehungen. Jede Zurücksetzung – ob nun tatsächlich oder eingebildet – rührt das Gefühl, nicht akzeptiert zu sein, aufs neue an. Um diesen Gefühlen zu entgehen, reden wir uns ein, unser Partner sei sadistisch und wir sein Opfer.

Manche Frauen bekunden lauthals Stolz auf ihre Vaterfixierung, ohne zu erkennen, daß sie damit nur andere Probleme kaschieren. Eine ehemalige Reklameschönheit erklärte ihre Abneigung gegen die Ehe damit, daß niemand sich mit ihrem Vater messen könne. Sie merkt nicht, daß es nicht die Fixierung auf den Vater, sondern ihre eigene ruppige Art ist, die Verehrer wie Freunde und Freundinnen abstößt. Sie hat ihren Vater zum Sündenbock gemacht.

Einen Partner zu wählen, der Ähnlichkeit mit dem Elternteil des anderen Geschlechts hat, muß nicht unbedingt nachteilig sein. Mitunter heiraten wir damit das angenehm Vertraute. Ein starker, schweigsamer Mann, der handelt und aussieht wie unser Vater, hat es uns angetan – oder eine lebhafte, fürsorgliche Frau, die die gleiche heimische Atmosphäre schafft wie unsere liebevolle Mutter. Weist unser Partner die gleichen Charakterzüge auf und kommen noch Liebe, Zuneigung und enge Verbundenheit dazu, so steht einer ausgezeichneten Ehe eigentlich nichts mehr im Wege. »Wir führen eine wunderbare Ehe«, sagt eine glückliche Frau. »Er ist meinem Vater sehr ähnlich. Sie haben sogar am gleichen Tag Geburtstag.«

Wenn Sie glauben, Unzulänglichkeiten des Partners durch eigene Vollkommenheit wettmachen zu können

Selbstüberschätzung führt nicht selten zur Wahl eines Partners, mit dem die Beziehung von vornherein zum Scheitern verurteilt ist. Wer dieser Fehlüberzeugung unterliegt, ist weniger daran interessiert, dem anderen Partner zu helfen, als vielmehr daran, sich selbst in den Vordergrund zu spielen. Derartige Menschen glauben, sie seien einzigartig. Wo alle anderen versagen, meinen sie, wäre ihnen allein Erfolg vergönnt. Ihre Egozentrik treibt sie dazu – anstatt eine von vornherein aussichtslose Beziehung rechtzeitig zu beenden –, einen Menschen zu umwerben und möglicherweise zu gewinnen, mit dem die Beziehung einfach schiefgehen muß.

Ein Beispiel: Eine Akademikerin, die sich nach einem aufregenden Leben sehnte, liierte sich mit einem Geschäftsmann. Zwar war sie sich seiner Rücksichtslosigkeit bewußt, doch sie bewunderte sein weltmännisches Auftreten und glaubte, einen liebevollen Menschen aus ihm machen zu können. Es mißlang ihr gründlich. Traurig gesteht sie sich ein: »Meine ichgerechte Abschätzung hat nichts gebracht.« Als sie eine Fehlgeburt hatte, verließ der Mann das Haus und bemerkte nur: »Das ist dein Problem. Ich muß zum Tennis.«

Falsche Vorstellungen über das Maß an Intimität

Solange wir uns einreden, unsere Verbindung beruhe auf echter Intimität und Gefühlstiefe, geben wir uns mit Pseudo-Nähe zufrieden. Uneingestandene Ängste aus der Vergangenheit belasten die Gegenwart. Wir reden uns ein, alles sei in Ordnung – und belügen uns damit selbst. Die Beziehungsängste, die wahrer Intimität zwischen den Partnern im Wege stehen, sind auf drei Gründe zurückzuführen:

1. Da wir im Elternhaus nie echte Nähe erfahren haben, wissen wir nicht, was das ist oder sein könnte.
2. Wir haben das Bedürfnis, unserer Angst vor Selbstentblößung – ohne die wahre Verbundenheit nicht denkbar ist – aus dem Wege zu gehen.
3. Wir müssen uns davor schützen, daß unsere Phantasievorstellungen und Gefühle durch Intimität vom Unbewußten ins Bewußtsein vordringen.

Soll die Pseudo-Nähe aufrechterhalten werden, müssen beide Partner an einem Strang ziehen. Sobald einer von beiden die Heuchelei aufgibt, gerät die Beziehung gefährlich ins Wanken. Es kommt vor, daß einer der Partner im Laufe der Zeit ein Gespür für echte Intimität entwickelt und den anderen, der nicht mitgehalten hat, dann ablehnt. Ein Beispiel: Eine Frau, die ursprünglich Angst vor dieser Nähe hatte, heiratete einen Mann, der zwar sehr aufmerksam war, aber seine eigenen innersten Gefühle nie mit ihr teilte. Nach der Geburt des zweiten Kindes kam sie zu dem Schluß, sie brauche mehr von einem Mann als höfliche Aufmerksamkeit, und ließ sich von ihm scheiden. Zwei Jahre später heirateten sie zum zweitenmal. »Diesmal klappt es«, dachte sie bei sich. Es klappte nicht. Sie hatte zwar ihre Ängste gemeistert, doch er hinkte immer noch hinter ihr her.

Die Opferrolle in engen Beziehungen

Auch in einer Liebesbeziehung sind wir nicht vor emotionaler Abhängigkeit gefeit. Das mag daran liegen, daß wir eine bestimmte Rolle übernehmen oder daß wir daran gehindert werden, eine bestimmte Rolle zu spielen. Hinzu kommen noch gewisse Wechselwirkungen zwischen uns und dem Partner, die uns ebenfalls in eine Opferrolle drängen können. Ein Erfolgsrezept, das für Liebesbeziehungen ebenso gültig wäre wie für gesellschaftliche Beziehungen, gibt es leider nicht.

Die Rollen, die wir spielen

In einer Beziehung schlüpfen wir in eine bestimmte Rolle, weil wir das Bedürfnis nach einer bestimmten Art emotionaler Befriedigung haben und weil uns dieses Verhalten in der Vergangenheit gute Dienste geleistet hat. Die Rolle selbst variiert. Sie sind Friedensstifter, Verschwender, Baby (wollen Anteilnahme, aber keinerlei Verantwortung), Beschützer, Antreiber (drängen Ihren Partner zu Handlungen, denen Sie dann zum Opfer fallen – Sie ermutigen ihn zum Beispiel dazu, Sie zu kritisieren, weil das die einzige Möglichkeit ist, seine Aufmerksamkeit zu erhalten).

Viele Männer und Frauen begehen den Fehler, in ihrer Liebesbeziehung die Rolle des barmherzigen Samariters zu übernehmen. Manche nehmen aufgrund ihrer grenzenlosen Fürsorglichkeit (und nicht etwa, weil sie das überspannte Bedürfnis hätten, sich als überdurchschnittliches Wesen darzustellen, das anderen Halt gibt) die Verantwortung für einen emotional geschädigten Menschen auf sich – sei er nun depressiv, hypochondrisch oder alkoholkrank. Sie haben das unbestimmte Gefühl, sie könnten diesen Menschen ändern. Das Verlangen, den Betroffenen zu retten, stößt allerdings selten auf Gegenliebe. Der Partner hat nicht wirklich den Wunsch nach Änderung.

Fallbeispiel: Der Mann, der den Retter spielen mußte

Claire und John, die sich auf einer Kreuzfahrt kennenlernten, fühlten sich von Anfang an zueinander hingezogen. Claires Verhalten in Streßsituationen war zeitlebens ein Problem gewesen, und in der ersten Zeit ihrer Bekanntschaft sprachen sie stundenlang darüber: Sobald sich Claire vor eine Krisensituation gestellt sah, wurde sie nervös, quälte sich mit Katastrophenvorstellungen und verfiel schließlich in einen Zustand depressiver Beklemmung. Sie störte John regelmäßig bei der Arbeit, indem sie ihn mitten in seinem hektischen Geschäftstag anrief, um sich Trost und Unterstützung bei ihm zu holen. Sein steter Beistand verringerte ihre Ängste, und John fühlte sich dabei wunderbar und stark. Ohne sich dessen bewußt zu sein, brachte er Claire dazu, immer öfter zu wehklagen, so daß sein Bedürfnis, sich stark zu fühlen, erfüllt wurde.

Nach ihrer Heirat allerdings wurde John der Bürde von Claires endlosen Tiraden allmählich überdrüssig. Mittlerweile schloß sie nicht nur seinen Chef und gemeinsame Freunde, sondern auch ihn selbst in ihr Gejammer ein. »Du bist einfach gräßlich ... Wenn dir wirklich etwas an mir läge, würdest du ...«, beschuldigte sie ihn. In gleichem

Maße, wie er sich gefühlsmäßig zurückzog, nahmen ihre Klagen ständig zu – *genau wie er es ihr beigebracht hatte.* Claire glaubte, dieses Verhalten brächte ihr den liebevollen Rückhalt, den John ihr früher gegeben hatte, zurück. Doch eines Tages explodierte John und ging. Sie unternahmen noch einen Versuch zusammenzuleben – vergeblich. Beide waren Johns Bedürfnis, den Retter zu spielen, zum Opfer gefallen.

Sind Sie ein emotionales Opfer, weil Sie eine Rolle spielen?

Wenn uns die Rolle, die wir spielen wollen, verwehrt ist

Mitunter dient uns die schlechte Beziehung unserer Eltern als Modell für unsere Ehe. Ein Beispiel: Ein vierzigjähriger Mann verabscheute in der Kindheit seine herrische Mutter, die ihn niemals lobte. Er liebt seine Frau aufrichtig, putzt sie aber, solange sie unter sich sind, andauernd herunter. »Er liebt und haßt Mama gleichzeitig«, sagt seine Schwester dazu. »Und das hat er auf seine Frau übertragen – eigentlich auf alle Frauen. Er braucht Hilfe, will sich aber nicht darum bemühen.«

In manchen Fällen machen sich die Auswirkungen der elterlichen Scheidung noch nach Jahrzehnten bemerkbar. Ein Beispiel: Jim war zwei Jahre alt, als sein Vater die Mutter verließ. Inzwischen ist er fünfunddreißig geworden und blickt auf eine Reihe längerer Beziehungen zurück, in denen er mit seinen Partnerinnen sexuell harmonierte und ziemlich glücklich war. Jim kennt seine Beweggründe genau. Er sagt: »Meine Angst vor einer Scheidung ist so groß, daß ich an allem hänge, sogar an alten Schnürsenkeln. Und an der jeweiligen Frau – allerdings nur so lange, wie sie nicht heiraten will.«

Vielleicht haben wir auch die Bürde einer *verantwortungsvollen Rolle aus der Kindheit* mit in die Ehe gebracht. Ein Beispiel: Ihr Partner übernimmt seinen Teil der gemeinsamen Verpflichtungen wie vorher abgesprochen, Sie haben jedoch das Gefühl, sie werden nicht gut genug oder Ihren Vorstellungen entsprechend ausgeführt. Oder Sie haben ein dermaßen übersteigertes Verantwortungsgefühl, daß Sie Ihrem Partner nie die Chance geben, irgend etwas zu tun. Infolgedessen fühlen Sie sich überfordert und ausgenutzt.

Vielleicht sind wir auch Opfer von *Eltern, die sich in alles einmischen.* Wenn wir heiraten, erwarten wir, von unseren Eltern zwar als jüngere, aber ebenbürtige Erwachsene akzeptiert zu werden. Aus falsch verstandener Hilfsbereitschaft meinen manche Eltern, sie wüßten am besten, was für Sie das richtige ist und wie Sie sich Ihr Leben einrichten sollten. Dieser Mangel an Respekt vor Ihnen als Individuum – also die Weigerung, Sie in Ihre Erwachsenenrolle hineinwachsen zu lassen – kann eine Ehe zugrunde richten.

Fallbeispiel: Die ehrgeizige Mutter
Lally L. wuchs in Los Angeles auf, wo ihre Mutter einen einflußreichen Posten bei einer Filmagentur in Hollywood bekleidet. Mit dreißig heiratete Lally einen Mann aus dem Arbeitermilieu. Tom entspricht den Erwartungen seiner Schwiegermutter Martha in keinster Weise. Rücksichtslos versucht sie, die Ehe auseinanderzubringen.

Martha gilt bei Leuten aus der Branche als »großartige Frau«. Doch Lally fühlte sich als Kind völlig vernachlässigt. Sie erinnert sich: »Ich konnte nach Europa reisen, soviel ich wollte, aber ich fühlte mich immer ungeliebt. Ich wollte einen Menschen haben, der zu mir gehört, nicht nur ein Hausmädchen. Als ich Tom kennenlernte, arbeitete er als Verkäufer in der Herrenabteilung eines Kaufhauses. Ich schrieb meiner Mutter, wir wollten heiraten, und sie schrieb zurück: ›Was soll ich bloß meinen Freunden erzählen – daß er den ganzen Tag hinter dem Ladentisch steht?‹ Mutter wollte einen Mann für mich, der viel Geld verdient. Sie haßt Tom und hat ihm Hausverbot erteilt. Und zu mir sagt sie: ›Wie kannst du nur meine Tochter sein und trotzdem alles ablehnen, woran du gewöhnt bist?‹ Aber ich will nicht die gleichen Dinge wie sie.«

In ihrem Bestreben, die »unpassende« Ehe auseinanderzubringen, ist Martha so weit gegangen, Lally aus ihrem Testament zu streichen und ihr lediglich das elterliche Haus zu lassen.

»Ich will, daß unsere Ehe gutgeht«, behauptet sich Lally. »Deshalb besuche ich meine Mutter nicht mehr. Unsere Ehe ist jetzt besser. Auf einer Skala von zehn sind wir immerhin schon bei acht. Mag sein, daß Tom meiner Mutter nicht gebildet oder fein genug ist, aber ich liebe ihn. Wir haben ganz schön zu kämpfen, aber wir haben einander. Wenn unsere Ehe klappen soll, muß ich meine Mutter aufgeben.«

Interagierende Beziehungen, die Abhängigkeit hervorrufen

Selbst zwischen den unterschiedlichsten Charakteren kann eine Beziehung gutgehen, solange der Bedürfnis-Ausgleichs-Faktor funktioniert. Jeder Partner trägt zum Leben des anderen etwas bei. Ein Beispiel: Ein vielbeschäftigter Arzt heiratet eine vielbeschäftigte Zeitschriftenredakteurin. Sie genießt die Freiheit, ihrer Karriere nachzugehen. Er schätzt die Begegnung mit interessanten Leuten, mit denen sie ihn zusammenbringt und die ihm Abwechslung von seiner Welt voller Kranker verschafft. Die beiden *ergänzen* sich.

Andere Paare machen sich gegenseitig zu Opfern.

Paare, die sich isolieren

In dieser Beziehung leben Mann und Frau isoliert von der Außenwelt. Beide erwarten vom anderen, *sämtliche* Bedürfnisse des Partners zu erfüllen. Doch indem sie alles miteinander teilen, drücken sie sich gegenseitig die Luft ab – bis sie schließlich sterben oder sich scheiden lassen. Ihr Ziel sollte es sein, auch in der Ehe eigenständige, interessante Individuen zu bleiben, die nicht nur gemeinsam, sondern auch auf eigene Faust etwas unternehmen (ob Sie nun zu Sportveranstaltungen gehen oder politisch aktiv werden). Ohne diese Eigeninitiative herrscht zu viel »Wir-Gefühl«, das die Beziehung gefährdet.

Paare, die sich den Prozeß machen

Sobald Unterschiede offenkundig werden und Schwierigkeiten auftauchen, sammelt jeder Partner Beweise für die Schuld des anderen. Und jeder hat die gleiche Einstellung: »Ich habe keine Probleme. Wenn nur mein Partner sich anders verhalten wollte, könnte alles in Ordnung sein.« Diese Haltung schützt beide davor, darüber nachdenken zu müssen, was sie selbst falsch machen. Keiner der beiden stellt sich die Frage: »Was kann *ich* anders machen?« *Von allen partnerschaftlichen Abhängigkeiten ist dies die am weitesten verbreitete.* Da Sie immer nur die Schuld beim Partner, nie bei sich selbst suchen, türmt sich allmählich ein ungeheurer »Schuldenberg« auf, und am Ende geht alles schief. Diese gegenseitigen Schuldzuweisungen verwandeln die Praxis des Therapeuten in den ersten Sitzungen einer Eheberatung nicht selten buchstäblich in einen Gerichtssaal.

Schon die kleinste Lappalie kann eine solche Situation heraufbeschwören. Ein Beispiel: Ein Ehepaar nahm seine zweijährige Tochter, die gerade lernte, aufs Töpfchen zu gehen, zu einem Wochenendbesuch bei der Familie mit. Das Kind war verwöhnt, daher nahmen sie ihr eigenes Töpfchen mit, vergaßen aber, es vor der Heimreise wieder einzupacken. Die Auseinandersetzung begann mit: »Du hast sie zuletzt draufgesetzt...« – »Du mußt immer die Schuld auf andere schieben.« Als sie schließlich zu Hause ankamen, war aus der Schuld fürs vergessene Töpfchen geworden: »Du verdienst nicht genug Geld...« – »Immer überläßt du alles mir!« Keiner der beiden hat jemals geäußert: »Das ist irgendwie mein Fehler. Wie kann ich mich ändern?«

Paare, die sich gegenseitig unterdrücken

In einer solchen Beziehung hat vermutlich einer der Partner ein starkes Interesse daran, den anderen leiden zu sehen. Wer sich auf die Ängste und Leiden des anderen konzentriert, vermeidet es, sich den eigenen Grauzonen der Angst zu stellen. Ein Beispiel: Ein zaudernder Mann hat eine streitsüchtige Frau. Er sagt sich: »Wie soll ich denn arbeiten, wenn sie mich dauernd mit Wutanfällen aus dem Konzept bringt?« Zu ihr sagt er: »Wenn du nicht wärst, könnte ich mein Pensum mühelos bewältigen.« Er verkennt nicht nur sein eigenes Problem, er sieht auch nicht, daß er ein ureigenes Interesse an ihren Wutausbrüchen hat: Solange er sich darauf konzentrieren kann, braucht er sich nicht seiner eigenen Arbeitsstörung zu stellen.

Ehen dieser Art bestehen häufig aus *einer Frau ohne Selbstvertrauen und einem machistischen Mann*. Mitunter nutzt eine Frau die offensichtliche Sexualität eines Mannes, ihre Selbstzweifel zu übertönen. Der Mann wiederum mag seine eigenen Zweifel hegen, und sein Männlichkeitswahn dient ihm nur zur Tarnung. Oder die Frau sieht Machismus, wo in Wirklichkeit keiner ist.

Fallbeispiel: Das Paar mit unterschiedlichen Zielen

Ivy M. und ihre drei Schwestern wuchsen sorgsamst behütet auf, umgeben von Dienstboten, erstklassigen Privatschulen und einem Vater, der ein bedeutender Geschäftsmann war. Ivy erwachte aus ihrem Dornröschenschlaf – eine attraktive Frau, die überhaupt kein Verhältnis zu ihrer eigenen Sexualität hatte. Sie lernte Mark kennen, einen überaus maskulinen, polternden Physiker, der nichts mehr liebte, als die Zügel in die Hand zu nehmen. Sie stilisierte ihn zu ihrem Traumhelden. Sie heirateten. Ivy glaubte, seine Stärke würde sie in eine »richtige Frau« verwandeln: kompetent, fähig und ihrer Weiblichkeit vollkommen sicher.

Ivy übersah eine wichtige psychologische Komponente: Sie erkannte nicht, daß ein Großteil von Marks übertrieben maskulinem Verhalten nichts als Getöse war, mit dem er seine eigene Unsicherheit überspielte. Und da er selbst ein Interesse daran hatte, daß Ivy inkompetent und unsicher blieb, sabotierte er klammheimlich jedes bißchen Selbstvertrauen, das sie entwickelte. Sein Ziel: Er wollte der starke Lehrmeister bleiben. Jedesmal, wenn Ivy versuchte, etwas zu tun – selbst wenn sie nur ein Feinschmeckermahl zubereitete –, nahm Mark es ihr aus der Hand. Infolgedessen wurde Ivy noch unsicherer. Sie trennten sich. Der Grund: Sie hatten unterschiedliche Ziele mit der Heirat verbunden. Ivy wollte mehr Selbstbewußtsein entwickeln; Mark wollte sie klein halten und seine machistische Fassade aufrechterhalten.

Eine weitere, häufig vorkommende Verbindung bei Paaren, die sich gegenseitig unterdrücken, ist die zwischen einem *übertrieben emotionalen und einem reserviert kühlen Partner*.

In diesem weit verbreiteten Ehetyp ist einer von beiden – meistens die Frau – eine sehr ausdrucksbetonte Persönlichkeit. Sie ist lebhaft, gefühlsbetont, einfühlsam und spontan. Der Mann ist eher in sich gekehrt, intellektuell und zurückhaltend. Er würde gern mehr Gefühl zeigen. Sie fühlt sich von der logischen Denkweise angezogen, mit der er alle Probleme löst. Eine solche Beziehung kann mitunter dazu führen, daß sich beide Partner ergänzen. Der Mann wird seinen eigenen Gefühlen gegenüber sensibler und kann ihnen besser Ausdruck verleihen. Die Frau lernt, ihre Gefühle zu kontrollieren, und eignet sich eine nüchternere Einstellung zum Leben und seinen Problemen an. Beide Partner wachsen.

Manchmal jedoch endet eine solche Ehe in einer Spirale gegenseitiger Abhängigkeiten. Der Mann fühlt sich insgeheim von der Emotionalität seiner Partnerin bedroht. Um sich vor seinen eigenen Gefühlen zu schützen, wird er zunehmend reservierter. Sie sagt daraufhin zu ihm: »Sag doch mal was. Dafür bin ich doch da.« Er liest weiter. Und da sie an seinem Mangel an emotionalem Kontakt zunehmend verzweifelt, beginnt sie, ihren Gefühlen noch intensiver Ausdruck zu verleihen. Das Problem ufert aus, reservierte Kühle steht gefühlsmäßigen Explosionen gegenüber. Intimität und Zärtlichkeit gelten ihm als Risiken, die er nicht auf sich nehmen kann.

In einem Beitrag in der Zeitschrift *Family Process* erläuterte der New Yorker Psychiater Dr. Joseph Barnett, daß der Mann diese emotionalen Ausbrüche als Bedrohung seines neurotischen Selbstbildes, als gegen ihn gerichteten Akt auffassen kann, der ihn als Person abwertet. Hinter der übertriebenen Emotionalität seiner Partnerin verbirgt sich ein starkes Bedürfnis nach Abhängigkeit. Sobald er sich in sich selbst zurückzieht und, zu seinem eigenen Schutz, eine distanziertere Haltung einnimmt, interpretiert seine Frau dieses Verhalten als Weigerung, sich ihrer anzunehmen. Und so verdoppelt sie ihre Anstrengungen – und ihre emotionalen Ausbrüche –, um dem Partner Liebesbezeugungen abzupressen, nach denen sie sich sehnt, die aber unerreichbar bleiben.

Manchmal arbeitet ein Paar Hand in Hand an der Verstärkung der neurotischen Bedürfnisse beider Partner.

Fallbeispiel: Der Ehemann, der den Starken markieren mußte

Als Wendy T., eine Vorstandssekretärin, und Lester J., ein Sportmodenfabrikant, kurz nach ihrer Hochzeit zur verhaltenspsychotherapeutischen Behandlung zu mir kamen, sahen beide den Grund für diese Sitzungen in seiner extremen Eifersucht. Lester geriet jedesmal in Raserei, sobald sich Wendy mit ehemaligen männlichen Arbeitskollegen, Freunden aus der Zeit am College oder – was am schlimmsten war – mit ehemaligen Liebhabern traf, die zu »bloßen Freunden« geworden waren. Wendy brauchte lediglich einem Freund eine Weihnachtskarte zu schicken – schon lief Lester stundenlang Amok. Wendy fühlte sich in ihrer Freiheit eingeschränkt und war verdrossen über die Lage. Je mehr sie weinte, desto lauter tobte er.

Lester sah ein, daß sein Verhalten unsinnig war, wußte aber auch, daß Wendy ihn absichtlich provozierte. Ihm war klar, daß er sie nicht so hart anpacken durfte, aber er konnte nicht dagegen an. Wendy fühlte sich immer mehr wie eine Gefangene.

Lester bemühte sein Vorbewußtes und erinnerte sich, wie sein Vater stets seine zänkische, überkritische Mutter zu beschwichtigen pflegte. Wenn die Mutter herumschrie, hatte er als Kind immer das Gefühl gehabt, sie wolle ihrem Mann damit eigentlich sagen, er sei »nicht Manns genug«. Das gleiche schien sie auszudrücken, wenn sie den kleinen Lester mit den Worten »Du bist ein Tunichtgut« kritisierte. Und wenn Wendy, seine Frau, mit alten Freunden Kontakt aufnahm, hatte er ebenfalls das Gefühl, sie wolle ihm damit zu verstehen geben, er sei »nicht Manns genug für sie«. Also tat Lester das, was sein Vater *nicht* getan hatte: Er tobte. Er war der Meinung, damit bewiese er Wendy seine Männlichkeit.

Im Verlaufe der Therapie kam auch Wendy zu neuen Erkenntnissen. Sie war als jüngstes von sechs Kindern aufgewachsen, und niemand hatte ihr je Beachtung geschenkt. Sie hatte sehr darunter gelitten, vor allem in der Beziehung zu ihrem Vater. Ihre ganze Kindheit hindurch träumte sie von einem starken Mann, der sie behütete. Lesters Zorn wurde in ihrer verqueren Denkweise zum Symbol seiner Stärke, und seine Stärke war die Verwirklichung ihrer Kindheitsphantasien.

Wendys und Lesters Beziehung basierte auf einem neurotischen Bedürfnis-Ausgleich. Sobald dies klar wurde, merkten sie auch, wie sie sich gegenseitig den Ball zugespielt hatten. Sie verstand nun, daß seine Wut über ihren Kontakt mit anderen Männern eigentlich hieß: »Moment mal, ich fühle mich bedroht.« Er sah ein, daß die Macht, ihr den

Kontakt mit anderen Männern zu verbieten, ihm das Gefühl verliehen hatte, ein »echter Kerl« zu sein. Außerdem verstand er nun ihr Bedürfnis nach Aufmerksamkeit und kam zu der Einsicht, daß Wut nicht das geeignete Mittel sei, dieses Bedürfnis zu befriedigen. Beiden Partnern gemeinsam war das Bedürfnis, ihn in der Rolle des starken Mannes zu sehen. Und beide hatten Wut mit Stärke verwechselt.

Mittlerweile hat sich die Beziehung von Wendy und Lester erheblich verbessert. Er schreit nicht mehr herum. Sie provoziert ihn nicht mehr mit Geschichten über Treffen mit männlichen Bekannten. Sie haben sich jedoch auf eine Einschränkung geeinigt: Sie trifft sich nicht mehr allein mit einem Ex-Liebhaber, auch wenn er inzwischen »bloß ein Freund« ist.

Vorsicht: Denken Sie stets daran, daß sich die Bedürfnis-Ausgleichs-Faktoren in einer engen Beziehung verändern können und daß diese Veränderung nicht unbedingt für beide Partner gelten muß. In einer Ehe etwa, in der beide berufstätig sind und Geld verdienen, kann sich die Machtbasis der Beziehung verändern. Wird die Frau plötzlich finanziell unabhängig, treten neue, andersartige Bedürfnisse auf den Plan. Vielleicht unterhöhlt die Veränderung die Stereotypen des Mannes über die Verteilung der Geschlechterrollen. Partner können sich in bezug auf ihre Macht- und Abhängigkeitsbedürfnisse ändern. Und in dem Maße, wie Menschen innerlich wachsen und reifer werden, können sich ihre unterschiedlichen Bedürfnisse unterschiedlich schnell verändern. Dann werden sie neue Bedürfnis-Ausgleichs-Regeln erarbeiten müssen.

KAPITEL 11

EMOTIONALE ABHÄNGIGKEIT IN DER LIEBE: DIE AUSWEGE

Viele Paare, die sich in ihrer Beziehung als Opfer fühlen, haben festgestellt, daß Davonlaufen und Türenknallen keine Lösungen sind. Es gibt unglückliche Paare, die ihre Auseinandersetzungen als selbstverständlichen Bestandteil ihres Lebens betrachten, während andere ihre Unzufriedenheit als Problem sehen, das es in einer ansonsten guten Ehe zu lösen gilt. Sie arbeiten an ihren Problemen und vermeiden es, zu Opfern zu werden.

Wie können wir in unserer Beziehung zu Gewinnern statt zu Verlierern werden? Wie kann unsere Beziehung bestehen bleiben, besser werden und an ihren Problemen wachsen, statt beide Partner beständig in die Rolle des Opfers zu drängen?

Werfen Sie Ihre Märchenvorstellungen von der Ehe über Bord

Märchenvorstellungen sind unsere Erwartungen an die Realität und stehen im Gegensatz zur Realität selbst. Wir glauben, daß alles schon irgendwie ausgehen wird, wie es im Märchen ausgehen *sollte* – und handeln dementsprechend. Das alles hat jedoch nichts mit der Realität zu tun, und die Vorschriften, die darauf basieren, funktionieren im realen Leben nicht. Wenn wir aufgrund von Erwartungen, die auf Märchenvorstellungen basieren, den Anforderungen an uns selbst nicht gerecht oder zu falschen Handlungen getrieben werden, stehen wir am Ende als Verlierer da. Um uns von dieser Verlierermentalität zu befreien, müssen wir die Mythen, die uns in die Irre geführt haben, identifizieren und zu den Akten legen.

Sieben weit verbreitete Ehemärchen

MYTHOS: Und sie lebten glücklich bis ans Ende ihrer Tage.
REALITÄT: Glück und Zufriedenheit fallen Ihnen nicht in den Schoß. Sie müssen daran *arbeiten*.

DER PREIS, DEN SIE ZAHLEN: Wenn Sie nicht alles Notwendige zum Gelingen Ihrer Ehe beitragen, enden Sie als Verlierer.

MYTHOS: Mein Partner wird sich nie ändern.
REALITÄT: Es ist unvermeidbar, daß Menschen sich verändern.
DER PREIS, DEN SIE ZAHLEN: Wenn Sie von der Erwartung ausgehen, daß die Beziehung stets gleich bleibt, so weigern Sie sich, sich Veränderungen anzupassen. Das Resultat: Sie entwickeln eine falsche Erwartungshaltung und fühlen sich als Opfer.

MYTHOS: Streit führt zur Zerstörung der Ehe.
REALITÄT: In einer engen Beziehung *müssen* Sie Ihre Meinungsverschiedenheiten austragen, jedoch mit dem Ziel, Mißverständnisse zu beseitigen und Klarheit zu schaffen, nicht um zu gewinnen.
DER PREIS, DEN SIE ZAHLEN: Wenn Sie sich nicht streiten, werden immer mehr Ärgernisse unter den Teppich gekehrt, bis einer von Ihnen explodiert – oder Sie eine andere Alternative entwikkeln: eine seichte Beziehung.

MYTHOS: Die Ehe ist dazu da, daß wir das bekommen, was wir wollen.
REALITÄT: Beide Partner haben unterschiedliche Bedürfnisse, die vom anderen respektiert werden müssen. Das bedeutet, daß Sie Kompromisse schließen müssen.
DER PREIS, DEN SIE ZAHLEN: Wenn Sie immer darauf bestehen, daß alle nach Ihrer Pfeife tanzen, zahlen Sie gleich doppelt drauf: (1) Sie sprechen Ihrem Partner jegliche Individualität ab und Ihre Beziehung wird oberflächlich; (2) da es gänzlich unmöglich ist, daß Ihre Wunschträume Wirklichkeit werden, haben Sie zwangsläufig das Nachsehen.

MYTHOS: Einflüsse von außen haben keinen Einfluß auf eine gute Beziehung.
REALITÄT: Druck von außen *kann* zur vorübergehenden oder ständigen Störung der Beziehung führen. Krankheit, finanzielle Sorgen, Belastung durch die Familie und so weiter können zu grundlegender Zwietracht und Zerrüttung, ja sogar zur Trennung führen.
DER PREIS, DEN SIE ZAHLEN: Es besteht die Gefahr, daß Sie vorübergehende Spannungen, die durch Druck von außen entstehen, zu unüberwindlichen Hürden werden lassen, die Ihre an und für sich gute Beziehung zerstören.

MYTHOS: In einer guten Beziehung läuft alles reibungslos.
REALITÄT: In jeder langfristigen Beziehung gibt es Zeiten der Unzufriedenheit. Normalerweise treten solche Perioden ungefähr im siebten und fünfzehnten Ehejahr auf, wenn es zu großen

Meinungsverschiedenheiten und zu einer Neueinschätzung des partnerschaftlichen Verhältnisses kommt. Wenn wir solche Zeiten als das sehen können, was sie sind, dann besteht die Chance, daß sich unsere Beziehung am Ende enorm verbessert hat. Verschließen wir aber die Augen vor dem Problem, so wird sich die Verbindung weder vertiefen noch weiterentwickeln.

DER PREIS, DEN SIE ZAHLEN: Wenn zwei Partner sich nicht damit abfinden können, daß Unzufriedenheit von Zeit zu Zeit nur natürlich ist – und durchaus bewältigt werden kann –, wird die Ehe möglicherweise scheitern.

MYTHOS: Den eigenen Interessen nachzugehen, ist unvereinbar mit einer funktionierenden Ehe.

REALITÄT: Beide Partner brauchen ihren Freiraum.

DER PREIS, DEN SIE ZAHLEN: Der Partner, der gehindert wird, seinen eigenen Interessen nachzugehen, wird sich wie ein Gefangener fühlen, unterdrückt und eingeschränkt. Um dem zu entgehen, könnte er sich nach einem Neubeginn umschauen, in dem für Sie kein Platz ist.

Schaffen Sie gegenseitiges Vertrauen

Sie sollten sich an den Gedanken gewöhnen, daß gegenseitiges Vertrauen der Eckpfeiler jeder Ehe und intimen Beziehung ist. Durch den täglichen Umgang mit unserem Partner haben wir ihm bereits zu verstehen gegeben, daß wir ihm mehr von unserem Leben geben als irgendwelchen Freunden. Trotzdem hat unser Vertrauen bestimmte Grenzen. Indem wir uns dieser Grenzen bewußt werden und erkennen, wie weit der eine dem anderen auf welchem Gebiet vertraut, erreichen wir zweierlei:

1. Wir können dem Partner in Bereichen, wo er es verdient, mehr Vertrauen schenken.

2. Beide Partner können entweder die Grenzen ihres Vertrauens akzeptieren oder gemeinsam daran arbeiten, ihr gegenseitiges Vertrauen zu mehren, wo es ihnen notwendig erscheint.

Testen Sie Ihr Vertrauen in den Partner

Ziel: Stellen Sie fest, in welchen Vertrauensbereichen Ihr Partner besondere Schwächen und Stärken aufweist.

ERSTER SCHRITT: Notieren Sie die beiden Fragelisten in Ihrem Notizbuch und benutzen Sie zu ihrer Beantwortung die folgende Bewertungsskala:

0 - kein bißchen Vertrauen
1 - ein wenig Vertrauen
2 - mehr Miß- als Vertrauen
3 - mehr Ver- als Mißtrauen
4 - großes Vertrauen
5 - vorbehaltloses Vertrauen

Handlungen: Wieviel Vertrauen haben Sie zu Ihrem Partner in den folgenden Bereichen?

- Finanzielle Entscheidungen
- Erledigung notwendiger häuslicher Pflichten
- Umgang mit Geld
- Erledigung freiwilliger häuslicher Aufgaben
- Transport – einschließlich Fahrweise und Wagenpflege
- Körperpflege – Aussehen und Wahl der Garderobe
- Sorgepflicht für die Kinder
- Sorge um Sie im Krankheitsfall
- Gesellschaftlicher Umgang außerhalb der eigenen vier Wände

Gefühle: Wie weit reicht Ihr Vertrauen in Ihren Partner, daß er die Gefühle, die Sie mit ihm teilen, nicht ausnutzt? Bewerten Sie diese Frage für folgende Bereiche:

- Ihre eigene Familie
- die Familie Ihres Partners
- Freunde
- Kinder
- Arbeit
- Wohlgefühl, das nichts mit Ihrem Partner zu tun hat (zum Beispiel, weil Ihnen ein toller neuer Posten angeboten wurde oder weil Sie sich beim Baseball amüsiert haben)
- Rückschläge, die nichts mit Ihrem Partner zu tun haben (Sie haben sich zum Beispiel mit einem Freund oder einer Freundin gestritten)
- positive Gefühle (Liebe und Zuneigung) für Ihren Partner
- negative oder kritische Gefühle für Ihren Partner
- Ihre Reaktion auf die Gefühle, die Ihr Partner zeigt
- Ihre Bedürfnisse und Ängste, wenn es zwischen Ihnen kriselt

ZWEITER SCHRITT: Bitten Sie Ihren Partner, seine Antworten anhand des gleichen Fragenkatalogs zu bewerten.

DRITTER SCHRITT: Tauschen Sie Ihre Listen und Antworten aus. Nehmen Sie sich beide die Zeit, über die Gefühle des anderen nachzudenken. Besprechen Sie, was Sie übereinander gelernt haben.

Wenn Sie Ihr Vertrauensverhältnis unter die Lupe nehmen, stoßen Sie eventuell auf Bereiche, die in Ihrer Ehe keine Rolle spielen. »Er ist derjenige, der an die Geburtstage seiner und meiner Mutter denkt«, sagt eine Frau dazu. »Mir ist das egal, aber ihm sind solche Dinge wichtig.«

Vielleicht stellt sich heraus, daß Sie sich in finanziellen Dingen nicht über den Weg trauen, und Sie fassen den Entschluß, einen Finanzberater zu engagieren. Oder es ergibt sich, daß Ihr Vertrauen in letzter Zeit zugenommen hat. Ihr Partner war beispielsweise ernstlich erkrankt, und Sie haben die Situation in einer Art und Weise gemeistert, von der Sie selbst überrascht waren. Vielleicht haben Sie im Laufe der Jahre gelernt, daß Sie sich im Ernstfall vorbehaltlos auf Ihren Partner verlassen können. Ein Beispiel: Als ein Geschäftspartner von Roy E. Tausende von Dollars unterschlug, senkte Jill, seine Frau, ihre Ausgaben drastisch. Umgekehrt, als sie mit vierzig das Gefühl hatte, aufs Abstellgleis geschoben worden zu sein, besorgte Roy seiner Frau ihre erste Arbeitsstelle.

Es könnte sich herausstellen, daß jegliches Mißtrauen, das Sie hegen, unrealistisch ist – daß es sich dabei eher um ihre eigene unbewußte Angst vor Verrat handelt als um ein Problem zwischen Ihnen und Ihrem Partner.

Vielleicht entdecken Sie auch Gefühle, von denen Sie meinten, sie für immer verloren zu haben – oder entdecken sie wieder. Ein Beispiel: Zwei Eheleute, die nur ihres einzigen, noch kleinen Kindes wegen zusammengeblieben waren, fanden zu einer gemeinsamen Vertrauensbasis, indem sie mit dem Mißtrauen anderer in den Ehemann fertig wurden.

Von Schulden geplagt, mit Wettleidenschaft geschlagen und von Dämonen aus der Vergangenheit in Gestalt seiner Mutter verfolgt, die ihn anspornte, reich zu werden, hatte Dwight L. Gelder bei der Bank, in der er arbeitete, veruntreut. Er wurde erwischt, und ihm drohte eine Gefängnisstrafe.

»Wir haben geheiratet, um einander beizustehen«, sagt seine Frau Betty, »in guten wie in schlechten Zeiten. Und das Schlimmste ist eingetroffen. Aber ich habe gemerkt, wie sehr ich ihn liebe.« Dwight entging dem Gefängnis noch einmal und unterzieht sich nun einer therapeutischen Behandlung. Sie arbeiten beide, um der Bank das Geld zurückzuzahlen. »Nach Jahren des Schweigens reden wir wieder miteinander«, gibt seine Frau offen zu. »Und weil wir miteinander reden, vertraue ich ihm.«

Konzentrieren Sie sich auf die Pluspunkte

Legen Sie das Schwergewicht auf Handlungen, Gefühle und Eigenschaften, die die positiven Seiten Ihrer Verbindung festigen. Wenn Sie sich nur auf ärgerliche Belanglosigkeiten konzentrieren, verwenden Sie unnötig enorme Mengen an Energie und bleiben schließlich selbst dabei auf der Strecke.

Regen Sie sich nicht über Kleinigkeiten auf, die für Ihre Beziehung unwichtig sind. Ein Beispiel: Eine lebenslustige Frau berichtet: »Mein Mann leidet unter zu hohem Blutdruck und trinkt während der Woche nie. Wenn wir jedoch gelegentlich auf eine große Party gehen, schlägt er über die Stränge. Ich mache nicht viel Aufhebens davon. Am Tag darauf necke ich ihn dann wegen seines grandiosen Katers. Ich hingegen bin geradezu zwanghaft ordentlich. Da kann er mich dann zurücknecken.« Dieses Paar hat gelernt, daß nebensächliche Eigenheiten kein Grund für Spannungen sein müssen.

Zeigen Sie Ihre Zuneigung

Ohne Zärtlichkeiten von Ihrer Seite fühlt sich Ihr Partner auf lange Sicht mit Sicherheit zu kurz gekommen und zweifelt an der Aufrichtigkeit Ihrer Liebe.

Eheleute, die sich lieben, zeigen ihre Zuneigung kontinuierlich. Ein seit zwölf Jahren verheirateter Eheveteran sagt: »Wir küssen uns ständig, halten zu Hause Händchen und berühren uns, wann immer wir zusammen sind. Und wir rufen uns zwei- oder dreimal täglich an.« Ein Staatsanwalt aus Philadelphia: »Wir berühren uns viel, zu Hause ebenso wie in der Öffentlichkeit. Meine geschiedene Frau hat sich geweigert, mich anzufassen.« Eine Frau hinterläßt Zettel auf der Kommode ihres Mannes: »Du hast mir den ganzen Tag gefehlt.« Ein anderer Mann legt, bevor er zur Arbeit geht, eine Notiz unter das Kopfkissen seiner Frau: »Ich kann es kaum erwarten, dich wiederzusehen.«

»Betrachten Sie Ihren Partner als jemanden, dem Sie den Hof machen«, rät ein Mann mit langjähriger bewegter Eheerfahrung, »oder mit dem Sie ein außereheliches Verhältnis haben. Die Ehe macht alles viel zu ernst.«

■ *Akzeptieren Sie die Zärtlichkeiten Ihres Partners.* Wenn er sagt: »Du bist so lieb zu mir«, dann ernüchtern Sie ihn nicht mit der Bemerkung: »Ja, ich weiß; und ich weiß auch, daß du es nicht verdient hast«, oder mit den Worten: »Ja, aber du bist nie lieb zu mir.« Solche Antworten tragen Ihnen garantiert eine Retourkutsche ein und schieben neuerlichen Versuchen, zärtlich zu sein, einen Riegel vor. Ihre Kritik am Verhalten des Partners können Sie sicher an anderer Stelle besser einbringen.

■ *Vergessen Sie nicht, daß Ihr Partner vielleicht andere Wünsche hat als Sie.* Möglicherweise glauben Sie, Ihre Art, Zärtlichkeit auszudrükken, entspräche den Wünschen Ihres Partners, doch in Wirklichkeit entspricht sie *Ihren eigenen* Wünschen. Ein Beispiel: Sie verbringen Stunden mit der Zubereitung eines ausgefallenen Menüs. Ihr Partner hätte viel lieber ein einfaches Essen, weil Sie dann nämlich nicht so müde und viel liebenswürdiger sind, was er Ihnen auch schon gesagt hat. Sie glauben, Sie tun ihm damit einen Gefallen, doch weit gefehlt: Er wünscht sich Liebenswürdigkeit – Sie aber kredenzen ihm ein wunderbares Essen und schlechte Laune.

■ *Akzeptieren Sie das Urteil Ihres Partners darüber, ob Sie Zärtlichkeit bekunden, und ob sie bei ihm ankommt.* Und lassen Sie Ihren Partner wissen, ob er zu Ihnen durchdringt. Oft herrschen in diesem Punkt völlig voneinander abweichende Einschätzungen bei beiden Partnern.

Hier eine einfache Zuneigungsübung: Notieren Sie jeden Tag schriftlich, ob Ihr Partner eine Zärtlichkeit geäußert hat und ob sie bei Ihnen angekommen ist. *Teilen Sie es Ihrem Partner mit.* Etwa, indem Sie sagen: »Ich weiß, wie anstrengend der Tag für dich war. Deswegen habe ich mich auch riesig gefreut, daß du mich trotz deiner vielen Termine angerufen hast!« Auf diese Weise bestärken Sie Ihren Partner in seinem Verhalten.

Intensivieren Sie Ihre Vertrautheitsgefühle

Dr. Kathleen M. White und Mitarbeiter veröffentlichten im *Journal of Personality and Social Psychology* eine Untersuchung über die Reifegrade intimer Beziehungen und ihrer Korrelate bei jungverheirateten Paaren. In fast allen Beziehungen spielen die gleichen Faktoren eine Rolle.

Einige eheliche Intimitätsfaktoren

■ *Hinwendung zum Partner und zur Beziehung.* Wiederum muß Ihr Ziel sein, den Standpunkt Ihres Partners zu verstehen und ihn als eigenständige Persönlichkeit mit komplexen Motivationen zu betrachten. Vermeiden Sie, Ihren Partner in eine Schublade zu pressen, à la: »Er ist ein guter Vater« – das ist eine Etikettierung, keine Personenbeschreibung. Schließlich sind Sie nicht nur an den wechselseitig auf Sie beide wirksamen Eigenschaften interessiert, sondern vor allem an seinen individuellen Besonderheiten: »Er ist so abenteuerlustig. Ich liebe seine Passion fürs Angeln.«

■ *Anteilnahme und Fürsorglichkeit:* Gemeint ist das Ausmaß der Fähigkeit, Zuneigung und andere Gefühle zum Ausdruck zu bringen und im Bedarfsfall seelischen Beistand zu leisten. Es geht hier um Quantität und um das Wie: Wie *bestimmte Dinge*, wenn es darauf ankommt, gesagt und getan werden. Sie sagen also zum Beispiel: »Ich bemühe mich, meinem Partner in einer Krisensituation beizustehen« – und vermeiden vage Verallgemeinerungen wie: »Ich versuche, für meinen Partner da zu sein.«

■ *Sexualität.* Es ist selbstverständlich, daß Sie sich in Ihrer Sexualität wohlfühlen und sie im Liebesspiel mit Ihrem Partner genießen wollen. In einer befriedigenden Beziehung wird Sex zum *Austausch* von Gefühlen und Erregung – nicht zu einer Testveranstaltung. Gelegentlichen Frustrationen sollte nicht unnötig große Bedeutung zugebilligt werden. Über das normale Maß hinaus entwickelte Intimität schließt auch die Fähigkeit ein, spielerisch miteinander umzugehen und freimütig über die sexuelle Beziehung reden zu können.

■ *Bindungsbereitschaft.* Sie beabsichtigen, die Ehe aufrechtzuerhalten. Sie binden sich nicht an die Institution Ehe, sondern an Ihren Partner, und zwar aus Zuneigung und Loyalität. Das beweisen Sie nicht nur, indem Sie Ihren Partner als eigenständige Person schätzen, sondern oft auch durch gefühlsmäßige Investitionen wie den gemeinsamen Kauf eines Hauses oder die Entscheidung, Kinder zu haben.

■ *Kommunikation.* Es ist wichtig, daß Sie Ihre Gedanken und Gefühle in Worte fassen, und zwar nicht nur solche, die sich auf Vorkommnisse außerhalb Ihrer Verbindung beziehen – zum Beispiel, was Ihr Chef heute gesagt hat –, sondern vor allem solche über die Partnerschaft selbst und über das, was in Ihnen vorgeht. Sie hören zu, antworten, vertrauen an, gestehen ein und offenbaren sich ganz und gar: »Das bin ich. So bin ich.«

Intimitätsquiz

Ziel: Dieses Quiz soll Ihnen helfen, den Intimitätsgrad mit Ihrem Partner insgesamt zu beurteilen. Es soll Ihnen zeigen, was Sie zur Festigung Ihrer Beziehung beitragen können.

Stellen Sie sich die folgenden Fragen:

- *Wie selbstsüchtig bin ich?* Untersuchen Sie, in welchem Maße Sie sich auf ihre eigenen Gefühle, Probleme und Pläne konzentrieren. Wägen Sie gleichzeitig ab, wie weit Sie die Bedürfnisse Ihres Partners berücksichtigen. Wenn Sie allzu oft zu dem Urteil kommen, Ihr Partner handle falsch oder in sonst einer Weise unzulänglich, so läßt das vor allem den Schluß zu, daß Sie in Ihren Gedanken zu viel um sich selbst kreisen. Wenn Ihr Urteil über Ihren Partner zu seinem Nachteil ausfällt, so sollten Sie das als Ausdruck Ihres eigenen problematischen Verhältnisses zur Intimität betrachten.
- *Inwiefern sehe ich meinen Partner eher in seiner gesellschaftlich definierten Rolle denn als individuellen Menschen?* Denken Sie an Ihren Partner vorwiegend als Ehemann/Ehefrau und Vater/Mutter? Oder betrachten Sie ihn vor allem als eigenständiges Individuum?
- *In welchem Maße beziehe ich mich auf meinen Partner als Person?* Können Sie mit Frustrationen und Bedürfniskonflikten umgehen und Ihren Partner dennoch seiner einmaligen Eigenschaften wegen schätzen? Sie brauchen das Verhalten Ihres Partners nicht samt und sonders zu akzeptieren, aber Sie müssen ihn und seine Eigenständigkeit respektieren.
- *In welchem der oben aufgeführten fünf ehelichen Intimitätsbereiche liegt meine besondere Stärke?*
- *In welchem dieser fünf Bereiche schneide ich am schlechtesten ab?*

Nach diesem Quiz zur Selbsterforschung wollen Sie vermutlich sofort darangehen, die Beziehung zu Ihrem Partner zu verbessern. *Fangen Sie dort an, wo Ihre Schwächen liegen.* Vielleicht sind Sie sich in allen Intimitätsbereichen einig – außer im Bereich Kommunikation. Ein Angestellter im mittleren Management und seine Frau, eine Lehrerin, entdeckten, daß es ihnen an Kommunikation mangelte, und reservierten umgehend die Zeit nach zehn Uhr abends für ihre »Klönstunde«. Sie schließen die Tür hinter sich, schicken die Kinder ins Bett und haben ihre Freunde aufgefordert, sie nach zehn nicht mehr anzurufen.

Ein anderes Paar entdeckte, daß Schwierigkeiten im Bereich gegenseitiger Anteilnahme und Fürsorglichkeit bestanden. Statt Mitgefühl für den Partner zu äußern, kritisierten sie sich unablässig gegenseitig. Beide fühlten sich beständig zu kurz gekommen. Ihre Lösung: Sie hörten bewußt auf, die Fehler des anderen hervorzukehren, und verliehen statt dessen ihren *Gefühlen* Ausdruck. »Ich fühle mich alleingelassen, wenn du den ganzen Abend lang fernsiehst«, zum Beispiel. Oder: »Ich fühle mich eingeschränkt und unter Druck gesetzt, wenn du dagegen bist, daß ich mir das Fußballspiel anschaue« ... »Ich fühle mich hilflos und unerwünscht, wenn du selbst in den intimsten Augenblicken damit anfängst, dich über alles auszulassen, was bei der Arbeit schiefgegangen ist.«

Wenn Sie Ihrem Partner die Gefühle mitteilen, mit denen Sie auf seine Handlungen reagieren, vermeiden Sie die Schlacht im Gerichtssaal um die Frage, wer nun recht hat. Gleichzeitig ebnen Sie den Weg für emotionale Diskussionen, die ohne Erbitterung geführt werden. Ihr Partner provoziert Sie vielleicht – Sie liefern eine Erklärung. Durch die emotionale Erwiderung Ihres Partners ändern sich möglicherweise *Ihre* Gefühle.

Verändern Sie das Muster, nach dem Ihr Liebesleben verläuft

■ *Klären Sie, wo das Problem liegt, und versuchen Sie, es zu lösen.*

Ken D., ein vierunddreißigjähriger Geschäftsmann, erinnert sich: »Das Problem lag zwischen meiner Frau und meiner Mutter. Sie kämpften um mich.« In den Augen seiner Mutter war Ken perfekt. Seine Frau bemühte sich, den Frieden zu wahren, doch die Mutter brach immer wieder einen Streit vom Zaun (»Ich hab' dir doch gesagt, du sollst mir Eisbergsalat mitbringen, und jetzt kommst du mit Eichblattsalat an!«). Als ihre Ausbrüche zunehmend heftiger wurden und Kens Frau sich immer mehr in die Enge getrieben fühlte, berief Ken schließlich eine Familienkonferenz ein und bestand darauf, daß sein Vater ebenfalls teilnahm. Ken nahm das Wichtigste gleich vorweg und erklärte ohne Zögern: »Ich bin für den Rest meines Lebens mit meiner Frau verheiratet.« Da Ken seine Loyalität ihr gegenüber offen zum Ausdruck gebracht hatte, fühlte sich seine Frau ihm um so enger verbunden und scherte sich nicht mehr darum, was seine Mutter dachte.

Ein anderes Beispiel: Tom P. war ein verträumter Schulpsychologe, seine Frau Kathy die zielbewußte Mutter ihrer beiden Kinder, die es nicht abwarten konnte, wieder zur Arbeit zu gehen. Tom hatte die Angewohnheit, laut vor sich hin zu fabulieren: »Wenn ich erst meinen Doktor habe... wo wir leben werden... eines Tages... eines Tages... eines Tages.« Das Paar wohnte in einem Vorort von Cleveland, aber Tom hegte vage Träume, an einem Krankenhaus in Boston zu arbeiten. Schließlich konnte Kathy es nicht mehr ertragen, daß Tom sich statt auf praktische Tatsachen auf seine Phantasievorstellungen konzentrierte. Rüde wies sie darauf hin, daß der Großteil seines potentiellen Einkommens in einer Privatpraxis und nicht in einer bezahlten Stellung läge und daß seine Referenzen aus dem Gebiet von Cleveland kommen müßten. »Ich merkte auf einmal«, erinnert sich Tom, »daß sie unter meinem Geschwätz und meiner mangelnden Zielstrebigkeit litt. Mittlerweile haben wir beschlossen, in einen anderen Stadtteil von Cleveland in die Nähe des Krankenhauses zu ziehen, an dem ich praktizieren kann.«

Diese Fallbeispiele veranschaulichen, daß beide Partner dazu beitragen müssen, die Probleme in ihrer Beziehung beim Namen zu nennen und sie in Angriff zu nehmen.

■ *Machen Sie sich klar, welche Probleme Sie angehen wollen und welche Sie ignorieren können.*

Der Versuch, bestimmte Konflikte beizulegen, kann zu so gravierenden Störungen führen, daß Sie damit Ihr Hauptziel – die Aufrechterhaltung Ihrer Beziehung – in Gefahr bringen. Es mag klüger sein, sich über Streitfragen hinwegzusetzen, in denen es nur um individuelle Unterschiede geht, die die Partnerschaft nicht in Frage stellen. Beurteilen Sie selbst, wann Sie eine Frage klären müssen und wann Sie mit dem Problem leben können.

Fallbeispiel Nr. 1: Susan tut es leid um all die Stunden, die ihr Partner allein beim Joggen zubringt, aber sie beklagt sich nicht. Sie hat das Gefühl, der Sport treibe einen Keil zwischen sie, und sagt: »Ich hasse es, aber er braucht es. Und weil er joggt, sind wir als Paar glücklicher.«

Fallbeispiel Nr. 2: Die gebürtige Londonerin Mary N. lernte auf einer Reise nach Washington, D. C., den Regierungsbeamten Matt C. kennen und heiratete ihn. Sie behielt ihre englische Staatsangehörigkeit. Ihr Mann verlor neunzehn Jahre lang kein Wort darüber, obwohl ihm diese Frage sehr am Herzen lag. »All die Jahre lang hat er nichts unternommen. Ich konnte mich allein mit meiner Entscheidung befassen«, sagt sie. »Und obwohl ich wußte, wieviel ihm daran lag, konnte ich mich nie dazu durchringen. Erst voriges Jahr habe ich ihm gesagt, ich wolle die amerikanische Staatsbürgerschaft annehmen. Er hat nie versucht, mich dazu zu zwingen.«

■ *Sehen Sie sich nicht nur als Opfer eines Problems. Lernen Sie, Hilfe bei der Lösung eines Problems zu leisten und in Anspruch zu nehmen.*

Reibereien und Krisen gibt es immer. Ziehen Sie sich deswegen nicht in Ihr Schneckenhaus zurück, sondern arbeiten Sie daran, das Gefühl zu überwinden, in eine Opferrolle gedrängt zu werden. Auch hier gilt: Ihre Beziehung hat unbedingten Vorrang.

Fallbeispiel Nr. 1: Millie B. war alleinstehend und bekleidete eine sehr anspruchsvolle Position, die es erforderlich machte, daß sie abends und an den Wochenenden noch zu Hause arbeitete. Als sie Al D. heiratete, wurde sie darüber hinaus noch zur Wochenend-Stiefmutter. Al liebte seine Kinder sehr und hatte die beiden Teenager jede Woche von Freitag bis Sonntag bei sich. Millie nahm die zusätzliche Hausarbeit klaglos hin, doch als beide Kinder jedes Wochenende auch noch jeweils einen Freund mitbringen wollten, wurde es ihr zuviel. Drei Monate lang wälzte sie das Problem mit Al, bis er schließlich auf die rettende Lösung kam: jedes zweite Wochenende durften die Kinder Freunde mitbringen, dazwischen kamen sie allein. »Endlich führen wir wieder eine harmonische Ehe«, sagt Millie lächelnd.

Fallbeispiel Nr. 2: Krankheiten in der Familie können zu ehelichen Spannungen führen. Marilyn N. aus Chicago erinnert sich an die Zeit, als ihre Schwester kurz vor einer Notoperation stand und ihr Vater praktisch gleichzeitig einen Schlaganfall erlitt. Ihre Mutter regte sich derart darüber auf, daß sie in einer Nervenheilanstalt untergebracht werden mußte. Marilyns Mann war in dieser Zeit »wie ein Fels in der Brandung«. Als zwei Jahre später sein Vater starb, stand Marilyn ihrem Mann zur Seite, »so wie er es bei mir getan hatte«. Und da beide die Krisenzeit als Chance, einander näher zu kommen und nicht als Grund zur Distanzierung auffaßten, fühlte sich auch keiner von beiden als Verlierer.

Wenn Sie die Dinge durch die Brille Ihres Partners sehen können, vermeiden Sie das Gefühl, ausgenutzt zu werden. Die folgende Übung wird Ihnen dabei helfen.

Eheübung Nummer eins: Rollentausch

Ziel: Ihnen zum Verständnis eines Problems aus der Sicht des Partners zu verhelfen.

ERSTER SCHRITT: Werden Sie sich über Ihr Ziel klar. Sie wollen sich möglichst genau in einen Problembereich einfühlen. Das bedeutet, daß Sie die Gefühle und Gedanken Ihres Partners begreifen wollen, damit Sie ihm wiederum helfen können, Ihre eigenen Gefühle und Gedanken zu verstehen. Diese Übung soll keine Probleme lösen; allerdings kann die Klärung der Situation dazu beitragen.

ZWEITER SCHRITT: Tauschen Sie die Rolle mit Ihrem Partner. Sie sind jetzt Ihr Partner und berichten aus seiner Sicht, was Ihnen auf dem Herzen liegt, was Ihre Gefühle sagen, wie Sie das Problem sehen. Ihr Partner verbessert Sie dann, sagt Ihnen, wo Sie sich geirrt und was Sie ausgelassen haben.

Ein Beispiel: Ein kinderloses Ehepaar, beide Mitte dreißig, streitet sich unaufhörlich darüber, ob es ein Kind haben will oder nicht. Die Frau möchte ein Kind, der Mann ist dagegen. Dieser Konflikt hat ihre Beziehung, die bis dahin überaus befriedigend war, mit zahlreichen Auseinandersetzungen belastet. Es folgt ein Dialog, in dem die Rollen getauscht wurden. Der Mann beginnt.

EHEMANN *(die Frau spielend):* Ich muß das Baby jetzt haben. Meine biologische Uhr läuft langsam ab. Jetzt oder nie.

EHEFRAU *(ihn verbessernd):* Du verstehst nicht, wie wichtig das für mich ist. Seit ich ein kleines Mädchen war, habe ich davon geträumt, ein Kind zu haben. Ohne Kind werde ich immer das Gefühl haben, das Leben versage mir ausgerechnet das, was mir am wichtigsten ist. Und mit jedem Jahr, das vergeht, werden meine Aussichten auf ein Kind geringer. Ich bin verzweifelt.

EHEMANN *(sich selbst verbessernd und immer noch die Frau spielend):* Ohne Baby fühle ich mich um etwas betrogen, was mir ungeheuer wichtig ist. Ich hätte dann das Gefühl, mein ganzes Leben sei umsonst gewesen. Ich mache mir Sorgen, ich könnte schon zu alt sein, um ein Kind zu bekommen. Ich bin verzweifelt. Ich muß das Kind jetzt haben.

EHEFRAU *(ihn verbessernd):* Jetzt kommst du langsam dahinter, aber ich glaube immer noch nicht, daß du wirklich verstehst, wie enorm wichtig das für mich ist.

DRITTER SCHRITT: Hören Sie an diesem Punkt auf, selbst wenn Ihrer Meinung nach erhebliche Gegensätze bestehen zwischen dem, was in Ihrem Partner vorgeht, und dem, was er zum Ausdruck bringt. Wenn Sie zu lange mit vertauschten Rollen arbeiten, kann es leicht passieren, daß Sie ungeduldig und frustriert werden. Nehmen Sie sich Zeit, die Gefühle zu verarbeiten. Beginnen Sie nach einer Weile erneut mit dem Rollenspiel, folgen Sie dem gleichen Muster und berichtigen Sie Ihren Partner erneut. Fahren Sie damit fort, bis Sie beide das Gefühl haben, daß Ihr Partner das, was in Ihnen vorgeht, erfaßt hat – gleichgültig, ob er sich mit einer bestimmten Vorgehensweise einverstanden erklärt oder nicht. Ihr Partner wird eventuell die gleiche Technik zu einem anderen Zeitpunkt anwenden wollen.

Eheübung Nummer zwei: Die Zwei-Stühle-Methode

Ziel: Diese Übung soll Ihnen durch den Dialog zwischen den verschiedenen Teilen in Ihnen helfen, innere Klarheit zu gewinnen. Oft überkommen Sie Zweifel, ob Ihre Gefühle gerechtfertigt sind oder nicht. Die folgende Methode ist der Gestalttherapie entlehnt, die die Betonung auf die unterschiedlichen Bestandteile des Ichs legt, die zusammen das Selbst ausmachen.

ERSTER SCHRITT: Stellen Sie zwei Stühle so auf, daß sie sich gegenüberstehen. Legen Sie fest, welche Probleme Sie mit sich selbst ausdiskutieren wollen. Wenn Sie auf dem ersten Stuhl sitzen, vertreten Sie die eine Seite des Problems, auf dem zweiten Stuhl die gegenteilige Meinung. Wechseln Sie die Stühle beständig und versuchen Sie jedesmal, die andere Seite davon zu überzeugen, daß Sie mit Ihrem Standpunkt recht haben. Zu Beginn kommen Sie sich dabei wahrscheinlich ein bißchen komisch vor; dennoch funktioniert diese Methode am besten, wenn Sie laut sprechen. Führen Sie den Dialog mit sich selbst fort, bis Sie das Gefühl haben, für den Moment genug zu haben. Machen Sie diese Übung in einem Raum, in dem Sie allein sind.

ZWEITER SCHRITT: Wählen Sie ein Problem, das Ihnen zu schaffen macht. Nehmen Sie zunächst den einen Standpunkt ein und setzen Sie sich dann auf den anderen Stuhl, um von dort aus darauf zu erwidern. Wechseln Sie im Laufe Ihres Dialoges fortwährend die Stühle.

Ein Beispiel: Bob P. fühlt sich durch Janes ständige Kritik an seiner handwerklichen Ungeschicklichkeit und an seinem Benehmen in Gesellschaft in die Ecke gedrängt. Jane behauptet, Bob sei Kritik gegenüber überempfindlich und gibt vor, ihm damit nur helfen zu wollen. Obwohl Bob das Gefühl hat, Jane verhalte sich unfair, muß er ihr teilweise recht geben. Er ist handwerklich und gesellschaftlich tatsächlich ein Tölpel und sollte ihre Kritik schätzen, statt darüber zu grollen.

Vom einen Stuhl aus vertritt Bob die Meinung, Janes Kritik an ihm sei hilfreich, und er wird versuchen, den leeren Stuhl davon zu überzeugen. Wenn er sich schließlich auf den anderen Stuhl setzt, stellt er sich auf den Standpunkt, ihre Nörgelei sei ungerecht und sie mache ihn zum Opfer ihrer eigenen Probleme. Dabei mag etwa folgender Dialog entstehen:

BOB *(vom ersten Stuhl aus über konstruktive Kritik):* Schau mal, du weißt doch, daß du handwerklich zu rein gar nichts zu gebrauchen bist. Jane hat ein Recht darauf, sich darüber zu ärgern. Sie will dir nur helfen. Ihre Kritik beweist, daß sie dich achtet. Sie weiß, daß mehr in dir steckt.

BOB *(vom zweiten Stuhl aus über unfaire Herabsetzungen):* Das ist ja zum Piepen! Es sind ihre eigenen Probleme, die Jane so zänkisch machen. Neulich abends zum Beispiel hatte ich Schwierigkeiten mit der Einstellung der Doppelfenster. Und sie kriegte einen Wutanfall, obwohl sie *genau weiß*, daß ich keinerlei Erfahrung mit diesen Dingern habe. Sie explodiert nur, weil sie in Wirklichkeit nach dem perfekten Mann sucht, der ihr die Geborgenheit gibt, die sie bei ihren Eltern nie gehabt hat. Ich habe die Nase voll, ständig als Opfer ihrer psychologischen Bedürfnisse herzuhalten.

BOB *(wieder vom ersten Stuhl aus über konstruktive Kritik):* Ach, laß doch. Du weißt genau, daß du für das Fenster zehn Minuten gebraucht und dich reichlich dumm angestellt hast. Jane ist nicht die einzige, die psychische Probleme hat. Du willst immer nur uneingeschränkt akzeptiert werden, egal, was du tust. Nach dem Ärger mit den Fenstern hast du davon geträumt, Jane würde zu dir sagen:

»Liebster, handwerklich bist du eine Niete. Aber ich liebe dich dafür um so mehr.« Und weil deine Träume Schäume sind, fühlst du dich vor den Kopf gestoßen.

DRITTER SCHRITT: Führen Sie Ihre einsamen Dialoge mit Unterbrechungen weiter. Ihr Problem lösen Sie damit vielleicht nicht, aber Sie werden neue Seiten an sich selbst entdecken.

Wenn alles schiefgeht

Wir tun unser Bestes. Wir finden heraus, wo das Problem liegt, und unternehmen ernsthafte Versuche, uns und unser Verhalten zu ändern. Aber alles geht schief. Es kann sein, daß beide Partner sich als Opfer fühlen, die Ehe jedoch weiterführen wollen.

Wenn Sie in eine solche Sackgasse geraten, greifen Sie auf den Drei-Schritte-Ansatz der Verhaltens-Psychotherapie zurück.

Vielleicht stimmt etwas mit Ihrem Programm nicht

Vielleicht arbeiten Sie an der Lösung eines Problems, das zu viele Schwierigkeiten für Sie aufwirft. Sie wollen beispielsweise Ihrem Partner gegenüber offener sein. Sie sehnen sich nach echter Intimität und bemühen sich, jeden Gedanken, der Ihnen gerade durch den Kopf geht oder Sie früher einmal beschäftigt hat, mitzuteilen. Für den Anfang mag das zu anspruchsvoll sein. Wenn Sie ein schüchterner, wortkarger Typ sind, empfiehlt es sich für Sie, zunächst damit zu beginnen, Ihren Gefühlen und Gedanken über *andere* Leute Ausdruck zu verleihen und erst später über sich selbst zu reden.

Vielleicht haben Sie die Flinte zu früh ins Korn geworfen. Persönliche Änderung ist wie eine Abmagerungskur. Es wird ein Punkt kommen, an dem Sie schon gewonnenen Boden wieder verlieren. In unserer Situation plündern Sie jedoch nicht den Kühlschrank, sondern fallen in Ihre alte Rolle zurück, sind zänkisch, rücksichtslos, nörgelig, unstet und reserviert. Seien Sie darauf gefaßt. Wenn Sie einen Rückfall erlitten haben, beginnen Sie mit dem Programm, das Sie sich gesetzt haben, wieder von vorn. Lassen Sie sich nicht von einem vorübergehenden Rückfall aus dem Gleis werfen. Das ist eine Grundregel für alle, die sich aus ihrer Opferrolle befreien wollen.

Ihre Probleme wurzeln tief im Inneren Ihrer Persönlichkeit

Ist dies der Fall, so können Sie so lange nicht viel zur Bewältigung Ihrer Probleme unternehmen, bis Ihnen die Konflikte, die tief in Ihrem Inneren begraben liegen, zu Bewußtsein kommen. Um herauszufinden, was Sie an der Entwicklung einer erfüllten Liebesbeziehung hindert, müssen Sie mit Ihrem Vorbewußten arbeiten.

Erinnern Sie sich. Versetzen Sie sich gedanklich zurück in Ihre Kindheit. Vielleicht sind Sie liebesunfähig, weil Sie kein Vorbild haben, dem Sie nacheifern konnten. Sind Ihre Eltern und Geschwister liebevoll miteinander umgegangen? Und mit Ihnen? Ihre Eltern mögen ihre gegenseitige Zuneigung nicht offen gezeigt haben, aber das heißt nicht, daß Sie auch so reserviert sein müssen. Und es besteht ebenfalls kein Anlaß, sich ungeliebt zu fühlen, nur weil einst die Eltern ihre Kinderliebe nicht in der Art und Weise zum Ausdruck brachten, wie Sie es sich vorgestellt haben.

Eine Frau erinnert sich zum Beispiel daran, daß sie einmal die Hauptrolle in einer Schulaufführung von *Stage Door* gespielt hatte. Alle Teilnehmer bekamen von ihren Eltern ein kleines Blumensträußchen zum Anstecken, nur sie nicht, was sie in dem Gefühl bestärkte, die ungeliebte Tochter zu sein. In späteren Jahren führten diese Empfindungen zu einer ehelichen Beziehung von defensivem Typus. Die Angst, verletzt zu werden, gewann die Oberhand über die Liebesfähigkeit. Vergessen Sie nie, daß ein anderer Mensch Sie so lieben kann und lieben wird, wie es Ihren Vorstellungen entspricht – selbst dann, wenn Ihre Eltern in diesem Punkt versagt haben.

Und hier ist eine weitere Methode zur Aktivierung des Vorbewußten: Erinnern Sie sich an Ihre ersten Tage im Kindergarten. Haben Sie geweint, weil Ihre Mutter fortging und Sie alleinließ? Wenn ja, so könnte das ein Anzeichen von Trennungsängsten sein, die Sie eventuell immer noch mit sich herumtragen. In der Gegenwart verfolgen Sie demnach das Ziel, unter die Fittiche genommen zu werden, statt jemanden zu *lieben*. Wenn Ihr Partner unabhängig von Ihnen etwas unternimmt, sehen Sie darin eine drohende Trennung oder ein eventuelles Verlassenwerden. Sie halten sich für das Opfer eines Partners, der sich nicht um Sie kümmert.

Sie sollten sich wiederum die Tatsache vor Augen führen, daß manche Menschen die eheliche Zufriedenheit gar nicht verbessern wollen. Ihr Partner zum Beispiel geht gern unter Menschen, während Sie aufgrund Ihrer Schüchternheit gesellige Zusammenkünfte zu vermeiden suchen. Bei einem Streit über irgend etwas anderes bringen Sie dann plötzlich die Ausrede: »Wie kann ich zu dieser Party gehen, wenn ich dermaßen wütend auf dich bin?« In diesem Fall hilft Ihnen der Ehestreit dabei, eine Situation zu vermeiden, vor der Sie sich fürchten. Der eben beschriebene Fall stellt eine Angstsituation aus dem Zweiten Schritt der Verhaltens-Psychotherapie dar.

Vielleicht wollen Sie auch, daß Ihr Partner im Umgang mit Ihnen autoritär auftritt und seine Wut an Ihnen ausläßt. Um den Grund dafür zu finden, müssen Sie eventuell den Dritten Schritt tun und ins Unbewußte hinabsteigen. Vielleicht steckt in Ihnen das Bedürfnis, sich in eine Abhängigkeitssituation zu flüchten – wie zu der Zeit, da Sie vier Jahre alt waren. Einen Partner, der Ihnen bestimmte Grenzen setzt und Ihnen Vorschriften macht, empfinden Sie als tröstlich, weil er Ihnen die Gewißheit verschafft, daß Sie, wie hart Sie auch kämpfen, nicht gegen ihn ankommen. Sie fühlen sich dadurch bestärkt, daß Ihr Partner das Kommando hat. Gleichgültig, was Sie verbal äußern mögen, im tiefsten Innern haben Sie das Gefühl, Ihre Eltern seien wieder am Ruder – und genießen es.

Vielleicht gibt es etwas, das in Ihnen stets das Gefühl von Unzulänglichkeit hervorruft. Ein Professor meinte, daß er trotz seines Rufes als Akademiker nicht begehrenswert sei. Als er ein Kind war, verstand sich seine Mutter darauf, ihn immer wieder durch die Blume wissen zu lassen, er sei nicht »gut genug«, um geliebt zu werden. Bei jeder Beziehung, die er eingeht, redet er sich ein »Ich werde sie bestimmt kaputt machen . . . Wer kann mich schon lieben?« Er ist nicht imstande, seiner Frau zu zeigen, wie sehr er sie liebt. Und sie vermag sein Minderwertigkeitsgefühl nicht zu besiegen – obwohl sie alles in ihren Kräften Stehende tut, ihn ihrer Liebe zu versichern.

Sie könnten Angst davor haben, beherrscht zu werden. Sie meinen, Liebe beinhalte automatisch, daß man dem Partner Macht über sich einräumt. Wenn Sie Ihre Liebe zeigen, so manövrieren Sie Ihren Partner in eine Position, aus der heraus Sie benutzt und manipuliert werden können.

Denken Sie immer daran, daß es in einer intimen Beziehung *nicht genügt, Liebe zu fühlen*. Die Unfähigkeit, *Liebe zu zeigen*, ist eine ernstzunehmende Bedrohung Ihrer Ehe. Verleihen Sie Ihrer Liebe Ausdruck – so stärken Sie sich und Ihre Beziehung.

Wie Sie mit Veränderungen fertigwerden

Wie leben in einer festen Bindung. Und ob sie nun zufriedenstellend oder unbefriedigend ist – auf jeden Fall haben wir ein gewisses Gleichgewicht erreicht. Plötzlich beginnt einer der Partner, sich zu verändern. Die Ausgewogenheit ist gestört, und auf einmal treten Schwierigkeiten auf. Vielleicht ist die Veränderung zeitlich begrenzt und alles kommt wieder ins Lot. Vielleicht aber bringt sie auch die beschränkte Anpassungsfähigkeit eines der beiden Partner ans Tageslicht. Optimal wäre es, wenn der eine Partner von der Veränderung des anderen profitieren und in einer die gemeinsame Beziehung stärkenden Weise wachsen könnte. Veränderungen können durchaus Ausdruck innerer Wachstumsprozesse sein. Statt angesichts von Veränderungen die Waffen zu strecken, sollten die Partner durch ihr Verhalten dazu beitragen, einander näherzukommen.

Genau dies tat Dolly, als sie ihre Hausfrauenrolle an den Nagel hängte und arbeiten ging, um ihrem Mann die Chance zu geben, auf die er lange gewartet hatte. Als sie geheiratet hatten, war Dolly, eine eher »anschmiegsame« Frau, dreiundzwanzig Jahre alt. Jim L., ihr Mann, war ein erfolgreicher Werbetexter. Solange sie ihre traditionellen Rollen spielten, ging auch alles gut. Sieben Jahre später erklärte Jim dann plötzlich: »Ich kann meine Arbeit nicht mehr ausstehen. Ich will ans Theater. Das bedeutet, daß mein Einkommen erheblich geringer sein wird und daß wir unsere Lebensweise ändern müssen.« Dolly fühlte sich zunächst verraten, aber schließlich beschloß sie, in eine andere Rolle zu schlüpfen. Trotz ihrer Unerfahrenheit gelang es ihr, einen Job als Regieassistentin zu bekommen, und sie stieg schließlich bis zur Produktionsleiterin auf. Sie ließ sich nicht von Opfergefühlen à la: »Als wir heirateten, war er ein anderer Mann« überwältigen. Sie sah Jim mit neuen Augen und entdeckte seine Grenzen, derer sie sich vorher nicht bewußt gewesen war. Aus Liebe zu ihm wagte sie den Sprung – und wurde zur Verdienerin, anstatt zum Opfer.

Die blinde Übernahme klischeehafter Geschlechterrollen kann Verhaltensänderungen verhindern. Trifft das auch auf Sie zu?

Bestimmen Sie Ihr Beziehungsgleichgewicht

Ziel: Zu erkennen, inwieweit klischeehafte Geschlechterrollen Ihre Beziehung beeinflussen und wie Sie sich ändern könnten.

ERSTER SCHRITT: Erstellen Sie in Ihrem Arbeitsheft zwei Listen: eine mit »männlichen« Eigenschaften (oft mit aktivem Tun oder praktischen Dingen assoziiert) und eine mit »weiblichen« Eigenschaften (oft mit Sanftmut, Nachgiebigkeit und Sehnsucht nach partnerschaftlicher Harmonie assoziiert). Für die »männliche Liste« wählen Sie vielleicht Wörter wie *entschieden, abenteuerlustig, risikobereit.* In der anderen Kategorie finden sich vielleicht solch althergebrachte Wörter für weibliche Eigenschaften wie *weich, nachgiebig, gefühlsbetont.*

Wählen Sie solche Begriffe, die auf Ihre eigene Beziehung zutreffen.

Wenn Sie die Listen fertig haben, datieren Sie die Eintragung. Lassen Sie genügend Platz für Ihre Punktezahl und die Ihres Partners.

ZWEITER SCHRITT: Sie und Ihr Partner machen den Test unabhängig voneinander. Jeder von Ihnen beurteilt sich selbst anhand der männlichen und weiblichen Eigenschaften. Benutzen Sie eine Werteskala von eins (am niedrigsten) bis sieben (am höchsten). *Nicht vergessen:* Folgen Sie Ihren Überlegungen. Bitte keine witzigen Bemerkungen wie »Du schätzt dich aber falsch ein!«

DRITTER SCHRITT: Versuchen Sie nun, das zu bestimmen, was Dr. Gwendolyn L. Gerber, Psychologieprofessorin am John Jay College of Criminal Justice in New York, das »Zufriedenheitsgleichgewicht« nennt.

Wenn Sie Ihr eigenes Ergebnis ermittelt haben, errechnen Sie Ihr männliches Gesamtergebnis als Paar und schließlich auch Ihr weibliches Gesamtergebnis. Dr. Gerber hat gezeigt, *daß die Zufriedenheit in einer Ehe um so größer ist, je höher das weibliche Ergebnis (Zusammengehörigkeit) über dem männlichen liegt.*

Sie können sich mit dieser Übung regelmäßig und zu unterschiedlichen Zeiten testen. Wie wird das Ergebnis beeinflußt, wenn einer von Ihnen sich verändert? Wie wirkt sich das auf die Zufriedenheit in der Ehe aus? Denken Sie daran, daß das automatische Festhalten an stereotypen Geschlechterrollen zu einem Ehetrauma führen kann. Haben Sie erst einmal erkannt, warum und in welcher Weise Sie an diesen Klischees festhalten, dann können Sie sie auch verändern.

Fallbeispiel: Der verärgerte Ehemann

Martin S., ein vielbeschäftigter Völkerrechtsanwalt, wollte, daß Pat sich wie die typische Frau eines erfolgreichen Geschäftsmannes benahm. Sie hatte ebenfalls Jura studiert, jedoch aufgehört, im Beruf zu arbeiten, um Zeit für die Kinder zu haben – insgesamt vier. Kaum wurde ihr Jüngster schulpflichtig, nahm Pat eine ganztägige Stellung als Juristin an, die hohe Anforderungen an sie stellte. Martin war zunächst fuchsteufelswild. Als er jedoch Bestandsaufnahme machte, mußte er erkennen, daß hinter seiner Wut selbstsüchtige Motive steckten: Er wollte, daß Pat zu Hause war, wenn er von der Arbeit kam, allzeit bereit, mit ihm und seinen ausländischen Klienten auszugehen. Die Beschäftigung mit seinem Unbewußten ließ ihn erkennen, daß er immer in Konkurrenzkategorien dachte. Er hatte seinen jüngeren Bruder, der von den Eltern vorgezogen wurde, stets gehaßt.

Diese beiden Erkenntnisse trugen dazu bei, daß Martin seine Haltung grundlegend änderte. Als einsichtiger und vielseitig belesener Mann wußte er, daß durch Pats Arbeit jene Züge stärker hervortreten, die klischeehaft als »männlich« bezeichnet werden. Und er wußte instinktiv, daß er seinerseits seine weiblichen Züge (Zusammengehörigkeit) mehr herausstreichen mußte. Er pfiff daher auf die klischeehaften Geschlechterrollen und bemühte sich, fröhlicher, einfühlsamer und liebevoller zu sein. Hätte er infolge jenes Konkurrenzdenkens seine männlichen Charakteristika, also zum Beispiel Dominanz und das Beharren auf den eigenen Ansichten, beibehalten oder sogar verstärkt, so wäre die Kluft zwischen den Partnern größer und jeder für sich unzufriedener mit der Ehe gewesen. Pat änderte sich auf ihre Weise. Martin ging einen anderen Weg. Und mittlerweile gibt er auf Parties damit an, daß seine Frau es innerhalb von drei Jahren geschafft hat, in der Firma, in der sie arbeitet, zur Teilhaberin zu avancieren. »Ich liebe dich für das, was du getan hast und für das, was du bist«, sagt er seiner Frau. Gegenwärtig denken sie daran, gemeinsam eine Praxis aufzumachen.

Verlieren Sie das Gesamtbild nicht aus den Augen

Wenn nicht alles so läuft, wie Sie es sich vorstellen, so orientieren Sie sich an der Gesamtperspektive. So etwas wie eine perfekte Beziehung gibt es nicht. Unaufhörlich an der Beziehung zu arbeiten, macht sie jedoch beständig und fast perfekt. Dafür gibt es zwei wichtige Grundsätze:

1. *Übertreiben Sie Ihr Opferdasein nicht.* Indem Sie sich damit quälen, was Ihrem Gefühl nach falsch ist, verstärken Sie Ihre Probleme nur.
2. *Verfallen Sie nicht zu schnell in die Rolle des rettungslos verlorenen Opfers.* Negative Dinge, ja sogar Untreue, können sich, obwohl beide Partner zunächst darunter leiden, unterm Strich als stärkendes Element herausstellen.

Fallbeispiel: Die Frau, die beinahe eine gute Ehe ruinierte
Connie und Jim B. hatten sich durch ihre Arbeit kennengelernt. Es war wirklich »Liebe auf den ersten Blick«; schon sechs Monate später heirateten sie. Es gab nur einen wunden Punkt in der im Grunde sehr glücklichen Partnerschaft: Connie wünschte sich sehnlichst ein Kind, wurde jedoch nicht schwanger. Sie schob die Schuld auf Jim. Sie

probierten alles, vom Fruchtbarkeitstest bis hin zu künstlicher Befruchtung. Nichts funktionierte. Im Laufe der Zeit wurde ihre ehemals liebevolle Beziehung ganz und gar von der schmerzlichen Erkenntnis beherrscht, daß Connie kein Kind bekommen konnte. Schließlich erkannte Connie, eine kluge Frau, daß ihre besessene Fixierung auf den Kinderwunsch drauf und dran war, ihre Ehe zu ruinieren. »Ich liebe Jim. Was tue ich ihm – und mir – an?« Noch in der gleichen Nacht sprach sie mit Jim, und die beiden beschlossen, ein Kind zu adoptieren.

Fallbeispiel: Die untreue Frau

Edna M. hatte sechzehn Ehejahre lang das Gefühl gehabt, daß sie eigentlich glücklicher sein sollte als sie war. »Das ist ja wie in einem Hollywoodfilm«, dachte sie, als sie sich schließlich in einen Nachbarn verliebte. Doch der fand alsbald an einer anderen Gefallen und wandte sich von ihr ab. Da sie selbst niemand anderen hatte, vertraute Edna sich ihrem Mann an. »Er war dazu bereit, mir die Tränen aus dem Gesicht zu wischen, bei mir zu bleiben und mir die emotionale Geborgenheit zu geben, die ich brauchte«, gibt sie offen zu. »Er sah nicht sich, sondern mich als das Opfer. Langsam begriff ich, daß der andere Mann nur ein Phantasiegebilde gewesen war. Die Situation hatte etwas mit verbotenen sexuellen Gefühlen für meinen Vater zu tun, und so habe ich mit diesem Nachbarn die Kindheitsträume, die ich so lange unterdrückt hatte, ausgelebt. Wenn weder mein Mann noch ich selbst aus dieser Erfahrung gelernt hätten, dann wäre unsere Ehe nicht mehr zu retten gewesen. Einer von uns wäre gegangen, und beide hätten wir das Nachsehen gehabt. Aber man bringt die schlechten Zeiten hinter sich und arbeitet daran, daß es besser wird. Man darf in einer Beziehung nicht nur an sich denken. Unbewußt habe ich die ganze Zeit über gewußt, daß dieser Mann mich verstoßen würde. Und ebenso wußte ich, daß ich mir auf der ganzen Welt keinen besseren Mann als meinen eigenen wünschen konnte. Indem ich mich der Tatsache stellte, daß ein Mann mich verlassen hatte und der andere mir liebevolles Verständnis entgegenbrachte, *wurde ich endlich erwachsen.* Wir retteten unsere Ehe und gaben uns eine zweite Chance.«

KAPITEL 12

SUPER-SEX: WIE VERLIERER ZU GEWINNERN WERDEN

Sex ist zugleich einfach und kompliziert, biologisch und spirituell, Erfüllung des individuellen Selbst und Verlust der Identität durch Verschmelzung mit dem anderen. Sex heißt Leidenschaft und Zärtlichkeit, Dominanz und Unterwerfung, Aggression und Liebe. Der Akt selbst ist völlig automatisch, natürlich, instinktiv – und beeinflußt von der Lebenserfahrung und den moralischen Werten, die wir in ihn einbringen.

Sex beeinflußt den sensibelsten Teil von uns, jenen Teil, der uns zur höchsten Selbstverwirklichung befähigt, zur emotionalen Erfüllung und zur körperlich und seelisch engsten Verbindung mit einem anderen Menschen. Es ist derselbe Teil, mit dem wir uns gegenseitig blockieren und verletzen und den anderen am ehesten zum Opfer machen – manchmal absichtlich und/oder im vollen Bewußtsein unseres Tuns, ein andermal, ohne es selbst überhaupt zu merken.

Die Hauptziele des Sex sind Erleben und Vervollkommnung. Wir *erleben* unsere eigene Erregung, Ekstase, Leidenschaft, unser ureigenstes Gefühlsspektrum – das Vergnügen, unserem Partner Vergnügen zu bereiten, die Intensität des Nehmens durch das Geben. In einer engen Beziehung können unsere Identitäten dergestalt miteinander verschmelzen, daß wir die Sexualität unseres Partners empfinden als sei sie unsere eigene.

Vervollkommnung hilft dem Erleben. Es ist die ständige Suche nach neuen Wegen der Selbsterfahrung, nach der Übertragung unseres sinnlichen Bewußtseins auf unseren Partner. Der Weg dahin führt über Lernen und Zuhören, Fragen und unermüdliche Versuche. Ein Beispiel: Eine Frau bat ihren Partner nach langer Zeit, ihre Brüste intensiver zu liebkosen, worauf er erwiderte: »Aber du hast mir doch gesagt, du magst das nicht.« Sie lachte und erwiderte: »Das war vor fünfzehn Jahren. Ich hab' mich seither verändert.«

Der Vervollkommnung zu wenig Aufmerksamkeit zu schenken, ist wahrscheinlich die häufigste Ursache sexueller Selbstunterdrückung. Wir engen dadurch den Veränderungsspielraum ein. Sex wird zur enttäuschenden Routine, und wir haben das vage Gefühl, daß das doch nicht alles gewesen sein kann. Viele Menschen geraten auf diese Art und Weise unwissentlich in eine Opferrolle.

Ein verhaltens-psychotherapeutisches Programm für erotische – nicht neurotische – Liebe

Das folgende Arbeitsmaterial, das vom Konzept der verschiedenen Schritte der Verhaltens-Psychotherapie ausgeht, sollte Ihnen dabei helfen, Ihr Geschlechtsleben zu verbessern und die damit verbundenen Opfergefühle durch eine neue Skala sexueller, frei gegebener und frei empfundener Gefühle ersetzen.

Sexuelle Sicherheit für Fortgeschrittene: Wie verändere ich meine sexuelle Empfindsamkeit

Selbstbehauptung ist die wichtigste Voraussetzung auf dem Weg zu sexueller Erfüllung. Individuelle Sicherheit ist zwar nötig, reicht aber allein nicht aus. Sex ist Teamarbeit, das gemeinsame Erschaffen eines neuen Ganzen, in dem die Partnerschaft zu einer Einheit wird, die mehr ist als die Summe ihrer Einzelteile, sprich der beteiligten Individuen. Gleichzeitig müssen beide Partner ihre Individualität wahren, denn Sex ist eine Kombination aus Selbst und Synthese mit dem Partner. Erfolgreiche sexuelle Selbstbehauptung bedeutet, daß sich beider Gefühle und Verstand in gegenseitigem Respekt und in Liebe vereinen.

Die Partnerschaft nimmt im Geschlechtsleben eine eigene Identität an. Es ist die Partnerschaft, die lernt, sich zu behaupten. Individuelle Probleme existieren nicht mehr. Hat einer der Partner ein Problem, so wird es zum Problem der Partnerschaft, das in ihr gelöst werden muß – egal, ob es darum geht, den Mund aufzumachen, ein bißchen einfallsreicher zu sein oder sich gehen zu lassen.

Die Partnerschaft folgt den allgemeinen Regeln fortgeschrittener Selbstsicherheit. Sie postuliert gemeinsame sexuelle Ziele, verdeutlicht die individuellen Rechte der Partner, ermutigt zur Freiheit in sexueller Rede und Aktion. Als Partner lernen beide Menschen, ja und nein zu sagen. Die Partnerschaft als Gespann fördert mittels fortgeschrittener Selbstbehauptung Erfahrung und Vervollkommnung.

Partnerschaftliche Ziele

Gegenseitige Beschuldigungen von Partnern, die psychologisch bedingte Impotenz oder Frigidität verursachen können, rühren manchmal daher, daß beide unterschiedliche Ziele haben. Die meisten Menschen wünschen sich als gemeinsames Ziel ein in jeder Weise unvergeßliches Erlebnis – das wichtigste in unserem Leben, erregend und erfüllend – gleichsam als Krönung einer bereits guten Beziehung.

Heißt das partnerschaftliche Ziel Veränderung, so kommt es oft zu Enttäuschungen, weil beide Partner von unterschiedlichen Zielvorstellungen ausgegangen sind. Für ein beiderseits befriedigendes Geschlechtsleben brauchen wir Übereinstimmung nicht nur beim übergeordneten Hauptziel, sondern auch bei den Einzelzielen. Und wir benötigen eine Reihe von Erfolgserlebnissen bei der Verfolgung der Einzelziele. Dies wiederum geht nicht ohne partnerschaftliches Zusammensein, das heißt, die Einzelziele sollten in einem bestimmten Zeitrahmen angestrebt werden, dessen Dauer dem schwächeren Partner angemessen ist. Ihr Partner schafft es beispielsweise nicht, Ihren Wunsch nach einer »zärtlichen Sprache« zu erfüllen. Es fällt ihm aber möglicherweise leicht, wenn er damit beginnt, den klischeehaften »französischen Liebhaber« zu spielen – durchaus mit einem sexy Akzent und »Je t'aime«. Beginnen Sie mit vergleichbaren Schritten, und gehen Sie danach an die Bewältigung anderer Einzelziele – zum Beispiel mehr Sex, mehr Liebesbezeugungen in der Öffentlichkeit, mehr Experimente –, bis Sie das gemeinsame Hauptziel erreichen.

Ein guter Start auf dem Weg zur Vervollkommnung ist die Definition und Ausführung sexueller Rechte. Rechte haben zwei Komponenten:

1. Das offene Bekenntnis zu den eigenen Rechten.
2. Anerkennung und Respektierung der Rechte des Partners.

Denken Sie über ihre sexuellen Grundrechte nach

Definieren Sie Ihre sexuellen Rechte anhand der folgenden Aufstellung.

- Ich habe das Recht, um das zu bitten, was ich möchte. Bekomme ich es nicht, so habe ich das Recht, meine Gefühle darüber zum Ausdruck zu bringen.
- Ich habe das Recht, mit meinem Partner freimütig über Sex zu reden.
- Ich habe das Recht auf Freude am Sex.
- Ich habe das Recht, mein und meines Partners Sexualleben lustvoll zu gestalten. Das gleiche gilt umgekehrt auch für meinen Partner.
- Ich habe das Recht, meinem Partner neue und ungewöhnliche Sexualpraktiken vorzuschlagen. Das gleiche gilt umgekehrt auch für meinen Partner.
- Ich habe das Recht, bestimmte sexuelle Praktiken, die zutiefst gegen meine Wertvorstellungen und Prinzipien verstoßen, abzulehnen.

- Mein Partner hat das gleiche Recht, sich gegen Dinge zu wehren, die zutiefst gegen seine Prinzipien verstoßen.
- Ich habe das Recht, Dinge, die ich wirklich nicht mag, abzulehnen und zwar unter der Voraussetzung, daß ich sie ausprobiert habe, um herauszufinden, ob es nur an meiner Unsicherheit liegt oder ob ich eine ehrliche Abneigung gegen diese Praktiken habe.
- Ich habe das Recht, von meinem Partner zu erwarten, daß er neue Praktiken ausprobiert, um herauszufinden, ob er genauso unsicher ist oder ob er sie einfach nicht mag.
- Ich habe ein Recht auf inneres Wachstum und Veränderungen in meinen sexuellen Bedürfnissen und Empfindungen.

Befreien Sie Ihre Aktionen durch kreative sexuelle »Eselsbrücken«

Besinnen Sie sich Ihrer Rechte – und üben Sie sie aus. Sie müssen primär Ihre allgemeinen Hemmungen gegenüber sexuellen Dingen ablegen, indem Sie darüber reden und auf eine Art und Weise aktiv werden, die Sie als positiv empfinden. Haben Sie erst einmal die Techniken der Verhaltensänderung gelernt, so wird sich ganz von selbst spontane sexuelle Freiheit einstellen. Ein Schritt auf dem Weg zur größeren Freiheit besteht beispielsweise bereits in der Wahl des Ortes. Sex macht nicht nur im Bett oder im Schlafzimmer Spaß. Erstellen Sie eine Liste der verschiedenen Alternativen, geordnet nach dem Schwierigkeitsgrad! Fangen Sie bescheiden an – vielleicht auf dem Wohnzimmerteppich. Arbeiten Sie sich zur Couch vor – oder umgekehrt, wenn das einfacher ist. Für Fortgeschrittene empfehlen sich Küchentisch und Treppenhaus. Seien Sie kreativ!

- *Keine Scheu vor »anstößiger« Sprache.* Dahinter verbirgt sich weit mehr als Verbalerotik. Da wir in einer Gesellschaft aufgewachsen sind, in der nicht oder falsch Informierte Sex als Sünde ansehen, der man sich allenfalls hinter verschlossenen Türen ergibt, können erotische Gespräche zur Entkrampfung, zur Überwindung sexueller Ängste und zur Durchbrechung gesellschaftlicher Tabus beitragen. Oft führt der bewußte Gebrauch solcher Worte nicht nur zum Abbau verbaler Hemmungen, sondern zu einer generell freieren Einstellung zur Sexualität und sexuellen Tabus.

Sie können auch mit etwas weniger Verfänglichem beginnen: Führen Sie tagsüber mit Ihrem Partner ein erotisches Telefongespräch, gleichsam als Vorbereitung für die abendliche Konversation unter vier Augen. Sie haben die verschiedensten Ausdrucksmöglichkeiten – von »Du, er steht mir. Ich bin scharf auf dich« bis zu bestimmten erregenden Wörtern und Ausdrücken, die *Ihr* persönliches sexuelles Empfinden stimulieren oder intensivieren.

■ Setzen Sie sich einen bestimmten Termin für Ihre erotischen *Gespräche*. Bei dieser Gelegenheit haben Sie die Möglichkeit, mit Ihrem Partner über Ihre Gedanken, Gefühle, Phantasien, Erfahrungen und Bedürfnisse auf sexuellem Gebiet zu reden – allerdings *ohne* Klagen und die Diskussion anstehender Probleme. Einigen Sie sich im voraus auf den genauen Zeitpunkt und die Länge der Gespräche. Am Anfang dauern sie vielleicht nur zehn Minuten. Mit zunehmendem Abbau der Hemmungen wächst die Bereitschaft zu mehr. Auch hier gilt, daß Sie auf dem Niveau des schüchternen Partners beginnen müssen.

Untere Stufe: Lesen Sie sich Passagen aus einem erotischen Roman wie *Die Memoiren der Fanny Hill* oder *Lady Chatterly* vor.

Mittlere Stufe: Lassen Sie die schönsten sexuellen Momente, die Sie miteinander erlebt haben, Revue passieren. Gehen Sie ins Detail.

Für Fortgeschrittene: Reden Sie über Ihre sexuellen Phantasien und bringen Sie sie bewußt in Ihr Sexualleben ein.

Eine Frau, die nicht orgasmusfähig war, erzählte ihrem Partner während der Gesprächsphase, sie habe immer davon geträumt, einmal eine Prostituierte zu sein. Sie setzte die Phantasie in die Tat um: Vor dem Geschlechtsakt befahl sie ihm, seine gesamte Barschaft auf der Kommode zu deponieren. Das Gespräch führte dazu, daß sie sich einen lang gehegten Traum erfüllen und in der Folge ihre Hemmungen (»ein anständiges Mädchen tut so was nicht«) ablegen konnte. Vergessen Sie nie, daß es nicht genügt, über sexuelles Verhalten und konkrete Verbesserungen lediglich *zu reden*. In meiner Praxis beobachte ich immer wieder, daß die Teilnehmer bei sexuellen Rollenspielen auf den unterschiedlichsten Ebenen ihrer Psyche angesprochen werden. Dieses »Betroffensein« führt schließlich zu Veränderungen.

■ *Lernen Sie, mit sexuellen Seitenhieben fertigzuwerden.* Erstaunlicherweise kommt es dazu immer wieder – in »heißen« Affären, in sehr engen Beziehungen und in der Ehe. Sei es aus Unsicherheit, sei es aus reinem Mutwillen – wir verletzen den Partner durch sexuelle Kritik an seiner empfindlichsten Stelle. Beide Formen erfordern eine Erwiderung.

Der unbeabsichtigte Seitenhieb. Ohne sich der Folgen bewußt zu sein, sagt Ihr Partner etwas, was Sie an der empfindlichsten Stelle trifft. Ihr Partner bemerkt zum Beispiel: »Du bist heute nacht aber kalt (unbeteiligt, grob).« Wenn so etwas passiert, dann reagieren Sie, als hätte Ihr Partner gesagt: »Autsch, das tut weh.« Ihr Ziel ist es, die Kommunikation in Gang zu halten. Sie wollen wissen, ob Sie etwas zu dem Problem beigetragen haben oder ob es *das Problem Ihres Partners ist.* Wenn man Sie auf die oben erwähnte Art kränkt, dann probieren Sie die »Du-Botschaft«-Methode des Psychologen Dr. Thomas Gordon, die oft auch als »aktives Zuhören« bezeichnet wird. Ignorieren Sie vorübergehend Ihre eigenen Gefühle und lassen Sie Ihren Partner wissen, was er Ihrer Meinung nach empfindet: »Du fühlst dich verletzt und scheinst wütend zu sein.« Damit geben Sie ihm zu verstehen, daß Sie ihm zuhören und ernsthaft darum bemüht sind, seine Gefühle zu verstehen.

Der beabsichtigte Seitenhieb. Wenn Ihr Partner absichtlich versucht, Ihnen wehzutun, dann sind *Sie* es, der sagen will: »Autsch, das tut weh.« Senden Sie eine »Ich-Botschaft« aus, die keine Zweifel daran läßt, worum es Ihnen geht. »Ich weiß, daß du aufgebracht bist, aber ich fühle mich zutiefst verletzt, wenn du mir sexuellen Egoismus vorwirfst. Besonders, wenn ich weiß, daß es nicht gerechtfertigt ist.« Auf sexuelle Seitenhiebe reagiert man anders als auf deplazierte Äußerungen von Freunden, Bekannten oder Kollegen. Bei letzteren kommt es darauf an, die eigenen Rechte zu behaupten oder die eigene Selbstachtung wiederherzustellen. Im sexuellen Bereich geht es zunächst einmal darum, die Kommunikationswege zwischen Ihnen und Ihrem Partner offen zu halten.

■ *Sex macht Spaß – lassen Sie sich was einfallen!* Jahrelang mit der gleichen Person zu schlafen, kann zu sexueller Apathie führen. Hier helfen sexuelle Ticks und Tricks. Ein paar Kostproben: Gehen Sie in die Öffentlichkeit. Sie können sich auf einer Parkbank umarmen. Oder Sie ziehen bei einer Dinnerparty den Schuh aus und streicheln die erogenen Zonen Ihres Partners mit dem Fuß . . . oder verzichten Sie auf Dinnerparty und Kinobesuch, mieten sich ein Hotelzimmer und lieben Sie sich ausgiebig und ohne Hast. Masturbieren Sie, wenn Sie wollen. Die renommierte Sexualberaterin Dr. Ruth Westheimer bezeichnet das in ihrem Buch *Liebe in der Ehe. Ein Ratgeber für ein glückliches Zusammenleben* als »Variante sexueller Erfahrung«. Sie können vor Ihrem Partner masturbieren oder sich gegenseitig mit der Hand befriedigen. Beide Handlungen können unter Umständen zu einer sexuellen Erregung führen, zu der Sie während des Beischlafs nicht fähig sind. Schauen Sie sich Pornofilme an. Es gibt Menschen, die sich auf diesem Gebiet zu wahren Genießern entwickeln. Ein Beispiel: Als Cathy und Norman P. nach fünfjähriger Ehe endlich ihr erstes Gespräch über Sex führten, rückte sie zögernd damit heraus, daß sie's gerne ein bißchen schärfer hätte. Norman war begeistert. Er gestand ihr, daß er schon seit langem von einem Porno-Videofilm träumte. Allerdings war es schließlich Cathy, die den Film kaufen mußte. Norman traute sich nicht, in den Laden zu gehen und danach zu verlangen.

Sexuelle Freizügigkeit: Worauf Sie achten sollten

■ Probieren Sie zunächst etwas aus, von dem Sie wissen, *daß Sie es auch erfolgreich durchführen können.* Es gibt Paare, die ganz am Anfang beginnen müssen – zum Beispiel mit der Verlagerung des Vorspiels ins Wohnzimmer. Andere Paare können sich gleich zum Ziel setzen, in Gegenwart des Partners zu masturbieren.

■ *Einmal ist keinmal – erst die Übung macht den Meister.* Lehnen Sie eine bestimmte Technik oder Zärtlichkeit nicht ab, weil es beim erstenmal nicht geklappt hat. Haben Sie Geduld, und warten Sie ab, bis Sie sich über Ihre Reaktion und Ihre Gefühle genau im klaren sind. Gehen Sie danach zu einer anderen oder zu einer zusätzlichen Variation des Liebesspiels über. Auf diese Weise intensivieren Sie Ihre sexuelle Erlebnisfähigkeit, anstatt eine Enttäuschung an die andere zu reihen.

■ *Es kommt auf das richtige Timing an.* Ein krankes Kind im Haus, das unablässig weint, ist keine optimale Begleitmusik für sexuelle Experimente. Warten Sie aber auf der anderen Seite auch nicht, bis die Bedingungen absolut perfekt sind – es kann Ihnen sonst passieren, daß Sie nie auf einen grünen Zweig kommen.

■ *Stellen Sie sich immer ein erfolgreiches Szenario vor.* Ihr Drehbuch muß lauten: »Du hast ein Recht darauf . . . Hab Spaß an der Sache.« Auf diese Art und Weise fördern Sie Ihre sexuelle Psyche.

Lernen Sie, als Partner und nicht als Individuen nein zu sagen

Machen Sie es sich zum Ziel, beim Sex so oft wie möglich ja zu sagen. Bejahung führt zu sexueller Vervollkommnung und neuen Erfahrungen. Ihr Recht, nein zu sagen, dient als *Schlüsselreiz, der es Ihnen ermöglicht, öfter ja zu sagen.*

Betrachten Sie die folgenden Regeln als Richtschnur, wenn es darum geht, ja oder nein zu sagen:

Erste Regel: Unterscheiden Sie zwischen einer Ablehnung, die *vorübergehend* und einer, die *von Dauer* ist. Sie haben ein Recht auf Ihre Launen und auf Ablehnung. (»Nein, dazu habe ich jetzt keine Lust.«) Sie können auch bestimmte Grenzen ziehen – zum Bespiel mit der Aussage: »Heute nacht will ich nichts weiter als getröstet und umsorgt werden.«

Zweite Regel: Nein heißt nicht unbedingt alles oder nichts. Vielleicht möchten Sie dieses oder jenes Experiment nur noch etwas hinauszögern. Ihr Nein heißt vielleicht: »Ich bin noch nicht so weit, mich auf diese Variante einzulassen. Aber wenn du mir ein bißchen Zeit gibst, klappt es vielleicht.« Mag sein, daß sich der männliche Partner Fellatio wünscht, und die Frau findet diese Idee abstoßend. Etwas zu verweigern, ohne es auch nur einmal probiert zu haben, wird vom Partner leicht als persönliche Zurückweisung empfunden. Haben Sie etwas probiert, fühlen sich aber nach wie vor unbehaglich bei der Sache, so können Sie Ihren Partner darum bitten, das Vorhaben aufzugeben. Vergessen Sie nicht, daß es Kompromisse gibt! (»Ich hätte nichts gegen oralen Sex – aber ich will nicht, daß du in meinem Mund kommst.«)

Dritte Regel: Vergewissern Sie sich, daß Ihr Nein ehrlicher Ausdruck Ihrer Gefühle ist und nicht zur Erpressung oder zu einem Machtkampf mißbraucht wird (»Nein, nur wenn wir in die Karibik fahren!«). Die »Lysistrata-Methode« – genannt nach einer Frau aus dem alten Griechenland, die die Männer mit Hilfe eines Sexboykotts dazu zwingen wollte, endlich mit dem Kriegführen aufzuhören – verursacht nichts als Zwietracht.

Vierte Regel: Vergessen Sie nicht, daß Ihr Nein auf mangelnder Kenntnis beruhen könnte. Vielleicht brauchen Sie den Beistand eines Therapeuten. Wenn Sie das Gefühl haben, in einer Sackgasse zu stecken, das Problem aber gerne lösen wollen, so sollten Sie sich von einem qualifizierten Therapeuten beraten lassen.

Fallbeispiel: Die unwissende Naive, die immerzu nein sagte

Sally J. und Bill, ein ehemaliger Berufssoldat, baten mich um verhaltenstherapeutische Hilfe. Beide waren Anfang Dreißig, Sally war bis zur Hochzeit Jungfrau gewesen, was Bill sehr angezogen hatte, deutete er doch ihren Verzicht auf vorehelichen Geschlechtsverkehr als Ausdruck eines vorbildlich starken Charakters. Es stellte sich jedoch heraus, daß Sally stark gehemmt war und eine ganze Reihe unbewußter Kindheitslasten mit sich herumtrug. Sally war der Meinung, daß dem Geschlechtsakt nur ein Minimum an Vorspiel vorangehen sollte. In ihren Augen gab es nur ein Kriterium: »Kann er mich zum Orgasmus bringen oder nicht?« Bill war für alles verantwortlich. »Du bist kein richtiger Mann«, schrie sie ihn im Bett immer wieder an. Beide betrachteten sich als Opfer seiner »sexuellen Unzulänglichkeit«; Bill selbst litt sehr an seiner »Unfähigkeit«, sie zum Höhepunkt zu bringen. Als er Sally vorschlug, ihre Klitoris zu stimulieren, lehnte sie entsetzt ab.

Als die beiden zu mir in die Praxis kamen, waren sie verzweifelt, aber sie liebten sich nach wie vor. Sally verordnete ich ein Bildungsprogramm aus Lektüre und Gespräch. Sie kam zu der Erkenntnis, daß ihre

Haltung ein Abwehrmechanismus gegen ihre sexuellen Ängste und die Tabus ihres sehr strengen Elternhauses war. Zunächst empfand sie die »Umerziehung« als schwierig. Nach einer Behandlung fuhr sie Bill manchmal an: »Dann wollen wir mal sehen, ob der Doktor endlich einen Mann aus dir gemacht hat.« Schließlich gingen wir zu sensuell-zentrierten Übungen über, in denen Sally und Bill den Auftrag erhielten, sich – ohne spezielle Forderungen und Wünsche und ohne miteinander zu schlafen – zu berühren und zu liebkosen.

Doch der Hauptteil von Sallys Therapie war ihre Aufklärung. Ich erstellte eine Leseliste für sie. Wir redeten über ihre irrigen Vorstellungen und Glaubensgrundsätze und erweiterten ihr sexuelles Wissen. Manchmal empfing ich Sally allein, manchmal zusammen mit Bill. Ich trug ihnen auf, »anstößige« Gespräche zu führen. Zu ihrer eigenen Überraschung gefiel Sally diese Übung sehr. In dem Maße, wie sie ihr Wissen erweiterte, verringerten sich ihre Hemmungen. Sie entwickelte sich von einer Neinsagerin zu einer Jasagerin und entdeckte aufgrund ihrer neuen Freiheit eine bisher unbekannte sexuelle Welt.

Fünfte Regel: Sagen Sie nein zu sexuellen Verhaltensweisen, die Ihnen erniedrigend vorkommen oder die gegen einen wichtigen persönlichen Grundsatz verstoßen. Fragen Sie sich jedoch, *warum* Sie etwas als erniedrigend empfinden. Klammern Sie sich vielleicht nur an alte, wertlose Vorurteile wie »Anständige Mädchen tun so etwas nicht«? Außer Frage steht Ihr Recht, mit Bestimmtheit nein zu sagen. Nehmen wir einmal an, Ihr Partner will Sie peitschen und Sie haben keinerlei Erfahrung, mit der Sie Ihre Ablehnung begründen können. Wenn der Vorschlag gegen eine tiefverwurzelte Ablehnung aller sadistischen und grausamen Triebe verstößt, ist nichts gegen Ihr Nein einzuwenden.

Im Zweifelsfalle sagen Sie ja. Wir müssen uns manchmal zu Zugeständnissen durchringen, die uns schwerfallen – und zwar in Situationen, wenn ein Ja für den Partner von größerem Nutzen ist als ein Nein für uns selbst. Wägen Sie Ihre Entscheidung ab. Vielleicht ist Ihr Partner verstört, überempfindlich, niedergeschlagen. Kommen Sie ihm entgegen.

Fallbeispiel: Die Frau nach der Brustkrebsoperation

Die Mutter von Connie J. war an Brustkrebs gestorben, und Connie lebte in der beständigen Angst, ihr könne das gleiche passieren. Eines Tages entdeckte sie einen Knoten. Die Biopsie erwies, daß er bösartig war, und innerhalb einer Woche hatte man ihre linke Brust entfernt. Sowohl im Krankenhaus als auch zu Hause weigerte sie sich zu weinen.

Es war Stan, ihr Mann, der aus Liebe zu ihr weinte, denn er wußte, daß Connie sich fühlte, als sei ihr durch das Schicksal und das Erbe ihrer Mutter ein großes Unrecht geschehen. Er war nervös und übermüdet, sorgte sich um die Zukunft seiner Frau und versuchte, alles vor ihr geheimzuhalten. Sie schaute ihn mit tränenfeuchten Augen an, in denen die Frage stand: »Bin ich abstoßend? Bin ich in deinen Augen noch eine Frau?« Sex war das letzte, wonach Stan in solchen Momenten der Sinn stand. Aber er schlief mit Connie und behandelte sie mit größerer Zärtlichkeit als je zuvor. Beide fühlten sich allmählich besser. Stan hatte aus Liebe ja gesagt, als er eigentlich hatte nein sagen wollen. Und Connie fühlte sich wieder als vollwertige, unverkrüppelte Frau.

Das Überwinden von Blockierungen

Unsere Diskussion über Sex hat sich bis zu diesem Punkt ausschließlich um das Verhalten der Partner gedreht. Sie arbeiten an einem Problem, indem Sie Ziele und wünschenswerte Veränderungen formulieren. Sie erweitern Ihren Erfahrungsschatz und streben der Vervollkommnung zu. Das Gefühl, Opfer des anderen oder der Situation zu sein, tritt in den Hintergrund und wird verdrängt von der Empfindung, sich weiterzuentwickeln und der Erfüllung näher zu kommen. In manchen Fällen bleiben Erfolgserlebnisse aber auch aus. Ängste, Passivität und der relative Nutzen, den wir aus unserer Weigerung vor Veränderungen meinen ziehen zu können, blockieren jeden Fortschritt.

An diesem Punkt müssen wir den Zweiten Schritt tun und die emotionalen Blockierungen, die unserem sexuellen Fortschritt und unserem Wagemut im Wege stehen, identifizieren.

Paare, die sich sexuell bestrafen

Sowohl in geschäftlichen als auch in persönlichen Beziehungen gibt es Partnerschaften, die auf gegenseitigen Strafaktionen basieren und in denen die Beteiligten aktiv daran arbeiten, die Opferrollen aufrechtzuerhalten. Hat eine Beziehung diesen Punkt erreicht, so dient die Identifizierung auch als Schlüssel zur Lösung des sexuellen Problems. Beide Partner stimmen darin überein, daß Schwierigkeiten bestehen, doch sie betrachten sie aus unterschiedlichen Blickwinkeln.

PARTNER EINS	PARTNER ZWEI
»Du hast überhaupt kein Verantwortungsgefühl.«	»Du bist zu anspruchsvoll und übersensibel.«
»Du bist verklemmt.«	»Du hast keinen Anstand.«
»Du verweigerst dich, um mehr Macht über mich zu haben.«	»Du respektierst meine sexuellen Bedürfnisse nicht.«
»Wenn du mich wirklich liebtest, würdest du auch öfter mit mir schlafen.«	»Wenn Du mich wirklich liebtest, würdest du mich in Ruhe lassen, bis ich in der richtigen Stimmung bin.«

Es folgen einige Beispiele, an denen wir ersehen können, welche konkreten Formen das gegenseitige sexuelle Bestrafen annehmen kann.

Fallbeispiel Nr. 1: Nancy B. hat das Gefühl, ein erwachsenes Kind zum Partner zu haben. »Er kommt nach Hause«, sagt sie, »und hat diesen verstörten Blick. Ich hole ihm was zu trinken, aber nach ein paar solchen Tagen würde ich am liebsten schreien: ›Ich will einen Mann!‹« Ihr Ehemann Marty auf der anderen Seite hat das Gefühl, daß Nancy ihn wie ein Kind behandelt. »Den ganzen lieben langen Tag kümmere ich mich um das Geschäft und meine zweihundert Angestellten!« ruft er aus. »Und dann komme ich nach Hause zu einem Feldmarschall. Wie soll ich ein leidenschaftlicher Liebhaber sein, wenn sie mich wie ein sechsjähriges Kind behandelt?«

Fallbeispiel Nr. 2: Ruth und Lou G. halten sich an ihre gesellschaftlich vorgeprägten geschlechtsspezifischen Rollen. Er mimt den draufgängerischen, sachkundigen Liebhaber, der Eindruck schinden muß. Und sie blickt dankbar zu ihm auf und spielt ihre Rolle ebenso routiniert wie gefühllos. Er muß das Heft in der Hand haben. Sie hat ihre Sexualität praktisch ad acta gelegt. Beide sind vollauf damit beschäftigt, ihre stereotypen Rollen zu erfüllen und haben keine Ahnung von sexueller Erfüllung, die über diese Klischees hinausgeht.

Auch wenn wir das Gefühl haben, daß unser Partner an unserem unbefriedigenden Geschlechtsleben schuld ist, dürfen wir nie aufhören, uns zu fragen, was *wir* zu dieser unnötigen sexuellen Frustration beitragen und inwieweit *wir* von einer Änderung unserer sexuellen Verhaltensweisen profitieren können.

Fallbeispiel: Die Partner, die sich aus Angst, zur Marionette zu werden, gegenseitig strafen

Zelda B. wollte plötzlich nichts mehr mit Sex zu tun haben. Sie teilte ihrem Mann Jay mit, daß es damit von nun an vorbei sei. Zelda hatte das Gefühl, daß sie in Jays Bann geriete – zur Marionette werden und ihre Identität verlieren würde –, wenn sie keine Schranke zwischen sich und ihrem Mann errichtete. Beide waren sich darüber einig, daß das Problem bei Zelda lag und verbrachten Stunden damit, ihre Ängste zu analysieren. Sie kamen zu keiner Lösung.

Als die beiden zur verhaltenspsychotherapeutischen Beratung zu mir kamen, untersuchte ich die Situation ohne die vorgefaßte Meinung, das Problem läge ausschließlich bei Zelda. Langsam schälte sich heraus, daß ihre Abneigung gegen Sex in dem Maße gewachsen war, wie Jay sich ihr gegenüber sanfter und liebevoller gezeigt hatte. Aber sie schoben die Schuld weiterhin auf Zelda.

Während der Therapie kamen wir schließlich darauf, daß Jay auf seine Art die gleichen Ängste vor einer zu engen Beziehung hatte und ebenfalls fürchtete, zur Marionette zu werden und seine Identität zu verlieren. Indem er Zelda die ganze Schuld in die Schuhe schob, hatte er mit dazu beigetragen, die sexuellen Schwierigkeiten aufrechtzuerhalten. Er war liebevoller und zärtlicher geworden, weil er insgeheim ahnte, daß Zelda sich davon abgestoßen fühlte. Beide hatten sich unbewußt in eine Sackgasse manövriert, um die Nähe, vor der sie beide Angst hatten, zu vermeiden. Wir legten diese Ängste allmählich frei und verschafften ihnen somit die Möglichkeit, sie gemeinsam zu überwinden. Heute haben Zelda und Jay großen Spaß am Sex.

Ausweg aus sexuellen Ängsten

Sexuelle Ängste, ob nun mittels Erziehung, durch das Milieu oder die Massenmedien vermittelt, können sexuelle Schädigungen hervorrufen. Es gibt etliche sexuelle Ängste, beispielsweise die vor Herpes oder AIDS, die durchaus begründet sind. Um sie zu vermeiden, sollten Sie sich gut informieren und die entsprechenden Vorsichtsmaßnahmen treffen. Viele sexuelle Ängste jedoch sind unbegründet und unvernünftig. Sie können sich auf die verschiedensten Bereiche beziehen – Machtzuwachs oder -verlust aufgrund von Sex, Untreue oder zu enge Bindung, Verklemmtheit oder Perversion, Versagen oder Erfolg, Einsamkeit oder Trennung. Solche und andere Ängste lassen uns allmählich in Opferrollen geraten, aus denen wir uns nur schwer befreien können.

Im folgenden einige Beispiele für sich häufig wiederholende Problemfälle aus meiner Praxis.

Die Tester

In diesem Fall wird jede sexuelle Begegnung als Test und potentielle Enttäuschung angesehen. Für den Tester ist Sex oft nichts weiter als ein Job, bei dem man sein Bestes gibt. Die geheime Angst: *nicht gut genug zu sein.*

Übertrieben rücksichtsvolle Partner

Hier treiben die Partner die gegenseitige Rücksichtnahme dermaßen auf die Spitze, daß keiner von beiden auch nur das geringste spontane Wohlgefühl mehr empfindet. Indem sie sich auf die Reaktion des anderen konzentrieren, vergessen sie ihre eigenen Gefühle und setzen sich eine Maske auf. Die geheime Angst, die diesem Verhalten zugrunde liegt: *vom Partner als selbstsüchtig oder unsensibel eingeschätzt zu werden.*

Zwanghafte Playboys und Playgirls

Er oder sie haben morgens, nachmittags und wann auch immer Geschlechtsverkehr mit jemand anderem als dem Dauerpartner. Dahinter steckt die geheime Angst, *unter die Macht eines anderen zu geraten.* Die fortwährende Promiskuität dient ihnen dazu, zu sagen: »Ich übe hier die Macht aus, nicht du.« Gleichzeitig hat es den Anschein, als setzten solche Menschen ihre Macht für Sex ein, obwohl es in Wirklichkeit darum geht, ihre Ängste in Schach zu halten. Die Angst vor der Macht des anderen Geschlechts kann sich auf andere, asexuelle Partnerschaften auswirken und verhindern, daß man überhaupt noch zu tiefen Bindungen fähig ist. Schließlich gibt es noch Menschen, die sich vor sexuellem Vergnügen fürchten, weil sie sich damit dem Partner ausliefern.

Vielleicht benutzt derjenige Partner, der Angst davor hat, Vater oder Mutter zu werden, Verhütungsmittel, um Macht zu gewinnen – oder aber er verzichtet aus genau demselben Beweggrund darauf. Eine Frau »vergißt« eventuell, die Pille zu nehmen. Ein Mann mag sich weigern, Präservative zu benutzen, verspricht aber, sich rechtzeitig zurückzuziehen.

Die Motivation für solches Verhalten kann sowohl bewußt als auch völlig unbewußt sein.

Gelegentliche Playboys und Playgirls

Hier lautet die geheime Angst, *in die Falle zu tappen*. Durch gelegentliche Affären meinen Menschen dieses Typs, ihre Freiheit zu bewahren. Vielleicht befriedigen sie auch ihre Abenteuerlust. Ein Beispiel: Lenore B., eine intelligente Frau mit zwei schulpflichtigen Kindern, fühlte sich in der Rolle als gute Ehefrau und Mutter in einem kleinen Ort in New Jersey gefangen; sie ließ sich auf eine leidenschaftliche Affäre mit einem vierzigjährigen Witwer aus Long Island ein. Jeden Tag sorgte Lenore dafür, daß die Kinder rechtzeitig zur Schule kamen und fuhr dann nach Long Island, wo sie mit ihrem Liebhaber verabredet war. Am Nachmittag fuhr sie nach Hause und kochte pünktlich für Kinder und Mann das Abendessen. Ihr Sexualleben mit dem Ehemann war gut. Sie führte die Liaison fort, um sich nicht als »langweilige Hausfrau« fühlen zu müssen.

Der oder die ferne Geliebte

Die geheime Angst: *Ausgeliefertsein*, Bindung, Aggressivität. Der Betroffene muß alle Gefühle unterdrücken, um sicherzugehen, daß der Abstand bewahrt bleibt. Oft drückt sich das in Bemerkungen aus wie »Wir brauchen beide mehr Atemfreiheit.« Für den Partner fühlt es sich an, als ginge er (oder sie) mit einer Sphinx ins Bett.

Schweigsame Liebhaber

Die geheime Angst: *Ablehnung*. Dieser Menschentyp ist durch seine Unfähigkeit, »Ich liebe dich« zu sagen, zarte Gefühle auszudrücken oder, wenn es um körperliche Liebe geht, den ersten Schritt zu tun, gekennzeichnet. Findet sein Ansinnen keinen Zuspruch, so sieht er darin eine schwere persönliche Zurückweisung – eine Situation, die es um jeden Preis zu vermeiden gilt.

Opfer der Routine

Die geheime Angst: *Veränderung*. Diese Menschen fürchten sich vor allem Neuen. In ihrem Liebesleben treten sie auf der Stelle.

Die geheime Angst: *Schuldgefühle*, die – oft als Überbleibsel verdrängter Kindheitsphantasien – die sexuelle Erlebnisfähigkeit des Erwachsenen einschränken. Solche Liebhaber erstellen die unterschiedlichsten sexuellen Szenarios, die stets vom gleichen Leitmotiv geprägt sind: »Nur keinen Spaß! Wenn alles zu gut läuft, gibt's irgendwelchen Ärger.«

Wir haben ein sexuelles Erfolgserlebnis hinter uns und wollen es wiederholen oder noch überbieten. Aber irgend etwas klappt nicht wie gewünscht. Wir zerbrechen uns den Kopf darüber, ob es das nächste Mal ebenso gut sein wird wie damals, als es so toll war. Wir verfallen auf Entschuldigungen, um Enttäuschungen zu vermeiden – schützen zum Beispiel Überarbeitung vor oder beschuldigen den Partner, er lasse nichts unversucht, uns unsere sexuelle Lust zu verleiden.

Sexuelle Schwierigkeiten sind manchmal so etwas wie ein Kuhhandel im Austausch für Erfolge auf anderem Gebiet. Bei Paaren mit großen finanziellen Erfolgen (ein neues Haus, ein dickes Bankkonto) kommt es nicht selten vor, daß der Mann Potenzschwierigkeiten entwickelt und die Frau ihre Orgasmusfähigkeit verliert. Auf diese Art schützen sie sich mit dem Leitspruch »Man kann halt nicht alles haben« gegen den bösen Blick.

Wir müssen erkennen, daß es, unabhängig von der jeweiligen Hauptbefürchtung, drei Variationen zum Thema Angst gibt, die unser Leben beeinflussen:

1. Unsere Angst beeinflußt direkt oder indirekt unsere sexuelle Beziehung, allerdings *wissen wir nicht, daß die ganze Beziehung darauf beruht.*

2. *Wir sind uns dieser Angst vage bewußt*, haben allerdings das Gefühl, sie vor unserem Partner verbergen zu müssen.

3. Wir kennen die Angst und können mit unserem Partner darüber reden. Gemeinsam können wir an dieser Angst arbeiten und sie auflösen. Auf dieser Ebene genügt es nicht, die Angst bloß zu identifizieren. Beide Partner müssen zu der Erkenntnis kommen, daß es nicht darum geht, ob die Angst die seine oder ihre ist, sondern daß die beide betreffenden Auswirkungen ersichtlich werden. Schließlich gilt es, *das zu tun, wovor Sie immer Angst hatten.*

Fallbeispiel: Der Mann, der glaubte, homosexuell zu sein

Der fünfunddreißigjährige Zahnarzt Jim L. sah aus, als wäre er gerade einer Reklame für das Leben im Freien entsprungen – und er benahm sich auch so. Trotz seiner scheinbaren Selbstsicherheit hatte Jim im

Grunde seines Herzens das Gefühl, daß er sich am Rande der Homosexualität bewegte. Er mochte es, wenn Linda, seine Frau, mit seinen Brustwarzen spielte, und faßte dies als Anzeichen dafür auf, daß er sich mit der Frauenrolle identifizierte; dies wiederum galt ihm als Beweis dafür, daß er homosexuell war. Sexuell war er ständig gestreßt und fürchtete, daß Linda seine Erregbarkeit auf einem, wie er es nannte, »weiblichen Gebiet« entdecken würde. Er hatte nicht die geringste Ahnung, daß die meisten Männer solche oder ähnliche Empfindungen haben und daß die Brustwarzen bei *beiden* Geschlechtern erogene Zonen sind. Seine Nervosität hemmte Linda in ihrer Spontaneität und führte schließlich dazu, daß sie in Passivität verfiel.

Selbst nachdem Jim mir gegenüber seine tiefsitzende Furcht endlich zugegeben hatte, vermied er beim Sex mit Linda weiterhin, daß sie seinen Brustwarzen auch nur nahe kam. Geschah es doch, überkamen ihn erneut die Schuldgefühle, und er schob ihre Hand beiseite. Nach längerer therapeutischer Behandlung brachte er es über sich, Linda von seinen Ängsten vor Homosexualität zu erzählen. Er erkannte dabei die Grundlosigkeit seiner Furcht. Das Geschlechtsleben der beiden hat sich seitdem kontinuierlich verbessert.

Restbestände sexueller Klischeevorstellungen

Seien Sie sich stets der Tatsache bewußt, daß die Fortführung sexueller Klischeevorstellungen Veränderungen verhindern kann. Geschlechterrollen haben, wie zahllose Untersuchungen beweisen, ihren Ursprung in der Kindheit. Im Rahmen gesellschaftlicher Stereotypen sind es die Frauen, die lernen, die Hauptverantwortung für die emotionale Aufrechterhaltung einer Beziehung zu übernehmen und in einer Trennung primär eine Bedrohung zu sehen. Auf der anderen Seite haben unsere Schulen und die Gesellschaft Männer dazu erzogen, die Initiative zu ergreifen und zielstrebig zu sein. Viele Männer richten sich nach dem »Mythos vom goldenen Phallus«: »Wenn es im Bett gut klappt, dann klappt auch die ganze Beziehungskiste.« Männer wurden auf Leistung konditioniert und fühlen sich dementsprechend durch Intimität und Zärtlichkeit oft bedroht.

Ausgang des zwanzigsten Jahrhunderts können wir feststellen, daß bestimmte kulturelle Veränderungen stattgefunden haben. Heutzutage geben viele Frauen zu, daß sie Sex wollen oder *mehr* Sex wollen. Und besonders jüngere Männer machen immer häufiger die Beobachtung, daß die Einstellung »Nach mir die Sintflut« nicht mehr so viel gilt. Ganz verschwunden ist sie freilich noch nicht – schon gar nicht im

Schlafzimmer, wo mann und frau nur allzugern wieder ins althergebrachte Rollenverhalten abgleiten.

Unsere Partnerschaft hält entweder die klischeehaften Geschlechterrollen aufrecht oder sie ändert sie. Veränderungen bei einem Partner ziehen solche beim anderen nach sich. Ein Paar, das die gesellschaftlich auferlegten Rollen verändern will, muß sich auf Streß gefaßt machen und *fähig sein, ihn zu überwinden.*

Eine Frau zum Beispiel, die plötzlich die Initiative ergreift, kann bei ihrem Partner Leistungsängste auslösen.

Aufgabe: Gehen Sie gemeinsam an die Sache heran. Sie müssen sowohl die Frau darin bestärken, die Initiative zu ergreifen, als auch dem Mann dabei helfen, seine Ängste abzubauen. Die Frau sollte alles verlangen, was sie sexuell will, und ihr Partner muß sich bereit erklären, dies *mit einer Einschränkung* auch zu tun. Die Einschränkung lautet: *Kein Geschlechtsverkehr* in den Anfangsphasen der Übung. Auf diese Weise wird die Potenzunsicherheit des Mannes verringert.

Konflikte sind kein Hinderungsgrund für wünschenswerte Veränderungen.

Fallbeispiel: Der Mann, der sein Auftreten und seine Rolle änderte

Der fünfunddreißigjährige Rob W. war in einer Familie aufgewachsen, in der er sich immerzu unsicher fühlte. Sein Vater und zwei seiner Brüder waren hervorragende Athleten. Seiner intellektuellen Brillanz maß Rob wenig Bedeutung bei. Viel lieber hätte er beim Fußball mal aus zwanzig Metern Entfernung unter die Latte getroffen (in Wirklichkeit traf er kaum den Ball). Je älter Rob wurde, desto mehr beeinflußte das Gefühl der eigenen Unzulänglichkeit seine Beziehungen, vor allem die sexuellen. Er versuchte ständig, durch eine Vielzahl von Affären seine Männlichkeit unter Beweis zu stellen. Aus Furcht davor, eine Frau könnte ihm sexuell überlegen sein, achtete er darauf, daß der Sexualakt stets schnell vorüber und nur für ihn selbst befriedigend war.

Bevor Rob Laurie heiratete, erzählte er ihr von seiner Promiskuität. Laurie, auf sexuellem Gebiet völlig unerfahren, empfand seine Erfahrungen als Beruhigung, denn sie glaubte, Rob könne ihr Ratgeber und Beistand sein. Schließlich hatte sie ihr eigenes Problem. Nach ihrer Auffassung bestand die sexuelle Rolle der Frau aus passiver Hinnahme dessen, was ihr geboten wurde. Aber es dauerte nicht lange, und sie verlor an Robs herkömmlicher Ruck-Zuck-Methode sämtliches Interesse.

Da beiden an einer Aufrechterhaltung ihrer im Grund guten Ehe gelegen war, kamen Rob und Laurie zu mir und unterzogen sich einer

Verhaltens-Psychotherapie. Obwohl sie Angst davor hatte, über Robs Defizite als Liebhaber zu reden – lief ein solches Bekenntnis doch ihrer althergebrachten Vorstellung von den Geschlechterrollen zuwider –, drückte sie sich schließlich so aus: »Ich möchte mehr Vorspiel. Ich habe das Gefühl, ich wirke irgendwie abstoßend auf dich.«

Rob war im Laufe ihrer Beziehung selbstsicherer geworden. Er konnte zuhören. Es war ihm klar, daß etwas nicht stimmte, und er war froh, daß Laurie endlich offen redete. Sie schliefen wieder öfter miteinander und ließen sich mehr Zeit fürs Vorspiel. »Meine Familie hat mich immer fertiggemacht«, gestand Rob seiner Frau ein. »Ich habe mich nie wie ein richtiger Mann gefühlt.« Gemeinsam arbeiteten sie daran, ihr Geschlechtsleben zu vervollkommnen. Laurie fühlt sich weit mehr als Frau als zu jener Zeit, da sie immer die passive, alles akzeptierende, angeblich frauentypische Rolle spielte. Rob seinerseits fühlt sich mehr als der Gebende. Da er seine Frau liebt, war er imstande, ihre Kritik anzunehmen. Da sie ihn liebt, konnte sie die Kritik liebevoll äußern – und ohne das Gefühl, seine sexuelle Leistungskraft herabzuwürdigen.

Die Überwindung irrtümlichen Glaubens und falscher Erwartungen

Um sexuelle Erfüllung zu finden, sollten Sie falsche Denkweisen vermeiden, und zwar nicht nur solche, die gesellschaftliche Ursachen haben, sondern auch solche, die aus ihren eigenen Gefühlen herrühren. Das bedeutet, daß falsche Überzeugungen ebenso wie falsche Erwartungen überwunden werden müssen.

Schluß mit sexuellen Ge- und Verboten

Sexuelle Gebote (»Ich muß immer ja sagen, wenn mein Partner mit mir schlafen will« ... »Ich muß immer ganz scharf auf Sex sein« ... »Ich muß immer jemanden finden, der mit mir ins Bett geht, sobald ich Lust darauf habe«) und Verbote (»Ich darf es nicht zulassen, daß Streß und andere Ereignisse mein Sexualleben beeinflussen« ... »Ich muß oralen und analen Sex ablehnen«) gehen die Tonleiter hinauf und herunter. Sie basieren auf Märchen und Vorurteilen. Die Überwindung solcher Vorbehalte kann zu einem aufregenden sexuellen Abenteuer werden. Befassen Sie sich mit den Märchen und Vorurteilen. *Stellen Sie neue Regeln auf.*

Fünf weitverbreitete sexuelle Märchen und Vorurteile

FIKTION: Der Geschlechtsakt ist der einzige Weg, Sex zu genießen.

REALITÄT: Die körperliche Vereinigung ist nur eine von vielen Möglichkeiten der gemeinsamen sexuellen Erfüllung. Vorausgesetzt, daß wir kein Kind wollen und das Beharren auf dem Geschlechtsakt nicht auf religiösen Prinzipien beruht, gibt es keinen Grund, sich in eine einzige sexuelle Ecke drängen zu lassen. Sobald wir uns von dieser Fiktion befreien, verlieren auch sexuelle Fehlfunktionen (Potenzschwierigkeiten und Orgasmusstörungen) viel von ihrer Beklemmung, Frustration und Wichtigkeit. In dem Maße, wie wir unsere Fiktion von der Einzigartigkeit des Geschlechtsakts ändern, nehmen auch unsere Angstgefühle ab.

DER PREIS, DEN SIE ZAHLEN: Die ausschließliche Reduzierung der Geschlechtlichkeit auf die Fortpflanzung führt zur sexuellen Langeweile.

FIKTION: Ein/e perfekte/r Liebhaber/in bringt seinen/ihren Partner jedesmal zum Höhepunkt.

REALITÄT: Seit über den weiblichen Orgasmus so viel diskutiert wird, sind viele Männer geradezu darauf fixiert. Gelingt es ihnen nicht, die Partnerin zum Höhepunkt zu bringen, so fühlen sie sich als Versager und meinen, sie hätten »etwas falsch gemacht«. Oft reagieren sie verärgert. Einer meiner Patienten fragte seine Partnerin: »Hast du einen Orgasmus gehabt?« Sie erwiderte: »Nein, aber ich habe es genossen.« Es interessierte ihn gar nicht. Eine alleinstehende Frau behauptet: »Ich habe eine Freundin, die der Meinung ist, Männer und Frauen müßten immer gleichzeitig zum Orgasmus kommen. Sie war richtig schockiert, als ich ihr erzählte, daß mir so etwas noch nie passiert ist. Ich fragte meine Freundin, die mir beipflichtete: ›Keinesfalls immer. Vielleicht in fünfundzwanzig Prozent aller Fälle.‹«

Aus dem Zwang heraus, ständig ihre Fähigkeiten als Liebhaber unter Beweis stellen zu müssen, werden manche Männer, die sich sexuell unzulänglich oder ungeliebt fühlen, impotent oder steigen anderen Frauen nach. Sie können nicht einsehen, daß sie vielleicht gar nicht der Grund für die Reaktion ihrer Partnerin sind. *Auf sexuellem Gebiet sind Sie nicht für alle Gefühle Ihres Partners verantwortlich.*

DER PREIS, DEN SIE ZAHLEN: Da Sex für Sie stets ein Testfall ist, müssen Sie zwangsläufig Angstgefühle haben, die Ihre sexuelle Erlebnisfähigkeit einschränken.

FIKTION: »Wenn du mich wirklich liebtest, dann wüßtest du auch, was ich will.«

REALITÄT: Wir erwarten von unserem Partner, Gedanken lesen zu können. Eine Nacht um die andere gehen wir ins Bett und bekommen nicht das, was wir wollen – *weil wir nicht danach fragen!*

DER PREIS, DEN SIE ZAHLEN: Wir können keine Gedanken lesen. Indem Sie voraussetzen, daß Ihr Partner alle Ihre Wünsche von sich aus kennt, verhindern Sie, daß Sie einander wirklich kennenlernen.

FIKTION: Empfängnisverhütung verdirbt den Spaß.

REALITÄT: In vielen Fällen wirkt sich dieses Vorurteil tatsächlich lusthemmend aus. Präservative zum Schutz vor Herpes oder AIDS akzeptiert man normalerweise als notwendiges Übel. Bei der Verwendung zur Empfängnisverhütung kommt es schon eher zu Konflikten. Viele Paare beschäftigen sich gedanklich dauernd mit der Frage, ob sie nun ein Kind in die Welt setzen wollen oder nicht. Andere haben kein Vertrauen in die Wirksamkeit von Verhütungsmitteln und meinen, sie lohnten »die Mühe nicht«. Die Frau kann sich nicht gehen lassen, weil sie sich schon den Kopf darüber zerbricht, wie sie am schnellsten ins Badezimmer gelangen und die Spülung vornehmen kann. Der Mann hat Schwierigkeiten mit seiner Erektion, weil er nicht weiß, ob seine Partnerin kurz vor oder kurz nach dem Eisprung steht. Viele Frauen wollen die Leidenschaft nicht durch die prosaische Einsetzung des Diaphragmas stören – und dem Mann ergeht es mit seinem Präservativ genauso.

DER PREIS, DEN SIE ZAHLEN: Die sichere Empfängnisverhütung ist ein zusätzlicher Angstfaktor in der Freude am Sex. Dagmar O'Connor, Direktorin der Sexualtherapeutischen Abteilung am St. Luke's-Roosevelt Hospital Center in New York und Autorin des hervorragenden Buches *Lust auf Sex und Spaß an der Treue für ein erfülltes Sexualleben mit einem Partner*, schlägt vor, »Verhütung sinnlich ins Liebesspiel zu integrieren«. Führen Sie Ihr Diaphragma ein, wenn Sie bereits mit dem Vorspiel begonnen haben. Lassen Sie Ihren Partner dabei zusehen. Die Verhütungsmaßnahme wirkt auf diese Weise als zusätzliches sexuelles Stimulans, anstatt die Leidenschaft zu unterbrechen. Sie können auch beide die Verantwortung übernehmen und das Diaphragma gemeinsam einführen.

FIKTION: Um eine gute Beziehung zu haben, müssen wir permanent auf Sex versessen sein.

REALITÄT: Kürzlich erschien in einer Zeitschrift ein Leserbrief mit etwa folgendem Wortlaut: »Wir sind seit achtzehn Jahren verheiratet. Wir lieben uns, schlafen aber nur einmal im Monat miteinander.« Häufigkeit ist kein Gradmesser für sexuelle Erfüllung. Wenn Sie glücklich sind und jeder dem anderen das gibt, was er will, dann ist Ihr Sexualleben in Ordnung. Probleme tauchen erst auf, wenn Sie sich nicht einigen können oder sich an den Phantasiemaßstäben messen, die von hard-core-Pornographie in Filmen oder Romanen vorgegeben werden.

In jeder Beziehung existiert ein gewisses Gleichgewicht. In dem Woody-Allen-Film *Annie Hall* ist die Leinwand geteilt. Auf der einen Seite sitzt Woody im Sprechzimmer seines Psychotherapeuten, auf der anderen seine Geliebte Diane Keaton im Sprechzimmer des ihren. Beiden wird die Frage gestellt, wie oft sie miteinander schlafen. »Kaum je«, antwortet Woody. »Etwa dreimal die Woche.« – »Andauernd«, erwidert Diane. »Ich würde sagen, etwa dreimal die Woche.« Die Stärke des Sexualtriebs schwankt von Mensch zu Mensch. So wie es Menschen gibt, die mehr Energie haben als andere, so gibt es auch solche, die mehr *sexuelle* Energie haben. Probleme gibt es, wenn man vor der Heirat in dem Bemühen, den Partner für sich zu gewinnen, falsche Vorstellungen über seine Sexualität hervorruft.

DER PREIS, DEN SIE ZAHLEN: Anstatt gemeinsam daran zu arbeiten, Ihr eigenes Zufriedenheitsniveau zu finden, lassen Sie Ihr sexuelles Glück von den angeblichen Maßstäben anderer Leute beeinträchtigen.

Satzergänzungstest

Ziel: Neues über die eigene Sexualität zu erfahren – und sich selbst damit zu überraschen.

ERSTER SCHRITT: Schreiben Sie die folgenden Sätze in Ihr Arbeitsheft und vervollständigen Sie sie:

- Mein höchstes sexuelles Vergnügen läge darin ....
- Meine sexuelle Lieblingsphantasie ist ....
- Mein Partner wäre schockiert, wenn ich ....
- Ich hätte Angst davor ....
- Gedanken über die ehemaligen Liebhaber meines Partners ....
- Sex macht mir am meisten Spaß, wenn ....
- Im Laufe der Jahre ist meine sexuelle Lust ....
- Nach gutem Sex ....
- Nach enttäuschendem Sex ....
- Am meisten stört mich ....

ZWEITER SCHRITT: Veranlassen Sie Ihren Partner zu der gleichen Übung.

DRITTER SCHRITT: Reden Sie über Ihre Antworten – aber nur so weit, wie es Ihnen leicht fällt.

VIERTER SCHRITT: Wiederholen Sie die gleiche Übung eine Woche oder einen Monat später. Unterhalten Sie sich wieder über Ihre Antworten, und achten Sie darauf, ob sich in der Zwischenzeit irgend etwas verändert hat. Wenn Sie wollen, führen Sie auch später noch in regelmäßigen Abständen Kontrollen durch.

Was Sie aus dem Satzergänzungstest lernen können

Es kann durchaus sein, daß die neuen Aspekte Ihrer eigenen Ängste, Phantasien und Sexualität Sie selbst überraschen. Wenn Sie beim ersten Anlauf nicht zu neuen Selbsterkenntnissen kommen, wiederholen Sie die Übung, und bemühen Sie sich dabei um offenere und einfallsreichere Antworten. Lassen Sie sich gehen. Vergessen Sie nicht, daß Sie und Ihr Partner beim Austausch der Fragebögen als Team arbeiten müssen. Einer von Ihnen hat den Satz beispielsweise so vervollständigt: »Sex macht mir am meisten Spaß, wenn du mich zärtlich aus dem Schlaf streichelst.« Der Partner ist erstaunt. »Ich habe überhaupt nicht gewußt, wie sehr du das magst. Ich war immer unsicher, wenn ich dich weckte und habe anfangs sogar gezögert, es überhaupt zu tun. Deine Antwort macht mir Mut. Du wirst dich wundern, was mir zu diesem Thema noch alles einfällt.«

Eine sexuelle Beziehung ist ein Lernprozeß, der darin besteht, daß Sie über Ihre geheimsten Gedanken und Reaktionen reden. Die Satzergänzungsübung, die von vielen Psychologen dazu benutzt wird, emotionale Verhaltensweisen und Konflikte ihrer Patienten ans Tageslicht zu bringen, bietet eine gute Möglichkeit, Mißverständnisse aus dem Weg zu räumen.

Realitätsgerechtes sexuelles Denken

Eine der Hauptursachen für Opfermentalität liegt in unserer heutigen, mehr und mehr von »Singles« bestimmten Gesellschaft darin, daß ein Partner Entspannungssex sucht und der andere partnerschaftlichen Sex. Eine Einigung über diese Prämisse verhindert das Risiko einer emotionalen Ausbeuter-Opfer-Beziehung. Beide Partner sollten zum Beispiel wissen, ob sie »nur zum Spaß« Sex haben wollen und die Freiheit haben, darüber zu entscheiden, ob sie sich auf ein solches Verhältnis einlassen oder nicht.

Ein Beispiel: Der fünfunddreißigjährige Chuck Y. hatte drei längere Beziehungen hinter sich – mit einer Jungfrau, deren »erste Liebe« er war, und mit zwei erfahrenen Karrierefrauen. Derzeit war er mit einer älteren, geschiedenen Frau liiert. Er behauptet, sexuell seien alle vier

Verhältnisse »perfekt« gewesen, sagt aber: »Als sie merkten, daß ich zur Ehe nicht taugte, haben sie mich verlassen.« Was seine eigene Haltung betraf, gab sich Chuck eher verschlossen. Er meinte jedoch, daß er alle vier Frauen geliebt habe und brachte alle möglichen Entschuldigungen dafür vor, daß alle Beziehungen in die Binsen gingen – »nervöse Spannungen, die durch den Tod eines Geschäftspartners verursacht wurden«, »zu jung« und »Angst vor dem Verlassenwerden«. Daß er seine Partnerinnen emotional unterdrückt und zum Narren gehalten hat, gibt er nicht zu. Sie alle fühlten sich ausgenutzt, weil sie sich einbildeten, er habe sie auch als Persönlichkeiten geachtet und nicht nur sexuelle Entspannung bei ihnen gesucht.

Schließlich gibt es noch Entspannungssex mit verdeckten Karten – einer der Partner gibt vor, mit der Entspannungskomponente zufrieden zu sein, obwohl ihm oder ihr im Grunde genommen an einer tieferen Beziehung gelegen ist. Manchmal gelingt so etwas – manchmal geht es aber auch daneben und der oder die Betroffene fällt den eigenen falschen Erwartungen zum Opfer.

Ein Beispiel: Dirk J., der seit zwölf Jahren verheiratet ist, hat nicht die geringste Absicht, sich scheiden zu lassen. Durch seine Tätigkeit als Einzelhändler kommt er mit vielen hübschen jungen Frauen in Kontakt, und manchmal läßt er sich mit einer von ihnen ein. »Eine Heirat kommt überhaupt nicht in Frage«, sagt er zu seinen Geliebten, »vielleicht ab und zu ein Wochenende, wenn meine Frau verreist ist« oder »wahrscheinlich jeden Mittwochabend«. Aber seine hübschen Gespielinnen wollen nicht hören. Ihre heimliche Tagesordnung lautet: »Ich kriege ihn schon so weit, daß er seine Frau verläßt.«

Es kommt vor, daß die Partner einer einmaligen Liebesnacht Katz und Maus miteinander spielen. In einer einzigen Nacht kann von Partnerschaft überhaupt keine und von sexueller Vervollkommnung kaum die Rede sein. Trotzdem kann einer der Partner das einmalige Zusammensein als Partnerschaftssex interpretieren und sich nachher als Opfer fühlen. Sie müssen solche Affären als das sehen, was sie sind: Handelte es sich um reinen Entspannungssex, so verknüpfen Sie damit keine falschen Erwartungen. Sie verhindern dadurch, in eine Opferrolle zu geraten. Eine sechsundzwanzigjährige Frau sagt dazu: »Ich traf ihn in einer Bar für Singles. Er sah einfach umwerfend gut aus, und ich hatte getrunken. Ich bedaure es nicht.« Realistische Erwartungen allein genügen jedoch in einer solchen Situation nicht, um sich vor emotionaler Ausbeutung zu schützen. Sie *müssen* heutzutage bei allen kurzfristigen Affären die Aidsgefahr berücksichtigen und in jedem Fall die notwendigen Vorsichtsmaßnahmen treffen.

Auch sobald Sex als Mittel zu einem wie auch immer gearteten emotionalen Zweck angesehen wird, führen falsche Erwartungen zu emotionaler Ausbeutung.

Ein Beispiel: Die junge Restauratorin Pat M. versuchte, ein emotionales Problem durch Sex zu lösen. Aufgrund einer sehr traumatischen Scheidung (sie war »sitzengelassen« worden) wurde sie von Zweifeln an ihrer Weiblichkeit geplagt. In ihrer Verzweiflung folgte sie ihrem eigenen Urteilsvermögen nicht mehr. So protestierte sie nicht, als ein umtriebiger Immobilienmakler sich kurz, nachdem sie sich kennengelernt hatten, bei ihr zum Abendessen einlud. Sein Egoismus war unverkennbar. Sie trug das Essen auf, während er sich im Fernsehen ein politisches Magazin ansah. Er machte sich über ihre Kochkünste lustig. Im Bett verunsicherte er sie schließlich noch mehr. Sie hörte nicht wieder von ihm. Pat war jedoch so verzweifelt, daß sie die Abfuhr ignorierte. Als sie ihn zwei Wochen später anrief, bekam sie endgültig einen Korb. Erst jetzt kam sie darauf, daß ihre Sehnsucht, sich »als Frau zu fühlen«, sie in die Rolle des Opfers gedrängt hatte, das geradezu darum bat, einen Tritt versetzt zu bekommen. Spätestens in dem Augenblick, als der ungeladene Freier ihr sorgfältig zubereitetes Essen kalt werden ließ, um ungestört Fernsehen zu können, hätte Pat aufgehen müssen, daß dieser Mann nicht der richtige war, um ihre emotionalen und körperlichen Bedürfnisse zu erfüllen.

Legen Sie sich sexuell keinen Zwang an, aber betrachten Sie nichts durch eine rosarote Brille. Sehen Sie Entspannungssex als das, was er ist (Spaß, Zeitvertreib, Erregung), und verwechseln Sie ihn nicht mit partnerschaftlichem Sex, der eine tiefere emotionale Bindung voraussetzt und langfristig angelegt ist.

Entwickeln Sie sexuelle Sicherheit

Was ist sexuelles Selbstvertrauen? Es wurzelt in dem Wissen, sexuelle Erregung geben und empfinden zu können. *Unser Ziel ist der Genuß – nicht Orgasmus, Geschlechtsverkehr oder andere, ausschließlich physische Sex-Varianten.* Die Auffassung »Das kann ich«, über die wir in diesem Buch von Anfang an gesprochen haben, ist hierbei am wichtigsten. Sie müssen *wissen*, daß Sie über die Fähigkeit verfügen, Zärtlichkeit und Stimulation mit dem Partner oder der Partnerin zu teilen, sexuelles Vergnügen zu geben und zu nehmen.

Es folgen zwei Übungen, die Ihnen dabei helfen sollen, diese positive Grundeinstellung zu Ihrer Sexualität weiterzuentwickeln.

Sexuelle Selbstvertrauensübung Nr. 1

Ziel: Die Erinnerung an vergangene Erfolge.

Rufen Sie sich mehrmals am Tag Erinnerungen an Ihre schönsten sexuellen Erlebnisse ins Gedächtnis zurück. Erinnern Sie sich an die Einzelheiten. Achten Sie darauf, wie Sie sich vor dem Geschlechtsverkehr gefühlt haben und was Sie getan haben, um das Erlebnis unvergeßlich zu gestalten. Beschränken Sie sich in Ihrer Rückschau nicht nur auf das Schlafzimmer. Zwei Verheiratete erinnerten sich daran, wie sie sich in der Anfangszeit ihrer Ehe auf Flugreisen immer im Schutz der von der Fluggesellschaft zur Verfügung gestellten Wolldecke gestreichelt hatten. Ein anderes Paar rief sich ins Gedächtnis zurück, wie sie sich im Kino immer in die letzte Reihe gesetzt und einander liebkost hatten, um nach der Vorstellung so schnell wie möglich zum Parkplatz zurückzurennen und sich im Auto zu lieben. Erinnern Sie sich an Erfahrungen, in denen Sie von purer Wollust geleitet wurden – im Gegensatz zu den in letzter Zeit vielleicht eher routinemäßigen Ereignissen in Ihrem Schlafzimmer.

Lassen Sie diese Erinnerungen immer wieder Revue passieren. Indem Sie sich Erfolge aus der Vergangenheit ins Gedächtnis zurückrufen, wird sich die Erkenntnis einstellen, daß sie *wieder* erfolgreich sein können. Sie festigen Ihr Selbstvertrauen: »Ich habe es in der Vergangenheit geschafft. *Ich mag mich.* Ich bin begabt.«

Ein Nebeneffekt dieser Erinnerungen kann sein, daß Sie positive und erfreuliche, aber inzwischen in Vergessenheit geratene Praktiken neu entdecken.

Sexuelle Selbstvertrauensübung Nr. 2

Ziel: Ein gesteigertes Bewußtsein der eigenen Sinnlichkeit.

Stellen Sie sich einen Flirt mit Ihrem Partner vor, eine ganz bestimmte Form des Liebesspiels. Lassen Sie die Szene in allen Einzelheiten vor Ihrem geistigen Auge ablaufen. Bewerten Sie den Vorgang auf einer Skala von null bis hundert – je nachdem, wieviel Spaß Ihnen die Phantasie bereitet hat. Wiederholen Sie die Übung. Wenn Sie sich beispielsweise vorgestellt haben, die Oberschenkel Ihres Partners zu streicheln und dabei auf einen sexuellen Erregungswert von dreißig kamen, so versuchen Sie bei der Wiederholung auf fünfunddreißig oder vierzig zu kommen.

Ihr Gewinn: Sie machen die Erfahrung, daß sexuelle Gefühle nicht von sich aus kommen oder gehen. Wer das glaubt, verhält sich passiv. *Sie selbst* entscheiden mit über den Grad Ihrer sexuellen Erregung. *Sie selbst* sollen wissen, wie schön es sein kann, den Partner zu streicheln.

Dies ist die aktive Orientierung. Sie erweitern auf diese Weise nicht nur Ihr sinnliches Bewußtsein, sondern stärken auch unmittelbar Ihre sexuellen Gefühle. Nutzen Sie es!

Rückschau: Durchbrechen Sie Ihre geheimen Grenzen

Subtile Blockierungen, die tiefer sitzen als sexuelle Klischees oder falsche Vorstellungen, können eine Barriere zwischen Ihnen und Ihrer sexuellen Freiheit errichten. Das folgende sexuelle Erinnerungsquiz kann Ihnen dabei helfen, ein verhaltenstherapeutisches Prinzip zu beherzigen. Es lautet: *Benutzen Sie Ihre Vergangenheit, um Ihre Gegenwart in den Griff zu bekommen und Ihre sexuelle Zukunft zu verändern.* Nehmen Sie Ihr Arbeitsheft zur Hand, und denken Sie über die folgenden Fragen nach. Verfallen Sie nicht auf irgendwelche Schwarz-Weiß-Antworten, sondern betrachten Sie die Fragen als Form »passiver Aufmerksamkeit« (ein Begriff des verstorbenen Philosophen William James). Nehmen Sie sich Zeit für die sexuelle Erinnerung (im Bus, im Auto), und denken Sie über jede Frage genau nach. Notieren Sie dann in Ihrem Arbeitsheft Schlüsselworte oder -sätze, an denen Sie später die Erlebnisse, an die Sie sich erinnert haben, wiedererkennen können.

Die sexuelle Erinnerung: Ein Leitfaden

■ *Was für Phantasien hatten Sie, als Sie zum erstenmal masturbierten?* Was für Gefühle hatten Sie gegenüber dem Akt der Selbstbefriedigung? Haben sich diese Gefühle im Laufe der Jahre verändert? Erinnern Sie sich an andere Phantasien und finden Sie heraus, inwieweit diese Sie heute noch beeinflussen.

Fallbeispiel: Der Mann, der als Kind masturbierte
Al O., ein Mann Anfang dreißig, hatte das Gefühl, in seiner Ehe etwas zu vermissen, doch er wußte nicht was. Im Verlauf der verhaltenstherapeutischen Behandlung wiederholte er immer wieder: »Ich bin Opfer der Umstände. Wenn Polly nur freier wäre.« Als wir darüber redeten, kam heraus, daß er nach jedem Liebesakt das vage Gefühl hatte: »Ich bin noch mal davongekommen. Man hat mich nicht erwischt.«

Verstehen konnte Al diese Gefühle nicht. Es war ihm zunächst auch nicht möglich, sich an peinigende Vorfälle aus seiner Vergangenheit zu erinnern. Dann hatte er eines Tages eine Eingebung. Mit Hilfe seines Vorbewußten erinnerte er sich daran, wie er sich während seiner Schulzeit selbst befriedigt hatte. Wenn er nach der Schule nach Hause kam, masturbierte er, statt seine Hausaufgaben zu machen. Er hatte panische Angst davor, seine Mutter könnte hereinkommen, ihn erwischen und ausschimpfen – und zwar nicht allein deswegen, weil er seine Schularbeiten nicht machte. Sein sexuelles Empfinden wurde von dieser Erfahrung geprägt, daher kam also beim Sex das Gefühl, ungestraft mit etwas Verbotenem davonzukommen. Unter dem Strich bildete Al sich ein, daß Sex etwas Schlechtes sei und daß der, den man dabei erwischt, bestraft wird.

■ *Versuchen Sie, sich an konkrete Vorfälle zu erinnern, die die Einstellung Ihrer Eltern zum Thema Sex illustrieren.* Wurde direkt oder indirekt darüber gesprochen? Eine einunddreißigjährige Frau berichtet beispielsweise: »Meine Eltern waren sehr puritanisch. Ich habe nie beobachtet, daß sie sich geküßt und umarmt hätten. Bei Kußszenen im Fernsehen verließ Vater jedesmal das Zimmer. Ich bin sexuell dadurch sehr konservativ geworden, woraus sich inzwischen Eheprobleme ergeben. Ich bin gehemmt.«

■ *Sind Sie jemals für sexuelle Handlungen bestraft worden – oder hat man Sie dazu ermuntert?* Gab es zwischen Ihnen und Ihren Geschwistern Vorfälle oder Beziehungen, die in der Rückschau sexuelle Untertöne haben? War Ihnen das damals schon klar? Ein Bruder und seine jüngere Schwester, beide unter zehn, führten sich im Raum über der Garage gegenseitig ihre nackten Körper vor. Sie wurden erwischt und von ihren Eltern hart bestraft. Seit jener Zeit fühlen sich beide im Kontakt mit »braven« Angehörigen des anderen Geschlechts unwohl.

■ *Betrachten Sie sich aus der Rückschau als Unterdrückte/n oder als Unterdrücker/in, unabhängig davon, ob es wirklich zutraf?* Hatten Sie ein »komisches Gefühl«, wenn Onkel und Tante Sie an sich drückten? Eine Frau erinnert sich daran, daß sie als Neunjährige häufig ihre beste Freundin besuchte, die einen sehr gut aussehenden, sehr maskulinen Vater hatte. Er umarmte sie jedesmal, und sie hatte das Gefühl, daß »irgend etwas Komisches« in ihr vorging, verspürte eine gewisse Bedrängnis, die sie sich nicht erklären konnte. Die wiederholten Begegnungen mit dem Vater der Freundin hinterließen bei der Frau eine latente Furcht vor großen, gutaussehenden Männern mit sinnlicher Ausstrahlung. Ihr schroffer Kommentar: »Ich habe gehört, daß der Mann mit siebzig Jahren immer noch sehr sexy und mittlerweile zum viertenmal verheiratet ist.«

Die Beantwortung der Fragen öffnet Ihnen die Augen über Ihre Sexualität. Sie erinnern sich an wichtige Vorfälle, die Sie vielleicht vergessen hatten, und an Empfindungen, die Sie vielleicht ignorierten. Vielleicht gelingt es Ihnen, feine Gefühlsnuancen und Gedanken, die Sie an Ihrer sexuellen Vervollkommnung hindern, dingfest zu machen. Allein dadurch, daß wir sie erkennen, verlieren sie oft schon ihre Macht über uns. Erkennen Sie zum Beispiel, daß Sie Schuldgefühle aus der Zeit der kindlichen Doktorspiele mit sich herumtragen, so kann diese Erkenntnis schon dazu führen, daß das angebliche damalige Unrecht seine nachteiligen Auswirkungen verliert.

Manchmal resultiert die Aktivierung des Vorbewußten in Erinnerung und Problemlösungen. Viele dieser Probleme sind auf Schuldgefühle zurückzuführen. Sexuelle Empfindungen sind ein normaler Bestandteil des Erwachsenwerdens. Probleme entstehen erst durch Schuldgefühle. Deren Beseitigung führt zur Lösung des Problems.

Manche Schuldgefühle sind auf kindliche Phantasien zurückzuführen.

Fallbeispiel: Der Mann mit den religiösen Phantasien

Der vierzigjährige Ingenieur Gene J. war glücklich verheiratet, litt aber an Potenzschwierigkeiten. Während seiner verhaltenstherapeutischen Behandlung redeten wir über seine speziellen sexuellen Schuldgefühle, und es stellte sich heraus, daß Gene vor vielen Jahren Phantasien hatte, in denen sich Sex und religiöse Assoziationen miteinander verbanden. In einem seiner Tagträume aus Kindheitstagen sah er sich – er war katholisch – in der Rolle des Priesters, der hintereinander alle in einem bestimmten Zimmer versammelten Nonnen befriedigte. Zur Ausschmückung seiner Phantasie hatte sich der junge Gene ein kleines Arsenal an Requisiten zugelegt, darunter zum Beispiel einen Rosenkranz, den er beim Masturbieren in der Hand hielt. Er schämte sich seiner Visionen sehr, und das Schamgefühl verfolgte ihn noch Jahre *nach* Beendigung der Phantasien und hemmte seine Sexualität.

Ich wandte bei Gene und seiner Frau die Sexualpartnerschafts-Methode an und wir redeten offen über sexuelle Phantasien. Seine Frau weigerte sich, mir die ihren mitzuteilen, redete aber mit Gene darüber. Er berichtete mir, daß ihre Phantasien die seinen in den Schatten stellten – mit dem Ergebnis, daß *seine* Schuldgefühle sich auflösten. Der entscheidende Punkt war, daß er seine Scham- und Schuldgefühle offenlegen mußte, um den Einfluß der Vergangenheit auf seine aktuelle Sexualität und sexuelle Funktionsfähigkeit auszuschalten.

Manchmal beziehen sich unsere Schuldgefühle auf unbewußte Triebe aus der Kindheit, die auf den Vater bzw. die Mutter gerichtet waren. Suzanne Prescod, Herausgeberin der Zeitschrift *Sexuality To-*

day und *Behavior Today*, drückt dies so aus: »Viele Menschen vollziehen den Geschlechtsakt nicht mit ihrem Partner, sondern mit ihrer Mutter oder ihrem Vater oder der Mutter oder dem Vater ihres Partners. Entkleiden Sie Ihre/n Partner/in des Mutter-/Vaterbildes.«

Dabei helfen kann Ihnen ein Lernspiel, aus dem hervorgeht, daß diese Schuldgefühle natürlich und Teil der normalen sexuellen Entwicklung sind. Mama-Papa-Spiele in einem akzeptablen Kontext können die Schuldgefühle vertreiben, zumindest aber erheblich verringern. Man bezeichnet diese Methode auch als *korrigierende emotionale Erfahrung*.

Das Mama-Papa-Spiel

Ziel: Desensibilisierung von Schuldgefühlen, die auf ödipale Kindheitsphantasien zurückzuführen sind.

ERSTER SCHRITT: Stellen Sie die Äußerlichkeiten der Mama-Papa-Situation wieder her.

- Spielen Sie Doktor und untersuchen Sie sich gegenseitig.
- Benutzen Sie Babysprache.
- Lassen Sie Mama (weiblich) den Sohn (männlich) auf den Schoß nehmen und liebkosen, oder Papa (männlich) seine Tochter (weiblich) auf den Schoß nehmen und liebkosen.

ZWEITER SCHRITT: Benehmen Sie sich wieder wie Erwachsene. Die Schuldgefühle verschwinden mit der Zeit – und es kann durchaus sein, daß Mama und Papa Sie beneiden würden, wüßten Sie, wieviel Spaß Sie auf einmal am Sex haben.

Vater und Mutter können sich auf die unterschiedlichste Art und Weise in Ihr Geschlechtsleben einschleichen. Ihr Einfluß kann zum Beispiel dazu führen, daß Sie sich vor sexuellem Erfolg fürchten. Dr. Helen Singer Kaplan hat dieses Problem in ihrem Buch *Disorders of Sexual Desire* brillant analysiert. In der Kindheit flirtet ein kleines Mädchen mit ihrem Vater. Die Mutter reagiert und gibt ihr – verbal oder durch ihr Verhalten – zu verstehen: »Die Frau im Hause bin ich.« Das heranwachsende Mädchen schließt daraus unbewußt, daß ein offenes Bekennen zur eigenen Sexualität das Risiko birgt, die Liebe der Mutter zu verlieren. Der kleine Junge, der mit Papa um die Liebe der Mutter konkurriert, fürchtet, vom Vater zur Strafe kastriert zu werden. So kommt es, daß viele von uns von Kindesbeinen an sexuelle Gefühle für sündhaft halten und sich aus Angst vor elterlichem Verdruß, Strafen und Liebesverlust nicht trauen, ihnen Ausdruck zu verleihen. Als Erwachsenen fällt es uns dann schwer, von dieser Denkweise loszukommen. Sexueller Erfolg rührt alte Schuldgefühle, Scham und Ängste auf, die uns belasten, obwohl wir längst eine gereifte Beziehung aufgebaut haben. Irgendwie bringen wir es immer wieder fertig, Papa und Mama mit ins Bett zu nehmen. Raus mit ihnen!

Unsere Einstellung zur Sexualität ändert sich mit zunehmendem Lebensalter. Während der Flitterwochen war unser Liebesleben schlicht und einfach Spitze. (Behauptet eine Achtundzwanzigjährige: »Wir haben vier Jahre lang zusammengelebt und in dieser Zeit sämtliche Probleme gelöst.«) Fünfzehn bis zwanzig Jahre später spüren wir, daß wir älter geworden sind und beginnen vielleicht zu resignieren. Eine Frau glaubt zu bemerken, daß sie als Mutter nicht mehr so gefragt ist wie früher, und klagt über Identitätsverlust. Einem Mann fallen die Haare aus, er steckt in einer beruflichen Krise, sieht seine Lebenszeit ereignislos verrinnen – und zweifelt plötzlich an seiner Männlichkeit. (Ein Mann wurde in der Hochzeitsnacht seiner Tochter impotent.) Doch wie immer im Leben kommt es beim Sex auf *Sie* und *Ihr* Verhalten an. Viele Paare machen die Erfahrung, daß ihre sexuelle Leidenschaft und Begeisterung mit den Jahren wächst, *weil sie sich aktiv darum bemühen*. Sie entwickeln keine sexuelle Opfermentalität, weil *sie genau wissen, was sie zu einem bestimmten Zeitpunkt in ihrem Leben wollen*.

Die Fähigkeit zur sexuellen Empfindsamkeit ist uns angeboren, doch können im nachhinein antrainierte Reaktionen die intime Erfüllung, nach der wir uns alle sehnen, blockieren. Ein unbefriedigendes Sexualleben wirft einen Schatten auf die gesamte Beziehung. Umgekehrt stimmt in einer guten Beziehung meist auch die gemeinsam erfahrene Sexualität. Ein schönes Sexualleben wirkt sich auf die gesamte Beziehung positiv aus, und in einer guten Beziehung wird schöner Sex noch schöner.

Auf der Suche nach Super-Sex sollten Sie zwei unentbehrliche Faktoren nicht außer acht lassen:

1. *Liebe* ist in sämtlichen sexuellen Bindungen das allerbeste Aphrodisiakum.

2. *Erich Fromm schrieb: »Erotische Liebe beginnt mit Einzelnsein und endet mit Einssein.«*

KAPITEL 13

LASSEN SIE SICH DURCH EINE SCHEIDUNG NICHT AUS DER BAHN WERFEN

In der Bundesrepublik läßt sich heutzutage etwa ein Drittel aller erstmals Verheirateten scheiden. Es liegt an Ihnen, ob Sie sich der Verzweiflung über Ihre emotionale Niederlage hingeben oder ob Sie Ihre Erfahrungen als Chance für emotionales Wachstum begreifen und wahrnehmen.

Einige Tatsachen über Scheidungen und Scheidungsfolgen, die Sie kennen sollten

■ *Etwa vierzig Prozent aller erstmals Geschiedenen gehen eine zweite Ehe ein.* All diese Menschen können – vorausgesetzt, sie passen ihre Verhaltensmuster und Erfahrungen den neuen Lebensverhältnissen an – noch einmal von vorn beginnen und sich positiv einer neuen und ganz anders gearteten Zukunft widmen.

■ *Immer mehr geschiedene Paare bleiben sich in Freundschaft verbunden.* Einigen Frauen ist es gelungen, der geschiedenen Frau ihres Mannes zu einer zweiten Ehe zu verhelfen. Mitunter gehen geschiedene Paare sogar gemeinsam mit den neuen Partnern aus. Ein bekannter Geschäftsmann, der seine Frau nach langer Ehe zugunsten einer um viele Jahre Jüngeren verließ, sagt: »Meine geschiedene Frau hat sich großartig verhalten.« Das kann man wohl sagen: Sie rief ihn an und berichtete ihm von einer preisgünstigen Wohnung, von der sie durch einen Freund erfahren hatte – auf diese Weise wollte sie ihm und seiner zukünftigen Frau helfen.

■ *Hinter scheinbarer Gleichgültigkeit verbergen sich oftmals schmerzliche und verletzte Gefühle*, die mitunter direkt an der Oberfläche, mitunter aber auch so tief liegen, daß der oder die Betreffende sie sich nicht einmal eingestehen mag. Kinder, verwandtschaftliche Beziehungen (wie mit den Großeltern) und gemeinsames Eigentum bringen bei einer Scheidung sehr viele Komplikationen mit sich, die bei der Trennung eines unverheiratet zusammenlebenden und kinderlosen Paares gar nicht erst entstehen. Männer fürchten sich gewöhnlich vor dem Alleinsein, während Frauen eher dazu neigen, vor der neuen

Verantwortung zurückzuschrecken. Beiden gemeinsam ist das Gefühl, ernstlich versagt zu haben.

Norman Sheresky, ein bekannter New Yorker Scheidungsanwalt und Autor, bemerkt zu diesem Thema: »Jeder, der zum Scheidungsrichter läuft, fühlt sich schuldig. Dazu gehören auch die angeblichen Gewinner, die behaupten: ›Woanders werde ich bestimmt viel glücklicher... Schließlich erwarte ich mehr vom Leben.‹ Auf der anderen Seite stehen die angeblichen Verlierer – die Partner der Gewinner. Beide haben die gleiche Chance, wieder glücklich zu werden. Manche der angeblichen Verlierer sind gar keine: Sie wollen, ohne sich darüber im klaren zu sein, nur ihre Freiheit wiederhaben. Andere waren vielleicht schon vor der Ehe Verlierer und spielen nach der Scheidung einfach die gleiche Rolle weiter.«

■ *Viele, die sich scheiden lassen, begehen oftmals den gleichen gravierenden Fehler:* Sie betrachten ihre Scheidung ausschließlich als persönliche Zurückweisung. Diese Fehleinschätzung hindert sie daran, die Scheidung als Lernprozeß zu begreifen, der ihnen den Weg in eine neue Zukunft ebnen kann. Ihre Verlierermentalität verläßt sie auch bei der Scheidung nicht. Sie *haben das Bedürfnis*, sich als Verlierer zu sehen. Auf diese Weise gelingt es ihnen, sich selbst von jeglicher Schuld freizusprechen und sich des Mitleids ihrer Mitmenschen zu versichern: »Mein Partner war an allem schuld.« Diese Einstellung kann sich zu einem dauerhaften Charakterzug entwickeln.

Offene Konflikte kontra Verlierermentalität

Eine Scheidung ist *immer* mit Konflikten verbunden, mit Schmerz, Zweifeln und Wut. Die Reaktionen reichen von kaum eingestandenem Verletztsein bis zu lauthals geäußertem Schmerz; nicht selten kommt es zur Verschleierung, Unterdrückung, ja sogar zur Verdrängung von Gefühlen. Selbst kurzlebige, kinderlos gebliebene Ehen, die vor dem Scheidungsrichter enden, können Narben hinterlassen. Ein Beispiel: Als Kitty und Tom B. sich zur Trennung entschlossen, teilten sie die Wohnungseinrichtung und das Geld auf ihrem Konto einvernehmlich untereinander auf. Darüber hinaus erhielt Kitty genügend Geld, um ein Jahr lang studieren zu können. Dennoch spricht die längst glücklich wiederverheiratete Kitty noch zehn Jahre später über ihre erste Ehe. In ihrem Fall blieb ein zwar allmählich abnehmendes, nach wie vor aber uneingestandenes Gefühl persönlichen Versagens zurück, dem sie sich nicht zu stellen wagt.

Andere regen sich offen darüber auf, daß sie sich mit solch unangenehmen Gefühlen wie Trauer oder Wut herumschlagen müssen.

Wieder andere hegen fälschlicherweise die Erwartung, sobald sie sich erst einmal für eine Scheidung entschieden hätten, sei der Konflikt im wesentlichen ausgestanden und alles weitere ergebe sich von allein. Diese Menschen stehen all den Verzögerungen, Mißverständnissen und zermürbenden Einzelheiten eines Scheidungsprozesses völlig unvorbereitet gegenüber.

Noch weniger sind sie auf unvermutete »Ungerechtigkeiten« ihrer Umgebung gefaßt, der jedes Verständnis für das, was sie gerade durchmachen, abgeht. Am schwersten zu ertragen sind dabei taktlose Freunde, die versuchen, Mitgefühl zu zeigen, ohne die tieferen Gründe der von einer Scheidung Betroffenen wirklich zu verstehen; ihr Gerede ruft nicht selten starke Verlassenheitsgefühle hervor. Andere Freunde, ja sogar Familienangehörige, wenden sich gänzlich ab, wollen mit der Scheidung nichts zu tun haben oder laufen gar ins »gegnerische Lager« über.

In manchen Fällen mag der Konflikt in der Persönlichkeit der in Scheidung Lebenden zu finden sein. Etwa, wenn sie sich das bei der Eheschließung gegebene Versprechen – »... bis daß der Tod euch scheidet« – in unendlicher Wiederholung durch den Kopf gehen lassen und überdies womöglich noch glauben, sie wiesen den Partner (oder er wiese sie) zurück. Dabei wird die Konfliktsituation in eine Niederlange umgemünzt – mit dem Ziel, das eigene Leid noch zu vergrößern. Manche Menschen entwickeln sogar, um diese Versagermentalität und das eigene Leidensbedürfnis zu bewältigen, eine besondere Verteidigungsstrategie: Sie schwelgen in den unsinnigsten Vorstellungen darüber, wie herrlich ihr Leben »ohne diesen gräßlichen Menschen« wird.

Bei Ihrer Scheidung handelt es sich vielleicht um eine echte Niederlage. Sie haben Ihren Partner verlassen. Oder Ihr Partner hat Sie verlassen. Wie dem auch sei: Wollen Sie sich weiterhin Ihrer emotionalen Selbstbeschimpfung hingeben oder finden Sie es nicht besser, sich auf Ihr neues Leben zu konzentrieren?

Zunächst sollten Sie zu einer emotional hilfreichen, das heißt, zur einzig richtigen Einstellung Ihrer Scheidung gegenüber gelangen: Sie werden Ihre bisherigen Lebensumstände gegen andere Lebensumstände eintauschen. Daraus erwächst Ihnen die Chance, ein neues Leben zu beginnen, das Ihnen die Möglichkeit zu einer freieren und glücklicheren Existenz, ja zu innerem Wachstum bietet. Wenn Sie sich allzu lange mit Ihrem Scheidungskonflikt beschäftigen, verschlimmern Sie nur Ihre unbestreitbare Niederlage – oder beschwören sie dadurch erst herauf. Überwinden Sie sich! Irgendwie werden Sie die Kraft finden, die Situation zu meistern und Ihr Leben, so schwierig es Ihnen derzeit auch scheinen mag, wieder in den Griff zu bekommen.

Typische Scheidungssituationen

Eindeutige Verlierer

Der einzige Ausweg aus der Verliererrolle besteht darin, daß die Beziehung beendet wird. Vielleicht haben Sie einen schwierigen Menschen geheiratet und können dessen Tiraden nun einfach nicht mehr ertragen. Vielleicht ist Ihr Partner sadistisch veranlagt und hat Sie mißbraucht. Oder Sie sind einer einseitigen Beziehung überdrüssig geworden, in der Sie allein der oder die Gebende sind, Ihr Partner aber immer nur nimmt. Ein Beispiel: Ein Mann nahm es jahrelang klaglos hin, daß seine Frau an allem herumnörgelte, nur das Allernötigste im Haushalt tat, sich damit brüstete, sie könne mühelos viel mehr Geld ausgeben, als er verdiente, und außerdem noch den Kindern einredete, sie müßten ihren »gräßlichen Vater« hassen. Schließlich setzte sie ihm fünf Abende hintereinander Schweinshaxen in Aspik vor. Das endlich brachte das Faß zum Überlaufen, und er verließ sie.

Beziehungen können sich verändern und dadurch einen der beiden Partner zum Verlierer stempeln. Mitunter wächst einer der beiden Partner über den anderen hinaus. Oder derjenige Partner, der ursprünglich die erste Geige spielte, gerät mit der Zeit ins Hintertreffen. Ein Beispiel: Als Norma A. John B. kennenlernte, bekleidete er einen guten Posten als Musikwissenschaftler, während sie eine unbedeutende Stellung als Kosmetikverkäuferin hatte. Norma arbeitete sich hoch und wurde eine erfolgreiche Führungskraft, John hingegen versagte immer wieder und verlor eine Stellung nach der anderen. Schließlich hängte er die Musikwissenschaft an den Nagel und wurde Fotograf. »Er wechselte in meine Branche«, sagt Norma dazu, »und fing an, für meine Bekannten zu arbeiten. Das ging mir gegen den Strich. Ich war es einfach leid, ihn immer nur unterstützen zu müssen, und packte schließlich die Koffer. Ich hätte gern ein Kind gehabt. Aber das ging ja nicht, denn mein Kind war er.«

Jeder dieser genannten Fälle war äußerst konfliktträchtig, aber jeder der zitierten Betroffenen überstand die Scheidung mit einem Mindestmaß an Selbstaufgabe. Eindeutige Verlierersituationen lassen sich gemeinhin nach einem bestimmten Vorgehensmuster lösen:

1. Wir erkennen, was unsere Situation unerträglich macht; dabei geht es um unser individuelles, subjektives Empfinden. Andere Frauen freuen sich vielleicht, wenn ihr Ehemann in der gleichen Branche wie sie arbeitet – Norma konnte es nicht ausstehen.

2. Wir stellen uns die Frage: Kann ich mich mit den unerträgli-

chen Aspekten abfinden, weil unsere Ehe ansonsten recht gut ist, oder muß ich mich zur Trennung entschließen?

3. Bevor eine endgültige Entscheidung fällt, unternehmen wir noch einen letzten Versuch, unsere Beziehung wieder ins Lot zu bringen.

4. Wir kommen zu der Einsicht, daß die Entscheidung allein nicht genügt. *Wir müssen die Initiative ergreifen* – gleichgültig, ob es sich dabei um eine »Trennung auf Probe« oder um die endgültige Scheidung handelt.

Scheidung aus heiterem Himmel

Womöglich befinden Sie sich mit Ihrem Partner in einem ähnlich gelagerten Konflikt, und er erklärt Ihnen urplötzlich, daß er sich scheiden lassen will. Oder Sie haben sich von der althergebrachten Frauenrolle emanzipiert und wollen sich nun auch von den eintönigen Hausfrauen- und Kindererziehungspflichten befreien. Weitaus simpler und häufiger allerdings ist der Konflikt zwischen Partnern, von denen einer überzeugt ist, endlich den Mann oder die Frau seines Lebens gefunden zu haben. Die einundvierzigjährige Madeleine J., die von ihrem Mann einer anderen Frau wegen sitzengelassen wurde, sagt verbittert: »Zwanzig Jahre Ehe und zwei Kinder zählen überhaupt nicht. Seine neue Freundin hat ein Haus am Strand – das zählt.« Madeleine hält zwar mit ihren Gefühlen über die Scheidung nicht hinterm Berg, aber sie mimt die Hilflose, und das wirkt sich unterschwellig zerstörerisch aus. Sie befolgt die Anweisungen ihres Anwalts, macht aber keinerlei Anstalten, wichtige Informationen zu beschaffen, die ihm helfen würden, ein für sie vorteilhafteres Scheidungsurteil herauszuholen – etwa, auf welchen Namen die Grundbucheintragung lautet oder ob der Inhalt des gemeinsamen Banksafes noch vorhanden ist. Den Einzelheiten eines Scheidungsvertrages ist Madeleine nicht gewachsen.

Sie hat sich selbst zur Passivität verurteilt. Obwohl sie geschäftlich erfolgreich ist, kann sie ihr Gefühlsleben nicht meistern. Sie rührt keinen Finger, um ihre Probleme zu bewältigen – die im übrigen weder mit dem Ersten noch mit dem Zweiten Schritt der Verhaltenstherapie aufzuarbeiten sind. Madeleine wirkt auf Männer sehr attraktiv und hat keine Kontaktschwierigkeiten. Sie hat Angst davor, allein zu sein. Ihr Problem ist dermaßen subtil, daß es äußerst schwierig ist, es auf den Punkt genau zu benennen. Wenn Madeleine ihr Vorbewußtes dazu nutzen würde, den Dritten Schritt zu tun, so käme sie vielleicht zu der Erkenntnis, daß sie schon von Kindesbeinen an das Bedürfnis hatte, stets das Sagen zu haben. (Sie pflegte ihre jüngere Schwester zu versohlen, wenn sie sich ihren Wünschen widersetzte.) Passiv wurde sie vor lauter Angst, ihre unterdrückte Wut nicht mehr beherrschen zu können. Daher kann sie sich nicht dazu aufraffen, irgend etwas zu unternehmen, um sich vor einem für sie negativ ausfallenden Scheidungsurteil zu schützen. Könnte sie diesen Kindheitskonflikt, der ihr ja nur ein Klotz am Bein ist, systematisch aufarbeiten, so könnte sie nicht nur ein für sie günstigeres Scheidungsurteil aushandeln, sondern eventuell sogar – weil sie damit auch endlich sich selbst gerecht würde – einen Partner finden, der sie nicht verläßt.

Die nie verwundende Scheidung

Es gibt Menschen, die sich mit ihrer Situation einfach nicht abfinden können. Ein Beispiel: Gail ist jetzt einunddreißig Jahre alt, heiratete mit dreiundzwanzig und ist seit drei Jahren geschieden. »Es hat bis zum vergangenen Sommer gedauert«, gesteht sie, »bis ich mich überhaupt dazu überwinden konnte, das Wort *Scheidung* in den Mund zu nehmen. ... Warum er mich verlassen hat, weiß ich nicht. Es war nicht wegen einer anderen, obwohl er jetzt wieder mit einer Frau zusammenlebt. Ich liebe ihn immer noch. Es ist nicht so sehr der Schmerz darüber, daß er mich im Stich gelassen hat, sondern daß ich immer denken muß: *Was wäre, wenn* – wenn ich eine Familie gegründet hätte, statt mich auf meine Arbeit zu konzentrieren. Ich bin völlig in meiner Arbeit aufgegangen. Es ist einfacher, wenn man, wie etliche meiner Freundinnen, nur halbherzig in eine Ehe hineinschlittert. In meinem Fall kommt es mir wie eine chronische Entzündung vor. Ich komme einfach nicht darüber hinweg.« Gail hat ihrem geschiedenen Mann erst vor einer Woche einen Brief geschrieben und ihn um ein Treffen gebeten.

Sie setzt alles daran, sich in der Verliererrolle zu sehen, und viele ihrer Handlungen zielen darauf ab, diese »Selbsterkenntnis« zu fördern und zu glorifizieren. Doch das ist Tarnung. Die Scheidung war ein Schlag für ihren »neurotischen Stolz« (ein Begriff, der von Karen Horney geprägt wurde). Gail sieht sich – dem Dritten Schritt der Verhaltenstherapie zufolge – unbewußt in der Rolle der unwiderstehlichen Frau, in die sich jeder Mann einfach verlieben muß. Wenn sie sich der Tatsache, daß sie verlassen worden ist, stellen würde, so brächte das nicht nur eine Konfrontation mit ihren Phantasievorstellungen, sondern auch eine gehörige Portion Selbsthaß mit sich. Um sich davor zu schützen, gibt sie sich mit einer erfundenen, etwas lächerlichen Tragödie zufrieden und lebt danach. Sie schreibt ihrem geschiedenen

Mann Briefchen, in denen sie ihn um eine Zusammenkunft bittet, und grübelt unablässig über die Vergangenheit nach. Vor der Erkenntnis, daß es ihr nicht gelungen ist, ihren Ehemann zu halten, schottet sie sich ab, indem sie ihre Zurückweisung nicht akzeptiert und ihre Verliererrolle aufbauscht.

Wissen Sie, was Sie im Laufe Ihres Scheidungsprozesses zu tun haben?

Machen Sie sich durch Unwissenheit nicht selbst zum Verlierer. Die Gefahrenpunkte bei einer Scheidung sind Geld und die Kinder. Es erleichtert die Scheidung, wenn vor einem Notar oder Anwalt bereits vor der Scheidung Vereinbarungen zwischen den Partnern getroffen wurden.

Scheidung macht ärmer

Nur in wenigen Ausnahmefällen bleibt der Lebensstandard Geschiedener unangetastet; »Scheidungs-Armut« ist ein neues gesellschaftliches Phänomen. Zwar müssen Frauen heute nicht mehr bis zum Sankt-Nimmerleins-Tag von Sozialhilfe und Alimenten leben (außer nach langjährigen Ehen und in Fällen, da keinerlei Aussicht darauf besteht, eine Stellung zu finden), und die meisten erhalten eine befristete Unterhaltszahlung zur Umschulung oder zur Wiedereingliederung in den Beruf – dennoch ist es eine unumstößliche Tatsache, *daß zwei Haushalte teurer kommen als einer*. Die Autorin Lenore Weitzman, Soziologieprofessorin an der Stanford University, weist in ihrem Buch *The Divorce Revolution* darauf hin, daß Frauen, denen das Sorgerecht für die minderjährigen Kinder zugesprochen wurde, im ersten Jahr nach der Scheidung eine durchschnittlich dreiundsiebzigprozentige Verschlechterung ihres Lebensstandards in Kauf nehmen müssen.

Auch Männer haben unter finanziellen Einbußen zu leiden. Ein Mann war seiner Ehefrau und den beiden Kindern gegenüber dermaßen großzügig, daß er sich Geld von seinem Vater leihen mußte. Andere haben keinen Vater, der ihnen unter die Arme greifen kann. Sie ernähren sich von Nudeln und nehmen jede Gelegenheit wahr, eine Einladung zu einer Dinner-Party zu erhalten, auch wenn sie die Gastgeber kaum kennen. Viele dieser Männer sehen sich, solange die Kinder noch nicht erwachsen sind, blanker Armut, ja mitunter sogar regelmäßigen Gehaltspfändungen ausgesetzt. Selbst geschiedene Männer, die außergewöhnlich gut verdienen, müssen oftmals machtlos zusehen, wie ihr Geld die Bankkonten der ehemaligen Familie füllt und dieser ein sorgenfreien Leben sichert, während die neue Familie das Nachsehen hat.

Fallbeispiel: Der gutverdienende Arzt, der mittellos wurde
Der Internist Bill S. war acht schreckliche Jahre lang mit einer hübschen Beißzange verheiratet. Das Endergebnis: Zwei Kinder und die Scheidung. Um Gerichtskosten zu sparen, arbeitete der Familienanwalt die Vereinbarungen für beide Partner aus. Bill verpflichtete sich, bis zum Tode seiner Frau oder bis zu ihrer Wiederverheiratung Unterhalt für sie und die Kinder zu zahlen. Erst, wenn die Kinder ihre College-Ausbildung abgeschlossen haben, verringert sich der Betrag. Bill trägt zudem alle anfallenden Kosten für ärztliche Behandlungen, Privatschulen, zusätzliche Unterrichtsstunden, Sommerferien und die kostspielige Therapie seiner geschiedenen Frau. Arbeiten gehen will sie nicht. Bill hat sich mit Polly, einer Sozialarbeiterin, die trotz eines schweren Herzinfarkts, den sie im Alter von dreiunddreißig Jahren erlitt, arbeiten gehen muß, ein neues Leben aufgebaut. »Ich unterstütze ihn«, sagt sie, »damit er seine Verflossene unterstützen kann. Wir sind wirklich die neuen Scheidungsarmen.« Trotz Bills hohem Einkommen können sie es sich nicht einmal leisten, ab und zu in ein halbwegs anständiges Restaurant zum Essen zu gehen.

Ziehen Sie Ihre finanziellen Gegebenheiten vor der Scheidung in Betracht.

In manchen Fällen fordert eine Scheidung nicht nur unmittelbar, sondern auch mittelbar finanzielle Opfer. Suzanne Prescod, Herausgeberin der Fachblätter *Behavior Today* und *Sexuality Today*, sagt dazu: »Schon viele Unternehmen sind aufgrund einer Scheidung eingegangen. Die Leute glauben nicht mehr an die Stabilität der Firma.«

In einem Fall hatte ein Schwiegersohn zwanzig Jahre seines Lebens in das angeheiratete Familienunternehmen investiert. Als er sich scheiden ließ, wurde er entlassen. Jetzt steht er vor dem Nichts. Die Geschäftsanteile waren auf die Namen der Kinder ausgestellt worden.

In einem anderen Fall arbeiteten die Ehemänner dreier Töchter in einem Familienbetrieb, der Strickwaren herstellt. Der Vater starb, und die Mutter erbte das Geschäft. Als ihre zweitälteste Tochter sich scheiden ließ, warf sie deren Exmann hinaus. Glücklicherweise hatte dieser einen Vertrag und erhielt eine Abfindung. Er zahlte es seiner ehemaligen Schwiegermutter heim, indem er ein Konkurrenzunternehmen aufmachte, das allmählich Erfolg zeitigt.

Wenn der Chef und die Chefin sich trennen, so empfinden ihre Angestellten das als Bedrohung für die Zukunft der Firma. Ein Firmengründer erinnert sich: »Wir sind von einem zum anderen gegangen und haben es jedem unserer dreißig Angestellten selbst mitgeteilt. Wir kamen uns vor wie Papi und Mami, die ihren Kindern sagten: ›Hört mal her, wir trennen uns zwar, aber euch lieben wir nach wie vor.‹«

Scheidungsproblem Kinder

»Am schlimmsten trifft es die Kinder«, sagt Julia Perles, eine bekannte Rechtsanwältin in New York. »Jungen im Alter zwischen zehn und zwanzig entwickeln leicht eine ödipale Fixierung. Sie sorgen und grämen sich, weil sie sich für ihre Mutter verantwortlich fühlen. Aber auch für erwachsene Kinder, die schon eine eigene Familie haben, ist es ein schwerer Schlag, plötzlich die emotionale, wenn nicht gar die finanzielle Verantwortung für Vater oder Mutter oder beide übernehmen zu müssen. Das kostet Zeit, die dann ihren eigenen Familien abgeht.«

Die Märzausgabe 1986 des *Mental Health Newsletter* der Harvard Medical School berichtet über eine Untersuchung, die von den Forschern John Guidubaldi und Joseph D. Perry an 699 Grundschülern aus achtunddreißig Bundesstaaten vorgenommen wurde und die zu dem Ergebnis kam, daß die Kinder noch Jahre nach Auflösung der elterlichen Ehe schwerwiegende Folgeerscheinungen aufwiesen: Sie waren unselbständig, in sich gekehrt, lernten nicht gut und fielen durch schlechtes Betragen auf. Knaben, die bei der geschiedenen Mutter lebten, waren unglücklicher als Mädchen, hatten mehr Schul- und Verhaltensprobleme und kamen mit den Eltern schlechter aus.

Oft sind es die Eltern selbst, die den Kindern Probleme aufladen, indem sie um deren Zuneigung wetteifern. Nicht selten fallen Bemerkungen wie: »Da zahle ich deiner Mutter Unsummen, und sie läßt dich in Lumpen herumlaufen!« Oder die Kinder werden ausgefragt: »Stellt dein Vater dir seine Freundinnen vor? ... Sind sie da, wenn du am Sonntagmorgen aufwachst?« Ein solches Verhalten stürzt die Kinder, die doch angeblich so sehr geliebt werden, in Zweifel und Verwirrung, ruft widersprüchliche Loyalitätsgefühle hervor und führt gerade zwangsläufig zu psychischen Problemen. Auch die Eltern schaffen sich – durch ihr eigenes Verhalten – psychische Probleme: Durch ihre Beharrlichkeit, an ihrer Situation ausschließlich die ihnen widerfahrene Ungerechtigkeit wahrzunehmen, verwandeln sie einen vorübergehenden Konflikt in eine dauerhafte Niederlage.

Die Kinder haben im übrigen selbst Gefühle, mit denen sie fertigwerden müssen: »An uns hat es nicht gelegen, daß ihr nicht miteinander ausgekommen seid.« Auch sie betrachten sich als Verlierer. Mitunter üben sie konkrete Vergeltung. Ein Beispiel: Ein Paar, das die Scheidung eingereicht hatte, konnte sich nicht auf die Schule einigen, die der Sohn künftig besuchen sollte. Die Mutter hielt eine öffentliche Schule für gut genug; der Vater plädierte für die Privatschule, die er selbst seinerzeit besucht hatte. Die Scheidung wurde erst spruchreif, als der Richter den Vierzehnjährigen vorlud, ihm drei Schulen nannte und ihn anwies, sich eine auszusuchen. Der Sohn wählte *nicht* die Schule, die sein Vater besucht hatte.

Wie Sie ein Übereinkommen aushandeln

Die Aushandlung eines Trennungsabkommens wird enormen Einfluß auf Ihr künftiges Leben haben; möglicherweise müssen Sie Ihre Lebensführung umgehend ändern. Oder das Scheidungsurteil hat Sie gänzlich in die Verliererecke gedrängt, und Sie merken es erst, wenn Sie wieder heiraten wollen.

Sie müssen sich an der Realität orientieren. Konzessionen müssen eingeräumt, Kompromisse geschlossen werden. Sie fahren wesentlich besser, wenn Sie sich mit Ihrem Partner dahingehend einigen können, daß Sie beide abwechselnd Zugeständnisse machen. In einem Fall verhinderte eine Frau, daß ihrem Noch-Ehemann sein Arbeitsverhältnis im Familienunternehmen gekündigt wurde – sie war an seinem finanziellen Wohlergehen interessiert, das immerhin seine Unterhaltszahlungen für die Kinder gewährleistete.

Setzen Sie sich bei den Verhandlungen über die Trennungsvereinbarung *auf keinen Fall das Ziel, einen Sieg über Ihren Partner zu erringen.* Denn sollten Sie all das zugesprochen bekommen, was Ihr Partner gerne haben möchte, so machen Sie es ihm eventuell unmöglich, sich an das Abkommen zu halten – und letzten Endes haben Sie dann das Nachsehen.

Ein Trennungsabkommen ist eine geschäftliche Vereinbarung. Deshalb dürfen Sie sich dabei schon aus reinem Selbstschutz nicht von Gefühlen leiten lassen.

■ Betrachten Sie einen Kompromiß nicht als persönliche Niederlage, denn das könnte zusätzliche Abhängigkeitsgefühle hervorrufen.

■ Vermeiden Sie eine Einstellung wie: »Mein Partner ist an allem allein schuld, deshalb braucht er sich gar nicht erst einzubilden, er könnte irgendwelche Ansprüche stellen.« Ihr Partner sieht das ganz anders!

■ Belasten Sie die Verhandlungen nicht mit Gehässigkeiten, mit Anfällen von Habgier und Kleinlichkeit, die ohnehin schon zur Trennung geführt und Ihren Partner gezwungen haben, sich nach einem anderen Menschen umzusehen, mit dem er glücklicher dran ist.

Ihr Scheidungsanwalt

■ *Suchen Sie sich einen guten Rechtsanwalt.* Das Risiko, nicht nur in Ihrer derzeitigen Situation, sondern auch in Zukunft den kürzeren zu ziehen, verringert sich erheblich, wenn Sie sich an einen Spezialisten auf dem Gebiet des Familien- und Scheidungsrechts wenden und nicht an einen Anwalt, der ihnen zwar von Freunden empfohlen wurde, dessen Kenntnisse jedoch auf dem Gebiet des Körperschaftsrechts liegen. Engagieren Sie auch kein Muttersöhnchen, der das Bedürfnis hat, weiblichen Wünschen nachzugeben. Ein Beispiel: Ein Mann, der die Scheidung eingereicht hatte, wurde von seinem Anwalt unablässig gedrängt, seiner Frau immer neue Zugeständnisse zu machen. Der Mann gab nach. Das Ende vom Lied: Er stand mit leeren Händen und einer geschiedenen Frau da, die ihm alles genommen hatte und nun sogar gegen ihn prozessiert, um noch mehr aus ihm herauszuholen.

Vermeiden Sie auch, sich einen Anwalt zu nehmen, der sich zur gleichen Zeit wie Sie scheiden läßt. In diesem Fall ist er wahrscheinlich so sehr von seinen eigenen Angelegenheiten in Anspruch genommen, daß Sie und Ihre Probleme zu kurz kommen.

Wie finden Sie den richtigen Anwalt? Eine Empfehlung ist oft schon hilfreich. Vielleicht können Sie auch einen Bekannten, der sich scheiden ließ, nach dessen Anwalt fragen. Oder ein Freund gibt Ihnen den Tip: »Nimm den Anwalt meiner Frau. Meiner hat mich hereingelegt.« Wenn Sie über keinerlei juristische Kontakte verfügen, können Sie sich bei Ihrer Rechtsschutzversicherung oder der Rechtsanwaltskammer erkundigen.

■ *Machen Sie sich klar, welcher Natur die Beziehung zu Ihrem Anwalt ist.* Viele Scheidungsneulinge betrachten ihren Anwalt als eine Art Elternersatz: Er wird schon wissen, was zu tun ist, wird sich um alles kümmern und alles bestens regeln. Insgeheim halten Sie Ihren

Anwalt für allwissend und omnipotent. Diese verzerrte Denkweise kann ohne weiteres zu einer Niederlage führen! Nach der Scheidung sind Sie dann wütend und enttäuscht, weil Ihnen Wichtiges entgangen ist. »Hätte mein Rechtsanwalt bloß seinen Einfluß geltend gemacht«, meinen Sie am Ende, »dann wäre ich auch zu meinem Recht gekommen.«

Hüten Sie sich vor zwei besonders gefährlichen Scheidungsfallen.

Die erste Falle besteht in der Weigerung, die Ratschläge eines sachkundigen Anwalts zu befolgen. Er versucht, Sie vor künftigen Fußangeln zu bewahren, doch aufgrund Ihrer Schuldgefühle sind Sie allzu freigiebig. Oder Sie wollen Ihre Unabhängigkeit unter Beweis stellen und lehnen sich grundlos gegen Ihren Anwalt (den eingebildeten Vater oder die eingebildete Mutter) auf.

Die zweite Falle besteht darin, sich aus Passivität mit allem einverstanden zu erklären, was der Anwalt vorschlägt. Hüten Sie sich vor derartiger Lethargie! *Tun Sie nur das, was für Sie das Richtige ist.* Vielleicht legen Sie besonderen Wert auf bestimmte Besitztümer: Das Bild, das Ihre Tante Ihnen zur Hochzeit geschenkt hat, mag Ihnen wichtiger sein als Geld. Sie bestehen darauf, Ihren eigenen Prioritäten zu folgen. Ein Beispiel: Ellen J. wurde von ihrem Anwalt vorgeschlagen, das Haus, das ihre Eltern ihr zur Hochzeit geschenkt hatten, zu verkaufen, um aus dem Erlös ihren Lebensunterhalt zu bestreiten. Sie erklärte ihm, sie wolle es unter allen Umständen behalten, denn obwohl es sie in finanzielle Kalamitäten brachte, war es doch das Zuhause ihrer beiden Kinder. Sie *mußte* so handeln – trotz aller Geldprobleme. Vergewissern Sie sich jedoch, daß die Prioritäten, die Sie setzen, auch realistisch sind – daß Sie sich also nicht aus purer Sentimentalität selbst in eine Niederlage heineinmanövrieren.

Denken Sie daran, *daß Rechtsanwälte nicht immer wissen, was für Sie persönlich das Beste ist!* Schon aus diesem Grund müssen Sie alle notwendigen Schritte unternehmen, wenn Sie keine Niederlage erleiden wollen. Auch sollten Sie sich zu Ihrem eigenen Schutz mit der Gesetzgebung vertraut machen und über Scheidungsurteile informieren, die in einem ähnlichen Fall wie dem Ihren ausgesprochen wurden. Wissen Sie, ob Ihre Ehe eine Gütergemeinschaft oder eine Zugewinngemeinschaft ist? Forschen Sie in Ihrem Gedächtnis nach Dingen, die bei der Scheidung berücksichtigt werden müssen. Haben Sie Ihrem Mann vor Jahren ein Studium ermöglicht? Hat Ihre Frau seit Jahren Wertpapiere in ihrem Safe, die Ihnen gehören? Machen Sie sich klar, was Sie wirklich wollen – die Kosten für eine Therapie, fürs Ferienlager der Kinder, für eine plastische Operation, für sämtliche Arzt- und Zahnarztrechnungen oder für die Hälfte vom Wert des Kolliers, das Sie Ihrer Frau geschenkt haben?

Bemühen Sie sich um eine faire Einigung. Die Rechtsanwältin Julia Perles meint: »Sie dürfen Ihren Mann nicht derart ausnehmen, daß ihm nichts mehr zum Leben bleibt, und Sie dürfen Ihre Frau nicht mit so wenig abspeisen, daß sie Sie jahraus, jahrein mit zusätzlichen Forderungen belästigt. Sie sollten versuchen, das Beste für Ihre Kinder zu tun und ihnen helfen, den gewohnten Lebensstandard aufrechtzuerhalten.«

Wenn Sie selbst alle nötigen Schritte unternehmen, wird sich das positiv auf Ihr Gefühl persönlicher Effizienz auswirken. Darüber hinaus verschafft es Ihnen eine bessere Ausgangsposition, sowohl Ihrem Anwalt gegenüber als auch in den Verhandlungen mit Ihrem Partner. Sie müssen ganz und gar von dem Gefühl durchdrungen sein, genau zu wissen, was Sie tun. Ihr Anwalt ist weder Ihr Vater noch Ihre Mutter, sondern ein Berater, dessen Ratschläge Sie nach Ihrem Gutdünken annehmen oder ablehnen können. Wissen schafft Selbstvertrauen!

Selbstsicheres Handeln: Drei unabdingliche Regeln

1. *Machen Sie sich klar, daß unbewußte Bedürfnisse zu einer Niederlage führen können.*

Im Laufe eines Scheidungsprozesses kann, wie ich in meiner Praxis immer wieder beobachte, den Finanzen unvermutet ein überproportionales Gewicht zukommen. Ein Mann etwa, der seiner Frau zuviel Geld zugesteht, sagt sich dabei selbst: »Ich bin immer noch ihr Mann.« Vielleicht braucht er die übertriebene Großzügigkeit unbewußt als Korrektiv für seine Vorstellung, er sei ein gemeiner Kerl, weil er die Scheidung eingereicht hat. Wenn er mehr als nötig gibt, kann er sich damit beruhigen, trotz alledem doch ein guter Kerl zu sein. Vielleicht befriedigt er auch ein masochistisches Bedürfnis nach Selbstbestrafung und mildert damit das Gefühl, »abgrundtief schlecht« zu sein, weil die Ehe zerrüttet ist. Ebenso gut kann auch das Gegenteil zutreffen: Sein bewußtes oder unbewußtes Bedürfnis, zu beherrschen oder zu zerstören, läßt ihn mit allen Mitteln darum kämpfen, möglichst wenig herausrücken zu müssen.

Eine Frau kämpft mitunter mit mehr Geld, weil sie sich selbst beweisen will, daß sie in dieser Situation weder hilf- noch machtlos ist. Vielleicht möchte sie auch wie ein Kind behütet und umsorgt werden. Oder ihre übertriebenen Forderungen basieren auf Wut, Ärger und Bedürfnis nach Rache. Im umgekehrten Fall ist sie sich vielleicht ihrer Rechte nicht bewußt und weigert sich gar, den ihr zustehenden Anteil zu akzeptieren. Mag sein, daß sie eine Phantasievorstellung von einem unbeschwerten Leben als Alleinstehende hat. Oder sie will Schuldgefühle in ihrem Partner hervorrufen, sich für ihr eigenes Schuldbewußtsein und ihre vermeintliche Wertlosigkeit selbst bestrafen, sich beweisen, daß sie ihren Partner gar nicht braucht und ohne ihn genauso gut zurechtkommt.

2. *Denken Sie daran, daß die Beziehungen in einer zerrütteten Ehe nicht mehr von Liebe motiviert und geleitet werden.*

In Ihrem eigenen Interesse sollten Sie Ihre Scheidung als eine Art gemeinschaftlicher Kapitalanlage betrachten, aus der jeder Partner seinen Anteil an Aktiva erhalten muß. Denn ausgerechnet zu einer Zeit, da Sie emotional angeschlagen sind, sind die Scheidungsvereinbarungen auszuhandeln. Dazu müssen Sie irgendwie die Kraft aufbringen, zumal dieser Vertrag Ihr ganzes künftiges Leben beeinflußt und somit buchstäblich wichtiger ist als jede Heiratsurkunde.

3. *Setzen Sie sich – wie bei einer Geschäftsverhandlung – fest umrissene Ziele.*

Formulieren Sie Ihre Ziele klar und deutlich anhand folgender Anhaltspunkte und Fragen:

Das Maximum: Welches Ergebnis kommt Ihrer Idealvorstellung am nächsten, selbst wenn es nicht zu erreichen ist?

Das Optimum: Womit können Sie bei realistischer Einschätzung der Sachlage rechnen, und wie stellen Sie sich die gerechteste Lösung für beide Partner vor?

Das Minimum: Welches Mindestniveau würden Sie gerade noch in Kauf nehmen, sich aber auf keinen Fall darunter begeben?

Wenn Sie sich diese Fragen beantworten, haben Sie eine gute Verhandlungsbasis.

Scheidung tut weh. Aber der Schmerz muß nicht von unbegrenzter Dauer sein. Sie haben keinen Grund, sich ewiger Verbitterung hinzugeben. Sie verfügen über die Kraft, Ihre unerfreulichen Erfahrungen zu innerem Wachstum zu nutzen. Eine vierzigjährige Mutter zweier Kinder sagt dazu: »Statt mich einfach treiben zu lassen, *habe ich mein Leben in die Hände genommen*. Meine Scheidung hat mich frei gemacht, hat mich von einem Lebensstil erlöst, der mit verhaßt war, und mich gezwungen, mir wieder eine Stellung zu suchen. Ich habe neue Freundschaften geschlossen, und meine Fähigkeiten und Talente liegen nicht mehr brach. Es hat wehgetan, aber es war nötig.«

Ein Mann lernte aus seiner ersten, unglücklichen Ehe, welche Art von Frau er nicht haben wollte. Ein anderer Mann kam zu der Erkenntnis, daß er überhaupt keine Frau wollte. Ihre Erfahrungen haben beide reifer gemacht.

KAPITEL 14

PLÖTZLICH WIEDER ALLEIN

Nicht wenige Menschen haben ungeduldig auf ihre Scheidung gewartet und gehen beinahe sofort eine neue Ehe ein. Für den überwiegenden Teil der frisch Geschiedenen jedoch bedeutet die Scheidung eine Zäsur, und die darauffolgenden Wochen und Monate sind eine Zeit des Umgewöhnens und Umgestaltens. Anfangs fragen Sie sich noch: »Wieso lassen die mich plötzlich links liegen?« Sie wundern sich, daß sich fast alle Leute im Umgang mit Ihnen plötzlich ganz anders verhalten als früher, bis Ihnen aufgeht, woran das liegt: Alleinstehende werden grundsätzlich anders betrachtet und behandelt als Paare.

Auch für Sie ist alles neu und ungewohnt, sogar Ihre eigenen Gefühle sind Ihnen so fremd, daß Sie sich erst daran gewöhnen müssen. Vielleicht ist Ihr Selbstwertgefühl durch die Scheidung gewachsen und Sie sagen sich: »Immerhin habe ich den Mut aufgebracht, diesen unerträglichen Menschen loszuwerden.« Oder Ihr Selbstwertgefühl ist im Laufe des Scheidungsprozesses zusehends verkümmert, so daß Sie nun resignieren: »Mein Partner konnte mich nicht mehr ertragen.«

Wie dem auch sei: In dieser Situation besteht die Gefahr, daß Sie sich selbst aufgeben, abhängig machen oder zum Verlierer stempeln, wenn Sie

- unablässig darüber nachdenken, warum und wie sehr Ihr Partner Ihre Gefühle mit Füßen getreten hat, statt sich zusammenzureißen und zu überlegen, wie Sie Ihr neues Leben frei von Abhängigkeiten gestalten können;
- in Resignation verfallen, weil Ihre Traumfrau oder Ihr Edler Ritter nicht sofort erscheint und Ihr ganzes Leben umkrempelt;
- sich vor allem Ungewohnten ängstigen und lieber zu Hause herumsitzen, statt neue und vielleicht ungewohnte Möglichkeiten zu ergreifen, Kontakte zu knüpfen;
- sich von bislang unbekannten Problemen überwältigen lassen, etwa, wenn Sie anderswo übernachten wollen und deshalb einen Babysitter brauchen; wenn Sie also zulassen, daß derartige Probleme Ihr Leben bestimmen und nichts, aber auch gar nichts unternehmen, um sie zu lösen;
- nur noch aus Verzweiflung handeln, so daß Ihnen eine Verlegenheitslösung in Gestalt eines neuen Partners als einziger Ausweg aus Ihrer Unsicherheit erscheint;

- sich weigern, sich den emotionalen und sozialen Problemen, die Sie schon lange mit sich herumschleppen, zu stellen. (Da Sie jung geheiratet haben, traten sie vor der Ehe nicht in Erscheinung. Nun aber, da Sie »ohne Engagement« sind, wie es im Schauspielerjargon heißt, kommen sie zum Vorschein – und schmerzen).

Eine Scheidung ist heutzutage keine Ausnahme, ganz im Gegenteil. Und da es so viele Menschen sind, die plötzlich »ohne Engagement« dastehen, ist es nicht verwunderlich, wenn sie einem ganzen Kaleidoskop von unterschiedlichen Problemen, Bedürfnissen und Hoffnungen in den verschiedensten Altersstufen und Berufssparten begegnen. Auch Sie gehören dazu. Und vor neuerlichen Abhängigkeiten und Niederlagen sind Sie nur dann gefeit, wenn Sie sich mit Ihren eigenen Problemen auseinandersetzen – und mit Ihrem eigenen Bedürfnis nach Abhängigkeit und Unterlegenheit.

Endlich frei: Vier verschiedene Reaktionen

Fallbeispiel Nr. 1: »Ich fühle mich wie ein verschrecktes Kind«, sagt die vierunddreißigjährige Laurie M., eine Rechtsanwaltsgehilfin aus Massachusetts. Sie reichte die Scheidung ein, weil sie das Gefühl hatte, einen Reifungsprozeß durchzumachen, mit dem ihr Mann nicht Schritt halten konnte, was dazu führte, daß ihre Liebe erlosch. Laurie bekam finanzielle Unterstützung zugesprochen, die sie braucht (für das Haus sowie Unterhaltszahlungen für die Kinder), gibt aber zu, daß ihr die Einsamkeit zu schaffen macht. »Ich war neunzehn, als wir heirateten. Vorher war ich nie allein. Manchmal gefällt es mir, aber meistens hasse ich es, allein zu sein. Die Kinder sollen eigentlich jedes zweite Wochenende bei meinem geschiedenen Mann verbringen, aber er sagt, er hätte keine Lust, sie zu nehmen, bloß damit ich mich amüsieren könnte. Außerdem hat er eine Freundin, die die Kinder mögen, was mir wiederum nicht paßt. In irgendwelche Bars mag ich nicht gehen. Die einzigen Männer, die ich bisher kennengelernt habe, denken zwar daran, sich scheiden zu lassen, leben aber noch mit ihren Familien zusammen. Ich hatte jedesmal das Gefühl, ich müßte deren Scheidung auch noch durchmachen – nein danke! Gibt es denn nirgendwo einen erwachsenen Mann für mich, der noch zu haben ist?«

Analyse: Weil Laurie schon als Teenager geheiratet hat, hat sie keinerlei Erfahrung, wie sie als Alleinstehende Kontakte zu anderen Menschen knüpfen kann. Außerdem will sie stets sofort Erfolg sehen, wirft allzu schnell die Flinte ins Korn und fühlt sich dann als Verlierer. Anstatt ihr Leben neu zu gestalten, denkt Laurie nur daran, wie sie andere Männer kennenlernen kann, und benutzt ihren »fürchterlichen Ex-Mann« als Ausrede für ihren Mangel an Initiative.

Fallbeispiel Nr. 2: Der dreiunddreißigjährige Architekt Matt H. heiratete schon als Student, »weil es sich so ergab«. Die Ehe blieb kinderlos und hielt elf Jahre lang. Er und seine Frau entwickelten sich in verschiedenen Richtungen und lebten sich immer mehr auseinander. Außerdem war ihr Leben ein ständiges Hin und Her zwischen einem Haus auf dem Land und einer Wohnung in der Stadt. Eines Tages beschloß Matt, nicht mehr aufs Land zurückzukehren. »Ich habe überhaupt keine Ahnung, wie man sich mit einer Frau verabredet«, behauptet er. »Meistens besuche ich alte Freunde und gehe mit ihnen essen. Bei Fremden habe ich Hemmungen, mich an den Unterhaltungen zu beteiligen. Wie soll ich denn wieder heiraten, wenn ich niemanden kennenlerne?«

Analyse: Matt scheint das Pendant zu Laurie zu sein. Beide haben früh geheiratet. Matt verfügt immerhin über einen gewissen gesellschaftlichen Schliff. Sein wahres Problem ist seine Passivität. Seine Frau hat er schon als Student kennengelernt und seine »alten Freunde« offenbar auch. Wenn er seine passive Haltung nicht aufgibt und seinen Freundeskreis nicht erweitert, kann er auch seine Kontaktfähigkeit nicht weiterentwickeln. Er macht sich selbst etwas vor.

Fallbeispiel Nr. 3: Die vierzigjährige Amy L., eine erfolgreiche Journalistin, sagt: »Ich hasse mich selbst, weil ich alles falsch gemacht habe. Meine Eltern drängten und drangsalierten und fragten mich immer wieder das gleiche: ›Warum hast du noch keinen Mann?‹ Schließlich habe ich geheiratet, aus einem Abwehrmechanismus heraus und damit sie mich endlich in Ruhe ließen. Ich werde auch nicht wieder heiraten. Ich habe ein ausgefülltes Leben – als Alleinstehende. Mit Rebellion hat das nichts zu tun – ich will schon Männer in meinem Leben haben, aber nur als Begleiter. Und wenn einer heiraten will – danke, ohne mich!«

Analyse: Amy ist ihren Eltern und dem gesellschaftlichen Druck, den sie ausübten, zum Opfer gefallen. Mit ihrer Scheidung hat sie einen endgültigen Schlußstrich unter derartige Zwänge gezogen. Sie weiß jetzt, daß sie allein bleiben möchte, und fühlt sich nicht mehr unterlegen.

Fallbeispiel Nr. 4: Der Psychologe Harold T. sagt: »Ich bin sozusagen ein begehrenswerter Junggeselle. Und obwohl ich bis neun Uhr abends arbeite, drängen mich die Gastgeberinnen, doch noch zu kommen und halten sogar das Essen für mich warm. Und dann stellen sie mich süßen jungen Dingern oder neurotischen und verbitterten geschiedenen Frauen vor. Eine Heiratsanzeige würde ich niemals aufgeben. Wie soll ich aber sonst eine passende Frau finden? Bei meinen

Freunden treffe ich auch immer nur Ärztinnen und Sozialarbeiterinnen. Aber ich will eine andere Welt, ein anderes Leben kennenlernen.«

Analyse: Harolds Problem liegt in seinem Unbewußten. In Wirklichkeit sucht er nach einem rettenden Engel, einer Mutter, die »alles besser macht« und ihm das Leben, das er sich vorstellt, sozusagen auf dem Präsentierteller reicht. Da es jedoch eine Sünde ist, mit der Mutter anzubandeln, verdammt er sich selbst zur Untätigkeit und lernt immer nur die gleiche Art von Frauen kennen. Auf diese Weise kann er seinen Konflikt nicht lösen. Seine Phantasiewelt dominiert. Irgendwie, meint er, wird er schon noch die richtige Frau kennenlernen. Bevor er jedoch nicht sein wahres Problem erkennt, wird ihm das nicht gelingen. Schließlich ist es auch anderen vielbeschäftigten Psychologen gelungen, sich genügend Zeit für ein gesellschaftliches Leben zu nehmen und sich wiederzuverheiraten.

Ihre Scheidung hat Ihre Lebensumstände verändert. Sie sind nun wieder alleinstehend und brauchen einen neuen Freundes- und Bekanntenkreis. Außerdem haben Sie Verpflichtungen und Schatten aus der Vergangenheit, die Sie auch in Ihrem neuen Leben nicht einfach abstreifen können. Was können Sie tun, um sich ein zufriedenstellendes gesellschaftliches Leben aufzubauen? Wie können Sie Ihr Leben so gestalten, daß Sie weder Ihren Phantasievorstellungen noch der Einsamkeit, weder Selbstzweifeln noch der Mutlosigkeit und Verzweiflung anheimfallen? Wie können Sie es vermeiden, weder allzu übereilt noch allzu zögernd zu handeln oder sich allzu sehr darauf zu versteifen, rasch wieder einen neuen Partner zu finden?

Ein Gesellschaftsprogramm für plötzlich Alleinstehende

■ *Bekämpfen Sie Ihre Passivität.* Es gibt zwei Arten von Passivität. Vielleicht haben Sie das Gefühl, daß äußere Einflüsse Sie daran hindern, die Initiative zu ergreifen. Im Ungewissen darüber, wohin Sie als Alleinstehender gehen und wo Sie die richtigen Leute treffen können, zumal Sie sich unter Unbekannten nicht wohl fühlen, lassen Sie sich einfach treiben, hoffen und warten. Der Rechtsanwalt Norman Sheresky hat für diese neuen Singles drei lapidare Ratschläge: »Mitmachen. Mitmachen. Mitmachen.«

Alles, was Sie unternehmen, sollte Ihrer heutigen Einstellung und Persönlichkeit entsprechen und sich nicht an Vorstellungen orientieren, die Sie hatten, als Sie jung verheiratet waren und gerade von der

Universität kamen. Schließen Sie neue Freundschaften mit Angehörigen Ihres eigenen Geschlechts. Nutzen Sie Ihren Beruf und Ihre Arbeit, neue Leute kennenzulernen. Mit vierundzwanzig standen Sie wahrscheinlich noch nicht sicher genug auf eigenen Füßen, um das zu wagen; das hat sich mittlerweile geändert. Ein geschiedener Reporter machte ein Interview mit dem ebenfalls geschiedenen Vorsitzenden des örtlichen Schulvorstandes; daraus entwickelte sich eine private Bekanntschaft. Ein geschiedener Mann hörte auf, seine Schecks an diverse Wohlfahrtsorganisationen mit der Post zu schicken. Statt dessen überreicht er sie nun persönlich bei den halbjährlich stattfindenden Festbanketts, wo er unweigerlich auch neue Leute kennenlernt.

Sie können, selbst wenn Sie insgeheim Angst davor haben, Leute zu sich nach Hause einladen. Wenn Sie in Ihrer Ehe ohnehin häufig Gäste bewirten mußten, dann ist dies wahrscheinlich ein Gebiet, auf dem Sie sich stark fühlen. Wenn Sie ein Mann sind und derartige Dinge bisher Ihrer Frau überließen, so ist das auch kein Hinderungsgrund: Alles läßt sich lernen. Außerdem: Man kann nie wissen, was passiert. Das gilt auch und vor allem für Alleinstehende. Eine geschiedene, deprimierte Frau lernte ihren zweiten Mann ausgerechnet bei einem Elternabend kennen, zu dem sie lediglich in der Erwartung gegangen war, mit dem Englischlehrer ihres Sohnes zu sprechen.

Neben der Passivität aufgrund äußerer Einflüsse gibt es aber auch eine Passivität aufgrund von *inneren* Hemmnissen. Dabei geht es um Ihre Gefühle, von denen Sie sich beherrschen lassen. Traurigkeit ist nur verständlich, aber Sie müssen Ihr Leben wieder in den Griff bekommen, wenn nicht wieder alles schiefgehen soll.

Ein geschiedener Mann mietete sich ein Hotelzimmer, begutachtete den beengten Raum und jammerte: »Nun schau dir bloß an, wie weit es mit dir gekommen ist! Das Leben meint es weiß Gott nicht gut mit dir.« Drei Tage lang gab er sich dieser weinerlichen Stimmung hin. Dann mietete er sich kurzerhand ein Appartement mit Küche, marschierte ins nächste Möbelgeschäft und bestellte eine komplette Wohnungseinrichtung, die innerhalb von zwei Tagen geliefert werden sollte. Am folgenden Samstagabend gab er eine Dinnerparty, zu der er nicht weniger als fünfzehn Freunde bat, die er – im Gegensatz zu seiner geschiedenen Frau – immer gemocht hatte. Er hatte aufgehört zu jammern und sagte sich: »Das Leben geht schließlich weiter.« Er ließ nicht zu, daß ihn seine Verlustgefühle unter emotionalen Druck setzten.

■ *Lösen Sie Ihre neuen Alltagsprobleme.* Denken Sie darüber nach und lassen Sie sich verschiedene Lösungsmöglichkeiten einfallen. Wenn Sie eine geschiedene Frau mit kleinen Kindern sind und ab und zu ausgehen wollen, müssen Sie sich eventuell mit Freundinnen oder

Nachbarinnen zusammentun, um mal Ihre Kinder unterzubringen, mal deren Kinder mit zu hüten. Sie werden an die Grenzen Ihrer Leistungsfähigkeit stoßen. Haben Sie, wenn Sie den ganzen Tag arbeiten, danach noch das Essen gekocht und Schulbrote für die Kinder gemacht haben, überhaupt noch genug Energie, am Abend auszugehen? Wo liegen Ihre Prioritäten? Können Sie es sich als Mann noch leisten, mit einer Frau auszugehen, wenn Sie die Kinder einmal die Woche zum Abendessen ausführen und sie jedes Wochenende bei sich haben? Sie glauben, einen neuen Partner gefunden zu haben – wollen Sie ihn Ihren Kindern sofort vorstellen oder erst noch etwas abwarten? Ist es für die Psyche Ihrer Kinder denn gut, wenn sie über Ihre Romanzen Bescheid wissen?

Eine Falle, vor der Sie sich hüten sollten: Wenn Sie Ihre Probleme als Rechtfertigung dafür benutzen, etwas zu unterlassen, was Sie eigentlich gerne täten, so werden Sie sich mehr denn je als Verlierer fühlen.

■ *Geben Sie keine Verzweiflungssignale.* Es ist nicht nötig, daß Sie Ihrer Traumfrau oder Ihrem Edlen Ritter sofort begegnen, ja es ist sogar möglich, daß Sie sie beziehungsweise ihn nie treffen. Ihre Haltung sollte vielmehr sein: »Bei meinen Unternehmungen amüsiere ich mich unabhängig davon, ob ich nun jemanden kennenlerne oder nicht.« Dr. Helen Singer Kaplan, die bekannte Sexualtherapeutin, war in den zehn Jahren zwischen ihrer ersten und ihrer zweiten Ehe eine der beliebtesten Frauen in New York. Andere geschiedene Frauen klagten über Männermangel. Nicht so Kaplan, die sich den Unterschied folgendermaßen erklärt: »Viele heiratsfähige Frauen um die Dreißig und Vierzig sind dermaßen darauf erpicht, unter die Haube zu kommen, daß sie die Männer verschrecken. Ich war eine warmherzige Frau, aber nicht darauf aus, mich zu verheiraten. Ich war ungefährlich.«

Bei Männern macht sich die Verzweiflung oft anders bemerkbar. Sie sind dann dermaßen ungeduldig, daß sie jede Frau, die ihnen über den Weg läuft, als potentielle Ehefrau betrachten. Schon beim ersten Rendezvous taxieren sie die Frau danach, wie sie wohl in zwanzig Jahren aussehen wird, und werfen entweder gleich das Handtuch oder binden sich viel zu früh. Wenn die Beziehung dann in die Brüche geht, fühlen sie sich als Verlierer. Sie geben der Partnerschaft keine Zeit, sich zu entwickeln.

■ *Seien Sie offen für neue Erfahrungen und vergessen Sie nicht, daß Sie einen Veränderungsprozeß durchmachen.* Wenn Sie aufgrund Ihrer Scheidungskonflikte reifer geworden sind, dann sind Sie auch nicht mehr der gleiche Mensch wie zuvor. Ein Beispiel: Ein Börsenmakler, dessen Frau eine schwere Neurose gehabt hatte, verliebte sich nach seiner Scheidung häufig – doch »die Liebe« kühlte jedesmal rasch wieder ab. Drei Jahre später verliebte er sich wirklich. Er tanzt gern, liebt Gedichte und geht gerne auf Parties, während seine neue Partnerin sich der Wissenschaft widmet, zu Hause bleibt und sich mit ihrer Doktorarbeit beschäftigt. »Sie ist *durch mich* ruhiger geworden«, behauptet er. »Und *sie* hat mir die Denkweise der einfachen Leute nahegebracht.« Er überlegt einen Moment lang. »Zwischen meinen beiden Frauen ist ein Unterschied wie Tag und Nacht. Die erste war unselbständig. Meine zweite Frau ist unabhängig.« Der Makler bejaht nicht nur seinen neuen Lebensstil, sondern auch seine neue Frau und deren Lebensstil.

Wieder heiraten – diesmal aber richtig

Manche Menschen haben nach einem schiefgegangenen Versuch für alle Zeit genug von der Ehe. Die Mehrheit der Geschiedenen allerdings will trotz eventueller Niederlagen einen neuen Versuch wagen. Bevor Sie aber ein weiteres Mal Ihr Jawort geben, sollten Sie sich ein paar wichtige Fragen stellen und beantworten.

Vergessen Sie bei Ihren Antworten nicht, daß kein Mensch vollkommen ist. Vermeiden Sie auf alle Fälle, *Ihren neuen Partner zu idealisieren*. Hüten Sie sich auch vor der oberflächlichen Selbstrechtfertigung, Ihr Ex-Partner habe den ganzen Schaden, der zur Scheidung führte, allein angerichtet und Sie selbst hätten nichts damit zu tun. Nun haben Sie also eine neue Ehe ins Auge gefaßt und beschlossen, mit diesem Partner müsse alles perfekt gehen. Vergessen Sie dabei nicht, daß dieser neue Partner auch nur ein Mensch und kein Abstraktum ist. Wenn Sie diese Tatsache nicht genügend berücksichtigen und statt dessen Ihren neuen Partner idealisieren, werden Sie unweigerlich eine Enttäuschung erleben, sobald Sie entdecken, daß er auch nur ein Mensch ist. Und Sie werden sich erneut als Verlierer fühlen.

Ich bin selbst geschieden und führe eine glückliche zweite Ehe. Aufgrund meiner eigenen Erfahrungen bitte ich meine Patienten, die eine neue Ehe in Erwägung ziehen, sich die folgenden Fragen zu stellen:

■ *Was haben Sie aus Ihrer vorigen Ehe über sich selbst gelernt?* Waren Sie zu launisch, zu geizig, zu selbstsüchtig, zu arbeitsversessen? Haben Sie gelernt, was Sie anders machen könnten, um mehr Freude und Vergnügen am Leben oder auch nur mehr Freizeit zu haben, Spannungen abzubauen und eine zukünftige Beziehung zu bereichern?

Und fragen Sie sich auf jeden Fall, ob Sie Ihren zukünftigen Partner nur dazu benutzen, sich selbst zu beweisen, daß Sie ein anziehender Mensch sind.

■ *Können Sie mit den Launen und Verhaltensmustern Ihres voraus-*

sichtlichen Partners leben? Sind Sie bereit, das Risiko einzugehen? Halten Sie sich vor Augen, daß Ihnen zu Beginn Ihrer Romanze vielleicht nichts auffällt, was Sie als unangenehm empfinden. Ein Beispiel: Nach dem Tod seiner Frau lernte ein Mann eine andere kennen, die er für genau die richtige hielt. Solange er ihr den Hof machte, verhielt sie sich warmherzig, liebevoll und einfühlsam. Erst nach der Heirat fand er heraus, daß sie von regelmäßigen Wutanfällen und wochenlang anhaltender Launenhaftigkeit heimgesucht wurde und daß er unmöglich mit ihr leben konnte. Rückblickend konnte er sich an keinerlei Warnsignale erinnern. Näheres über die Frau hätte er allenfalls von ihrem geschiedenen Mann erfahren können, der vor den gleichen Launen Reißaus genommen hatte.

Ein Risiko ist nie auszuschließen. Wir müssen uns jedoch darüber im klaren sein, daß es selbst dann, wenn wir zu Beginn unserer Romanze *scheinbar* keinerlei Hinweise bemerken, die gegen eine Wiederverheiratung sprechen, doch stets verräterische persönliche Ausdrucksformen gibt – Gereiztheit im Umgang mit Verkaufspersonal, Rücksichtslosigkeit gegenüber Freunden, die Neigung, anderen die Schuld in die Schuhe zu schieben. Solcherlei Anzeichen müssen Sie wahrnehmen und danach einschätzen können, ob Sie sich auf Ihre künftige Beziehung auswirken oder nicht. Die Entscheidung liegt selbstverständlich bei Ihnen – aber lassen Sie dabei nicht etwaige Verhaltensauffälligkeiten außer acht.

- *Sind Sie bereit, Ihr Heim aufzugeben?* Sind Sie einem Ortswechsel von der Groß- in eine Kleinstadt oder umgekehrt gewachsen?
- *Wieviel Ballast bringen beide Partner aus vergangenen Verbindungen mit in die Ehe?* Im Gegensatz zur ersten Ehe können »Altlasten« eine neue Beziehung durchaus komplizieren, und Sie sollten ihnen Beachtung schenken. Vielleicht geht es nur um Banalitäten – Angewohnheiten, die Sie in der alten Partnerschaft entwickelt haben, wie zum Beispiel, immer auswärts essen zu gehen oder immer zu Hause zu bleiben und nie auszugehen; derlei kann durchaus Ihre Erwartungen an die neue Ehe beeinflussen. Anderer Ballast aus der Vergangenheit kann sich als schwerwiegender erweisen. Können Sie damit leben?

Können Sie mit dem *praktischen Ballast* in Form von Alimenten, Rechtsanwaltskosten und eventuell noch existierendem Miteigentum an Besitz fertigwerden? Sie müssen sich vollkommen darüber im klaren sein, welche finanziellen Verpflichtungen jeder von Ihnen bei der Wiederverheiratung hat. Ein Mann war der Meinung, daß er seine zukünftige Frau über alle Verpflichtungen gegenüber seiner habgierigen Ex-Frau und den beiden Kindern, die ihre Stiefmutter spöttisch behandelten, informiert habe. Erst als seine Steuererklärung fällig wurde, stellte sich heraus, daß er etwas Wesentliches »vergessen«

hatte: Er mußte außerdem auch noch für die Landes-, Bundes- und Kommunalsteuern seiner Ehemaligen aufkommen. Seine zweite Frau, die der Meinung gewesen war, sich mit den finanziellen Verpflichtungen abfinden zu können, stürzte sich auf die Steuersache und machte aus der Mücke einen Elefanten. Das Steuerversprechen diente ihr als Vorwand: In Wirklichkeit empfand sie die Belastungen aus der ersten Ehe ihres Mannes als zu groß und benutzte die Steuerfrage als Ausrede zur Beendigung der Ehe.

Eheverträge, die bis vor kurzem hauptsächlich von älteren Leuten geschlossen wurden, die noch einmal heiraten und ihre Hinterlassenschaft den jeweiligen Kindern vermachen wollen, werden in zunehmendem Maße dazu benutzt, finanzielle Informationen in Erfahrung zu bringen und abzuklären. Nicht jedermann ist der Meinung, dies sei ein Vorteil. Norman Sheresky spricht sich grundsätzlich gegen Eheverträge aus (»Von Romantik keine Spur!«) und läßt Ausnahmen nur gelten, wenn es um großen Reichtum geht; aber viele juristische Kapazitäten haben sich dafür ausgesprochen. Julia Perles zum Beispiel sagt: »Der Vertrag sollte nichts ausklammern. Was passiert im Scheidungs- oder Todesfall? Wer bekommt das während der zweiten Ehe erworbene Vermögen? *Wenn Sie reif genug sind, solche Verhandlungen vor der Ehe zu führen, dann verspricht sie auch gut zu werden.*«

Sie merkt ausdrücklich an, daß die Diskussionen über den Ehevertrag eine unglückliche Wiederverheiratung mit all ihren unangenehmen Begleiterscheinungen verhindern können. In einem Fall stellte die zukünftige Frau so viele Forderungen, daß der Mann, für den dies die zweite Ehe gewesen wäre, die Hochzeit noch am Abend zuvor abblies. In einem anderen Fall stand die Vizepräsidentin einer der größten Emissionsbanken kurz vor der Hochzeit mit einem geschiedenen, dreiunddreißigjährigen Sproß aus reicher Familie, die zum Schutz ihres Vermögens darauf bestand, daß das Paar einen Ehevertrag abschloß. Der Sohn weigerte sich jedoch, seiner in Finanzfragen höchst versierten Verlobten seinen Vermögensstand zu offenbaren. »Wenn er schon vor der Eheschließung so hinter dem Berg hält«, dachte sie wütend, »wie soll das dann erst hinterher werden? Ich brauche sein Geld nicht!« Sie löste die Verlobung.

Vergessen Sie nicht, daß es durchaus möglich ist, zunächst einen Ehevertrag aufzusetzen, ihn alle paar Jahre zu überprüfen und ihn schließlich – je nachdem – neu zu formulieren oder zu vernichten.

Fragen Sie sich auch, wie Sie zum *familiären Ballast* stehen – zu den Kindern aus der ersten Ehe. Welche Probleme und Freuden erwachsen Ihnen daraus? Können Sie die Schuldgefühle eines Mannes ertragen, der meint, er hätte sich um das Sorgerecht bemühen sollen, es aber nicht tat? Werden Sie sich innerlich gegen die Aufwendungen an Geld,

Arbeit und Zeit für die Kinder Ihres Partners auflehnen? Können Sie damit fertigwerden, wenn sich die Situation zu einem späteren Zeitpunkt ändert und Sie nicht mehr nur am Wochenende, sondern tagaus, tagein Stiefmutter oder Stiefvater sein müssen? Auch gilt es die Tatsache zu berücksichtigen, daß die Kinder Ihres künftigen Partners möglicherweise mit einer ganz anderen Lebensauffassung als Ihrer eigenen aufgewachsen sind. Können Sie das akzeptieren oder werden Sie versuchen wollen, ihnen Ihre Präferenzen aufzuzwingen?

Können Sie den *Gefühlsballast* ertragen? Dazu gehören auch »Restbestände« von Liebesgefühlen aus alten Verbindungen. Obwohl Ihr Partner jetzt mit Ihnen verheiratet ist, hat er durchaus noch Gefühle für den geschiedenen Partner. Vielleicht lieben *Sie* Ihren geschiedenen Partner noch immer, wollen aber wieder heiraten. Glauben Sie wirklich, Sie können sich schon wieder auf eine neue Ehe einlassen, obwohl die alten Gefühlsbindungen noch gar nicht gekappt sind? Vielleicht sind Sie auch »der andere Mann« oder »die andere Frau« und haben aus diesem Grund starke Schuldgefühle – können Sie damit leben?

■ *Wollen Sie sich tatsächlich auf einen Partner einlassen, der die Ehe von vornherein mit einem großen Risiko belastet* – etwa, weil er süchtig ist oder neurotisch, weil er im Beruf versagt oder sein Verhaltensmuster Böses ahnen läßt? Geben Sie sich nicht dem trügerischen Glauben hin, ausgerechnet Sie könnten ein lebenslanges Verhaltensmuster ändern, an dem schon andere vor Ihnen gescheitert sind! Mit einem Muttersöhnchen, einer verwöhnten Tochter oder gar mit einem Partner, der sich in seiner neuen Ehe garantiert als ebenso untreu erweisen wird wie in jeder vorausgegangenen, können es nur sehr, sehr wenige Menschen auf Dauer aushalten. Glauben Sie wirklich, daß Sie zu diesen wenigen gehören?

Oder sind *Sie* das Eherisiko, weil Sie zwanghaft immer wieder die gleichen Fehler machen? Vielleicht versuchen Sie, durch die neue Ehe ein Problem zu lösen, das ganz woanders liegt – das Sie möglicherweise noch gar nicht klar erkannt haben. Allerdings kommt es durchaus vor, daß ein Problem zwar auch in der zweiten Ehe nicht von allein verschwindet, mit Hilfe des neuen Partners jedoch besser gehandhabt wird. Ein Beispiel: Jim L. hatte von jeher Schwierigkeiten mit seiner herrschsüchtigen Mutter, die ständig an ihm herumnörgelte. In erster Ehe war er mit einer ähnlichen Kneifzange verheiratet. Als er ihre Beleidigungen nicht mehr ertragen konnte, packte er die Koffer. Seine zweite Frau meckert nie. Sie nimmt einfach die Zügel in die Hand, und Jim ist glücklich.

■ *Welches Ziel haben Sie sich für diese Ehe gesetzt?* Vielleicht haben Sie das Gefühl: »Mit diesem Menschen will ich den Rest meines Lebens verbringen. Ich liebe ihn wirklich.« Oder aber Sie denken: »Nie wieder ein Single, nichts wie raus aus der Einsamkeit!« Letzteres ist an sich kein schlechtes Ziel, aber Sie dürfen es nicht überbewerten. Diese Erkenntnis wird Ihnen dabei helfen, nicht blind in eine neue Enttäuschung hineinzustolpern.

▪ *Sind Ihre Ziele erreichbar?* Dabei sind zweierlei Gefahren zu berücksichtigen:

1. Sie sind zu optimistisch.
2. Sie sind zu pessimistisch.

Zu großer Optimismus birgt das Risiko, daß Ihr Wunschpartner aus den verschiedensten Gründen kein Interesse an einer dauerhaften Bindung hat – ob nun mit Ihnen oder mit einem anderen Menschen. Oder Sie treffen die falsche Partnerwahl, weil Sie gerade eine Enttäuschung erlitten haben. Aufgrund Ihrer starken Versagensängste meinen Sie: »Wenigstens ein Mensch, der mich haben will!« Das stellt sich allerdings oft als Trugschluß heraus.

Wenn Sie die Frage des Bindungsinteresses außer acht lassen, so kann es Ihnen passieren, daß Sie Jahre verschwenden. Eine Frau, die zwei Jahre lang eine Liaison mit einem geschiedenen Mann hatte und annahm, er würde sie eines Tages heiraten, erhielt schließlich einen Brief von ihm, in dem er ihr schlicht mitteilte, er werde in Kürze die Tochter eines Großverlegers heiraten. Ebenso wie bei seinen beiden ersten Ehen war er ausschließlich auf gesellschaftlichen Status und ein wohlgefülltes Bankkonto bedacht und hatte wenig Interesse an einer alleinstehenden Fernsehproduzentin reiferen Alters, die es in der Großstadt zu etwas bringen wollte. Und Joannes Naivität ließ sie ausgerechnet auf einen Mann verfallen, der sie nie geheiratet hätte. (Es gibt übrigens eine Menge Geschiedener, die bestens damit fahren, wenn sie für den Rest ihres Lebens allein bleiben.)

Wenn Sie zu pessimistisch sind, können Sie sich ebenfalls Schwierigkeiten einhandeln. Hat jemand schon etliche Fehlschläge hinter sich, so scheint es nur logisch, daß die nächste Ehe ebenfalls vor dem Scheidungsrichter enden wird. Doch das muß nicht sein. »Jeder Mensch hält es für selbstverständlich, mindestens zwei verschiedene Arbeitsstellen in seinem Leben zu haben«, sagt ein geschiedener Mann geradeheraus. »Warum soll nicht das gleiche für die Ehe gelten?« Bei manchen Menschen funktioniert der Bedürfnis-Ausgleichs-Faktor erst nach einer schlechten Erfahrung – sie haben dazugelernt, sind weicher geworden, haben sich verändert. Sie *können* Ihr Ziel, »den Menschen zu heiraten, mit dem ich den Rest des Lebens verbringen will«, auch noch beim zweiten Anlauf verwirklichen.

Ein Beispiel: Ein Mann erfuhr seitens seiner ersten Frau, einer Schauspielerin, nichts als Zurückweisungen. Lange Zeit nährte er die Hoffnung, ihre Beziehung werde sich wieder verbessern. Schließlich ließ er sich doch scheiden. Er war kreuzunglücklich, ließ sich mit anderen Frauen ein, verliebte sich schließlich wieder und heiratete noch einmal. Ein Freund von ihm sagte damals: »Wird ja auch langsam Zeit!« Der Mann, um den es geht, Ronald Reagan – der nichts auf seine geschiedene Frau, Jane Wyman, kommen lassen wollte –, blickt inzwischen auf eine außerordentlich glückliche Liebesbeziehung mit Nancy Davis zurück, mit der er seit über einem Vierteljahrhundert verheiratet ist.

KAPITEL 15

EIN LEITFADEN FÜR DIE ZWEITE EHE

Carol M., Laborassistentin bei einem Chemiekonzern in Ohio, kommt jeden Abend gegen sechs Uhr nach Hause – und wartet erst einmal ab. Lange wird ihre Geduld nicht auf die Probe gestellt, denn es dauert keine Viertelstunde, und das Getöse setzt ein: Mona, die geschiedene Frau von Carols Mann Len, ist vorgefahren, um ihr tägliches Hupkonzert zu veranstalten. Nach einer halben Stunde ununterbrochener Lärmbelästigung verschwindet sie wieder.

Nun ist es nicht etwa so, daß Carol ihr den Mann »weggenommen« hätte; Carol lernte Len erst kennen, als ihrer beider Scheidungen bereits zwei Jahre zurücklagen. Nachdem sie geheiratet hatten, schlüpfte Carol von einem Tag auf den anderen in die Rolle der Teilzeitstiefmutter. Die beiden Kinder aus Lens erster Ehe kommen jeden Mittwoch zum Abendessen und verbringen jedes Wochenende von Freitagnachmittag bis zum späten Sonntagnachmittag bei ihnen. Zwei Jahre dauerte es, bis die Kinder (damals sieben und neun Jahre alt) Carol akzeptierten. Und selbst heute noch kommt es zu Ausbrüchen wie: »Du hast mir nichts zu sagen, du bist nicht meine Mutter!« Die Betreuung der beiden Kinder ist eigentlich nur eine zusätzliche Belastung für Carol, die schon durch ihren Beruf hinreichend in Anspruch genommen wird. Sie hat sich sehnlichst ein eigenes Kind gewünscht, doch Len lehnt das rundweg ab: »Zwei sind genug!«

Andere Frauen in Carols Situation hätten längst das Handtuch geworfen. Aber Carol ist mit Len eine »Liebesehe« eingegangen. Daher nimmt sie Monas Hupkonzerte mit einem Achselzucken hin, bekocht die Kinder und begnügt sich mit ihrer beschränkten Stiefmutterrolle. Ihren ersten ehelichen Fehlschlag begreift sie als Wachstumsprozeß; daher gelingt es ihr, in der neuen Ehe zwischen Wichtigem und Unwichtigem zu unterscheiden und ihren Teil dazu beizutragen, daß es dieses Mal nicht wieder schiefgeht. Zwar muß sie viele Kompromisse eingehen, doch sie achtet darauf, daß sie selbst nicht zu kurz kommt; daher schenkt sie ihren eigenen Bedürfnissen nicht weniger Beachtung als denen ihres Partners. Auch vorübergehende finanzielle Engpässe hindern sie nicht daran, jeden Sonntagabend mit Len zum Essen auszugehen und dafür zu sorgen, daß sie diesen einen Abend in der Woche ganz für sich allein haben.

Ob die komplexen Schwierigkeiten, die durch eine neue Ehe entstehen können, eine Lösung finden, hängt im wesentlichen vom guten Willen beider Partner ab. Der ist allerdings rar gesät. Statt dessen sind wir oftmals Zuschauer eines regelrechten Melodramas, in dem Opfer und Bösewichte die Hauptrollen spielen. Die intrigenreiche Handlung ergibt sich meist aus Unterdrückungsversuchen ehemaliger Partner, die aufgrund der finanziellen Verhältnisse gezwungen sind, unweit der neuen Familie zu residieren, sowie aus dem Wettbewerb, den die neuen Partner um die Zuneigung der Kinder austragen. Mitunter drängt auch einer der Partner den anderen in die Rolle des bloßen »Versorgers«, wobei von Liebe keine Rede mehr sein kann. Oder einer der beiden Partner überträgt die psychischen Belastungen aus der Vergangenheit auf die neue Beziehung (»Ich habe schon einmal versagt, nun passiert es mir wieder.«) und macht sich damit selbst zum Sündenbock.

Zurück zur Statistik: Etwa vierzig Prozent aller erstmals Geschiedenen heiraten ein zweites Mal. Ein Großteil davon landet sicher erneut vor dem Scheidungsrichter, doch bei einer ganzen Reihe geht der zweite Versuch nicht wieder schief.

Setzen Sie alles daran, zu jenen vierzig Prozent zu gehören! Lassen Sie nicht zu, daß negative Faktoren die Oberhand gewinnen. Ihr Partner hat selbst einen Scheidungskonflikt erlebt und durchlitten, so daß er nunmehr zu größerer Intimität, stärkerer emotionaler Bindung und liebevollerem ehelichen Geben und Nehmen fähig sein dürfte. Konzentrieren Sie sich auf seine guten Seiten – Ihre eigene Liebesfähigkeit wird daran wachsen. Eine Wiederverheiratung mag zwar mehr Komplikationen mit sich bringen als eine erste Ehe, doch die neuen Schwierigkeiten können durchaus dazu beitragen, die Partner einander näher zu bringen.

Druck von außen ist am besten gemeinsam zu bewältigen

Die Beziehung zu Ihrem Partner hat, wie in jeder Ehe üblich, an erster Stelle zu stellen. Das läßt sich allerdings nur dann erreichen, wenn Sie gleichzeitig all die Komplikationen bewältigen, die aus der Wiederverheiratung resultieren: emotionale Altlasten, feindselige Ex-Partner, Kinder- und Geldsorgen.

■ *Geben Sie Ihrem Partner emotionalen Rückhalt. Sagen Sie aus vollem Herzen ja.* Hüten Sie sich vor Anschuldigungen (»Die Kinder sind dir wichtiger als ich!«) oder Befürchtungen (»Ich bin eben nur die zweite Wahl, also spiele ich auch nur die zweite Geige.«). Überempfindlichkeit ist ein Hindernis, aus vollem Herzen ja zu sagen. Denken

Sie daran, daß Sie sich, als Sie Ihr Jawort gaben, mit den unausgesprochenen Bedingungen Ihres Wiederverheiratungsvertrages einverstanden erklärt haben. Und eine davon lautet: »Ich werde meinen Partner mit den Belastungen von früher nicht unglücklich machen.«

Nehmen wir einmal an, Sie und Ihr Mann hätten Karten für ein Konzert. Da kommt sein Sohn aus erster Ehe und sagt: »Papa, an diesem Tag ist Elternabend in der Schule. Komm doch bitte.« Oder ein Angehöriger aus seiner alten Familie, mit der er noch Kontakt hält, heiratet und möchte Sie und Ihren Mann dabeihaben. Sie haben keine Lust dazu, aber Ihr Mann wünscht, daß Sie ihn begleiten. Sagen Sie ja – um Ihrer Beziehung willen.

Suzanne Prescod, Herausgeberin der Fachblätter *Behavior Today* und *Sexuality Today,* erteilt folgenden Rat: »Es hilft, wenn Sie davon ausgehen, es handle sich um einen geschäftlichen Vertragsabschluß. Dabei müssen Sie auch Zugeständnisse machen. Tun Sie in Ihrer Ehe das gleiche.«

Vergessen Sie nicht, daß es auch die Möglichkeit gibt, eine Situation nur teilweise zu bejahen und dadurch Spannungen abzubauen. Ein Beispiel: Eine frisch verheiratete Frau wollte enge Bande mit der achtjährigen Tochter ihres Mannes aus erster Ehe knüpfen. Also brachte ihr Mann seine Tochter Grace jeden Sonnabend zum Mittagessen mit nach Hause, und am Abend gingen dann alle drei zum Essen aus. Da die Frau jedoch zu Hause arbeitete, fühlte sie sich dadurch in ihrem Tagesablauf gestört; außerdem hatte sie das Gefühl, ihr Mann solle mehr Zeit alleine mit Grace verbringen. Ihr Lösungsvorschlag: »Führ Grace zum Mittagessen aus und bring sie dann zum Abendessen mit nach Hause.«

■ *Geben Sie Ihrem Partner Rückhalt, aber bürden Sie sich nicht seine Probleme auf.* Lassen Sie Ihren Partner auf seine Weise damit fertigwerden. Eine zweite Frau, die sich sehr jung hatte scheiden lassen, gibt zu: »Kims Kinder waren mir gegenüber immer sehr reserviert. Sie meinen, er hätte unter seinem Niveau geheiratet. Ich kam aus einem Farmhaus, nicht aus einer Villa wie sie. Wenn sie es zugelassen hätten, hätte ich ihnen gerne seelischen Beistand geleistet, aber das wollten sie nicht. Sie finden immer wieder etwas Neues auszusetzen – zur Zeit etwa nehmen sie Kim übel, daß er sie nicht auf eine Privatschule geschickt hat –, aber ich denke, das ist ein Problem, mit dem er allein fertigwerden muß. Ich habe nur ein Ziel: Ihm Rückhalt zu geben und ihn wissen zu lassen, daß ich ihn liebe.«

In diesem Zusammenhang ist es besonders wichtig, daß Sie einander genügend Ellbogenfreiheit zur Lösung individueller Probleme einräumen.

Fallbeispiel: Der geschiedene Mann als Störenfried
Die charmante, aus den Südstaaten stammende Christine L. lernte, als sie einundzwanzig und noch in der Ausbildung zur Vertriebsassistentin war, den neunundzwanzigjährigen Rechtsanwalt Doug J. kennen. Sie heirateten, und ein Zeitlang ging alles gut. Sie bekamen einen Sohn, Craig, der inzwischen dreizehn ist. Chris wollte sich jahrelang nicht eingestehen, daß Doug Alkoholiker ist. Doch schließlich konnte sie ihre Augen nicht länger davor verschließen. »Ich bin kein rettender Engel«, sagt sie dazu. »Ich bat ihn, zu gehen.«

Sie ließen sich scheiden. Sie besaßen nichts weiter als ihr Haus in Los Angeles und eine Eigentumswohnung in Südkalifornien, die Dougs Eltern bewohnten. Chris überredete Doug, das Haus zu verkaufen und ihren Anteil am Erlös als Treuhandvermögen für Craig anzulegen, dem er darüber hinaus die Hälfte der Eigentumswohnung überschreiben sollte. Für sich selbst forderte sie nichts.

Doug heiratete kurz darauf wieder und zahlte keinen Pfennig des versprochenen Unterhalts für Craig. Chris heiratete ebenfalls wieder, und zwar einen geschiedenen Architekten. Jahre nach der Scheidung erhob Doug plötzlich Klage gegen Chris mit der Begründung, sie habe ihn »übervorteilt«, als sie das Geld aus dem Verkauf des Hauses für Craig beanspruchte. Außerdem beantragte er eine eingehende Prüfung der Unterlagen über das Treuhandvermögen. (Chris hatte keine müde Mark davon genommen, sondern ihr eigenes, sauer verdientes Geld für Craigs Schulen, Sommerferien und Kleidung ausgegeben.) Außerdem stellte sich heraus, daß Doug die Eigentumswohnung nicht, wie vereinbart, zur Hälfte auf Craig hatte überschreiben lassen.

Chris und ihr zweiter Mann ziehen an einem Strang, um dieses Problem zu bewältigen. Er gibt ihr den liebe- und verständnisvollen Rückhalt, den sie braucht, um diesen Kampf auszufechten, und kommt außerdem für die Anwaltskosten auf. Dazu allerdings war es nötig, sämtliche Lebenshaltungskosten drastisch zu senken. »Es kostet uns Unsummen«, betont Chris, »aber ich habe einen wunderbaren Sohn, und meine zweite Ehe ist sehr glücklich. Den Trunkenbold Doug bin ich einmal losgeworden – nun schaffe ich es auch noch, den Störenfried Doug loszuwerden. Mein zweiter Mann ist bei dieser Horrorgeschichte einfach wunderbar zu mir. Und das ist bei weitem nicht damit getan, daß er die Anwaltskosten zahlt. Er gibt mir, was ich am meisten brauche – emotionalen Rückhalt.«

■ *Leisten Sie praktische Hilfe auf allen Gebieten, von Geldfragen bis hin zur emotional notwendigen Vergeltung rachedurstiger Feldzüge eines Ex-Partners.*

Geldprobleme

Finanzielle Verbindlichkeiten und Verpflichtungen aus der Vergangenheit sind zwar belastend, aber in vielen zweiten Ehen eine simple Realität. Sich deswegen als Opfer zu fühlen, heißt, die Welt so, wie sie ist, nicht zu akzeptieren. Vor allem die zweiten Frauen geschiedener Männer haben Schwierigkeiten, mit dieser Erkenntnis zu Rande zu kommen. Julia Perles sagt dazu: »Die zweite Frau muß einsehen, daß ein Mann, der schon einmal verheiratet war, bestimmte Verpflichtungen gegenüber seiner geschiedenen Frau und seinen Kindern hat; auf jeden Fall aber – wenn die Frau wieder geheiratet hat – gegenüber den Kindern. Eventuell hat er eine Hypothek aufgenommen, die er samt Zinsen an die Bank zurückzahlen muß. Wenn seine zweite Frau dafür kein Verständnis hat, so unterminiert sie die Ehe. Das gleiche gilt für den zweiten Mann und Stiefvater. Geld ist eine schreckliche Realität. Aber eine Notwendigkeit.«

Sie müssen sich der Tatsache stellen, daß Sie gesetzliche Verpflichtungen wie beispielsweise Unterhaltszahlungen für die Kinder nicht umgehen können. Und außer der gesetzlichen haben Sie ja auch eine moralische Verpflichtung.

Sie können natürlich gewisse Vorsichtsmaßnahmen ergreifen. Führen Sie Buch über Ihre Ausgaben für die Kinder. Besteht etwa die Vereinbarung, daß der geschiedene Mann einen bestimmten Beitrag zur Kleidung der Kinder zu leisten hat, so kann er, wenn Jimmy und Joan immer wieder in uralten Klamotten aufkreuzen, so daß er ihnen neue Sachen kaufen muß, obwohl er bereits Geld dafür überwiesen hat, seiner geschiedenen Frau die Rechnung schicken oder das zusätzlich ausgegebene Geld von der nächsten Unterhaltszahlung abziehen.

Sie können sich auch Rechenschaft geben lassen und darauf bestehen, daß die erste Frau Ihres Mannes ihre Bücher offenlegt, so daß der Vater sieht, was mit seinem Geld geschieht. »Wir bestehen darauf, daß sie uns sämtliche Quittungen vorlegt«, sagt eine zweite Frau energisch. »Auf diese Weise wissen wir wenigstens, ob sie Jeans für die Kinder gekauft oder das Geld dafür ausgegeben hat, sich die Haare färben zu lassen.«

Die zweite Frau kann außerdem von sich aus Vorsichtsmaßnahmen treffen, um sich vor Verlusten zu schützen. Sie sollte etwa ihr eigenes Geld selbst behalten und nicht auf ein gemeinsames Konto einzahlen. Natürlich kann sie den Kindern ihres Mannes soviel geben, wie sie will, allerdings sollte sie das mittels *von ihr persönlich* unterschriebener Schecks tun – einfach für den Fall, daß eine feindselige Ex-Frau sie gerichtlich belangen will, und sie Beweismaterial braucht.

Die beste Lösung ist jedoch die, von vornherein jeden Streit zu vermeiden. Das läßt sich oft mit ganz probaten Mitteln erreichen. Wenn die Kinder beispielsweise immer wieder »in Lumpen« ankommen, so halten Sie einfach Kleidung zum Wechseln in Reserve. Dadurch vermeiden Sie Auseinandersetzungen und unnötige Kontakte mit der ersten Frau, was für Sie und Ihre Ehe nur von Vorteil sein kann.

Selbstbewußte Vorwärtsverteidigung

Vielleicht sind Sie – um Ihrer zweiten Ehe willen – dazu gezwungen, eine Reihe von selbstbewußten und annehmbaren aggressiven Maßnahmen zu ergreifen.

Fallbeispiel Nr. 1: Nachdem sie durch die Telefonanrufe der ersten Frau ihres Mannes, die »Du elendes Miststück« in die Muschel zischte, fast bis zum Wahnsinn getrieben wurde, ließ sich die zweite Frau eine Geheimnummer geben. Seitdem muß die geschiedene Frau ihren geschiedenen Mann in dessen Büro anrufen, und die zweite Frau braucht sich ihre Gemeinheiten nicht mehr anzuhören.

Fallbeispiel Nr. 2: Ein Mann, der wieder geheiratet hatte, kam für die teure Privatschule auf, die sein Sohn aus erster Ehe besuchte; seine geschiedene Frau schickte ihm allerdings nie die Zeugnisse. Daher schrieb er an die Schule, erläuterte seine Situation und bat schlicht um Zusendung von Duplikaten. Was er damit erreichte, war allerdings erheblich mehr: Die Schule wendet sich seitdem in allen Angelegenheiten, die den Jungen betreffen, direkt an ihn statt an seine unangenehme Ex-Frau und hält letztere lediglich über das Nötigste auf dem laufenden.

Mag sein, daß Sie aufgrund der Notwendigkeit, sich des Drucks durch einen rachsüchtigen Ex-Partner zu erwehren, zu Vergeltungsmaßnahmen greifen müssen, die Ihnen zuwider sind und die vorschnell als üble Tricks bezeichnet werden könnten. Ein etwa vierzigjähriger Mann erinnert sich: »Ich habe mich an die Scheidungsvereinbarungen gehalten, aber meiner geschiedenen Frau paßte das nicht. Sie gab keine Ruhe und wollte immer mehr und noch mehr. Als ich meine letzte Stellung verlor, ließ ich einfach meinen gesamten Besitz auf den Namen meiner zweiten Frau überschreiben. Dann zog ich vor Gericht und erreichte, daß die Alimente für die Kinder reduziert und die Therapie meiner Ex-Frau gestrichen wurden. Nun gehört mir gar nichts mehr. Selbst das Auto und das Haus laufen auf meine zweite Frau. Nicht, daß ich das gern getan hätte. Es war mir zuwider, aber meine geschiedene Frau hat mich praktisch dazu gezwungen.«

Kinder greifen in einer Situation, in der die Eltern wieder geheiratet haben, oft zu taktischer Aggression. Ihre Handlungsweise soll dazu dienen, gewisse Umstände, die sie als schmerzlich oder ungerecht empfinden, zu beheben. Darunter hat vor allem die »zweite Familie« zu leiden, und es kommt sogar vor, daß sie daran zerbricht. In den meisten Fällen jedoch richten sich die Aktionen der Kinder gezielt gegen jenen Elternteil, von dem sie sich im Stich gelassen fühlen. Ein Beispiel: Eine Frau, die einen kleinen Sohn hatte, ließ sich scheiden. Sie heiratete erneut, und die Ehe wurde sehr glücklich. Ihr erster Mann ließ sich so gut wie nie blicken; selbst seinen Sohn Mark sah er, wenn's hochkam, nur einmal im Jahr. Mark bekam eine kleine Schwester, die er geradezu anbetete, und zu seinem Stiefvater entwickelte er eine enge Beziehung. Eines Tages – Mark war zehn Jahre alt – rief die Schulverwaltung bei seiner Mutter an und teilte ihr mit, ihr Sohn hätte den Namen seines Stiefvaters angenommen und sämtliche Schulunterlagen entsprechend abändern lassen. Mark weigerte sich fortan, seinen Geburtsnamen zu benutzen. Sein leiblicher Vater strengte sogar einen Prozeß an. Doch Mark und seine Familie wehrten sich und gewannen. Vor Gericht warf er seinem Vater vor, ihn ständig vernachlässigt zu haben, und der Richter gab ihm recht. Mark, der Abhängige, hat zu selbstbewußter Vorwärtsverteidigung gegriffen und sich damit aus der Abhängigkeit befreit.

Wenn die zweite Ehe nicht wieder schiefgehen soll: Ein Programm zum emotionalen Wandel

Unbewußt haben sich bei Ihnen bestimmte Bedürfnisse aus ehemaligen Beziehungen gehalten, die nicht mit der neu entstandenen Partnerschaft vereinbar sind. Diese Bedürfnisse sind natürlich individuell ganz unterschiedlich. Dennoch können die folgenden drei Denkanstöße jedem von Nutzen sein.

1. *Abhängigkeit.* Sie haben Angst, daß die Ex-Familie Ihres Partners ihn daran hindert, Ihnen das zu geben, was Sie brauchen. Oder Sie befürchten, wiederum hilfslos und allein zurückgelassen zu werden und erneut der Verlierer zu sein.

2. *Narzißmus.* Als zweiter Mann oder zweite Frau haben Sie den Eindruck, daß Ihr Selbstwertgefühl unter jedem Kontakt Ihres Partners mit seiner ehemaligen Familie leidet und Ihre Unterlegenheit ausgeprägter zutage tritt. Oder Sie haben aus kindlicher Eigenliebe heraus das Bedürfnis nach uneingeschränktem Besitz und sind sich über die unbewußten Kräfte, die Ihrer Haltung zugrunde liegen, nicht im klaren.

3. *Reste von Geschwisterrivalität.* Vielleicht weckt der Kontakt Ihres Partners zu seiner alten Familie Eifersucht und Wut in Ihnen – die gleichen Gefühle wie damals, als Ihr Bruder oder Ihre Schwester die Aufmerksamkeit der Eltern auf sich zogen, Sie hingegen ignoriert wurden.

Diese inneren Gefühle können in ihren verschiedenen Ausdrucksformen mit Ihrer zweiten Ehe kollidieren. Lassen Sie es nicht zu.

■ *Bleiben Sie bei der Wahrheit.* Eine fünfunddreißigjährige Frau heiratete einen ebenfalls geschiedenen Mann, dessen zwei Kinder bei ihrer Mutter lebten. Als die neuen Steuergesetze in Kraft traten, rief er bei seiner Ex-Frau an, um deren Sozialversicherungsnummer in Erfahrung zu bringen, die er von nun an in seiner Einkommenssteuererklärung angeben mußte. Seine zweite Frau hatte den Anruf mitbekommen und wurde fuchsteufelswild. »Wie kannst du es wagen, diese Frau anzurufen!« tobte sie. »Du liebst sie immer noch.« Sie hatte in der irrigen Annahme, eine Niederlage einstecken zu müssen, aus einer Mücke einen Elefanten gemacht.

■ *Glauben Sie nicht, daß sämtliche Komplikationen auf Sie allein zurückzuführen sind.* Ein Mann mit drei Töchtern ließ sich scheiden. Da die Mädchen dachten, daß sie den Vater von nun an ganz für sich allein hätten, regten sie sich nicht weiter auf. Er aber heiratete wieder, was die drei als Zurückweisung auffaßten. Da sie nicht, wie sie es sich in ihren Phantasien ausgemalt hatten, seine große Liebe sind, sprechen sie nun kein Wort mehr mit ihm. Sie können nicht einsehen, daß sie sich selbst zu Verlierern gemacht haben. In diesem Fall ist die zweite Frau klug genug, die Kränkungen, die ihr von den Kindern zugefügt werden, nicht aufzubauschen. Sie spielt auf Zeit – in der Hoffnung, daß die Mädchen erwachsen und die Dinge in einem vernünftigeren Licht sehen werden.

■ *Werfen Sie Ihrem Partner nicht Verbindlichkeiten vor, zu denen er nach der Scheidungsvereinbarung verpflichtet ist.* Was geschehen ist, ist geschehen, und Sie müssen jetzt damit leben. Reiten Sie nicht auf Opfern und Ungerechtigkeiten herum, die Ihnen aufgebürdet beziehungsweise angetan wurden.

■ *Genießen Sie Ihr Geschlechtsleben.* Margy M. zum Beispiel heiratete zum erstenmal, als sie zweiundzwanzig war. (»Ich habe mich selbst zum Verlierer gestempelt. Er hielt um mich an. Ich sagte ja. Ich war völlig apathisch. Selbst damals war ich mir des Mangels an sexueller Leidenschaft bewußt.«)

Nach zehn Jahren und einem Kind ließen die beiden sich scheiden. Margy lernte den Rechtsanwalt Larry M. kennen und heiratete ihn. »Diesmal habe ich nicht wieder den gleichen Fehler gemacht«, sagt sie. »Ich wollte Leidenschaft und habe sie bekommen.«

Bei der Wiederverheiratung kann Sex sich als das stärkste Band zwischen den Partnern erweisen. Sie wissen – und haben vermutlich schon vor der Heirat herausgefunden –, daß Sie ähnliche oder gemeinsame sexuelle Wünsche und Vorstellungen haben; dennoch gibt es auch in diesem Bereich besondere Empfindlichkeiten und Unterlegenheitsgefühle. Wer zum erstenmal heiratet, hat Zeit, an der Beziehung zu arbeiten. Beim zweitenmal aber haben möglicherweise nicht nur Sie schon Kinder, sondern Ihr Partner bringt seine eigenen mit in die Ehe . . . und nicht nur seine Familienangehörigen, sondern auch die in erster Ehe angeheiratete Familie. Dazu kommen noch Häuser und Wohnungen, um die sich der eine oder andere zu kümmern hat. Inmitten all diesen Trubels wollen Sie das Band Ihrer Ehe festigen – und dafür ist Sex der beste Ausgangspunkt.

Bestimmte Faktoren können die Teamarbeit bei der Wiederverheiratung erschweren. In den Anfangsphasen neigen Sie vielleicht dazu, Ihr Geschlechtsleben zu glorifizieren. Beteuert eine Frau: »Als ich meinen zweiten Mann heiratete, war ich einfach unersättlich. Aber das hielt gerade nur die ersten fünf Monate an.« Auch Sie fühlen sich möglicherweise als Opfer Ihrer eigenen Illusionen, wenn die Wirklichkeit Sie einholt.

Dann finden Sie vielleicht heraus, daß sich Ihre sexuellen Ziele verändert haben. Statt sich dem Genuß hinzugeben und Ihren Partner zu erfreuen, wollen Sie nunmehr beweisen, daß Sie besser sind als der oder die Verflossene Ihres Partners. Das Resultat: Sie geben sich allzuviel Mühe, verlangen viel zuviel und reagieren auch noch überempfindlich auf jede kleinste Unstimmigkeit. Hat Ihr Partner einfach mal keine Lust, denken Sie womöglich sofort: »Er trägt sich bereits mit dem Gedanken, mich zu verlassen! Jetzt geht das Ganze nochmal von vorne los.« Und dann leuchtet auch gleich eine imaginäre Warnlampe auf: »Vielleicht bin ich einfach nicht gut genug?«

Wenn Ihre erste Ehe daran gescheitert ist, daß Sie beide gleichermaßen Verlierer waren, so sollten Sie Ihre daraus gewonnenen Erfahrungen unbedingt dazu benutzen, Ihre neue Partnerschaft zu einem sexuellen Siegerteam zu machen. Vergessen Sie nie, *daß Ihre Partnerbeziehung immer und unter allen Umständen an erster Stelle kommt* – nicht etwa das Verhältnis zu Ihren jeweiligen Kindern. Die Ehe hat den Vorrang, erst dann kommen Kinder und Stiefkinder. Denn die werden irgendwann einmal erwachsen und gehen ihre eigenen Wege.

■ *Sie müssen sich Zeit für Sie beide allein nehmen* – sowohl im Bett als auch in Gesellschaft. Eine zum zweitenmal verheiratete Mutter wendet folgende Strategie an: »Wenn eins der Kinder zu einer Party geht und das mittlere sich mit einem Freund treffen will, dann ermuntere ich das dritte Kind, sich ebenfalls etwas vorzunehmen. Auf diese Weise habe ich zu Hause freie Bahn. Ich frage sie dann, wann sie wieder zu Hause sind. Die Kinder denken, wir machen uns unnötige Sorgen um sie – aber in Wirklichkeit können wir es kaum abwarten, ins Bett zu kommen.«

■ *Setzen Sie den Kindern Richtlinien.* Das sollten alle Eltern tun, aber bei Wiederverheirateten ist es besonders wichtig. Eine Frau heiratete sozusagen gleich eine ganze Familie, in der den Teenagern keine bestimmte Zeit gesetzt war, zu der sie im Bett sein mußten. Ständig kamen sie ins Elternschlafzimmer. »Ihr braucht nicht ins Bett zu gehen«, sagte sie ihnen schließlich, »aber ab einer bestimmten Zeit habt Ihr in euren Zimmern zu bleiben. Und wenn unsere Tür geschlossen ist, dann müßt ihr anklopfen.« Dazu bemerkt sie lakonisch: »Bevor wir diese Regeln aufstellten, hatten wir nie Zeit für unser Sexualleben.«

Haben Sie sich einmal entschlossen, solcherlei Grenzen zu ziehen, werden Sie möglicherweise mit Loyalitätskonflikten der Kinder konfrontiert, die dann ebenfalls bewältigt sein wollen. Als Polly den geschiedenen Dirk B. heiratete, dessen zwei Kinder jedes Wochenende bei ihnen verbrachten, bestand der zehnjährige Junge darauf, in Dirks Arbeitszimmer zu schlafen, das, nur durch eine Tür getrennt, ans Elternschlafzimmer grenzte. Polly und Dirk sagten nein: »Du hast ein eigenes Zimmer, in dem du schlafen kannst.« Das etwas jüngere Mädchen hatte das Gefühl, für ihre Mutter in die Bresche springen zu müssen. Als Polly und Dirk eines Abends in ihr Schlafzimmer kamen, das ursprünglich das von Dirk und seiner geschiedenen Frau gewesen war, fanden sie seine Tochter mitten im Bett auf der Besucherritze. »Das ist nicht dein Schlafzimmer«, sagte sie trotzig zu ihrer neuen Stiefmutter. »Jetzt schon«, erwiderte Polly mit Entschiedenheit.

■ *Überprüfen Sie Ihr zwanghaftes Muster der Wiederholung.* Fragen Sie sich einfach selbst: »Halte ich mich immer noch für ein armes, unschuldiges Opfer?« Eine Frau etwa wähnte sich gänzlich unschuldig, als ihr Mann sie seiner Assistentin wegen sitzen ließ. Doch ihr zweiter Mann hakte nach und fragte sie, was *sie* wohl falsch gemacht hätte. Nach einigem Überlegen ging ihr schließlich auf, daß sie ihre eigenen Freunde denen ihres Mannes vorgezogen und ihre Abendschicht nicht zugunsten des häuslichen Beisammenseins mit ihrem Mann aufgegeben hatte. Sie schwor sich, in ihrer zweiten Ehe nicht den gleichen Fehler noch einmal zu begehen. Heute kann sie sich, sobald sie merkt, daß sie in ihr altes Verhaltensmuster zurückgleitet, jederzeit zusammenreißen.

Manchmal handeln wir aus purer Angst, die Katastrophe könne noch einmal über uns hereinbrechen, um keinen Deut anders als früher.

Fallbeispiel: Die Frau, die nicht vergeben und vergessen konnte

Die Sozialarbeiterin Marcia Z. und der Krankenhausdirektor Kent D. hatten beide eine miserable Ehe hinter sich, die aus dem gleichen Grund scheiterte: Untreue seitens des jeweiligen Partners. In Marcias Fall hatte ihr geschiedener Mann nur einmal auf einer Geschäftsreise die Nacht mit einer Einkäuferin verbracht. Daraufhin ließ Marcia alles stehen und liegen und ging. Marcia und Kent, beide Anfang vierzig, mittlerweile seit acht Jahren verheiratet und die Kinder aus ihren ersten Ehen aus dem Haus, um anderswo zur Schule zu gehen, hatten beide das Gefühl, sich immer mehr ineinander zu verlieben. Doch dann, bei einer Weihnachtsfeier im Büro, trank Kent etwas zuviel, brachte eine hübsche Sekretärin nach Hause und vollzog einen hastigen Geschlechtsakt mit ihr auf dem Sofa. Als er endlich nach Hause kam, wollte Marcia wissen, wo er so lange gewesen war. Er legte ein volles Geständnis ab, und plötzlich war der Teufel los.

Marcias achtjährige eheliche Sicherheit war dahin. Ihr einziger Gedanke: »Das hätte er mir nicht angetan, wenn er mich wirklich liebte.«

Kent liebte sie wirklich. Er bereute seine trunkene Verirrung und setzte alles daran, seinen Seitensprung wiedergutzumachen und die Ehe zu retten. Doch Marcia reagierte zunächst übertrieben barsch. Sie sprach davon, ihn zu verlassen, ließ ihn nicht mehr zu seinem allwöchentlichen Pokerspiel gehen und verweigerte jeglichen sexuellen Kontakt. Dann begann sie, über ihre erste Ehe nachzudenken. Sie hatte schon immer ein leichtes Gefühl des Bedauerns verspürt, wenn sie daran dachte, wie sie ihren ersten Mann Knall auf Fall sitzengelassen hatte. Allmählich änderte sich ihre Einstellung. Nicht daß sie der Meinung wurde, Kent habe sich richtig verhalten, aber ihr war daran gelegen, daß diese Ehe funktionierte. Infolgedessen widerrief sie sämtliche Verbote und Verweigerungen, und ihr Selbstvertrauen kehrte zurück. Manchmal fällt ihr die Weihnachtsfeier wieder ein, und sie fragt sich dann, ob so etwas wohl wieder passieren wird. Doch sie zwingt sich dazu, diesen Gedanken beiseitezuschieben. Marcia und Kent haben aus ihren Qualen gelernt, wieviel sie einander bedeuten.

In ersten Ehen sind es oft Kommunikationsschwierigkeiten, die das Kernstück ehelicher Schwierigkeiten bilden. Wenn Sie nichts daran ändern, kann die Unfähigkeit zu offener Aussprache auch in der zweiten Ehe zu Spannungen führen. Ein Mann gibt zu, daß die schlechte Kommunikation in seiner ersten Ehe »auf mich zurückzuführen war. Heute zwinge ich mich, mit der Sprache herauszurücken, sobald ich merke, daß ich mich in mich selbst zurückziehe.«

Führt der Mangel an Verständigung auch zwischen Ihnen und Ihrem Partner zu emotionalen Barrieren?

Kommunikationsübung für Wiederverheiratete

Ziel: Vergleichen Sie, wie Sie positive, negative und aggressive Gefühle in der Vergangenheit und in der Gegenwart mitgeteilt haben beziehungsweise mitteilen.

ERSTER SCHRITT: Zeichnen Sie zwei Spalten in Ihr verhaltenstherapeutisches Arbeitsheft. Die eine trägt die Überschrift *Vorige Ehe*, die andere *Neue Ehe*. Bewerten Sie sich und Ihre Kommunikationsfähigkeit anhand der folgenden Aussagen und Bewertungsskala:

0 - fürchterlich	2 - mittelmäßig
1 - schlecht	3 - gut

1. Positive und/oder liebevolle Äußerungen:
- kann ich meinem Partner mitteilen.
- Wenn ich sie mitteile, scheint mein Partner sie zu verstehen.
- Ich freue mich, wenn mein Partner mir etwas Nettes sagt.

2. Negative Äußerungen oder eine abweichende Meinung:
- kann ich meinem Partner mitteilen und tue dies auch.
- Mein Partner scheint zu verstehen, was ich sagen will.
- Verstehe ich normalerweise, wenn mein Partner sie äußert.

3. Streit:
- Ich habe Angst/habe keine Angst davor, mich mit meinem Partner zu streiten.
- Mir ist sehr wichtig, wer bei einem Streit »gewinnt«.
- Nach einem Streit ist die Luft meistens rein, und wir sind einander nähergekommen.
- Wir streiten uns zuviel.
- Bei uns drehen sich viel zu viele Streitigkeiten um die Ex-Familien.

ZWEITER SCHRITT: Betrachten Sie Ihre Antworten unter dem Aspekt der Wiederholung: Herrscht in Ihrer jetzigen die gleiche »fürchterliche« oder »schlechte« Verständigung wie in Ihrer vorherigen Ehe? Wenn ja, so seien Sie gewarnt, daß Ihre jetzige Ehe auf die gleiche unglückliche Weise enden könnte wie die letzte. Sollte es dazu kommen, machen Sie nicht Ihren derzeitigen Partner dafür verantwortlich – *Sie* haben in zwei Ehen den gleichen Fehler gemacht. Finden Sie heraus, wie es kommt, daß es um die Kommunikation zwischen Ihnen und Ihrem Partner so schlecht bestellt ist.

- *Ergreifen Sie Ihre eigenen verhaltenstherapeutischen Maßnahmen zur Veränderung Ihrer zweiten Ehe.* Einigen Sie sich zunächst auf ein *bestimmtes* Verhaltensmuster, das Sie ändern wollen. Verfallen Sie dabei nicht auf irgendwelche Allerweltswünsche, wie: »Ich möchte zu Hause eine angenehmere Atmosphäre haben.« Suchen Sie sich etwas aus, wovon Ihre zweite Ehe unmittelbar betroffen ist. Zum Beispiel: »Ich möchte, daß wir an den Wochenenden auch Zeit für uns haben, statt daß seine Kinder sich überall aufdrängen«, oder: »Ich möchte, daß sie zu meinen Kindern, wenn sie zu Besuch kommen, genauso nett ist wie zu ihren, die ohnehin dauernd da sind«, oder: »Ich möchte, daß er/sie nicht mehr ständig über seinen/ihren Ex-Partner spricht.«

Einigen Sie sich zweitens darauf, was Sie beide bewußt dazutun können, daß sich Ihre Verhaltensmuster und emotionalen Reaktionen effektiv verändern.

Mitunter sind die Probleme in einer zweiten Ehe dermaßen subtil, daß Sie tief in Ihrem Unbewußten graben müssen, um herauszufinden, wo genau Ihre Schwierigkeiten liegen.

Fallbeispiel: Die Frau, die zweimal den falschen Mann wählte

Als Mary K. und John M. heirateten, dauerte ihr Glück nicht viel länger als bis das Jawort verklungen war. John hatte sich zeitlebens, obwohl das keineswegs der Realität entsprach, als Verlierer betrachtet. Seine Reaktion auf diese falsche Vorstellung bestand darin, daß er sich andauernd mit seiner Frau stritt. Er ließ kein gutes Haar an Mary. Sie trennten sich. Danach heiratete Mary Tom T., der das genaue Gegenteil von John zu sein schien. Sie stritten sich nie. Tom lenkte stets ein und gab nach, aber Mary vermißte jegliches Gefühl echter Nähe und aufrichtiger Kommunikation. Es kam erneut zur Trennung.

Zunächst war sich Mary keiner Schuld bewußt. In den verhaltenstherapeutischen Sitzungen mit mir erkannte sie jedoch allmählich, daß ihre beiden Ehemänner nicht gar so verschieden voneinander gewesen waren. Beide hatten das Bedürfnis, sich als Verlierer zu sehen, wurden aber auf unterschiedliche Weise damit fertig. John schlug um sich. Tom sagte sich: »Es ist alles meine Schuld. Ich mache Fehler und verdiene es, zu kurz zu kommen.« Seine Selbstbezichtigungen halfen ihm, sich weniger ausgeliefert zu fühlen.

Als Mary darüber nachdachte, warum sie zwei im Grunde genommen gleichartige Männer gewählt hatte, fiel ihr ein, daß ihre Mutter eine wahre Herrschernatur gewesen war, die Mann, Kinder und Freunde unablässig tyrannisiert hatte. Mary identifizierte sich mit ihrer Mutter und hatte selbst einen unbewußten starken Drang, andere zu beherrschen, fand dieses Bedürfnis allerdings unerträglich und verdrängte es aus ihrem Bewußtsein. Sie löste den Konflikt, indem sie unbewußt Männer wählte, die sich selbst zu Verlierern stempelten. Auf diese Weise brauchte *sie* keine Abhängigkeit zu schaffen – sie taten es selbst – und konnte sagen: »Mich trifft keine Schuld.«

Sobald Mary sich einmal ihrer Mutteridentifikation und ihres daraus entsprungenen Verhaltens bewußt geworden war, mußte sie sich nicht mehr entscheiden, ob sie ihrer eigenen Neigung zur Herrschsucht nachgeben oder aber einen Mann heiraten sollte, dessen Verlierermentalität das von vornherein unnötig machte. Daß ihre beiden Ehemänner sich jeweils selbst zu Verlierern stempelten, verlieh Mary ein Gefühl von Macht und Einfluß, ersparte ihr aber gleichzeitig, sich wie eine Tyrannin nach Art der Mutter gebärden zu müssen. Das war die Haupterkenntnis, die Mary aus der Therapie zog, und nachdem das Problem erst einmal offen zutage kam, konnte sie es auch lösen. Ihre dritte Ehe funktioniert gut. Sie braucht ihre Neigung zur Herrschsucht nun nicht mehr vor sich selbst zu verheimlichen. Ihr dritter Mann hat keinerlei Bedürfnis, sich als Verlierer zu betrachten. Die beiden gehen liebevoll miteinander um.

Stiefelternprobleme

Aufgrund der steigenden Scheidungs- bzw. Wiederverheiratungszahlen nimmt zwangsläufig auch die Zahl der Frauen, die die Rolle der Stiefmutter übernehmen müssen, zu. Selbst wenn sie auf diesem Gebiet keinerlei Erfahrung besitzen, erwarten ihre Ehemänner gemeinhin von ihnen, sich sozusagen im Handumdrehen in gute Mütter zu verwandeln – und damit sind Fehlschläge gleichsam vorprogrammiert. Nicht selten haben diese Teilzeit-Stiefmütter das Gefühl, betrogen und ausgenutzt zu werden, ständig selbst geben zu müssen, ohne jemals etwas dafür zu bekommen. Ein Großteil dieser negativen Gefühle ist allerdings auf unrealistische Erwartungen zurückzuführen.

Einige Grundregeln für Stiefmütter

■ *Wenn Sie Ihre Stiefmutterrolle nur am Wochenende spielen, verhalten Sie sich entsprechend.* Sie sind nicht die Mutter dieser Kinder, obwohl Ihnen letzten Endes die Rolle der liebevollen Tante, der engsten Freundin oder der vertrauenswürdigen Ratgeberin zufallen mag. Während Sie darunter leiden und sich ausgenutzt fühlen, weil »die Kinder nichts für mich empfinden«, haben *diese* eventuell Angst davor, ihre Zuneigung zum Ausdruck zu bringen, obwohl sie sich Ihnen zunehmend verbunden fühlen. Schließlich haben sie eine Mutter, bei der sie ständig leben. Und diese Mutter sieht es vielleicht nicht gerne, wenn die

Kinder Ihnen Zuneigung entgegenbringen. Wenn Sie das nicht einsehen, so machen Sie die Kinder zu Opfern Ihrer Phantasievorstellungen.

■ *Erkennen Sie Ihre Möglichkeiten und Beschränkungen.* Sie können den Kindern nicht *Ihre* Maßstäbe aufzwingen. Eine Frau beherrschte sich und hielt den Mund, als die vierzehnjährige Stieftochter von ihrem Vater verlangte: »Ich will mir bei Bloomingdale das gleiche Kleid kaufen, das meine Freundin Suzie hat.« Der Vater gab ihr das nötige Geld. Es war *sein* Problem. Aber Sie brauchen nicht für solche Wünsche aufzukommen.

Sie können nicht den Ablauf jedes einzelnen Wochenendes planen und bestimmen. Versuchen Sie es gar nicht erst. Auf jeden Fall aber sollten Sie für Ihre eigenen Rechte eintreten. »Berts Sohn«, sagt eine Frau, »tobte immer auf den Möbeln herum, wenn er zu uns kam. Als ich ihn zur Ordnung rief, meinte er nur: ›Bei meiner Mutter darf ich das aber.‹ Worauf ich erwiderte: ›Dann kannst du das ja zu Hause machen.‹ Jetzt tut er es nicht mehr.«

Es gehört sich nicht, das Kind über Dinge auszufragen, die im Haus der Mutter vor sich gehen: »Hat deine Mutter einen Freund? Bleibt er über Nacht? . . . Läßt deine Mutter den Arzt kommen, wenn du Halsschmerzen hast? Was hast du von deiner Mutter zum Geburtstag bekommen?« Vergessen Sie nicht, daß Sie die Ehefrau Ihres Mannes sind und nicht mit seiner geschiedenen Frau im Konkurrenzkampf liegen. Er ist jetzt mit Ihnen zusammen. Besprechen Sie die disziplinarischen Probleme mit ihm und überlassen Sie es ihm, eventuell notwendige Maßnahmen zu ergreifen.

■ *Seien Sie keine »böse Stiefmutter«.* In einem Fall besaß eine Frau zehn neue Kaschmirpullover und wollte nicht einen einzigen ihrer Stieftochter überlassen. Getrieben von Eifersucht und Abneigung, sagte sie nur: »Dieses Kind wird ohnehin maßlos verwöhnt.« Sie sollten sich der Tatsache, daß Ihr Mann seiner alten Familie gegenüber Verpflichtungen hat, ständig bewußt sein.

■ *Überwinden Sie das Gefühl, ein Opfer der finanziellen Lasten zu sein, die Sie mitzutragen haben.* Sie wußten im vorhinein, worauf Sie sich einließen. »Dieses Kind hat ein höheres Taschengeld als irgendwer sonst in unserer Familie«, beschwert sich eine Geschäftsfrau über ihren Stiefsohn. »Und dabei ist er erst neun!« Diese Stiefmutter könnte sich eher mit dem Taschengeld des Jungen abfinden, wenn es, im Gegensatz zu dem ihrer eigenen beiden Kinder aus erster Ehe, nicht so hoch wäre. Dennoch täte sie besser daran, nicht länger auf dieser – von ihr so empfundenen – Ungerechtigkeit herumzureiten. Sagen Sie sich: »Es ist, als hätte man Handwerker im Haus. Auch das geht mal vorüber. Eines Tages brauchen wir keine Unterhaltszahlungen mehr zu leisten.« Eine Frau, die schrecklich unter den finanziellen Verpflichtungen ihres Mannes litt, raffte sich auf und drückte wieder die Schulbank. Sie wurde eine hervorragende Immobilienmaklerin und ist dermaßen erfolgreich, daß die finanziellen Verpflichtungen ihres Mannes kaum noch ins Gewicht fallen.

▪ *Sie werden Ihrer Stiefmutterrolle besser gerecht, wenn es Ihnen gelingt, Ihre Vorgängerin als einen Menschen mit eigenen Unsicherheiten und Abneigungen zu betrachten.* Vielleicht fühlt sie sich bedroht und hat ihr Kind angewiesen, garstige Dinge zu sagen und sich schlecht zu benehmen. Oder sie hält die Kinder zu freundlichem Verhalten an, doch es nützt nicht viel, da sie ein feines Gespür für ihre unterschwellige Stimmung haben. Möglicherweise ist sie auch ganz und gar nicht unsicher und vielmehr an einem freundschaftlichen Verhältnis zu Ihnen interessiert, aber die Kinder gebärden sich, aufgrund ihrer eigenen Probleme, dennoch unvernünftig. In vielen Fällen ist es die geschiedene Frau, die sich um eine entspanntere Atmosphäre bemüht, aber weder der Vater noch seine neue Frau gehen darauf ein – der Vater womöglich aus Lieblosigkeit; und die neue Frau hat genug mit ihren eigenen Problemen zu tun, um freundliches Interesse an den Kindern ihres Partners aus einer früheren Verbindung zu entwickeln.

▪ Sie geben sich unendliche Mühe, *und doch geht alles schief. Damit müssen Sie sich abfinden.* Manche Stiefmutter gibt zuviel – und erntet nichts als Undank und Ablehnung. Berichtet eine Frau: »Ich lud diesen unglücklichen Teenager zum Mittagessen in ein Restaurant ein und fragte: ›Kann ich dir irgendwie helfen?‹ Und sie antwortete: ›Kommt überhaupt nicht in Frage.‹« Eventuell müssen Sie einsehen, daß die Kinder Sie einfach nicht mögen. Vielleicht werden sie Sie nie mögen. In diesem Fall sind Sie das Opfer eines Situationsdramas.

▪ *Fragen Sie sich, ob das Problem wirklich bei Ihren Stiefkindern liegt.* Sind die Schwierigkeiten, die Sie mit ihnen haben, tatsächlich der springende Punkt? Oder entspringen sie vielmehr dem Versuch, Ihren wirklichen Eheproblemen nicht ins Auge sehen zu müssen? Vielleicht ist es in Wahrheit Ihr Mann, der zuviel von Ihnen verlangt, und Sie glauben nur, daß es an den Kindern liegt. Schließen Sie, so wie Carol zu Beginn dieses Kapitels, Kompromisse um der Kinder willen, aber setzen Sie sich ebenfalls dafür ein, daß Ihre Erwartungen an Ihre Ehe in Erfüllung gehen.

Einige Grundregeln für Stiefväter

Früher war es die Stiefmutter, die, ob sie nun »böse« oder »gut« war, alle Aufmerksamkeit auf sich zog, während der Stiefvater ein wahrhaft stiefmütterliches Dasein führte. Daran hat sich bis heute nicht viel geändert, und das trägt zu dem Dilemma bei, in dem er sich befindet: Einerseits gilt er als Familienoberhaupt und trägt eine gewisse väterliche Verantwortung für die Kinder, andererseits aber ist er *nicht* der Vater. In vielen Fällen schießt der leibliche Vater überhaupt nichts zu, und der Stiefvater muß die vollen Kosten für den Unterhalt der Kinder seiner Frau tragen. Diese Regelung wird insbesondere in jenen Fällen, da er eigene Kinder hat, die bei seiner geschiedenen Frau leben, zu einer zusätzlichen Bürde. Das Resultat ist, daß der Stiefvater ähnlich fühlt wie die Stiefmutter: unwillkommen und ungeliebt bei seinen Stiefkindern, für die er sich abrackert.

Ein Mann, der selbst keine Kinder gehabt hat, benötigt eine gewisse Hilfestellung, wenn er plötzlich Vater wird. Ein Stiefvater sollte drei Ziele im Auge behalten: Autorität, Liebe und Kommunikation. Der Ratschlag eines erfahrenen Stiefvaters: »Das wichtigste Bindeglied ist die Mutter, der leibliche Elternteil; sie muß den Stiefvater unterstützen. Er sollte sich die gleichen Maßstäbe zu eigen machen, die sie den Kindern in bezug auf Disziplin, Höflichkeit und Geldausgeben setzt.«

■ *Im Alltagsleben können Sie durchaus die Vaterrolle übernehmen, aber denken Sie daran, daß Sie nicht der leibliche Vater sind.* Ein Stiefvater äußert: »Auf der einen Seite habe ich meinem Stiefsohn den Vater ersetzt. Auf der anderen Seite bin ich aber nicht sein wirklicher Vater. Ich liebe ihn, aber er liebt seinen leiblichen Vater nach wie vor mehr – einen Mann, der ihn zweimal im Jahre besuchen kommt, keinen Pfennig Unterhalt zahlt und nie schreibt.« Der Ratschlag eines erfahrenen Stiefvaters: »Wenn das Kind Gleichgültigkeit gegen den Vater zeigt, sollte man sich darauf konzentrieren, die gegenwärtige Ehe zu einem Erfolg zu machen; alles andere ergibt sich dann von selbst.«

■ *Vergessen Sie nicht, daß Ihre beiden Rollen – als Vater und Stiefvater – konfliktträchtig sind.* Ein Beispiel: Wenn Ihre eigenen Kinder zu Besuch kommen – was in manchen Fällen selten genug vorkommt! –, ermuntern Sie Ihre Stiefkinder dazu, sie willkommen zu heißen und ihnen das Gefühl zu vermitteln, es auch zu sein. Bitten Sie Ihre Stiefkinder, sich im voraus Gedanken zu machen, was sie Ihren Kindern an sportlichen Aktivitäten, besonderen Mahlzeiten und sonstigen Vergnügungen bieten könnten. Ihre Stiefkinder genießen immerhin einen gewissen »Heimvorteil«, daher ist es nur recht und billig, daß sie einen eigenen Beitrag dazu leisten, aus dem Besuch ein richtiges Familientreffen und nicht etwa eine einzige Peinlichkeit für alle Beteiligten zu machen. Eine zusätzliche Hilfe ist es, wenn Ihre Frau Verständnis dafür hat, daß *Ihre eigenen Kinder* bei Ihnen stets an erster Stelle stehen.

■ *Gesellschaftliche Umgangsformen müssen nicht zum Problem wer-*

den. Geben Sie sich kompromißbereit. Ein Beispiel: Die älteste Tochter Ihrer Frau – die Sie, seit sie drei Jahre alt war, aufgezogen haben – will heiraten und möchte von ihrem leiblichen Vater zum Altar geführt werden. Dieser Wunsch kränkt Sie möglicherweise, aber Sie müssen ihn berücksichtigen. Denken Sie sich eine besondere Rolle aus, die Sie übernehmen könnten; vielleicht spielen Sie den Gastgeber bei einem Essen für die Familie des Bräutigams. Stellen Sie Ressentiments, die Sie vielleicht haben, auf keinen Fall zur Schau! Dies ist ein wichtiger Tag im Leben Ihrer Stieftochter, der ihr nicht durch irgendwelche bitteren Gefühle verleidet werden sollte.

■ *Spielen Sie nicht den bösen Stiefvater.* Vermeiden Sie unter allen Umständen, über »deinen miesen leiblichen Vater« zu spotten oder das Kind, das Sie mit Ihrer Frau haben, offenkundig zu bevorzugen. Vergessen Sie allerdings auch nicht, daß manches, was unwissende Beobachter für falsch halten könnten, in Wirklichkeit einem guten Zweck dienen mag. Ein Beispiel: Ein wohlhabender Mann weigerte sich, seinem Stiefsohn die College-Ausbildung zu finanzieren. Dem hochintelligenten Jungen gelang es jedoch, ein Vollstipendium für eine der renommiertesten Ausbildungsstätten zu bekommen. »Selbstverständlich hätte ich für seine Ausbildung selber aufkommen können«, erklärt der Stiefvater. »Aber der Junge war dermaßen von seiner Mutter und seinen Schwestern verwöhnt worden, daß ich ihn dazu bringen wollte, von sich aus etwas zu unternehmen; und er hat es geschafft.«

■ Noch einmal: Vergessen Sie nicht, daß Ihre eheliche Beziehung bei der Wiederverheiratung die wichtigste Rolle spielt. Sobald sich dies verändert und die Ehe scheitert, kann aus dem bislang »lieben« rasch ein »böser« Stiefvater werden.

Neue Ehe, neues Glück

Nichts bleibt beim alten. Vor kurzem noch galt eine Scheidung etwa als eine Art gesellschaftlicher Makel, als Eingeständnis, versagt zu haben. Mittlerweile jedoch liegen mehrfache Eheschließungen offenbar im Trend. Julia Perles sagt dazu: »Wenn man beim zweitenmal wiederum den falschen Partner wählt, so kann dies ebenso konfliktträchtig sein wie beim erstenmal. Mit jedem Fehlschlag wächst das Entsetzen. Das allerdings provozieren die Betroffenen selber – weil sie aus ihren Fehlern nicht lernen. Sobald sie jedoch einen Partner wählen, der sich ernstlich von dem vorausgegangenen unterscheidet, kann sogar die vierte Ehe zum Himmel auf Erden werden.«

Fallbeispiel: Der Mann, der mehrmals heiratete

Ted R. ist Berater für Werbeagenturen. Seine *vierte* Ehefrau Eileen ist mit ihren siebenunddreißig Jahren fünfundzwanzig Jahre jünger als er. Sie sind seit zehn Jahren verheiratet, Eltern eines kleinen Sohnes und strahlen nur so vor Glück. Ted erklärt seine vielen Ehen folgendermaßen: »Ich bin der Sohn eines Pastors – ich heirate das Mädchen eben.« Die Kurzfassung seiner Heiratshistorie:

Ehe Nummer eins: »Sie war meine erste. Ein nettes Mädchen, aber wir paßten nicht zueinander.«

Ehe Nummer zwei: »Eine Affäre, die eine Affäre hätte bleiben sollen. Es dauerte nicht lang, und ich hatte zwei Kinder sowie jede Menge Gründe, mich unglücklich zu fühlen.«

Ehe Nummer drei: »Ich heiratete eine Künstlerin. Die Ehe war die reinste Hölle. Zwei Jahre hielt ich es aus, dann beschloß ich, nie wieder zu heiraten. Von nun an hatte ich gleich zweimal Alimente zu zahlen, und zwar an meine zweite und an meine dritte Frau.«

Schließlich lernte er in seinem Büro Eileen kennen, die nicht älter war als seine Tochter. Sie verliebten sich. »Für Eileen war mein Alter kein Hinderungsgrund«, erinnert sich Ted. Die beiden heirateten. »Das schlimmste Problem war Geld. Schließlich einigte ich mich mit meiner dritten Frau auf eine Summe, die über einen Zeitraum von zehn Jahren zu begleichen ist.«

Aus Eileens Sicht klingt die Geschichte folgendermaßen: »Ich war über zwanzig und fand einfach nicht den richtigen Partner. Ich wollte unbedingt einen Mann haben, der intelligenter ist als ich. Heute habe ich in keinster Weise das Gefühl, meinen Vater geheiratet zu haben. Teds Kindern gegenüber habe ich keinerlei Vorbehalte. Die einzige Rolle, die ich ihnen gegenüber spiele, ist die der Frau ihres Vaters. Als Ted mir noch den Hof machte, sagte er immer: ›Wenn wir nur verheiratet wären und ein Baby hätten . . .‹ Und dann haben wir beides wahrgemacht. Die finanzielle Vereinbarung mit seiner dritten Frau ging mir allerdings wirklich gegen den Strich. Damals pflegte ich Sachen zu sagen wie: ›Wär' es nicht schön, wenn sie einfach tot wäre?‹ Aber Ted sagte bloß: ›Das verstehst du nicht. Dann müßte ich nur für ihre Schulden aufkommen.‹«

Entscheidend ist Eileens Nachsatz: »Als mir klar wurde, wie sehr ich diesen Mann liebte, da wußte ich auch, wozu ich geboren worden war. Was immer mir noch in meinem Leben zustoßen mag: Ich werde jederzeit sagen können, ich war mit Ted verheiratet . . .«

Ted meint abschließend: »Ich habe mich mein Leben lang nach anderen Frauen umgeschaut, nun aber habe ich das Gefühl, Erfüllung gefunden zu haben.«

Geschiedene Partner und Kinder verändern sich. Selbst bösartige Ex-Gatten finden neue Partner. Schwierige Situationen werden mit der Zeit erträglicher. Ein Mann hatte seiner Frau, die nach der Scheidung von der Hausfrau zur geschäftlichen Senkrechtstarterin avancierte, jahrelang Unterhalt gezahlt. Er schrieb ihr einen Brief: »Ich habe Dich jetzt jahrelang unterstützt. Kannst Du mir nun, da Du mein Geld nicht mehr brauchst, eine Ruhepause gönnen?« Sie willigte ein und verzichtete auf seine Zahlungen. In vielen Fällen sind ursprünglich feindselige Stiefkinder zu Freunden geworden. Ein siebzehnjähriges Mädchen bat ihre Stiefmutter, sie zum College zu fahren. Diese Bitte entschädigte die Frau für Jahre der Demütigung. Eine Frau ließ ihren Mann wegen eines anderen sitzen und nahm ihre drei kleinen Mädchen mit. Ihr geschiedener Mann heiratete wieder und bekam einen Sohn, der jetzt vier Mütter hat – seine eigene und die drei Stiefschwestern.

Eine Wiederverheiratung *ist* schwieriger. Doch Sie sollten sich das Dasein nicht von finanziellen Verpflichtungen und Relikten aus vergangenen Fehlschlägen vergällen lassen. Denken Sie statt dessen an den Lohn für Ihre Mühe! Eine zweite Frau sagt sich immer wieder: »Diesmal funktioniert es. Ich habe es geschafft!« Und ein wiederverheirateter Mann sagt überglücklich: »Ich bin jetzt der Mensch, der ich immer sein wollte. Nicht mehr der gleiche wie mit vierundzwanzig, als ich meine erste Frau heiratete. Damals hatte ich keine Ahnung, was ich eigentlich wollte.« Samuel Johnson schrieb, daß die zweite Ehe für Mann und Frau der Triumph der Hoffnung über die Erfahrung ist. Wenn sie gutgeht, so wird sie für beide zum Triumph. *Sie haben eine zweite Chance.* Ihre zweite Ehe muß nicht automatisch wieder zu einem Melodrama werden. Diesmal können Sie gewinnen und Ihre Verliererrolle an den Nagel hängen.

Viele »Wiederholungstäter« lassen eine gewisse Unsicherheit erkennen und fragen sich im tiefsten Inneren: »Ich bin die zweite Wahl ... Betrachtet auch mein Partner mich nur als Zweitbeste/n?« Diese Unsicherheit kann gemildert werden, wenn beide Partner wissen, *daß das wichtigste Erfolgsrezept* sowohl für die zweite als auch für die erste Ehe heißt: *gegenseitige Unterstützung, Verständnis füreinander und offene Äußerung über die Gefühle beider Partner.* Diesem Wissen gab ein Mann Ausdruck, der seiner zweiten Frau zu Weihnachten eine Uhr schenkte, in die er folgende Worte hatte eingravieren lassen: »Für meine einzige, *erste* Liebe«.

Hören Sie auf, sich mit der Vergangenheit zu beschäftigen, sei es mit Ihrer eigenen oder der Ihres Partners. Arbeiten Sie gemeinsam daran, Ihre Verhaltensmuster zu ändern. Nutzen Sie Ihre zweite Chance und lassen Sie nicht zu, daß wieder alles schiefgeht. Machen Sie sich zur Devise: »Diesmal schaffe ich es bestimmt!«

KAPITEL 16

EX-VERSAGER, BEI DENEN NICHTS MEHR SCHIEFGEHT: ZWEI PORTRÄTS

Die folgenden Berichte über zwei Versager, die ihr Leben mit Erfolg geändert haben, sind nicht nur beispielhaft, sondern auch wahr. Beim ersten handelt es sich um einen berühmten Mann, beim zweiten um eine Frau aus der Schicht der Unterprivilegierten.

Die Frau war bei mir in Behandlung, der Mann nicht. Beiden gemeinsam ist jedoch, daß sie die Prinzipien der Verhaltenstherapie nutzten, um ihr Leben nachhaltig zu verändern und zu glücklichen, erfüllten Menschen zu werden.

Keir Dullea

Wenn Sie unter dreißig und kein Theaterfan sind, dann haben Sie wahrscheinlich den Namen des berühmten Schauspielers nie gehört, der die Rolle des verwirrten Jungen in *David and Lisa* kreierte, es zu Bühnen-, Leinwand- und Fernsehruhm brachte, die Rolle des blinden Helden in der Broadway-Aufführung *Butterflies Are Free* spielte – dann aber zum Aussteiger wurde und sich in selbstauferlegte Vergessenheit zurückzog.

Keir Dullea gibt zu: »Ich schrieb das Drehbuch meines eigenen Lebens, wobei ich mir selbst die Rolle des Verlierers zuschanzte.« Im Gegensatz zu vielen anderen jedoch stellte sich Dullea seinen Problemen, nahm den Kampf um sein Comeback auf und hat ihn nun schon beinahe gewonnen.

Der inzwischen einundfünfzigjährige Dullea, gutaussehend, blauäugig und über einsachtzig groß, wuchs im New Yorker Greenwich Village auf. Seine Eltern besaßen einen Buchladen, und seine Mutter las ihm schon Macbeth vor, als er gerade fünf Jahre alt war.

Doch bei weitem nicht alle seine Erinnerungen sind positiv. »Ich wuchs als Außenseiter heran. Tests wiesen mir zwar hohe Intelligenz nach, aber ein guter Schüler war ich nicht.« Er litt unter zahllosen Kinderkrankheiten sowie unter rheumatischem Fieber, in dessen Folge bis zu seinem neunzehnten Lebensjahr ein Herzgeräusch auftrat. Er war übergewichtig. Und sogar sein Name führte zu Problemen. »In der

Schule nannten sie mich statt Keir ›queer‹*. Dabei dachte zwar kein Mensch an Homosexualität, aber getroffen hat es mich doch.«

Die ersten Erfolgserlebnisse stellten sich ein, als er dank der finanziellen Unterstützung eines Onkels auf die private George School geschickt wurde, die über eine ausgezeichnete Theatergruppe verfügte. Keir blühte auf. »Ich konnte eine Maske aufsetzen und meiner Einsamkeit entfliehen.« Nach Schulabschluß fing er ein Studium an der Rutgers-Universität an, warf aber bald wieder alles hin. Er ging nach San Francisco, »um zu sich selbst zu finden«, und nahm eine Stelle als Zimmermannslehrling an. Seine Eltern, zwei außergewöhnliche, mit beiden Beinen mitten im Leben stehende Menschen, besuchten ihn dort und fragten, ob er jemals daran gedacht hätte, Schauspieler zu werden.

Keir erinnert sich: »Es war wie in einem Comic-Heft, wenn einem eine ganze Kerzenfabrik auf einmal aufgeht! Schauspieler – das war *die* Lösung, nachdem ich so lange nach meiner Identität gesucht hatte.« Er schrieb sich für ein Jahr am San Francisco State College ein, wo er sich die handwerklichen Grundlagen für den Beruf erwarb. Dann kehrte er an die Ostküste zurück und setzte sein Studium unter Anleitung des berühmten Sanford Meisner an der Neighborhood Playhouse School of the Theater fort. Der Erfolg stellte sich schnell ein: Fernsehrollen, die Rolle des jungen Rabauken in *The Hoodlum Priest*, der auf dem elektrischen Stuhl stirbt, der phantastische Erfolg, den er als verwirrter Junge in einem Privatsanatorium für Kinder in dem Film *David and Lisa* hatte. Ein Filmerfolg jagte den anderen. Schließlich kam der Broadway-Erfolg *Butterflies Are Free*, in dem er die Rolle des blinden Jungen spielte, der sich auf eigene Beine stellt.

Keir stieg aus. Warum? Er kennt die Gründe nur allzu genau.

- Zu früher Erfolg. »Ich eskapierte in die Schauspielerei. Ich besaß nicht das geringste Selbstwertgefühl, solange ich nicht auf der Bühne stand. Der Teil von mir, der erfolgreich war, wollte es nicht glauben. Ich stand nicht zu meinen Erfolgen. Sie gehörten jemand anderem, nicht mir.«
- Zwei gescheiterte Ehen. »Ich war, was Beziehungen betraf, vollkommen unerfahren, gefühlsmäßig noch feucht hinter den Ohren. Als ich heiratete, war ich vierundzwanzig, aber nicht weiter entwickelt als ein Achtzehnjähriger. Es ging schief. In der zweiten Ehe ließ ich mich von meiner Frau beherrschen. Ich schuf eine Atmosphäre des Mißtrauens und ging fremd.«

---

* Anmerkung d. Übs.: *Queer*, das ursprünglich die Bedeutung *seltsam, ausgefallen* usw. hatte, wird heutzutage zunehmend als Synonym für *homosexuell* gebraucht.

■ Mangelndes Selbstvertrauen. »Ich war überängstlich, aber in unserer Sparte muß man immer auf dem Sprung sein. Ich war erst fünfunddreißig und schon mitten in der Midlifecrisis.« Die Angst, »ein Niemand zu sein«, die ihn sein Leben lang verfolgt hatte, setzte er nun in die Wirklichkeit um. Er hatte das Gefühl, sein Leben entgleite ihm immer mehr, und landete allenfalls »einen Job pro Jahr«. Doch dann lernte er Susie Fuller kennen, eine geschiedene Frau mit zwei Kindern, und heiratete sie. 1974 kehrte Keir nach New York zurück und trat in zwei aufeinanderfolgenden Stücken auf, in dem Glauben, das werde seine Karriere wieder ankurbeln. Weit gefehlt. »Die Leute sind launisch«, erinnert sich Keir. »Es war, als hätte man mich auf die schwarze Liste gesetzt.«

Der Mißerfolg blieb ihm noch jahrelang treu. Susie und Keir zogen nach Los Angeles. »Dieser Umzug hat mir den Rest gegeben. Dort drüben gibt's nur eine Frage, die alles beherrscht: ›Was hast du zuletzt gespielt?‹« Keirs Selbstvertrauen löste sich endgültig in nichts auf. »Ich wollte nicht einmal mehr den *Hollywood Reporter* lesen. Ich wollte nicht mehr wissen, wer welche Rolle bekommen hatte.« Immerhin gelang es ihm, finanziell über die Runden zu kommen, in einem Zeitraum von sieben Jahren wirkte er in drei Kino- und vier Fernsehfilmen mit. Sein strahlendes Image als Star war jedoch verblaßt. Man bat ihn, für Rollen vorzusprechen, »die ich früher nie angenommen hätte. Ich lebte nur noch in der Hoffnung, das Telefon würde klingeln.«

Dullea hielt sich immer mehr für einen totalen Versager. Doch dann kam die entscheidende Wende. Zwar hatte er bei allen positiven Ereignissen in seinem Leben stets das Gefühl gehabt, sie ergäben sich quasi von selbst und ohne das geringste Zutun seinerseits. Dennoch wußte er, daß er tief in seinem Inneren einen starken Kern besaß – vielleicht ein Erbe von seinen Eltern, die, mittlerweile weit über achtzig, noch immer auf freiwilliger Basis tätig sind. Diese Stärke begann er nun, trotz aller zur Schau getragenen Verzweiflung, systematisch zu nutzen. Zweierlei trug außerdem zu seiner Kehrtwendung bei: Die Therapie, die ihm Schwung und Antrieb verlieh, und seine Frau – endlich die richtige. »Susie und ich«, sagt Keir, »sind ein hervorragendes Team. Bei ihr habe ich die Freuden ehelicher Treue entdeckt.«

Diese beiden Pluspunkte bildeten die Grundlage, auf der Keir sein Selbstvertrauen aufbaute, seine Stärke, seinen Tatendrang und ein Gefühl persönlicher Effizienz: »Ich kann das, wenn ich mir bloß ein bißchen Mühe gebe.«

Dullea und Susie zogen wieder an die Ostküste zurück, diesmal in die Vorstadt Westport in Connecticut. Keir schaffte erneut den

Sprung an den Broadway, mit einer Rolle in einer Komödie. »Diesmal spielte ich *keinen* komischen Kauz.« In Boulevardstücken ist er sehr gefragt und beteiligt sich aktiv am Theater Artists Workshop of Westport (wo *Doubles* einen Probelauf vor der Broadwayaufführung hatte).

Heutzutage geht er alles, was er tut, mit *Bewußtsein* an, selbst altvertraute, hundertmal geübte Dinge. Das gibt ihm das Gefühl, sich und sein Leben stets in der Hand zu haben. So hat er sich zum Beispiel einen Raum für seine Yoga-Übungen eingerichtet. »Ich konzentriere mich darauf, mich in einen bestimmten emotionalen Zustand zu versetzen. Ich versuche, meinen Geist freizusetzen. Spannungen sind zerstörerisch. Es würde mir Angst einjagen, wenn ich kein Lampenfieber hätte – aber statt mich von meinen Ängsten beherrschen zu lassen, mache ich sie mir zunutze. Natürlich bin ich nervös, aber ich setze meine Nervosität in schöpferische Erregung um.«

Sein neues Selbstbewußtsein, das er aus seinem »Ich-kann-das«-Gefühl schöpft, läßt ihn alle Dinge mit gesteigertem Selbstvertrauen angehen, egal, ob es dabei um eine politische Meinungsäußerung geht oder um eine Entscheidung, die seine berufliche Karriere betrifft. »Die meisten Schauspieler, die abgelehnt werden«, sagt Keir, »wehren sich nicht. Ich mache jetzt Druck.« So bekam er beispielsweise Wind von einer neuen sechsteiligen Fernsehserie, wurde aber aus Altersgründen abgelehnt. Er ließ sich davon nicht abschrecken und rief den Produzenten an. »Wir sollten uns mal zusammensetzen. Vielleicht können Sie mich bald mal woanders einsetzen.« Das gleiche tat er mit Peter Hinds, dem Regisseur von *2010*: »Ich glaube, es wäre zu unser beider Vorteil, wenn wir uns mal träfen.« Er bekam die Rolle.

Keir hat bewußt jede Anstrengung unternommen, seine Ansprüche an sich selbst auf ein vernünftiges Maß herabzuschrauben. »Mein Leben lang hatte ich das Gefühl, den perfekten kleinen Gentleman spielen zu müssen, den meine Eltern in mir sahen. Aber ich bin kein kleiner Junge mehr. Und ich bin viel lockerer geworden.«

Heute hat Dullea – nachdem es ihm gelungen ist, sich sozusagen am eigenen Schopf aus dem Morast zu ziehen – genügend Selbstvertrauen, sich seinen Erfolg auch selbst zugute zu halten. Da er nun weiß, wie es um seine persönliche Effizienz bestellt ist, weiß er auch, daß es zwar schön ist, wieder obenauf zu sein, daß gewinnen allein aber nicht alles ist. Für ihn ist es vielmehr wichtig, sich einer Herausforderung zu stellen und an ihr zu wachsen. »Ich will eine eigenständige Persönlichkeit sein, kein Abklatsch von sonstwem. Das Allerwichtigste ist für mich, daß meine Arbeit mir Freude macht. Mit zweitklassigen Filmen und Fernsehspielen hätte ich eine Menge Geld verdienen können, aber ich will meinen eigenen Film produzieren, ein Lustspiel machen, meine Karriere zunehmend selbst steuern.«

Keir hat sich aus seiner Märtyrerrolle befreit, verfügt nun über ein gesundes Selbstvertrauen und hat gewissermaßen Frieden mit sich selbst geschlossen. Abschließend sagt er: »Heute empfinde ich ein Selbstwertgefühl und eine Freude am Leben wie nie zuvor. Und zum erstenmal in meinem Leben freue ich mich darüber, genau der zu sein, der ich bin. Ich würde nicht einmal mit Robert Redford tauschen!«

Dorothy

Eines Tages rief mich eine ehemalige Patientin an. »Ich habe eine phantastische Zugehfrau«, sagte sie. »Sie ist immens klug, aber fürchterlich deprimiert, weil sie das Leben, das sie führt, nicht ausstehen kann. Würden Sie ihr wohl helfen?«

Ich erklärte mich dazu bereit und bestellte Dorothy in meine Praxis. Als sie dann kam, entdeckte ich sofort, daß hinter ihrer offensichtlichen Niedergeschlagenheit ein schwelender Groll steckte. Dorothy, mittlerweile zweiunddreißig und Mutter zweier Kinder, stammte ursprünglich aus Trinidad und hatte nur geheiratet, um eine amerikanische Sozialversicherungskarte zu bekommen, ohne die sie in den Staaten nicht arbeiten durfte. Allmählich aber kam sie sich nur noch eingeschränkt vor. Sie war bereit, hart zu arbeiten, um etwas Besseres zu werden, wußte aber nicht, was sie zu diesem Zweck unternehmen konnte oder welche Rechte ihr »als armer Frau ohne nennenswerte Ausbildung« zustanden.

Das Gefühl, über ihr Leben selbst bestimmen zu können, ging ihr völlig ab. Allerdings glaubte sie, »daß das nicht alles im Leben sein kann«, und sehnte sich inständig danach, mehr als nur Dienstmädchen bei drei reichen Frauen zu sein.

Wir begannen mit dem Ersten Schritt (Verhalten). Manchmal braucht ein Patient außer dem Therapeuten einen weiteren Ratgeber. Ich bat meine ehemalige Patientin um Hilfe, und sie stimmte sofort zu.

»Ich werde alles Menschenmögliche tun«, sagte sie, »und auch, soweit möglich, die Kosten übernehmen. Sie hat es mehr als verdient.« Zu Dorothys Geburtstag dachte sich meine ehemalige Patientin gar etwas Besonderes aus: Sie fuhr Dorothy und ihre Kinder nach Stratford, Connecticut, wo sie *Othello* sehen konnten. Auf meinen Rat hin gab sie Dorothys ältester Tochter, damals fünfzehn, das Stück im voraus zu lesen, damit sie es den anderen erklären konnte. Dorothy selbst hatte eine Heidenangst vor dem Lesen.

Die Theaterfahrt erwies sich als durchschlagender Erfolg. Tags darauf spielte die ganze Familie abwechselnd die Rolle Othellos im letzten Akt, in dem er Desdemona umbringt.

Meine ehemalige Patientin war begeistert, Dorothy helfen zu können, die ihrerseits sehr schnell begriff, daß auch für sie eine andere Lebensart durchaus im Bereich des Möglichen lag. Sie führte Dorothy zum Mittagessen in preiswerte Restaurants. »Das kann ich mir auch leisten!« rief Dorothy aus, die einfach angenommen hatte, für sie käme einzig und allein McDonald's in Frage. Meine ehemalige Patientin (eine kinderlose, warmherzige Frau) und Dorothy bildeten ein Paar, in dem beide an einem Strang zogen. Von gegenseitigen Ressentiments keine Spur. Dorothy schenkte ihrer Gefährtin Zuneigung, meine Ex-Patientin diente Dorothy als Vorbild.

Mir lag daran, Dorothys »Das-kann-ich«-Gefühl zu stärken. Zu jener Zeit hatte sie gerade psychische Probleme mit einer ihrer Töchter, und ich konnte sie zu einer Familientherapie bewegen. Sie war mutig genug, nicht den Kopf in den Sand zu stecken, sondern sich in Situationen zu begeben, vor denen sie Angst hatte. So hatte sie beispielsweise Angst davor, etwas allein zu unternehmen. Ich schickte sie ins Brooklyn Museum, und sie verbrachte nicht nur den ganzen Tag dort, sondern wurde auch noch Mitglied: »Das kann ich mir leisten«, sagte sie. Auf meinen Vorschlag hin belegte sie sogar Kurse, um ihren Schulabschluß nachzuholen. Da ihre Leseliste Bücher enthielt, die sie nicht mochte – *Anna Karenina* zum Beispiel – schlug ich ihr Liebes- und Abenteuerromane vor, von denen ich wußte, daß sie mehr ihrem Geschmack entsprachen *(Rebecca, Vom Winde verweht, Chéri)*. Dorothy wurde eine Leseratte. Sie wollte ein Paar Socken mit Argyle-Muster verschenken, und ich schickte sie zu Brooks Brothers. Mit nicht ganz unbegründeter Angst vor herablassender Behandlung machte sie sich auf den Weg zu diesem Kaufhaus, tätigte ihren Einkauf für fünf Dollar fünfundneunzig – und blieb danach noch stundenlang: »Die waren alle so nett zu mir!«

Aber immer noch war Dorothy lediglich eine Haushaltshilfe. In einer unserer Sitzungen vertraute sie mir an, daß ihre beiden anderen Arbeitgeberinnen sie nicht wie einen vollwertigen Menschen behandelten, »obwohl ich doch einer bin.« Ich erwiderte: »Wenn Sie eine Haushaltshilfe bleiben, werden die beiden Sie nie als etwas anderes betrachten.« Daraufhin wurde Dorothy von Sitzung zu Sitzung wütender und depressiver und unternahm praktisch keine Anstrengung mehr, ihre Lage zu ändern.

An diesem Punkt in der Therapie veranlaßte ich Dorothy, den Dritten Schritt zu tun und sich ihr Unbewußtes ins Gedächtnis zu rufen. Sie war das vierte von sieben Kindern gewesen. Nach einiger Zeit gelang es ihr, sich zu erinnern, daß den älteren Kindern bestimmte

Privilegien eingeräumt und die jüngeren drei Geschwister mit besonderer Aufmerksamkeit bedacht wurden. Sie wurde übergangen. Das machte sie nicht nur wütend, sondern führte aufgrund ihrer verzerrten Denkweise zu dem Gefühl, ein Recht auf bestimmte Dinge zu haben, in ihrem Falle also auf die Privilegien des Lebens der Mittelschicht.

Kaum hatte Dorothy dies erkannt, da begriff sie auch schon, daß ihr die ersehnte Bildung und der bessere Arbeitsplatz nicht von liebenden Eltern in den Schoß gelegt werden konnten. Und obwohl sie jedesmal wahre Todesängste ausstand, wenn sie eine »neue Welt« betrat, so mußte sie doch ihre Angst überwinden. Wenn sie nicht weiterhin nur demütig hinnehmen wollte, was zufällig für sie abfiel, sondern *ihre* Vorstellungen verwirklichen wollte, dann mußte sie etwas unternehmen. »Jetzt verstehe ich!« rief sie aus. »Ich muß es für mich selber tun!« Diese Erkenntnis leitete die entscheidende Wende ein.

Dorothy gab ihre Vormittagsstellungen auf und beschloß, einen Textverarbeitungskurs zu belegen. Es gelang ihr, auf eigene Faust ein Stipendium zu bekommen. Kürzlich hat sie ihren Schulabschluß nachgeholt. Ihre älteste Tochter wird demnächst die Abschlußprüfung im College machen (meine ehemalige Patientin war dabei behilflich, ihr ein Stipendium zu verschaffen). Im Laufe des nächsten Jahres wird Dorothy ihren Textverarbeitungskurs beenden. Damit steht ihr endlich die Möglichkeit offen, sich ihren langersehnten Wunsch nach einem Büroposten zu erfüllen. Sie hat sich schon ein neues Ziel gesteckt: Sie will aufs College gehen.

Kürzlich hielt mir die hübsche Dorothy mit leuchtendem Gesicht folgenden Vortrag: »Ich habe immer gewußt, was ich wollte, aber ich wußte nicht, wie ich es anstellen sollte, meine Ziele zu erreichen. Das haben Sie mir beigebracht. Das wichtigste ist, daß ich zutiefst davon überzeugt bin, daß ich es schaffen kann – egal was. Und wenn es doch schiefgeht, dann habe ich wenigstens die Gewißheit, daß ich es versucht habe. Von nun an bin ich für niemanden mehr der Fußabtreter. Die Zukunft steht mir offen.«

Sowohl Keir Dullea als auch Dorothy ist es gelungen, sich aus ihrer Märtyrerrolle zu befreien.

Jeder kann das.

Bejahen Sie das Leben.

Machen Sie es den Spitzenathleten nach – denken Sie daran, daß Sie gewinnen wollen.

Entwickeln Sie das besondere Gefühl für Ihre persönliche Effizienz. Seien Sie sich der Tatsache bewußt, daß Sie es schaffen können. Wiederholen Sie immer wieder die wichtigste aller Selbstbestätigungen: »Ich kann das.«

Machen Sie von den in diesem Buch erläuterten Vorbewußtseinsübungen Gebrauch.

Bedienen Sie sich auch, falls nötig, annehmbarer Aggression.

Machen Sie es sich zum Ziel, Ihre partnerschaftlichen Beziehungen und Freundschaften kooperativ zu gestalten, so daß sie für beide Seiten erfreulich sind. Vermeiden Sie, in eine Beziehung zu schlittern, in der sich die Partner gegenseitig herabsetzen und bestrafen, was letzten Endes nur zu gegenseitiger Zerstörung führt.

Geht etwas schief, so ergreifen Sie die entsprechenden Maßnahmen! Raffen Sie sich auf und fangen Sie noch einmal von vorne an. Sie wissen, daß Sie es können!

Wenden Sie das Grundprinzip der Verhaltenstherapie an: *Erinnern Sie sich an die Vergangenheit, um die Gegenwart zu erkennen und die Zukunft zu verändern!*

Hüten Sie sich davor, emotional abhängig zu werden oder zu bleiben! Das können Sie ohne weiteres – vorausgesetzt, Sie wollen es wirklich und geben sich die entsprechende Mühe!

DIESES BUCH IST DAS ERGEBNIS EINER ERFOLGREICHEN ZUSAMMENARBEIT

Was tun, wenn alles schiefgeht ist die dritte Gemeinschaftsproduktion von Dr. Herbert Fensterheim und Jean Baer, die im Privatleben Mann und Frau sind. Die erste trug den Titel *Sag nicht Ja, wenn Du Nein sagen willst* (und erhielt eine Auszeichnung von der American Psychological Association für ihren »beachtenswerten Beitrag zum Verständnis der Psychologie durch die Öffentlichkeit«); die zweite war *Das Anti-Angst-Training*.

Dr. Herbert Fensterheim machte seine Magisterprüfung in Psychologie an der Columbia University und promovierte an der New York University. Zwanzig Jahre lang arbeitete er als analytisch orientierter Therapeut und war schließlich einer der ersten Kliniker, die sich mit Verhaltens-Psychotherapie beschäftigten. Zur Zeit hat er eine Privatpraxis in Manhattan, wirkt als klinischer Professor am Cornell University Medical College und als beratender Psychologe an der Payne Whitney Clinic, einer Abteilung des New York Hospital. Er hat an führenden Universitäten und medizinischen Ausbildungsstätten Psychologie gelehrt, und zwar auf Studenten-, Graduierten- und Postgraduiertenebene. Außerdem hat er etwa einhundert wissenschaftliche Artikel geschrieben, war als Mitherausgeber an drei Büchern über Verhaltenstherapie beteiligt und ist Autor des Buches *Help Without Psychoanalysis*. Sein zuletzt verfaßtes Fachbuch *Behavioral Psychotherapy* handelte von der klinischen Integration verhaltenstherapeutischer und psychoanalytischer Methoden. Dr. Fensterheim hat außerdem einen Sitz im Beratungsstab der Society for the Exploration of Psychotherapy Integration (SEPI) inne. Als anerkannte Kapazität auf seinem Gebiet hat er anläßlich der Zusammenkünfte solcher Organisationen wie der American Psychological Association, der American Psychiatric Association und der American Group Psychotherapy Association viele Vorträge und Seminare für Fachleute gehalten und somit anderen Therapeuten die Möglichkeit gegeben, verhaltenstherapeutische Techniken zu erwerben und weiterzugeben. Vier Jahre lang bekleidete er den Posten eines Sportpsychologen für die Fechtmannschaft der Vereinigten Staaten.

Jean Baer hat viel über zeitgenössische Probleme geschrieben. Außer *Sag nicht Ja, wenn du Nein sagen willst* und *Das Anti-Angst-Training*, deren Entstehen auf ihre Ideen zurückzuführen sind und die sie mit Dr. Fensterheim gemeinsam verfaßte, ist sie die Autorin von *Follow Me! – The Single Girl Goes to Town, The Second Wife: How to Be an Assertive – Not Aggressive – Woman in Life, in Love, and on the Job* und *The Self-Chosen*. Beiträge von ihr erscheinen regelmäßig in den wichtigsten Frauenzeitschriften der Vereinigten Staaten. Jean Baer, Tochter eines bekannten Journalisten und Absolventin der Cornell University, hat sowohl für die Mutual Broadcasting Company als auch für die United States Information Agency gearbeitet und war jahrelang Chefredakteurin und Ressortleiterin der Zeitschrift *Seventeen*. Darüber hinaus hat sie die von vielen Sendern übernommene Rundfunkreihe »Youth on Youth« moderiert und tritt bei vielen Zusammenkünften nationaler Organisationen als Vortragsrednerin auf.

Einige weiterführende Bücher

Für interessierte Leserinnen und Leser seien hier einige weiterführende Titel in deutscher Sprache angegeben:

Beck, Aaron T.: *Wahrnehmung der Wirklichkeit und Neurose. Kognitive Psychotherapie emotionaler Störungen.* München 1979.

Berne, Eric: *Spiele der Erwachsenen.* Reinbek o. J.

Ellis, Albert: *Die rational-emotive Therapie.* München 1982.

Fensterheim, Herbert, und Jean Baer: *Sag nicht Ja, wenn Du Nein sagen willst.* 11. Aufl., München 1989.

Freud, Sigmund: *Gesammelte Werke.* 4. Aufl., Frankfurt am Main 1966.

Horney, Karen: *Neurose und menschliches Wachstum.* Frankfurt am Main 1988.

Lazarus, Arnold, und Allen Fay: *Ich kann, wenn ich will. Anleitung zur psychologischen Selbsthilfe.* München 1985.

Maslow, Abraham H.: *Psychologie des Seins.* München 1973.

O'Connor, Dagmar: *Lust auf Sex und Spaß an der Treue für ein erfülltes Sexualleben mit einem Partner.* Berlin 1988.

Pearls, Frederick: *Gestalttherapie in Aktion.* 4. Aufl., Stuttgart 1986.

Wachtel, Paul L.: *Psychoanalyse und Verhaltenstherapie. Ein Plädoyer für ihre Integration.* Stuttgart 1981.

Westheimer, Ruth: *Liebe in der Ehe. Ein Ratgeber für ein glückliches Zusammenleben.* Berlin 1988.

Register